郭豫斌◎主編

圖解世界史【中古卷】
黎明前的黑暗

—— 西元476年 至 西元1500年的世界故事 ——

好讀出版

目　錄

如何閱讀本書　　6

導讀　　8

羅馬帝國的解體

001.民族大遷徙　　18
匈奴西遷／慓悍的日耳曼人

002.蠻族進入羅馬帝國　　20
哥德人避難羅馬／西哥德人的反叛

003.阿德里亞堡戰役　　22
羅馬的內亂／游牧民族的聯盟／失敗的和解／瓦倫斯夢斷阿德里亞堡

004.羅馬帝國的危機　　26
阿拉里克的野心／米蘭之圍／洗劫羅馬城／西哥德王國的建立

005.匈奴大帝阿提拉　　30
戒指和情書／阿提拉的討伐／拯救文明紀念日／西羅馬帝國的滅亡

006.汪達爾人的王國　　34
汪達爾人的危機／稱雄地中海

法蘭克王國的興衰

007.克洛維的故事　　36
野蠻的法蘭克人／墨洛溫王朝／克洛維的受洗／克洛維的手腕

008.改革家查理‧馬特　　40
「懶王」時代／宮相掌權／都爾會戰／軍事采邑制

009.矮子丕平　　44
建立加洛林王朝／丕平獻地

010.一代雄主查理曼　　46
查理曼的擴張／查理曼的政策

011.查理曼帝國　　48
查理曼的加冕／查理曼的文化情結／三分帝國

012.騎士傳奇　　52
封建階級制度／騎士的宣誓／騎士的浪漫／騎士的征戰

013.加洛林文藝復興　　56
加洛林王朝的建築風格／加洛林王朝的美術成就

西歐封建化進程

014.城市的興起和發展　　58
充滿自由的城市／擁擠的中世紀城市／爭取自治權的奮鬥／中世紀的行會

015.英國的統一　　62
七國時代／埃格伯特的霸業／阿爾弗雷德大帝／威廉的野心

016.諾曼征服　　66
黑斯廷戰役／英格蘭新君

017.金雀花王朝統治英國　　68
金雀花王朝的開始／英國習慣法之父／無地王約翰／議會君主制的形成

018.封建割據下的法國　　72
卡佩王朝的建立／名義上的國王

019.法國的統一　　74
城市和國王／王權的加強／腓力二世的功績／三級會議的召開

020.百年戰爭的原因　　78
佛蘭德爾事件／法國王位之爭

021.英國入侵法國　　80
斯勒伊斯海戰／克雷西之戰

022.法蘭西的扭轉戰役　　82
法國的恥辱／游擊戰的勝利

023.聖女貞德　　84
法國的危機／來自鄉村的女英雄

024.鄉巴佬的抗爭　　86
扎克雷起義的原因／消滅所有貴族

025.瓦特‧泰勒起義　　88
起義的導火線／占領倫敦／國王的陰謀／無情的屠殺

026.玫瑰戰爭　　92
紅白玫瑰戰爭的爆發／約克公爵之死／愛德華四世／都鐸王朝的建立

027.恐怖的黑死病 96
黑色妖魔／差點毀了歐洲的「黑死病」／世界末日來臨
／愚昧導致妖魔降臨

028.神聖羅馬帝國 100
落後的日耳曼／日耳曼王國的建立／鄂圖大帝／皇帝和
教皇

029.腓特烈和魯道夫 104
腓特烈的理想／血染的紅鬍子／哈布斯堡王朝創建人／
魯道夫一世的擴張

030.徒具虛名的帝國 108
邦國林立／城市同盟

031.分裂的義大利 110
混亂的亞平寧／多里奇諾起義／威尼斯共和國的輝煌／
富有的佛羅倫斯

032.西班牙的統一 114
哥德時期的西班牙／阿拉伯人在西班牙的統治／基督教
諸王國的興起／西班牙的統一

033.十字軍東征的序幕 118
為基督而戰的十字軍／擺脫饑荒和貧困的出路／拜占庭
向兄弟求援／烏爾班二世的鼓動

034.第一次十字軍東征 122
農民十字軍／十萬大軍的遠征／狡猾的拜占庭／聖城變
地獄

035.第二次十字軍東征 126
僧侶騎士團／伯納德的鼓動／一盤散沙／互相推卸責任

036.勇敢的薩拉丁 130
穆斯林的英雄／哈特丁大戰

037.第三次十字軍東征 132
阿卡之戰／勾心鬥角的理查和腓力／獅心王大戰薩拉丁
／十字軍締約退兵

038.第四次十字軍東征 136
狡猾的威尼斯人／君士坦丁堡失陷

039.十字軍東征的終結 138
十字軍神話的破滅／教皇權威的動搖

基督教籠罩下的歐洲

040.神權下的歐洲 140
歐洲的基督教化／教會大分裂／教會勢力的發展／神
權與王權

041.基督教會 144
教階制度／聖奧古斯丁與教義／基督教的禮儀／隱修制度

042.「上帝的和平」運動 148
以上帝之名保衛和平／聲名顯赫的克呂尼修道院／
「上帝的和平」運動的蔓延／「上帝的休戰」運動

043.英諾森三世 152
幸運的羅馬教皇／權勢達到巔峰的羅馬教皇

044.異端與宗教裁判所 154
異端／宗教裁判所

045.基督教文化 156
一度壟斷教育的教會／聖人阿奎那／西歐初期的大學
／艱難生存的大學

046.教堂建築藝術 160
遍布各地的教堂／羅馬式和哥德式

拜占庭帝國

047.查士丁尼大帝 162
羅馬帝國的餘緒／查士丁尼的夢想／腐朽的統治／尼
卡起義

048.名將貝利撒留 166
擊敗波斯／征戰地中海

049.封建制度的確立 168
希拉克略王朝／火燒阿拉伯人／拜占庭的「破壞聖像
運動」／封建化的拜占庭

050.拉丁帝國的興衰 172
十字軍的真面目／短命的拉丁帝國

051.拜占庭帝國的滅亡 174
內外交困中的皇帝／穆罕默德二世的陰謀／圍攻君士
坦丁堡／君士坦丁堡的陷落

052.拜占庭文化 178

拜占庭風格建築／基督化的美術／拜占庭的能工巧匠／
文明的聖地

諾曼人狂飆掃歐洲

053.善於航海的諾曼人 182

北歐的古老居民／航行到美洲

054.海盜之路 184

諾曼人的發展／社會形勢造就的海盜／獨特的海盜船／
天降災難

055.飄揚的骷髏旗 188

凶殘的北歐海盜／巴黎保衛戰

056.諾曼人的國家 190

諾曼第公國的建立／卡努特王朝

東南歐及東歐封建諸國

057.分裂的羅馬尼亞 192

羅馬尼亞民族的形成／異族統治下的羅馬尼亞／對抗鄂
圖曼帝國的統治／勇士米哈伊

058.塞爾維亞的輝煌 196

四分五裂的塞爾維亞／塞爾維亞的強盛時期／東南歐最
強盛的國家／《斯蒂芬・杜尚法典》

059.保加利亞王國的興衰 200

第一王國的崛起／盛極而衰的第一王國／第二王國的興
起／重蹈覆轍的保加利亞

060.多難的阿爾巴尼亞 204

阿爾巴尼亞人的苦難／民族英雄斯坎德培

061.動盪中的捷克 206

捷克國的形成／來自日耳曼的殖民者／胡斯的宗教改革
／用劍來維護正義

062.波蘭王國的崛起 210

波蘭王國的建立／波蘭和立陶宛的合併

063.條頓騎士戰波蘭 212

兩隻好鬥的公雞／大戰的序幕／格林瓦爾德會戰／條頓
騎士團的衰落

064.匈牙利的興衰 216

匈牙利建國／封建割據時期／強盛時期的匈牙利／匈牙
利的衰落

俄羅斯帝國的崛起

065.基輔羅斯時期 220

東斯拉夫人／留里克王朝的建立

066.東正教在俄羅斯的傳播 222

羅斯受洗／羅斯教會的發展

067.封建制的形成和異族入侵 224

封建關係的形成／基輔羅斯的擴張／楚德湖戰役／蒙古
人對俄羅斯的統治

068.莫斯科公國 228

莫斯科公國的興起／年輕有為的底米特里／頓河英雄／
金帳汗國統治的結束

069.沙俄的興起 232

中央集權國家的建立／伊凡雷帝

070.斯傑潘・拉辛起義 234

受人民愛戴的拉辛／聲勢浩大的農民起義

071.沙俄早期的領土擴張 236

立窩尼亞戰爭／與烏克蘭的合併／在西伯利亞的擴張／
對黑龍江流域的侵略

西亞穆斯林帝國

072.伊斯蘭教的創立 240

伊斯蘭教創立前的阿拉伯／真主阿拉的使者／出走麥地
那／統一阿拉伯半島

073.阿拉伯帝國的建立 244

穆罕默德的繼任者們／龐大的阿拉伯帝國

074.倭馬亞王朝 246

封建化的阿拉伯／盛極而衰的倭馬亞王朝

075.阿巴斯王朝的統治 248

哈倫・拉西德／阿拉伯帝國的分裂

076.鄂圖曼土耳其的崛起 250
席捲歐亞的鄂圖曼土耳其人／兵鋒直指拜占庭

077.拜占庭帝國的末日 252
「征服者」穆罕默德二世／空前強大的帝國

078.蘇萊曼大帝 254
蘇萊曼一世即位／征戰匈牙利／「立法者」的改革／戎馬一生

中世紀的南亞和東亞

079.笈多王朝和戒日帝國 258
笈多王朝的興衰／戒日王和他的帝國

080.種姓制度和外族入侵 260
印度教的興起／印度的分裂與外族入侵

081.蒙兀兒帝國 262
蒙兀兒帝國的建立／阿克巴的擴張

082.中世紀的印度文化 264
笈多王朝文化的繁榮／德里蘇丹和蒙兀兒帝國的文化

083.日本封建制度的開端 266
聖德太子改革／大化革新

084.奈良平安時期 268
莊園制的形成／武士的興起

085.日本的統一 270
鎌倉幕府和室町幕府／織田信長和豐臣秀吉統一日本

086.德川幕府的統治 272
德川家康／德川幕府的統治政策

087.新羅和高麗 274
新羅的統一／高麗統治時期

088.李氏王朝時的朝鮮 276
李朝的建立／壬辰衛國戰爭

中世紀的非洲

089.阿拉伯化的埃及 278
阿拉伯帝國時期的埃及／埃及封建社會的發展

090.馬格里布 280
中世紀早期的馬格里布／馬格里布的興衰

091.東非諸國 282
東蘇丹諸國／桑給帝國／阿克森姆王國／衣索比亞王國

092.馬利、桑海和辛巴威 286
強盛一時的馬利／桑海王國的興起／南非古國辛巴威

十六世紀以前的美洲

093.神祕的馬雅文明 290
美洲最偉大的文明／馬雅人的文明成就／叢林中的都市／說不完的馬雅之謎

094.阿茲特克帝國 294
印第安人的最後輝煌／聰明的阿茲特克人／熱血獻祭／科爾特斯的征服

095.印加帝國 298
太陽神的子孫／安地斯山中的奇蹟／失落的馬丘比丘／皮薩羅的征服

探險家的新航路

096.狄亞士和達・伽馬 302
充滿希望的好望角／開闢東方航路

097.新大陸的發現 304
熱那亞水手／西班牙國王的支持／到達美洲／殖民美洲的先驅

098.麥哲倫環球航行 308
麥哲倫的東方之行／天才的思索／麥哲倫海峽／殞命太平洋

宗教改革和日耳曼農民戰爭

099.宗教改革前的日耳曼 312
羅馬教皇的乳牛／沒落的騎士

100.宗教改革 314
宗教改革的導火線／席捲日耳曼的宗教改革運動

101.日耳曼農民戰爭 316
主張暴力革命的閔采爾／聲勢浩大的起義

排列故事序號，
便於索引資料。

放眼全球歷史的浪漫人文之旅

如何閱讀本書

閱讀導言

歷史對於整個人類，就像記憶對於我們每個人一樣，它說明我們現在做的是什麼，為什麼我們這樣做，以及我們過去是怎樣做的。因此誰要想瞭解世界，就必須知道它的歷史。

《圖解世界史》是這樣的一本書，我們希望透過一些通俗的語言和故事體裁，對世界歷史做一個概述。它只講其中最重要的事件、人物和對關鍵階段的描述，選擇了一種最易認識整個世界面貌的簡明形式。一本生動的書，總能多吸引一位讀者，對文化傳承的意義更大。這本書可以作為歷史專著的補充讀物。你可以用非常休閒的方式去閱讀它，讀讀停停，我們相信在歷史人文的浪漫風景中，你不會感到乏味。

舒適的版面安排

現代人讀書，比起以往的讀者更能夠享受多樣的人性化空間，這是時代的進步，也是閱讀革命和讀圖時代給閱讀者的饋贈。充滿美學的版式設計，使閱讀者毫不疲倦地從每一單元中，輕鬆獲得豐富的資訊。

關於圖片

「讀圖」是我們這個時代的閱讀時尚，因而被冠以「讀圖時代」的雅名。其實這只是人類視覺元素的進化，文字是符號，圖片也是符號，兩者相得益彰。本書在詮釋圖片時，盡可能提供一種嶄新的角度，使其和故事呼應補充。細心的讀者也許會發現，其實在圖片中還隱藏了許多用文字無法表述清楚的故事，這就是圖片的神奇魅力。我們相信每位讀者都能讀出自己的故事。

提綱式的閱讀指南

我們在每一篇故事前特別安排了提要的文字，對於急切吸收內容的讀者，這足以讓他記住這個故事。在每篇故事下還設置了小標題，盡可能地幫助讀者理清楚內容的脈絡。

關於「人文歷史百科」

這是為故事的背景和關聯知識提供的一個櫥窗。透過「人文歷史百科」，你不會為自己對某些知識或枯燥的數字，存在模糊的印象而感到不安。「人文歷史百科」和每個主題故事巧妙地融合在一起，讓你感受到閱讀的精采。

對表格的利用

有些故事牽涉的項目十分複雜，我們盡可能採用表格的形式，使之一目了然。這些表格對知識的歸納和記憶，定能發揮相當作用。

018.封建割據下的

《凡爾登條約》使查理曼帝國走向分裂
因生活困窘竟然攔路搶劫。

卡佩王朝的建立

西元843年《凡爾登條約》和870年《墨爾森條約》簽訂以後，主要講羅曼語的西法蘭克，包括紐斯特里亞、阿奎丹、加斯科尼、普羅旺斯、等地，逐漸形成中世紀的法蘭西王

加洛林王朝在西法蘭克的統續了一個多世紀，但統治者大多能，如胖子查理、昏庸者查理、理、盲者路易和結舌者路易，從就可見一斑。西元887年，加洛林王朝子查理遭廢黜以後，西法蘭出現了加洛林王朝和羅伯特家族爭鬥。羅伯特家族的「強者」羅抗擊諾曼人入侵有功，被封為法公爵。

「法蘭西島」指塞納河和盧中游、以巴黎和奧爾良為中心的長地帶，「法蘭西」這個名稱即此。後來，「強者」羅伯特的兒黎伯爵埃德又因擊退諾曼人對巴攻，所以在胖子查理被廢以後主擁為國王，但還有一部分領主加洛林王朝的正統性，推選昏庸為國王。這兩個王朝纏鬥近一個

72

故事小標題，提
示故事內容。

一休·卡佩浮雕像

...成為現代法國的雛形。卡佩王朝建立初期，國王

休·卡佩肖像
休·卡佩為巴黎公爵，西元987年成為西法蘭克國王，建立法國歷史上的卡佩王朝。

後來羅伯特王朝勢力逐漸強大，而加洛林王朝的領地只剩下琅城及其附近一帶領土，加洛林王朝名存實亡。西元987年，加洛林王朝的末代國王路易五世去世後，羅伯特家族的休·卡佩被蘭斯主教等大領主擁立為王，法國從此開始了卡佩王朝的統治。

休·卡佩當時擁有五個伯爵領地，分散在塞納河和盧瓦爾河之間的狹長地帶，全部面積不超過六千平方公里，境內只有巴黎和奧爾良兩個城市。

名義上的國王

卡佩王朝建立初期，王權仍未得到加強。在名義上國王是最高宗主，國王繼位時主教也為他塗聖油，是神授統治權的君王，但事實上並非如此。當時的法國分裂成許多公國和伯國，北部有佛蘭德爾伯國，西北部有諾曼第公國，西

羅伯特二世在羅馬
羅伯特二世是卡佩王朝的第二位國王。西元998年因未向教皇交納結婚費，被迫與表妹柏爾塔離婚。他在西元1016年奪得了勃艮第公國，1031年因病去世。

部有安茹伯國和不列塔尼，南部有阿奎丹公國、土魯斯伯國和巴塞隆納伯國，東部有勃艮第公國和香檳伯國。

公國和伯國這些大大小小的領主各自稱霸一方，領主在領地內有權宣戰媾和，有權鑄造自己的貨幣、制定法律並對其臣民進行審判。國王不但沒有行政機構和固定的財政收入，而無固定的駐地，時而住在巴黎，時而住在奧爾良。甚至有的領主因修建堡壘，把國王從巴黎到奧爾良的通路都截斷了，國王不得不帶領武裝侍從，小心翼翼地從領地這一端走到那一端。

卡佩王朝初期的國王生活十分窘困，為了擴大收入，他們甚至帶著隨從攔路搶劫。國王腓力一世就曾對過境的義大利商人進行劫掠。

雖然卡佩王朝在國內活得很不體面，但在對外上卻極力顯示自己的尊嚴，不遺餘力地提高國際威望。卡佩王朝先後與英國和拜占庭的君主互換使節，國王亨利一世也與基輔大公雅羅斯拉夫的女兒安娜結婚，以提高知名度。

西元997年，農民舉行祕密集會，決定制定有關森林和水源使用的新法，這觸犯了封建領主的利益，年輕的查理二世立刻派大批騎士前去鎮壓。在誘殺農民代表後，將起義鎮壓了下去。1024年，不列塔尼又爆發了一次農民起義，但因組織散漫，加上武器落後，最後仍被領主調集的大批騎士鎮壓。雖然這些農民

為爭取更多自由而發動的起義未能成功，但激化的階級衝突使封建領主惶恐不安，部分領主依附於王權，進而使王權得到了加強。

十一世紀末，由於城市的興起，在市民階級的支持下，封建割據勢力日薄西山，法國逐漸走向統合。

卡佩王朝歷代君王		
國　王	在位時間	備註
休·卡佩	987至996年	
查理二世	996至1031年	虔誠者
亨利一世	1031至1060年	
腓力一世	1060至1108年	
路易六世	1108至1137年	胖子
路易七世	1137至1180年	
腓力二世	1180至1223年	奧古斯都
路易八世	1223至1226年	
路易九世	1226至1270年	聖路易
腓力三世	1270至1285年	勇敢者
腓力四世	1285至1314年	美男子
路易十世	1314至1316年	
腓力五世	1316至1322年	
查理四世	1322至1328年	

【人文歷史百科】

《墨爾森條約》和加洛林王朝的終結
加洛林王朝在西法蘭克的統治延續了一個多世紀，但統治者大多腐敗衰敗。西元870年，日耳曼人路易和禿頭查理瓜分羅泰爾一世的屬地，簽訂《墨爾森條約》，共同瓜分了處於東、西法蘭克之間的洛林地區，形成後來德意志、法蘭西和義大利三國的雛形。查理曼帝國最後一個皇帝胖子查理於887年遭廢黜，東法蘭克的加洛林王朝於西元911年中斷，西法蘭克的加洛林王朝於西元987年告終。

西歐封建化進程

73

西元476年至西元1500年的世界故事
黎明前的黑暗

羅馬帝國的解體 ●●●●●●●●●●●●●●●●●●●●●●●●●●●●●●●●●●●●●●

＞＞匈奴是中國古代的少數民族，曾對秦、漢王朝產生過嚴重威脅；西元91年，匈奴在和漢民族的長年戰爭中失敗，展開了史無前例的民族大遷徙……

＞＞羅馬人稱之為「蠻族」的日耳曼諸民族，在匈奴人的驅趕下進入歐洲農耕文明區域，不斷衝擊著搖搖欲墜的羅馬帝國，開創了歐洲歷史新頁。

＞＞西元375年，日耳曼人的一支東哥德人欲阻擊匈奴，結果一敗塗地，國王愛爾曼那利赫自殺身亡；另一支西哥德人連抵抗之心都沒有，於次年在首領菲列德根率領下逃到羅馬邊境的多瑙河畔，請求羅馬皇帝瓦倫斯允許他們進入羅馬境內避難。瓦倫斯同意了菲列德根的請求，但要求西哥德人交出未達服役年齡的所有男孩和全部武器。就這樣，二十萬西哥德人渡過多瑙河，進入羅馬境內。羅馬官員的腐敗，導致他們不得不出賣子女以換取食物，仇恨的種子因此在西哥德人心中滋長。

＞＞在匈奴的追殺下，又有一部分東哥德人來到羅馬避難。由於羅馬未向他們要索人質，東哥德人便有些肆無忌憚。他們與西哥德人聯合起來，在羅馬境內建起了國中之國，與羅馬軍隊展開無數次激烈的廝殺。瓦倫斯皇帝也在阿德里亞堡戰役中命喪沙場。

＞＞西元395年，羅馬皇帝狄奧多西去世，羅馬帝國正式分為東、西兩部。西羅馬在哥德等日耳曼部落的蹂躪下苟延殘喘。

＞＞西元410年，西哥德人的首領阿拉里克率大軍攻入羅馬城，經過三天三夜的燒殺搶掠，羅馬城幾乎成為一片廢墟。然而阿拉里克並不因此滿足，準備南下渡海，征戰西西里，奪取北非羅馬帝國的糧倉。只是他剛到義大利半島便不幸染病去世。

＞＞西元419年，阿拉里克之孫狄奧多里克出任領袖，他以土魯為都，建立起日耳曼人在西羅馬境內的第一個蠻族王國——西哥德王國。

＞＞匈奴人從亞洲蒙古高原西遷到歐洲後，建立了一個龐大帝國。西元436年，阿提拉成為匈奴帝國國王，他相繼征服了斯拉夫人和日耳曼人的許多部落，迫使東羅馬皇帝稱臣納貢，匈奴帝國進入空前強盛時期。

＞＞西元476年，日耳曼人雇傭軍首領奧多亞克廢黜了羅馬末代皇帝，西羅馬帝國就此滅亡。此後，日耳曼人在羅馬的廢墟上建立起許多新國家。其中有高盧西北方的

法蘭克王國、義大利半島的東哥德王國、義大利中北部的倫巴底王國等。從此，古老的奴隸制時代結束，歐洲進入了封建時期。

法蘭克王國的興衰

>>西元481年，法蘭克人首領克洛維在巴黎建立了法蘭克王國。其落後原始的生存方式，使此地區看起來跟一個原始部落無甚差別，可說是名副其實的「蠻族」王國。然由於法蘭克人的勇猛善戰，他們幾乎征服了整個高盧地區。

>>西元741年，矮子丕平為墨洛溫王朝的宮相。他於西元751年廢掉墨洛溫皇帝而自立，稍後又以義大利中部的土地，換取教皇為他舉行加冕禮，奪得了「神授」王權，建立加洛林王朝。

>>西元768年，丕平去世後，其子查理繼承父業，他就是著名的查理曼大帝。經過連年的征戰，查理曼打下的帝國疆域幾乎占盡整個西歐大陸。西元800年，教皇利奧三世趁查理曼跪下做耶誕節祈禱儀禮時，突然將一頂金冠戴在他頭上，加冕查理曼為承繼西羅馬正統的「羅馬皇帝」。

>>查理曼去世後，他的孫子們爭奪帝國的領地，在西元843年8月達成共識，簽訂了《凡爾登條約》，將帝國劃分成東法蘭克（後為德國）、西法蘭克（後為法國）、中部王國（後來的義大利部分地區）三國。

西歐封建化進程

>>儘管隔著一條海峽，歐洲大陸的風吹草動仍時時影響著英倫三島。盎格魯‧撒克遜人的湧入、征戰不休的七國時代、丹麥人的入侵，書寫著英國鐵與火的歷史。

>>從西元410年起，日耳曼族中的盎格魯人、撒克遜人、朱特人等不斷侵入不列顛，後來法蘭克人征服高盧北部，迫使羅馬軍團撤出了不列顛。

>>日耳曼人征服不列顛後，建立了許多小國。內部的不斷爭戰下，這些小國逐漸合併，最後形成了七個王國，包括肯特、薩塞克斯（南撒克遜）、威塞克斯（西撒克遜）、埃塞克斯（東撒克遜）、諾森伯里亞、東盎格里亞和麥西亞。因此從五世紀中葉到九世紀初的這段時間，英國歷史上稱為「七國時代」。而八世紀末丹麥人的入侵，更加速了動盪的不列顛島走向統一的步伐。

>>西元829年，埃格伯特統一了七國，並將這個統一的國家命名為「英格蘭」。

>>西元865年，丹麥人捲土重來，西撒克遜人在國王伊塞爾雷德的號召下擊退了丹麥人，但伊塞爾雷德卻突然暴斃。

>>西元871年，伊塞爾雷德之弟阿爾弗雷德扛起了保衛國土的重任。十五年後，他不

但大敗丹麥軍，把邊疆推進到根茲倫王國境內，還奪取了半個東撒克遜王國的舊地。

>＞十世紀末，丹麥人再次侵入英格蘭，國王克努特建立起一個囊括丹麥、挪威、瑞典和英格蘭的大帝國。1042年，帝國崩潰，英格蘭恢復獨立。

>＞1066年的耶誕節，威廉在西敏寺舉行加冕典禮，諾曼第公爵威廉成為英王威廉一世，英國從此開始了諾曼王朝的統治。此事在英國歷史上稱為「諾曼征服」。

>＞1154年，亨利被擁立為英國國王，是為亨利二世。因亨利二世的父親傑弗瑞伯爵經常在帽子上飾以金雀花枝，因此這個新王朝又稱為「金雀花王朝」。此後，雄才大略的亨利二世、具有騎士風格的獅心王、昏庸無能的無地王約翰、好大喜功的亨利三世、長腿的愛德華一世，一步步把英國帶向議會制，成為民主國家的「楷模」。

>＞西元843年《凡爾登條約》和870年《墨爾森條約》簽訂以後，主要講羅曼語的西法蘭克，包括紐斯特里亞、阿奎丹、加斯科尼、普洛旺斯、勃艮第等地，逐漸形成中世紀的法蘭西王國。

>＞西元987年，加洛林王朝的末代國王路易五世死後，羅伯特家族的休・卡佩由蘭斯主教等大領主擁立為王，開啟了法國卡佩王朝的統治。卡佩王朝建立初期，王權仍未得到加強，國王因生活困窘竟然攔路搶劫。

>＞十一世紀末，由於城市的興起，在市民階層的支持下，封建割據勢力日趨衰弱，法國走向統一的前景越來越明朗。後來，經過腓力二世、亨利六世和腓力四世等幾代國王的努力，法蘭西終於日漸強大起來。

>＞在十四世紀時，英、法兩國因為貿易利益的關係，爭奪佛蘭德爾，衝突日漸加深。佛蘭德爾表面上屬於法國，但實際上卻行政獨立，並經常與英國進行羊毛貿易。這場衝突引發兩國之間的長期戰爭。戰爭的導火線是英王愛德華三世趁法國卡佩王朝絕嗣之際，欲以近親的關係繼承法國王位，最後卻由腓力二世獲得，愛德華三世因而對法國宣戰。英法百年戰爭於焉爆發。當時神聖羅馬帝國的諸侯和佛蘭德爾站在英國一方，而蘇格蘭和羅馬教皇則支持法國。「百年戰爭」規模之大、持續時間之長、給交戰雙方帶來的災難之深，都是事發當初所始料未及的。

>＞1492年，西班牙人取得「收復失地運動」的勝利，統一了西班牙，但這一過程卻花費了七個世紀。

>＞十一世紀末至十三世紀末，歐洲大陸刮起了一陣東征之風。這是一場「十字」對「新月」、《聖經》對《古蘭經》、基督徒對穆斯林的「聖戰」。1291年，十字軍的最後一個據點阿卡遭埃及軍隊攻占。至此，十字軍占領的穆斯林土地悉數被收回。

基督教籠罩下的歐洲 ●●●●●●●●●●●●●●●●●●●●●●●

>> 基督教在羅馬帝國時期曾受到壓制，耶穌被釘死在十字架上。到了中世紀，基督教的勢力越來越茁壯，教皇的權力甚至高於皇帝和國王之上。

>> 西元496年，法蘭克國王克洛維率三千名士兵來到蘭斯大教堂，在那裡接受了羅馬基督教的洗禮，成為征服羅馬帝國的蠻族人中最早的正統基督教徒。接著，羅馬基督教會開始借助其王室的影響力，在中歐和西歐推行基督教。

>> 由於社會環境的不同，自四世紀以後，東歐與西歐的基督教在宗教語言、教義、儀式等方面出現了明顯的分歧。東部教會受希臘文化的影響較大，而西部教會受拉丁文化影響較大。1054年，東、西方教會正式分裂。東方教會自稱為「正教」，亦稱「東正教」或「希臘正教」；西方教會則自稱為「公教」，或稱「羅馬公教」。

>> 自十一世紀中期開始，隨著羅馬教皇權威的加強與教、俗權之爭的展開，傳統的基督教神權發生了裂變。羅馬教廷提出了「新神權主義」的政治學說，鼓吹王權是由教皇所授的政治理念；而一些依附於王權的教士則極力批駁，並對「王權高於教權並有權統治教會」進行論證，提出了新的「神命君權至上論」。

>> 中世紀時期，基督教的教義得到了充分的貫徹，建立起一套完整的宗教體系及行為準則。到了十三世紀以後，基督教聖禮由原來的洗禮和聖餐禮發展成了七種：洗禮、聖餐禮、堅信禮、告解禮、婚配禮、終敷禮和授聖職禮。這些禮制加強了教會對教徒的控制，鞏固了教俗封建領主的統治。

>> 隨著教會的蓬勃發展，異端、宗教裁判所這兩個充滿血腥的名字，漸成為中世紀歐洲人心目中的夢魘。教會壟斷了教育，而火刑柱上不知毀滅了多少真理。

拜占庭帝國 ●●●●●●●●●●●●●●●●●●●●●●●●●●●●●●●●●

>> 西元330年，君士坦丁大帝在東方的拜占庭建立起新都城，稱為「君士坦丁堡」。直到西元395年，羅馬帝國一分為二：以君士坦丁堡為首都的一邊，稱為「東羅馬帝國」，又稱「拜占庭帝國」；以羅馬城為首都的一邊，稱「西羅馬帝國」。

>> 西元527年，繼承皇位的查士丁尼對內加強貴族統治，對外積極擴張。查士丁尼統治時期拜占庭國力空前強盛，他因此得到「查士丁尼大帝」的稱號。查士丁尼對外擴張之役捷報頻傳，他趁勢大興土木，建造宮殿、教堂，極盡奢侈之能事。僅僅建造聖索菲亞大教堂就用了五年的時間，徵用民工一萬多人，全部費用折合成黃金約十八噸。

>> 十三世紀末，鄂圖曼土耳其帝國開始向外擴張。當鄂圖曼土耳其崛起之時，拜占庭帝國已到了窮途末路。君士坦丁堡的陷落，標誌著這個古老帝國的結束。

諾曼人狂飆掃歐洲 ●●●●●●●●●●●●●●●●●●●●

>>早在西元前六千年左右，斯堪地那維亞半島和日德蘭地區就有人定居了，當時叫諾
曼人，意爲北方人。多數學者認爲他們是古代日耳曼人的後裔，主要包括丹麥人、
瑞典人和挪威人。

>>諾曼人的英勇不是表現在馬背上，一切充滿戰鬥行動的事業都是在船上進行的。他
們在攻擊別族時，不把敵人徹底消滅絕不甘休。

>>對於是誰發現了美洲這個問題，今日人們多會不假思索地脫口而出：「哥倫布！」
然而卻有一些學者認爲，在哥倫布之前，最先發現美洲的是北歐海盜。

>>西元九世紀末，哈拉爾德統一挪威後當上國王，實行專制的獨裁統治。挪威、丹麥
和瑞典各民族中湧現的一批冒險家們爲了擺脫哈拉爾德的統治，追求無拘無束的生
活，開始瘋狂地向外拓殖，成爲令人聞風喪膽的海盜。

>>自西元793年6月8日北歐人首次在英格蘭登陸侵擾之後，他們便年復一年地在夏天
來到英倫三島或歐洲大陸進行搶掠。疾駛如飛的龍頭船，高高飄揚的海盜旗，鋒利
的戰斧和長劍，歐洲人在此般威脅下顫慄了三百餘年。

>>西元885年11月，海盜首領羅洛在法蘭克福稱帝。911年，西法蘭克國王查理三世被
迫承認羅洛爲其封臣，並把紐斯特里亞的部分地區劃歸給羅洛，授予他諾曼第公爵
的稱號，於是他成爲諾曼第公國的大公。在接下來的幾百年裡，這些丹麥諾曼人後
裔仍不斷派出遠征軍征戰，相繼征服了許多地方，並向這些地區移民拓殖。

東南歐及東歐封建諸國 ●●●●●●●●●●●●●●●●●●●●

>>上古時期生活在羅馬尼亞的主要是達契亞人。在四世紀末葉開始的民族大遷徙中，
哥德人、匈奴人、阿瓦爾人都曾在達契亞留下足跡。六至七世紀，斯拉夫人和達契
亞——羅馬人雜處，逐漸爲達契亞——羅馬人所同化，大約到十一世紀時融合成了
今天羅馬尼亞人的祖先，同時誕生了羅馬尼亞語。羅馬尼亞是個多災多難的民族，
曾多次受到異族的統治。雖然有過短暫的統一，但也僅是曇花一現。

>>在民族大遷徙中，斯拉夫人的一支遷到巴爾幹地區，稱爲南斯拉夫。他們在這裡建
立起自己的國家，在斯蒂芬・杜尚統治時期曾強盛一時。

>>中世紀的保加利亞時衰時興，曾打敗過拜占庭帝國的軍隊，也曾被西征的蒙古風暴
所吞沒。不過，保加利亞確是對東南歐的歷史產生過重大的影響。

>>斯坎德培，是阿爾巴尼亞人心目中的英雄，他曾領導阿爾巴尼亞人民建立自己的國
家，並多次打敗強大的鄂圖曼土耳其軍隊。

>>捷克多次受到異族的入侵，也受到羅馬天主教會的壓迫。胡斯戰爭用劍來維護上帝
的正義，在歐洲史上寫下了光輝的一頁。

>>捷克人屬西斯拉夫人的一支，他們的祖先原先居住在易北河上游、波希米亞和摩拉維亞一帶。第一個載入史冊的捷克國家是薩莫公國，西元623年由薩莫大公創建。九世紀初爲了抵抗日耳曼領主的入侵，又出現了一個大摩拉維亞國家（830至906年），捷克、摩拉維亞、斯洛伐克等地都被含括在內。西元906年，匈牙利人入侵，終結了該王朝。此後，捷克人以波希米亞爲中心，建立起獨立的捷克王國。

>>1086年，神聖羅馬帝國皇帝亨利四世授予捷克公爵——弗拉提斯拉夫二世國王稱號，從此捷克成爲神聖羅馬帝國的一部分。

>>波蘭人是西斯拉夫人的一支。他們原居住於西起奧得河、東至布格河和維普什河、北濱波羅的海、南到喀爾巴阡山的遼闊區域內。波蘭是斯拉夫人建立的國家，中世紀時期贏得了獨立，因抵禦日耳曼人而與立陶宛時分時合。

>>阿提拉之後的匈奴帝國衰落下去了，匈奴人和其他民族融合而形成了匈牙利民族，仍在歐洲腹地演繹著新的民族歷史。

俄羅斯帝國的崛起 ●●●●●●●●●●●●●●●●●●●●●●●●●●●●●●

>>東斯拉夫人主要包括現在的俄羅斯、烏克蘭和白俄羅斯三個民族。九世紀時，北歐的諾曼人在留里克的率領下入侵東斯拉夫，開啓了基輔羅斯時代。基輔城公認是俄羅斯諸城之母。

>>西元945年，基輔羅斯大公伊戈爾率兵進攻拜占庭帝國，爲拜占庭人所敗，被迫簽訂和約，割讓克里米亞給拜占庭，並允許基督教在俄羅斯傳播。

>>西元980年，弗拉基米爾成爲基輔羅斯的大公，他深知宗教有加強思想控制的作用。西元987年，他要求拜占庭皇帝將其妹安娜公主下嫁給自己，並爲他施以洗禮，自此改信基督教。翌年，接受洗禮後的大公帶著新婚妻子和一批拜占庭神父返回基輔，下令廢除多神教，命全體臣民跳入第聶伯河中，讓神父爲他們舉行集體施洗，並在俄羅斯境內建立大主教區，興修教堂，還捐贈大片土地給教會。

>>之後，莫斯科公國逐漸強大起來，1326年都主教駐地遷至莫斯科。1439年，爲解決東西方教會的分歧，羅馬教皇在佛羅倫斯召開宗教會議，莫斯科都主教伊西多爾代表俄羅斯參加，擅自以莫斯科教會的名義簽了兩教合併的協定，承認羅馬教皇爲「基督在世的全權代表」。得知此消息後，莫斯科大公極爲憤慨，斥責都主教是「拉丁教的魔鬼」，和西方教會交好是對東正統教義的叛離，下令將伊西多爾撤職查辦，並派俄羅斯人約納擔任都主教。從此莫斯科教會正式脫離君士坦丁堡。

>>中世紀的俄羅斯可說是個多災多難的國家，波蘭人和條頓騎士團的入侵，加上蒙古大軍的征服，爲俄羅斯人帶來了極大的災難。

>>1547年1月，伊凡四世舉行加冕禮，稱爲「沙皇」。沙皇是莫斯科大公的稱號。中

世紀時，在俄羅斯平原這片廣闊的土地上，沙皇乃指最高統治者，特別是拜占庭皇帝；1240年以後蒙古強盛時也指蒙古大汗。1547年，伊凡四世爲了顯示自己的偉大，於是延用這個稱號。

>>伊凡四世上臺後，野心勃勃地積極對外擴張。歷代沙皇都是狂熱的征服者，對外擴張是他們的天性。從莫斯科公國到龐大的俄羅斯帝國，正是歷代沙皇累積的「戰果」。

西亞穆斯林帝國 ●●●●●●●●●●●●●●●●●●●●●●●●●●

>>阿拉伯半島位於亞洲西南部，半島大部分地區都被沙漠和草原所覆蓋，到六世紀時，多數阿拉伯人仍然過著游牧的生活，人稱貝都因人（草原牧民）。

>>半島西部有一塊叫做漢志的狹長地帶，中國絲綢、印度香料等特產大多通過漢志的商路轉運到歐洲。隨著商業的發展，漢志商路兩旁興起了許多城鎮，其中以麥加最爲有名。到六世紀前後，生活在麥加的阿拉伯人約有一萬五千餘人。

>>西元610年，一位隱居者走出山洞，自稱是眞主阿拉派到人間來拯救世人的使者，宣揚順從阿拉的人死後可以進入天堂。這位隱者便是伊斯蘭教的創始人——穆罕默德。

>>在眾多教徒的支持下，穆罕默德在雅特里布建立了第一個伊斯蘭教國家，並擁有了自己的軍隊。他將這裡改名爲「麥地那」，意爲「先知之城」。

>>幾年後，穆罕默德的信徒遍布阿拉伯半島，到西元632年穆罕默德病逝時，半島在共同的宗教信仰之下，完成了實質上的統一。從此，這個國家一步步邁向繁榮的帝國之路。

>>從十一世紀起，蒙古人展開西征之旅，生活在中亞的突厥部落深受其苦，大量遷往西亞地區，鄂圖曼土耳其就是其中的一支。

>>羅姆國蘇丹阿拉丁爲了讓鄂圖曼人爲自己守衛邊境，將與拜占庭帝國相接的卡拉賈達賜予鄂圖曼人。幾年之後，卡拉賈達的首領埃爾托格魯爾大量吸收西遷過來的突厥人，使一個只有四百來個營帳的小部落發展爲一股強大的力量。

>>埃爾托格魯爾死後，其子鄂斯曼即位，他不斷擴張領土，建立了鄂圖曼帝國。

>>1451年，穆罕默德二世即位，滅掉了東羅馬帝國。長期征戰中，橫跨歐亞大陸的鄂圖曼土耳其帝國開始成形，歷史上將穆罕默德二世稱爲「征服者」。

>>到十六世紀時，鄂圖曼土耳其帝國的疆域已經相當遼闊，一個橫跨歐、亞、非三大洲的大帝國最終形成。

中世紀的南亞和東亞 ●●●●●●●●●●●●●●●●●●●●●●●●●●●●

>>四世紀初，印度北部小國林立，西北部的貴霜帝國和南部的安度羅帝國國勢衰微，輝煌不再。西元320年，恆河下游的摩揭陀國境內，旃陀羅‧笈多一世（月護王）即位，使用「摩訶羅」稱號，建立了笈多王朝，但後來陷入分崩離析狀態。西元570年，笈多王朝的統治宣告結束。

>>中世紀初期的日本受中國和朝鮮半島先進文明的影響，生產力有了顯著提昇。六世紀末期，日本貴族蘇我氏與物部氏兩大政治集團爲了控制皇位，積怨甚深。西元587年，兩派就是否接受佛教問題發生了嚴重的分歧。

>>西元592年，蘇我馬子消滅了物部氏一族，擁戴推古天皇即位；聖德太子於次年攝政，期間致力於建立以天皇爲中心的中央集權統治，進行了一系列改革。

>>到了十六世紀，日本諸邦林立，陷入「戰國時代」，由織田信長率兵逐漸統一了大半個日本。他死後，其部將豐臣秀吉繼承了大業，最終統一了日本六十六「國」。後來，織田信長的另一名部下德川家康掌握了實權，開始了閉關鎖國的封建統治。

>>中世紀初期，新羅、百濟、高句麗之間相互征伐不斷，勢力此消彼長。直到十世紀末，王建自立爲王，建立了高麗國，才逐漸統一朝鮮半島。

中世紀的非洲 ●●●●●●●●●●●●●●●●●●●●●●●●●●●●

>>羅馬帝國分裂後，埃及成爲拜占庭帝國的一部分。

>>七世紀中期以後的一百多年中，埃及名義上仍由阿巴斯王朝的總督統治，但實質上已經獨立。此後的五百多年裡，埃及逐漸成爲一個獨立的阿拉伯國家，以開羅爲首都。

>>十六世紀初，土耳其大舉進攻埃及，於西元1516年大敗馬木路克軍，占領敘利亞，後來攻下開羅，滅了馬木路克王朝，埃及遂變成鄂圖曼帝國的一個行省。

>>馬格里布在阿拉伯語裡是「日落的地方」或「西方」之意，原指埃及以西的整個北非地區，後來專指突尼西亞、阿爾及利亞和摩洛哥三國。該地區最早的居民是摩爾人。西元前814年至西元439年間，腓尼基人和羅馬人先後占領了這裡，將摩爾人變爲奴隸。

>>西元788年，阿拉伯貴族伊德里斯‧本‧阿卜杜拉依靠摩爾部落的支持，在摩洛哥北部建立了獨立的封建國家——伊德里斯。

>>西元1516年，土耳其開始入侵馬格里布，東馬格里布後來淪爲鄂圖曼帝國的行省。

>>蘇丹和衣索比亞是歷史悠久的東非古國，曾建立過強大的奴隸國，創造了較高的文明。從七世紀起，兩個國家開始過渡到封建社會。

>>位於塞內加爾河和尼日河流域的桑海、迦納和馬利，是中世紀西非的著名古國，和北非地區有著頻繁的貿易往來，是西非重要的文化中心。

>>十七世紀中葉，除南非的柯伊薩族還處於原始社會階段外，中南非地區已建立了一系列國家，其中最著名的是剛果和辛巴威。

十六世紀以前的美洲

>>美洲的古代文明中，最輝煌的當屬馬雅文明。馬雅文明全盛時期在西元300年至900年，其影響範圍西達墨西哥高原，東達巴拿馬，對這些地區文明的崛起產生了深遠的影響。

>>阿茲特克人最早居住在墨西哥西北方的阿斯特蘭小島上，十二世紀中葉移居到墨西哥盆地，1248年開始定居在特斯科湖西岸，1325年建立了著名的村落「特諾奇蒂特蘭」。

>>「印加」在印第安語中是「太陽之子」的意思，印加人起初在的的喀喀湖附近過著狩獵生活，後來向北遷徙到祕魯中部，十二世紀時以庫斯科為中心建立起了印加帝國，印加文化就是從這個時候開始的。

探險家的新航路

>>1497年7月8日，葡萄牙人達・伽馬沿著狄亞士等人的足跡，於11月左右到達非洲最南端的好望角。隨後，達・伽馬帶領船隊繼續航行，在1498年5月20日左右到達了印度西海岸的卡利庫特城，就這樣開闢了第一條繞過非洲大陸到達東方的新航線。不久，麥哲倫又進行了環球航行，證明了地圓學說的正確性。

>>新航線與新大陸的發現，加速了歐洲殖民者的擴張行為，他們為了得到更多的利益而開始爭奪海上霸權。

宗教改革和日耳曼*農民戰爭

>>中世紀後期的日耳曼地區四分五裂，大大小小的邦國都處於羅馬教廷的控制之下，名目繁多的稅收使大量的財富流向羅馬，日耳曼因而被稱為「羅馬教皇的乳牛」。

>>荒唐的「贖罪券」，是基督教會對日耳曼人民另一種剝削的方式。馬丁・路德張貼〈九十五條論綱〉，公開反抗教會，揭開了宗教改革的序幕。

>>湯瑪斯・閔采爾本是農民之子，一躍成為傑出的農民領袖。在他的大力宣傳、鼓動和組織下，西歐歷史上最大的一場農民戰爭在日耳曼地區爆發。

※此處為狹義的日耳曼，指日耳曼地區（Germany，同德意志Deutschland），即未統一前的德國。廣義的日耳曼為整個日耳曼民族，包括古代的東哥德、西哥德、法蘭克等王國，近代則以德、奧兩國為主。

中古
世界

西元476年　　　　　西元1500年

羅馬帝國的解體／法蘭克王國的興衰／西歐封建化進程／基督教籠罩下的歐洲／
拜占庭帝國／諾曼人狂飆掃歐洲／東南歐及東歐封建諸國／俄羅斯帝國的崛起／
西亞穆斯林帝國／中世紀的南亞和東亞／中世紀的非洲／十六世紀以前的美洲／
探險家的新航路／宗教改革和日耳曼農民戰爭

墨洛溫王朝時的青銅帶扣

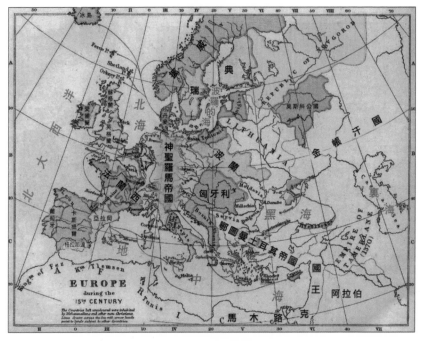

十五世紀的歐洲

001.民族大遷徙

匈奴是中國古代的少數民族，曾嚴重威脅秦、漢王朝邊防。西元91年，匈奴在和漢民族的長年戰爭中失敗，開啟了一場史無前例的民族大遷徙……

匈奴西遷

匈奴興起於中國北方河套、陰山以北，在秦朝時便不斷南侵，至漢朝時勢力達到鼎盛。漢文帝時，匈奴軍曾直逼京畿，使漢都長安陷入一片混亂。漢武帝時，中原軍事力量空前強盛，匈奴由強轉弱，漢武帝於是起意消除來自匈奴的威脅。西元前133年至前119年，衛青、霍去病率軍屢敗匈奴，深入匈奴境內兩千餘里，收復大片失地，鞏固了邊防。在漢朝的軍事打擊以及漢廷策動西域各國予以孤立的情況下，匈奴內部矛盾日深，政治重心漸漸西傾，顯露出了西遷的態勢。

王莽當政時，匈奴內部發生了一次大分裂，形成了南、北兩大陣營。後來南匈奴逐漸與漢族融合，而北匈奴力量仍十分強大，牢牢控制著河套、河西以及西域諸國。於是到了東漢，漢軍又開始對匈奴進行連串反擊。從西元88年起，竇憲和耿秉率漢軍大敗匈奴軍隊，迫使北匈奴部眾於西元91年離開漠北，向西方遷徙。

北匈奴在烏孫地區艱難生活了約七十年之後，在二世紀中葉遷往位於中亞錫爾河流域的康居。西元三世紀中葉時，或有可能受到貴霜帝國和康居的聯合夾擊，北匈奴又被迫遷往粟特地區；約西元350年左右，再度西遷至頓河流域，且擊敗了當地的阿蘭人，征服黑海北岸和西亞一帶。

←匈奴騎兵想像圖
匈奴是個游牧民族，軍隊以騎兵為主，成年男子入則為民，出則為兵，能騎善射。他們對整個歐亞大陸的農耕文明造成巨大衝擊，並改寫了歐洲的歷史。

←漠北之戰
漠北之戰是漢代衛青、霍去病北擊匈奴最關鍵的戰役，此戰之後匈奴人在中國北方的勢力逐漸衰微。

→ 匈奴人的虎豕咬鬥紋金飾牌

　　直到四世紀中葉之後，歐洲歷史學家才留下關於「匈人」活動的記載，他們所稱的「匈人」正是北匈奴的後代。匈奴西遷最後也觸發了歐洲的民族大遷徙，尤其是日耳曼人的南遷對歷史影響深遠。

↑**四世紀的哥德武士**
哥德人是日耳曼人的一支，後分為東哥德和西哥德兩大部。原生活在東歐地區，因受到匈奴人的驅逐而進入羅馬帝國境內，最後導致了羅馬帝國的滅亡。

慓悍的日耳曼人

　　早期歐洲的文明發展呈現了不均衡的狀態。興起於斯堪地那維亞半島的日耳曼人，於西元前南遷至波羅的海南岸的維斯瓦河口附近。後來，他們逐漸移居到多瑙河、萊因河、維斯瓦河和北海之間的廣大地區，並不斷向南推進，令盤踞在地中海地區的羅馬人十分不安。

　　日耳曼人身材高大，性格凶猛強悍，雖未有發達的文明，但英勇好戰。他們的農耕技術落後，主要依靠著乳類和肉食過生活。在羅馬人眼裡，日耳曼人是茹毛飲血的野蠻民族。他們慷慨大度、殷勤好客，在嚴冬時節喜歡成群結隊，挨家逐戶串門逗留，直到吃光主人家所有的食物。日耳曼人知道織布，會製造金屬器具和帶輪子的車，但卻不會書寫，故而被視為文化水平甚低的民族。

　　日耳曼人雖然知識淺薄，但打起仗來卻毫不含糊，手握自製的短矛勇往直前。近距離交戰時，短矛可發揮「一寸短一寸險」的優勢；若敵方逃跑，日耳曼人用力投擲，短矛又可當箭來使用。

　　日耳曼人打仗時往往一擁而上，跑在最前面的永遠是他們的首領。其實，日耳曼的首領並沒有太大的權力，既不能坐鎮後方指揮，也不能專斷獨行。首領乃是倚其勇敢而被推選出來的，只有最勇猛的人才有資格當選首領，而那些跟隨首領的士兵往往把不能與首領同生共死看作是最大的恥辱。因此，當日耳曼人跨上戰馬、拿起兵器怒吼前衝的那刻起，也許只有死神才能止住他們的腳步。

羅馬帝國的解體

19

哥德人避難羅馬

四世紀以前，日耳曼人雖然偶爾策馬南下，騷擾羅馬帝國邊境，但未發生大規模戰事。而靠近羅馬帝國的日耳曼人早就和羅馬人往來貿易，甚至漸漸為羅馬人同化。羅馬人對日耳曼人並無太大的敵意，甚至還招募了不少慓悍的日耳曼人來充實軍隊，以至於有人驚呼：羅馬軍隊已經「蠻族化」了！

就在日耳曼人和羅馬人和平相處之時，匈奴人長途跋涉來到了歐洲。儘管這趟千里旅程十分勞頓，身經百戰的匈奴人仍保持強大的戰鬥力。他們在日耳曼人的居住地縱橫馳騁，成了這個地方的新主人。日耳曼部落則被迫離開祖居之地，相繼退向南方的羅馬帝國境內，於是歐洲出現了大規模的民族遷徙浪潮。

西元375年，日耳曼人的一支東哥德人冀圖阻擊匈奴，結果一敗塗地，國王愛爾曼那利赫自殺身亡。另一支西哥德人連抵抗的勇氣都沒有，於次年逃到羅馬邊境的多瑙河畔。前有大河，後有追兵，西哥德人走投無路，最後在首領菲列德根率領下向羅馬人求救，請求羅馬皇帝瓦倫斯允許西哥德人渡河進入羅馬境內避難。

→日耳曼武士像
日耳曼武士善於使用長劍，多用於砍殺。青年人經過某種儀式，便獲得佩劍的權力，中世紀由扈從晉升為騎士的儀式正起源於此。

瓦倫斯十年前曾與哥德人交手過。當時有一萬多哥德人幫助羅馬邊防長官發動叛亂，被瓦倫斯鎮壓下去，因而瓦倫斯認為哥德人好對付，於是決定讓西哥德人入境避難。但他要求將所有未達服役年齡的男孩交出作為人質，並把所有兵器上繳羅馬軍官魯皮西拉斯和馬克西烏斯。瓦倫斯這樣做，無非是想在解除西哥德人武裝的同時，壯大羅馬的軍力。

面對這般苛刻的條件，西哥德人最後還是答應了。二十萬西哥德人渡過多瑙河，進入羅馬帝國境內。但羅馬帝國政府處理此事的官員卻腐敗無能，導致西哥德人得出賣子女才能換取生活必需的糧食，因而埋下了他們仇恨的種子。

西哥德人的反叛

車城

「車城」即是把輜重車輛首尾相連，串結成一道壁壘，就像一座可以移動的堡壘一樣。行進或打仗時，將士們躲在「車城」後面，讓輜重車掩護自己，騎兵小分隊從「車城」裡倏然出擊，對敵兵發動攻擊後再迅速退回。這種作戰方法在平原和高地上皆很奏效；但也有缺陷，如果對手迂迴到後方進行攻擊，「車城」反而會成為一種障礙。

西哥德人避入羅馬境內後，日子過得十分艱難。然而這時又有部分走投無路的東哥德人避入羅馬，他們的待遇比西哥德人好一些，因為羅馬沒有向他們要索人質。強悍的東哥德人，在羅馬境內漸漸變得有點肆無忌憚，與之血脈相連的西哥德人立即與他們結成了同盟，準備懲治一下羅馬官吏。

收繳西哥德人武器的羅馬官吏魯皮西拉斯感到了危機：如果西哥德人和東哥德人聯手，勢必在羅馬掀起一場腥風血雨。於是他決定先下手，除去西哥德人的首領。他設宴邀請菲列德根和另一位西哥德人的首領阿拉費法斯前去。席間魯皮西拉斯發出信號，埋伏的羅馬士兵一擁而上，將阿拉費法斯砍成了肉泥，但菲列德根拚死逃掉了。菲列德根逃回營地後，立即召集部下，正式向羅馬宣戰。

西哥德人的強悍在對付羅馬人時又顯現出來了，魯皮西拉斯與馬克西烏斯相繼遭到殺害，前來鎮壓的羅馬軍團也被擊潰，西哥德人獲得了大批武器，戰鬥力頓時提升不少，勢力範圍也逐漸加大，在羅馬境內建立了「國中之國」。

隨後西哥德人四處出擊，搶奪了大批財物，屠殺了大批無辜的羅馬人。

正與波斯人作戰的瓦倫斯聽說西哥德人造反，大為惱怒，與波斯人草草簽下停戰協議，立即回國進行鎮壓。但西哥德人已非十年前那般落後的狀態，他們從羅馬人那裡學到了許多東西，而部分羅馬逃兵也提供了西哥德人實質協助。因此瓦倫斯這場仗打得格外艱難，西哥德人僅用「車城」這一戰術，就教瓦倫斯的幾員大將一籌莫展。羅馬士兵士氣低落，抱怨聲日益高漲，瓦倫斯急需一場大戰以振奮軍心。

← 哥德騎兵和其僕人，想像圖
在進入羅馬帝國之前，哥德人還處於原始社會轉化時期，但已存在私有制。騎兵即是後來騎士的雛形，每人皆有數量不等的僕人。

羅馬帝國的解體

羅馬的內亂

其實在西哥德人和瓦倫斯作戰以前，羅馬帝國就極不穩定了。西元306年，君士坦丁成為羅馬帝國的獨裁者，他沿用了戴克里先的改革，但並未壯大羅馬帝國的基礎，反而建立起一個臃腫的官僚機構，加重人民的負擔。歷經戰亂後，帝國中心逐漸向東偏移。西元330年，君士坦丁大帝將首都遷到經濟、文化相對較發達的拜占庭城，改名「君士坦丁堡」。

西元364年，瓦連第安統治西部帝國，他的兄弟瓦倫斯統治東部帝國。兩

←君士坦丁大帝的夢想，皮耶羅，弗朗切斯卡作品
君士坦丁一世是羅馬帝國後期最傑出的君主，即使在夢中也考慮著對衰落的帝國進行改革。

兄弟當政期間，羅馬帝國北方的東哥德人、西哥德人、汪達爾人、法蘭克人、阿勒曼尼人、盎格魯人、撒克遜人、倫巴底人等日耳曼部落結成同盟，經常騷擾羅馬邊境。而羅馬帝國境內深受壓迫的奴隸、農奴和下層人民，也早有反抗之心。日耳曼人的入侵，點燃了羅馬帝國境內的反抗之火。瓦連第安在交戰中被殺，而西哥德人在羅馬境內的暴動也讓瓦倫斯疲於應付。

瓦倫斯返回君士坦丁堡對西哥德人進行鎮壓時，命令在亞美尼亞境內作戰的部隊迅速前往色雷斯，又派人請求他的侄兒、西羅馬的格拉提安出兵相助。

從亞美尼亞撤入色雷斯的東羅馬軍隊，對當地的地形不甚瞭解，甚至對西哥德人以騎兵為主的作戰方式也無所認識，仍堅持以正規軍團進行正面作戰，因而受到西哥德人的阻擊和奇襲，屢遭失敗。

【人文歷史百科】 戴克里先的改革

戴克里先擴大羅馬皇帝的權力，採用「多米那斯」稱號，仿效東方專制君主的宮廷禮儀。戴克里先改革後，行省被劃小，由四十多個增到一百個；行省中的軍權和行政權分開，軍隊中「蠻族」成員不斷增加；統一稅制，確定了新鑄幣含金、銀的標準；對基督教採取高壓政策，禁止舉行禮拜，清除軍隊和官員中的教徒，沒收教會財產，拆毀教堂，焚燒經書，逮捕神職人員，處死一些教徒。戴克里先的改革，使面臨嚴重危機的羅馬帝國獲得了暫時的穩定。

雖然哥德人的「車城」戰術屢試不爽，但對於積極的攻城作戰卻無計可施。因此，羅馬軍隊倚靠堅固城牆抵擋了哥德人的攻擊，而自己又不敢貿然出城，兩軍出現了對峙的局面。

游牧民族的聯盟

西元378年，東哥德人開始支援西哥德人，甚至連匈奴人也援助西哥德人，共同對付羅馬人，西哥德人與羅馬軍隊對峙的僵持眼看就要破局。克利提吉爾恩成了游牧民族聯盟的總指揮，他準備和東羅馬的軍隊決一勝負。

瓦倫斯看到前線的局面難以突破，於是撤掉了原步兵統帥，任命西羅馬來援的塞巴斯西安為步兵統帥。西羅馬的格拉提安也正火速趕來。

塞巴斯西安接任步兵統帥後，立即鼓舞士氣、安撫軍心。他深知羅馬士兵急需一場勝利來振奮軍心，但羅馬士兵惰性成風，是一群烏合之眾。於是，塞巴斯西安挑選出兩千餘名英勇士兵，組成一支精銳部隊，率領他們占領了阿德里亞堡。第二天，塞巴斯西安發現一支哥德部隊正在希伯勒斯河附近劫掠，又率部隊前去圍剿。但他沒有正面攻擊，而是趁哥德人休息時發動夜襲，殲滅了這支西哥德部隊。

這一勝利大大鼓舞了軍心，瓦倫斯認為反擊的機會來了，決定親自出征，但格拉提安的大部隊還沒有到達。

偵察兵向瓦倫斯報告：有一支約萬人左右的哥德軍隊正準備通過阿德里亞堡附近，向西進軍。瓦倫斯未加思索，就立即率

↑羅馬騎兵

大軍出發進擊。隊伍雖然龐大，但混亂且缺少訓練，戰鬥力不強。

當部隊行進到阿德里亞堡城邊時，塞巴斯西安請求瓦倫斯不要再前進，因為這支隊伍的作戰能力太弱，若一旦戰敗將使整個軍心動搖。格拉提安也送來書信，建議瓦倫斯小心行事，等援助部隊前來會合後再一起出戰。但瓦倫斯身邊的一些奸佞之徒卻極力慫恿他開戰，以免讓格拉提安搶了戰功。瓦倫斯最後決定單獨行動，隨即就在敵人必經之路修築工事，準備開戰。

←羅馬軍隊與「蠻族」混戰的浮雕
在「蠻族」入侵的打擊下，原已陷於危機中的羅馬帝國最後徹底崩潰。

失敗的和解

西元378年8月9日清晨，瓦倫斯將眾大臣、金銀服飾留在阿德里亞堡城內後，便率大軍向哥德人進行決戰。但這一天天氣炎熱，道路又崎嶇不平，羅馬士兵一路走來十分疲憊。這時偵察兵報告說，距離阿德里亞堡十二哩處，發現了哥德人圓形的「車城」。瓦倫斯急令士兵展開陣勢迎敵，但疲憊不堪的羅馬士兵擠擠攘攘，排了半天也沒有到達指定位置。

克利提吉爾恩這時查探到了瓦倫斯的行動，儘管自己也想盡早決戰，但騎兵主力出去搜擄還未回來。因此他一面派人火速通報騎兵主力，一面派使者假意求和，拖延時間。

↑羅馬帝國傭軍
羅馬帝國後期，招募了許多日耳曼傭軍，他們只為金錢而戰，背棄主人是常有的事。

使者見到瓦倫斯後，提出了避免戰爭的條件：將色雷斯地區劃給哥德人。瓦倫斯雖然不同意這項條件，但自己在狹窄的地形上還未部署好，因此也想爭取一些時間。於是瓦倫斯告訴使者，如果真有誠意簽訂停戰協約，應由主帥克利提吉爾恩親自前來才行。克利提吉爾恩也乘機向瓦倫斯提出條件，要求他們派出貴族作為人質。瓦倫斯同意了這些提議。

談判進行時，哥德騎兵主力回來了，而瓦倫斯龐雜的大軍仍在擾鬧不休。瓦倫斯的使臣帶著一些隨從前往哥德大營，但一行人剛到對方的「車城」，跟隨使臣的弓弩手卻突然放箭，向哥德人發動了進攻。使臣事先不知道這回事，見情勢不妙隨後就逃回了本營。克利提吉爾恩馬上率兵進攻瓦倫斯的大軍。羅馬軍右翼騎兵立即應戰，但很快就被擊潰。左翼騎兵一下成了孤軍，也難逃被哥德騎兵殲滅的命運。

古代色雷斯

【人文歷史百科】

色雷斯在巴爾幹半島東南部。古代的色雷斯東臨黑海，北接多瑙河，南至愛琴海，西與伊利里亞和馬其頓為鄰。古代色雷斯人居住在這個地方，西元一世紀被羅馬人征服，劃為兩個行省：巴爾幹山以南稱色雷斯省（即今保加利亞南部，通稱上色雷斯），以北稱莫埃西亞省。西元1018年為拜占庭侵占。十四到十九世紀屬鄂圖曼帝國，統稱「魯米利亞」。1878年俄土戰爭後，上色雷斯稱東魯米利亞，1885年與保加利亞公國合併。

瓦倫斯夢斷阿德里亞堡

羅馬部隊的騎兵一潰千里，戰馬從士兵身上躍過拚命逃竄。羅馬步兵被自己的騎兵衝散，一部分士兵倒在馬蹄之下，一部分士兵跟著馬逃命。剩下的步兵失去了騎兵的保護，劣勢盡顯。但他們仍想集結起來，進行最後的搏擊。

擁擠雜亂的羅馬步兵慌亂地調整著陣形，但哥德騎兵眨眼之間又衝過來了，羅馬步兵再一次被衝垮，潰不成軍。戰場上塵土飛揚，羅馬士兵擠在一塊，甚至連刀都拔不出來，遭到哥德人大肆屠殺。

這時，想盡快結束戰鬥的克利提吉爾恩又把「車城」中的步兵投入戰場。羅馬士兵此時已無路可逃，唯有背水一戰才能生還，往日的惰性頓時消失無蹤，每個人都為爭取生存的機會而奮戰。兩方的士兵都殺紅了眼，無人投降，也沒有人後退，戰爭的慘烈程度到了難以想像的地步。長矛刺斷了，士兵拔出短劍攻擊；劍刃砍彎了，士兵隨手抓個東西繼續拚殺。

羅馬士兵最後沒能擋住哥德人的攻擊，開始四下逃竄。羅馬預備隊準備營救瓦倫斯，但一看到哥德人的勇猛攻勢，立即丟下瓦倫斯和他率領的士兵全速潰逃。

夜幕降臨時，一個羅馬人再熟悉不

↑ 哥德人渡過多瑙河
哥德人英勇善戰，渡過多瑙河進入羅馬帝國境內後，對羅馬帝國產生了重大威脅。

過的身影在死屍間爬行。他看起來受了重傷，因為爬得很吃力。終於他爬不動了，靜靜地趴在那裡停止了呼吸。他就是羅馬皇帝瓦倫斯，與他一起同死在戰場上的，還有羅馬帝國眾多的騎兵司令和顯要大臣。羅馬此戰損失了三分之二的兵力，約有四萬餘人。

在阿德里亞堡戰役中，騎兵成了戰場上的主角，古老的方陣和軍團戰術已失去了優勢，羅馬帝國從此走向衰落。

← 瓦倫斯雕像，羅馬帝國後期作品
瓦倫斯是羅馬分治時東羅馬的皇帝，在阿德里亞堡戰役中戰死。

羅馬帝國的解體

阿拉里克的野心

阿德里亞堡一戰，使西哥德人的野心無限膨脹。他們在巴爾幹半島所向披靡，甚至兵臨東羅馬帝國首都君士坦丁堡城下。從黑海之濱到阿爾卑斯山麓，到處都充斥哥德人戰馬的嘶鳴。

←狄奧多西一世受洗，1745年皮爾作品，義大利佩魯賈國立藝術館藏
狄奧多西一世在位時，將基督教定為羅馬帝國國教。畫面中坐著的是當時的教宗聖安布羅斯。

西元380年，西哥德人的首領菲列德根去世，一時群龍無首，降低了羅馬帝國外防的壓力。西哥德人雖然圍攻君士坦丁堡，但因「車城」的作用無法發出威力，且又不懂攻城戰術，故而並未對君士坦丁堡構成太大威脅。西元386年，足智多謀的羅馬皇帝狄奧多西，利用西哥德人發生內訌的機會重創西哥德軍，解了君士坦丁堡之圍。

內亂不止的西哥德人對羅馬帝國難以形成有效的攻勢，後來遂與狄奧多西達成停戰協定：狄奧多西在多瑙河畔劃出一塊區域供西哥德人居住，西哥德人則向羅馬帝國提供兵源。

西元390年，西哥德人中出現了一位年輕有為的新首領，他就是阿拉里克。他認為停戰協議並不足以讓西哥德擺脫寄人籬下的境地，提供兵源是對西哥德人的侮辱，首要之務乃應重振西哥德人的雄風。

西元395年，狄奧多西去世，羅馬帝國正式分為東、西兩部。此時常常抗拒羅馬命令的阿拉里克乘機起義，反羅馬的運動在帝國境內開始蔓延。從小亞細亞到馬其頓，從希臘半島到義大利半島，西哥德人在阿拉里克的率領下取得了無數次勝利。那些受羅馬帝國壓迫的農奴和農民，也踴躍加入阿拉里克的部隊，不斷壯大的隊伍為羅馬帝國帶來了逐日加劇的威脅。

←阿拉里克進攻羅馬，美國《國家地理雜誌》插圖

米蘭之圍

西元401年，阿拉里克視征服羅馬城為新目標。他曾對妻子說：「妳安心等待吧，不久我就會把羅馬的貴婦帶來作妳的奴婢！」之後就率軍翻越阿爾卑斯山，攻克威尼斯，圍困米蘭城。羅馬貴族個個驚恐萬狀，紛紛逃出義大利。

在米蘭告急之時，具有汪達爾血統的日耳曼將領斯提利哥站了出來，決定拯救羅馬，他對羅馬十分忠心。斯提利哥從帝國各地糾集武裝士兵，於西元402年初，解了米蘭之圍。4月6日，斯提利哥又誘使阿拉里克到波侖提亞會戰，大敗西哥德軍。哥德俘虜被綁縛雙手，集體遊街示眾，阿拉里克的雕像也被戴上枷鎖放在戰車裡遊行，羅馬競技場為此舉行了大型表演，但這已是巍巍帝國最後的歡呼。

↑斯提利哥和他的妻兒，羅馬時期黃金製作

斯提利哥解米蘭之圍後，並未得到應有的榮譽，反而受到羅馬貴族的詆毀。貴族們開始攻擊斯提利哥，誣陷他私下與阿拉里克勾結，並準備立自己的兒子為皇帝。甚至斯提利哥籌備軍餉時，也被誣陷為擴充自己的勢力，意圖取代羅馬政府。西元408年8月23日，斯提利哥以莫須有的罪名被處死，並株連九族。斯提利哥死後，那些誓死保衛羅馬的「蠻族」也紛紛出城投靠阿拉里克。保衛羅馬的最後一絲力量讓羅馬人自己給消滅了。

此時的阿拉里克已從戰敗的陰影中走出，並且恢復了戰鬥力。而對他最具威脅的斯提利哥一死，阿拉里克毫無壓力。於是他率領自己的軍隊，和不斷前來結盟的「蠻族」渡過波河，直逼羅馬城下。

↓西哥德人洗劫羅馬
阿拉里克率領的西哥德人轉戰於整個羅馬帝國的東部，對羅馬文明造成了巨大的破壞。

羅馬的逃兵

【人文歷史百科】

解米蘭之圍的斯提利哥被羅馬人殺害後，那些誓死保衛羅馬城的「蠻族」士兵感到十分失望，紛紛離開羅馬。短短的幾天內，就有三萬餘人逃出羅馬。更為可怕的是，這些「蠻族」軍人投靠了哥德人，成了阿拉里克的將士，他們攻打羅馬的決心甚至比阿拉里克還要堅決。阿拉里克第二次圍攻羅馬時，就有四萬多個羅馬奴隸和三萬多名前羅馬士兵參加。

羅馬帝國的解體

洗劫羅馬城

羅馬城牆高大結實，固若金湯，阿拉里克知道強攻難以奏效，決定圍而不攻。他切斷羅馬與外界的一切聯繫，逼迫羅馬在食物枯竭時投降。來自北非的糧食供應管道被切斷後，城內的饑荒危機隨之降臨。不久，人們每日的糧食配給由兩磅降到了四分之一磅，直至取消。

恐懼籠罩著整個羅馬城，又有不祥的傳聞四處散布：有十二隻老鷹在羅馬城創立者羅慕洛雕像前飛上飛下，意味著羅馬城僅有十二個世紀的壽命，而現在羅馬城已經期滿，就要滅亡了。

不斷餓死的老人和嬰兒迫使羅馬元老院決定求和。他們派出使者求見阿拉里克，最後答應了對方的要求，交出了五千磅黃金、三萬磅白銀、三千磅胡椒、四千件絲質衣料和三千張牛皮；並同意讓阿拉里克與住在拉文納的西羅馬皇帝霍挪里阿進行會談，不過元老院對此要求一直推託。當君士坦丁堡的四千精銳援兵到來、北非的糧食運來後，羅馬人又有了元氣，大罵阿拉里克是土匪，與皇帝會談是癡心妄想。

阿拉里克盛怒之下，決心攻克羅馬。西元410年，阿拉里克大軍開至羅馬城下，把羅馬城圍個水洩不通。8月24日夜晚，一名奴隸乘守軍不備，偷偷打開了羅馬城門。阿拉里克率大軍殺入城內，三天三夜的燒殺搶掠使羅馬城幾乎成為一片廢墟。

在羅馬城內橫行無忌的阿拉里克未得到滿足，他準備渡海南下征戰西西里，奪取北非——羅馬帝國的糧倉。

← **阿拉里克對羅馬的洗劫**
該圖生動地描繪了西哥德人進入羅馬城之後燒殺搶掠的情景。畫面中最可憐的是那些羅馬女人，在阿拉里克及西哥德士兵面前如同羔羊。

躊躇滿志的阿拉里克剛到義大利半島便不幸染病，一命嗚呼了。西哥德人隨即強迫羅馬俘虜排乾附近布辛特河的河水，把阿拉里克的遺體和大量殉葬品埋在河床下，最後又將河水放回河床。那些參與工程的羅馬俘虜事後全部遭滅，因此阿拉里克屍骨的具體位置至今仍是個謎。

↑普拉西蒂亞肖像，壁畫（局部）

西哥德王國的建立

阿拉里克的繼任者魯道夫認為阿拉里克的死是個凶兆，而渡海的大船被掀翻更加強了他的想法。於是，魯道夫決定停止南進的計畫，轉而揮師北上，準備征服羅馬帝國最大的省分——高盧。

魯道夫北上途中，竟然拐走了皇帝霍挪里阿的妹妹普拉西蒂亞，這讓羅馬大將君士坦提亞斯惱羞成怒，因為他很早就暗戀普拉西蒂亞。因霍挪里阿皇帝沒有子嗣，君士坦提亞斯還想借助與普拉西蒂亞的婚姻獲得皇位繼承權。魯道夫此舉讓他咬牙切齒，於是立即率軍追擊。

魯道夫心知肚明，於是故意刺激君士坦提亞斯，選個黃道吉日與普拉西蒂亞在軍旅中成婚了。君士坦提亞斯立即派艦隊封鎖高盧港口，切斷魯道夫的糧食供應。魯道夫無奈只好退走西班牙，但不幸接踵而來。西元415年，他與普拉西蒂亞所生之子夭折了，而他本人隨後也遇刺身亡。

繼任西哥德首領的華里亞，在君士坦提亞斯大軍的壓迫下準備渡海進入非洲，但受風暴所阻，被逼入絕境的華里亞決定與君士坦提亞斯講和。最後，君士坦提亞斯用六十萬袋穀物換回了普拉西蒂亞，同意西哥德人以羅馬同盟者的身分擁有土地和建立國家的權利。華里亞答應了君士坦提亞斯的條件，幫助羅馬肅清西班牙境內其他蠻族部落。419年，阿拉里克之孫提奧德里克出任領袖，以土魯為都，建立起日耳曼人在西羅馬境內的第一個蠻族王國——西哥德王國。

西元417年，普拉西蒂亞嫁給了自己並不喜歡的君士坦提亞斯，並生了兩個孩子。421年，君士坦提亞斯染病而亡。他雖未取得帝位，但他的兒子最後當上了西羅馬皇帝，即法侖提尼安三世。

↑法侖提尼安三世時期的貨幣

羅馬帝國的解體

005.匈奴大帝阿提拉

阿提拉，是令歐洲人聞名色變的匈奴人首領。他的征服戰爭帶給歐洲極大的災難，被稱為恐怖的「上帝之鞭」。

戒指和情書

匈奴人從亞洲蒙古高原西遷到歐洲後，建立起一個龐大的帝國，對歐洲歷史產生了深遠的影響。

↑阿提拉塑像，現代人製作

西元436年，阿提拉謀殺了他的哥哥布列達，獨掌大權，匈奴帝國進入空前的強盛時期。他之後相繼征服了斯拉夫人、日耳曼人的許多部落，迫使東羅馬皇帝稱臣納貢。西元450年，阿提拉開始向西羅馬進攻。

西元449年，曾發生了一件不可思議的事情。在地中海稱雄的西哥德國王提奧德里克突然接到了一封信，是西羅馬皇帝法命提尼安三世的妹妹──十七歲的霍諾里亞寫的。當時霍諾里亞因違犯宮規，被送到東羅馬皇帝那裡。這位公主天生多情，不知為何，竟然偷偷讓宮女送給提奧德里克一封信，聲稱如果提奧德里克能把她救出來，她就以身相許；她同時也送給阿提拉同樣內容的信，因怕阿提拉不認字又附上了一枚戒指。

提奧德里克一看便知其中有鬼，但他不願放棄這個機會，於是立即揮師東征，橫掃七十多個城市後來到君士坦丁堡城下，狠狠敲詐了一筆財物便扭頭走了。而對於霍諾里亞，提奧德里克連提都沒提，因為他不願與阿提拉發生衝突。如果阿提拉看上了霍諾里亞，自己就真的惹火上身了。此時的阿提拉是歐洲最有權力的人物，一跺腳就會使整個歐洲顫抖。

匈奴帝國在阿提拉的統治下，疆域空前龐大：東起鹹海，西至大西洋，北起波羅的海，南至多瑙河。在這個廣大的地域內有許多附屬國家，各有各的國王或部落酋長。他們平時向阿提拉稱臣納貢，戰時須出兵相助。而阿提拉對戰爭有著異常的狂熱愛好，又善於謀劃，這樣一位匈奴帝王是任何人也招惹不起的。提奧德里克當然明白這一點，因此他這樣做就毫不為奇了。

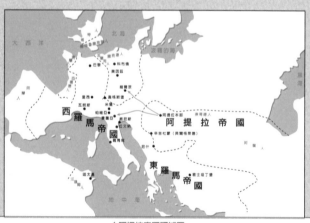

↑阿提拉帝國疆域圖

阿提拉的討伐

阿提拉接到霍諾里亞的情書和戒指後，認為這是個進攻東羅馬的好機會。東羅馬皇帝早已聽聞阿提拉的大名，於是立即派人前去說情，但同時又賄賂阿提拉的衛兵，企圖刺殺阿提拉。狡猾的阿提拉很快察覺到了行刺的企圖，但他仍舊派人回贈許多禮物給東羅馬，同時給東羅馬皇帝捎去一個口信：「雖然你我都是首領，但你沒有保住祖先的尊嚴，而我做到了這一點。所以，你應該尊敬我，不要像個卑鄙無恥的奴隸那樣，暗中密謀刺殺他的主人。」

對阿提拉的侮辱性言詞，東羅馬皇帝竟然沒敢反抗，還連連乞求阿提拉原諒。最後，東羅馬決定每年增加向阿提拉進貢的數量，這才平息了阿提拉的怒火。

西元450年，東羅馬皇帝因摔下坐騎受驚去世。他的妹夫馬爾西安一繼任皇位後便停止向匈奴進貢。阿提拉惱羞成怒，決定教訓一下羅馬人。他一面遣使去東羅馬催貢，一面派人去西羅馬要求

迎娶霍諾里亞，並要求西羅馬的一半領土作為嫁妝。西羅馬皇帝拒絕了阿提拉的要求。阿提拉於是決定先教訓一下西羅馬，然後再征服東羅馬。

匈奴與西羅馬的對戰，阿提拉也有其顧慮，因為在西羅馬境內還有兩位英雄人物，一位是西羅馬大將埃提烏斯，另一位是西哥德國王提奧德里克。埃提烏斯足智多謀、英勇善戰，足可與阿提拉匹敵；提奧德里克手下的一支蠻族軍隊，讓任何人都不敢輕視。如果兩人聯手對付匈奴，阿提拉取勝的希望可能十分渺茫。

阿提拉深知其中的利害關係，於是想用計離間西羅馬與西哥德的關係。他一面派人拜見法侖提尼安三世，告訴他匈奴出兵是為了幫助西羅馬剷除西哥德人；又派人告訴提奧德里克，如果幫助西羅馬抵抗匈奴，就會落個兔死狗烹的下場。

法侖提尼安三世很快便洞悉了阿提拉的用意，於是派人去見提奧德里克，提醒他脣齒相依的重要，請他幫助帝國共同抵禦外敵入侵。

西元451年，阿提拉趁提奧德里克猶豫不決之際率五十萬大軍出征，一路燒殺搶掠，肆意妄為。大軍渡過萊茵河向西挺進，進入西羅馬，圍攻奧爾良。

←阿提拉的宴會，油畫
阿提拉建立的帝國是個龐大的奴隸制帝國，其文明程度遠遠落後於羅馬。他們大碗喝酒、大塊吃肉，帶有東方游牧民族的風格。

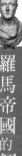

羅馬帝國的解體

31

拯救文明紀念日

西元451年6月初，奧爾良城主向法侖提尼安三世請求救援。奧爾良已被阿提拉圍攻多日，雖然城內軍民拚死抵抗，但最多只能再撐兩個星期。

法侖提尼安三世心急如焚，因為提奧德里克遲遲未有明確答覆。於是他派德高望重的元老艾費塔斯火速趕往西哥德，再次向國王剖析脣亡齒寒的關係。提奧德里克再三思考，最後決定與西羅馬聯手抵禦匈奴。法侖提尼安三世欣喜若狂，立即讓埃提烏斯與提奧德里克趁夜馳援奧爾良。

6月14日，奧爾良城的守兵在最後一絲抵抗勇氣將要散盡時，突然發現遠處塵土飛揚，羅馬軍團的飛鷹旗幟與哥德人的繡旗漸漸清晰。奧爾良城內一片沸騰，他們開始轉守為攻。阿提拉見勢不妙，立即退兵，奧爾良城之圍遂解，這一天後來被定為「拯救文明紀念日」。

阿提拉雖然撤兵了，但他的五十萬大軍仍是西羅馬的心頭大患。埃提烏斯

【人文歷史百科】

祈禱的巴黎

當阿提拉率軍進攻西羅馬時，當時的巴黎還只是塞納河中小島上的一座小鎮。居民們聽說大軍壓境，驚恐萬分，紛紛準備逃命。這時有位名叫吉羅費華的少女站了出來，她勸六神無主的人們保持鎮靜，專心祈禱並努力守城。於是人們一起為巴黎祈禱，祈求上帝能讓巴黎的安寧一直持續下去。結果阿提拉大軍果真沒有染指巴黎，巴黎也成為高盧境內唯一未遭匈奴鐵蹄踐踏的城鎮。

和提奧德里克決定趁勢殲滅阿提拉，永絕後患，於是主動尋找阿提拉的主力軍進行決戰。阿提拉知道對方的意圖，故意拖延正面交戰的時間，等待有利的戰爭時機。

6月20日，阿提拉的匈奴軍隊與西哥德、西羅馬的聯軍在法國東北部發生了歐洲中古史上著名的「卡塔隆尼之戰」，又叫「沙隆之戰」。

兩支戰鬥力極強的軍隊開始交戰，刀光從遮天蔽日的塵土中射出，然後被鮮血掩蓋；戰馬的嘶鳴被喊殺聲淹沒，利刃與骨骼的碰撞聲成了主旋律。雙方勝負未分，彼此傷亡慘重。結果提奧德里克喪命，西哥德人撤軍；埃提烏斯與部隊失去聯繫後為西哥德人收留；阿提拉退回匈牙利。

→教皇會見阿提拉，拉斐爾作品

畫面描繪的是教皇與阿提拉對峙的場面。左邊是教皇騎著馬、正以手勢作規勸或阻止狀。上方手持寶劍飛舞的是聖徒彼得和保羅，借同教皇抵禦匈奴進攻。

西羅馬帝國的滅亡

西元452年，阿提拉再次聚集大軍向義大利進攻。他認為前次在高盧的失利，是因為西哥德人援助了西羅馬，此番進攻義大利已無蠻族來助。果然不出所料，阿提拉越過阿爾卑斯山，長驅直入，幾乎未有阻擋。他攻下義大利東北重鎮阿奎萊亞後，即直搗羅馬。西羅馬皇帝法侖提尼安三世惶恐萬分，急派教皇利奧一世前去議和。恰在此時，匈奴軍內忽然發生瘟疫，士兵一個個倒下，軍糧供應也出現不足；再加上東羅馬帝國援軍趕到，阿提拉深知久戰不利，於是接受和議，滿載財寶而去。撤退時，阿提拉揚言，羅馬如不將多情的霍諾里亞公主送去，他還要再進攻義大利。

回國後，阿提拉於西元453年另迎娶一位年輕漂亮的日耳曼少女伊爾迪科為妃。新婚之夜，阿提拉狂歡痛飲，沉醉不醒。次晨侍

者入室，見少女垂面哭泣，阿提拉嘔血不止，不一會便悄然離開人世。阿提拉死後，眾子展開瓜分帝國領土的混戰，匈奴不久即衰落下去，直至滅亡。

西羅馬飽受連年戰亂後，生產停滯，後繼乏力，重振國威的希望喪失殆盡。西元476年，日耳曼人雇傭軍首領奧多亞克廢黜了西羅馬末代皇帝，西羅馬帝國至此滅亡。

此後，日耳曼人如潮水般湧入羅馬，羅馬的廢墟迎來了新主人。西元481年，法蘭克王國在高盧西北部建立；493年，東哥德王國在義大利半島崛起；568年，倫巴底王國在義大利中北部稱雄。羅馬的政治經濟體制完全崩垮，新建的蠻族國家紛紛採用自己的制度，這標誌著舊往奴隸制時代的結束，歷史進入了新的封建制階段。

→西羅馬皇帝霍挪里阿，油畫
霍挪里阿是西羅馬皇帝，貪圖玩樂，後被西哥德人殺死。其繼承者羅慕洛於西元476年被雇傭兵首領廢除，成為西羅馬末代君主。

羅馬帝國的解體

33

蓋塞里克攻入羅馬城後，放任部下燒殺搶掠半個月。「汪達爾行徑」成為摧殘文明野蠻行徑的代名詞，至今仍保留在西方辭彙裡。

汪達爾人的危機

←高盧羅馬人的投降
畫面中描繪著高盧的羅馬領主向汪達爾人獻出地契的情景。

汪達爾人是日耳曼人的一支，最初居住在斯堪地那維亞半島南部，約在西元前一世紀遷居到波羅的海沿岸，並搶占了維斯瓦河與奧得河間的一塊土地。三世紀時哥德人擊敗了汪達爾人，走投無路的汪達爾人用重金賄賂羅馬皇帝君士坦丁大帝，獲得了定居在羅馬帝國潘諾尼亞行省的權利。後來，被匈奴驅趕的阿蘭人與來自匈牙利東北部的蘇維彙人進入了潘諾尼亞行省，與汪達爾人雜居相處，十分融洽。

但是，匈奴的鐵騎並沒有停止，他們隨著阿蘭人的蹤跡一路追來，迫使汪達爾人、阿蘭人和蘇維彙人遷入羅馬腹地。這種大規模的遷徙引起了羅馬帝國的恐慌，他們試圖阻止，但西哥德人此時在阿拉里克的率領下正朝義大利進軍，東哥德人也伺機而動。羅馬帝國為了保護義大利及羅馬城的安全，召回了駐紮在萊因河岸和高盧的軍隊，這提供了汪爾達人及其他日耳曼部落進入高盧的機會。

西元406年，汪達爾人順利渡過萊因河，直逼高盧，阿蘭人和蘇維彙人也隨後跟進。由於高盧的大批羅馬駐軍已大多調往義大利，因而汪達爾人在那裡縱橫馳騁，並向南跨越庇里牛斯山，直抵西班牙，與阿蘭人、蘇維彙人一起，不費多少時日就把那裡的羅馬政權摧毀了。隨後，他們開始分割土地：阿蘭人占據伊比利半島西部地區，蘇維彙人占據半島西北部的加里西亞，汪達爾人則占據了半島上的其餘地區。

剛分占土地不久，義大利戰場上的局勢發生了變化。進攻義大利的西哥德人與羅馬締結了盟約，並在西元416年攻入西班牙。汪達爾人面對強大的西哥德軍隊，屢戰屢敗，首領貢塔里克只得

【人文歷史百科】

汪達爾行徑

西元455年，汪達爾人攻入羅馬城，開啓了為期半月的燒殺搶掠。宮廷、廟宇、殿堂及民宅中有價值的東西都被洗劫一空，無數珍藏的書冊、典籍付之一炬，無數珍貴精美的藝術品被暴力摧毀，佇立幾世紀之久的精美建築物也遭到破壞。汪達爾人踏碎了了年代久遠甚於自己歷史的羅馬城池，永恆之城變成了一片廢墟。後來，便由此產生了指涉摧殘文明這般野蠻舉動的代名詞——「汪達爾行徑」。

率領汪達爾人且戰且退。西元425年時，汪達爾人已失去了大片領土，就在汪達爾人將要被圍殲之時，貢塔里克的弟弟蓋塞里克成為軍事首領，汪達爾人的命運從此改變。

←汪達爾人製作的手工藝品

建立汪達爾王國。羅馬人被迫承認蓋塞里克侵占的地區，等同把自己的糧倉——北非，奉交給了汪達爾人。

貪婪的蓋塞里克仍不滿足，西元440年又渡海侵入西西里，東羅馬慌忙派艦隊前去抗擊。蓋塞里克收買了駐紮在多瑙河一帶的匈奴人，讓他們從側面進攻東羅馬。東羅馬腹背受敵，只得召回開往西西里的艦隊。西羅馬皇帝懾於蓋塞里克的武力，把自己的女兒許配給汪達爾的王子漢爾里克，欲用和親的手段換取和平。但羅馬的軟弱反而刺激了蓋塞里克的胃口。西元455年，蓋塞里克兼併了西羅馬在非洲的全部領地，並侵占地中海的主要島嶼。6月初，蓋塞里克攻入羅馬城，放縱部下在城內燒殺搶掠半個月；撤退時還帶走了三萬俘虜，且將未婚兒媳占為己有。

稱雄地中海

即位後的蓋塞里克審時度勢，對西哥德人避而不戰。他認為相比北非，西班牙半島簡直是不毛之地。與其和西哥德人拚鬥，不如及早撤離西班牙。

西元429年5月，蓋塞里克率八萬餘眾渡過直布羅陀海峽來到北非。安穩下來後，一路燒殺搶掠，向東移動。此時的羅馬帝國軍隊勢微力衰，無力阻止蓋塞里克的步伐，加上北非當地長期受羅馬政府的壓迫，奴隸、農奴起義不斷，因此汪達爾人在北非的戰局十分有利。

當蓋塞里克劍指努米底亞時，羅馬帝國派重兵前去解救，但最終還是失敗了。羅馬政府被迫與蓋塞里克簽訂和約，將茅利塔尼亞等北非土地割讓給汪達爾人。但蓋塞里克從不信守和約，仍經常在地中海中、西部從事海盜式掠奪。

西元435年，蓋塞里克進占君士坦丁地區，439年突襲迦太基，並以此為都城

西元468年，汪達爾人再次擊敗東羅馬軍隊，繼迦太基和羅馬人之後，稱雄西地中海約一個世紀之久。

↑教皇利奧一世勸說蓋塞里克放棄洗劫羅馬
汪達爾人以不承認新皇帝馬克西莫斯為由，率領強大艦隊進攻義大利，對羅馬進行瘋狂的洗劫，因此受到教皇的勸說。

羅馬帝國的解體

35

007.克洛維的故事

在日耳曼人建立的國家之中，法蘭克王國存續時間最長，對歐洲歷史影響也最大，其創建者就是勇敢而狡詐的克洛維。

野蠻的法蘭克人

←法蘭克武士
法蘭克人尚武，以英勇善戰而著稱，但進入羅馬境內前仍仍處在原始社會末期，非常落後而野蠻。

高盧是一塊美麗而肥沃的土地，氣候濕潤，河流像端莊的少女靜靜地流淌，高聳的阿爾卑斯山直入雲霄，一望無際的平原芳草無涯，如此的沃土自然吸引了無數民族來此繁衍。凱撒曾將它攬入懷中，帶來了羅馬文明。日耳曼諸部落，勃艮第人、哥德人、法蘭克人等也先後到了這裡，他們都想在這塊富饒的土地上拓展地盤。

人多了必然引起戰爭，在諸部落中，法蘭克族人數相對較少，他們剛剛從日耳曼森林中走出來，長久的森林生活使他們威猛異常。西元486年，法蘭克人在首領克洛維的指揮下，征服了整個北高盧，他們在群族爭奪中堅持到最後，這塊土地從此刻上了「法蘭克」之名。

法蘭克人既勇猛，又異常野蠻。在他們的統治下，整個社會文化開始了大倒退。戰爭使城市滿目瘡痍，經濟凋敝；文化上除少數教士和羅馬遺民外，從國王到平民都目不識丁。

有個例子可充分說明他們當時的野蠻程度。此時羅馬人的生活已達到相當高的文明程度，修建了不少的衛生設施，也形成了一定的衛生習慣。法蘭克人到來後，一切都被破壞了；他們不知洗手，如廁後馬上用手抓起食物大口咀嚼；直到五、六百年後的十字軍東征，他們才學會了飯前洗手和用熱水洗浴的衛生習慣。在政治上，日耳曼人亦不脫野蠻、愚昧。法蘭克人首領克洛維建立的法蘭克王國，境內無政府的混亂狀態與專制暴政相結合，看起來不像是個國家，倒像是原始部落。其落後和野蠻並存，是名副其實的「蠻族」王國。

墨洛溫王朝

五世紀下半到六世紀初，野蠻而勇猛的法蘭克人南征北戰，占領了高盧的絕大部分領土，他們趕走羅馬人，將高盧變為自己的農莊和牧場。法蘭克人都是不怕死的鬥士，他們像狼群一樣凶猛而殘酷無情。而在當時的法蘭克人中，墨洛溫家族是最尊貴的，他們以長髮披肩作為自己「高貴」的象徵。

西元465年，克洛維就出生在墨洛溫家族。他的父親希爾德里克，是法蘭克人一支薩利克法蘭克人的軍事首領。也許是受家族和父親的雙重影響，克洛維從小驍勇好鬥，戰鬥是他的終身愛好。他性格殘忍，總能適時剷除一切威脅到自己的人；且城府頗深，善於玩弄權術；眼光長遠，具有一雙如老鷹般的眼睛。

西元481年，年僅十六歲的克洛維繼承了父親的職位。當時，西阿格里烏斯在巴黎一帶勢力很大，他本是羅馬帝國駐守巴黎一帶的將領，自封為「羅馬人的國王」。他的所作所為讓克洛維咬牙切齒，決定與之一較高低。西元486年，克洛維在蘇瓦松大戰中殲滅了西阿格里烏斯的主力軍，最後將他送上了斷頭臺，奪取了塞納河和盧瓦爾河之間大片肥沃的土地，隨後將首都也移到巴黎。自此，克洛維在法蘭克人心目中的地位大增。

克洛維為樹立自己的威信採取了一切手段。有一次在分享戰利品時，克洛維看上了屬於自己份外的一只廣口瓶。按照部落習慣，首領和普通戰士一樣，得透過抽籤來分享戰利品，所以一個戰士就用戰斧將那只瓶子擊得粉碎，克洛維黯然離去。一年後他在檢閱軍隊時，故意責備那個戰士沒保管好武器，當眾用戰斧將那個戰士的頭顱劈開，眾人駭然。從這件事上，已可看出克洛維具備了國王的威勢。

克洛維不斷擴張，相繼剷除了法蘭克其他的部落領袖，建立了法蘭克王國。他所建立的王朝就以他的家族來命名——墨洛溫王朝，一直持續了一個半世紀之久。

【人文歷史百科】

大膽的法蘭克人

「法蘭克」在日耳曼語中意思是勇敢的、自由的和大膽的人，他們是日耳曼人的一支，原散居在萊因河下游。其中，居住在三角洲的法蘭克人稱「薩利克法蘭克」，意思是海濱法蘭克人；居住在兩岸平原的法蘭克人稱「里普阿爾法蘭克人」，即河畔法蘭克人。

→教育孩子的克洛維，帆布油畫，1861年羅倫斯·阿瑪·泰德瑪作品
法蘭克人是一支尚武民族，克洛維識字不多，對孩子的教育注重武功，該圖生動地描繪出了這一點。

法蘭克王國的興衰

37

克洛維的受洗

法蘭克人一向崇拜偶像，但對於基督教，一開始他們似乎不怎麼喜歡，克洛維更是如此。西元493年，二十七歲的克洛維與信奉基督教的勃艮第公主結婚，他對妻子所篤信的上帝表示懷疑。

西元496年，克洛維率領法蘭克人與進犯的阿勒曼尼人激戰，後遭到重創，身陷重圍。危難之際，他想到了上帝，便向上帝許願：若能反敗為勝，他將帶領全體法蘭克人受洗。奇蹟真的出現了，阿勒曼尼軍中突然發生內亂，國王遇弒，群龍無首，大半阿勒曼尼人向克洛維投降。克洛維欣喜若狂，為了兌現諾言，當年耶誕節就率領三千名法蘭克將士接受洗禮，信奉基督教。

當時西羅馬帝國雖已經滅亡，但羅馬教會仍然很有權勢，而且高盧大地上還有眾多信仰基督教的羅馬人，他們急需一個強而有力的支柱作為依靠。接受基督教洗禮後，克洛維成為日耳曼人中首位基督教徒國王，實現了法蘭克王權與基督教會的結合，克洛維也因此提高了地位和聲望。

之後克洛維繼續他的擴張戰爭，法蘭克的版圖不斷擴大。在奪取萊因河中游兩岸、阿勒曼尼人的大片土地之後，西元500年又與勃艮第人發生戰爭，最後把法國東南部的隆河流域一帶變成自己的私產。

當時的西哥德國王阿拉里克統治著西班牙半島和高盧南部的廣大領土，國勢強盛。西元507年，克洛維打著討伐異教徒的旗號，進攻西南側的西哥德王國。兩軍在的伏依耶原野發生激戰，阿拉里克兵敗被殺。法蘭克人勢如破竹，將曾經不可一世的西哥德人趕到了庇里牛斯山以南。此戰過後，克洛維也獲得了基督教給予的無比榮耀，東羅馬帝國

←克洛維的受洗，油畫
關於克洛維信奉基督教的原因傳說甚多，可肯定的一點是，這是個對法蘭克王國社會有重大影響的決定。該圖描繪的是西元496年，克洛維接受洗禮時的情景。

皇帝授予他「榮譽執政官」的稱號。至此，克洛維幾乎征服了整個高盧。

克洛維時代還有一件盛事，即是編制《薩利克法典》。

克洛維所編制的《薩利克法典》是一部「習慣法」，其中保留了一部分代表法蘭克人自由公社成員利益的舊習慣條文，這是因為統治者必須照顧他們的利益。例如，當有人要遷入村社時，只要有一個人出來反對，他就不得遷入。這反映出當時普通村社成員在村社公共事務上具有的權利。這種公共意識也成為中世紀歐洲人公共精神和參與意識的搖籃。此法典對法國法律體系的形成，具有深遠的影響。

克洛維的手腕

晚年的克洛維功成名就，成為國家的最高統治者，但他過得並不踏實。因為在他的周圍還有不少其他的部落聯盟首領，克洛維覺得他們的眼睛就像幽靈一般盯著自己的寶座，他決心把他們消滅乾淨。

「瘸子」西吉伯特是里普阿爾法蘭克人的軍事首領，過去曾是克洛維的戰友，和阿勒曼尼人一道作戰，並且在戰鬥中受傷致跛。西吉伯特之子克洛德里

←克洛維晚年肖像，油畫
此時的克洛維頭戴王冠，兩手持有武器，暗示其赫赫戰功。身上的十字架表明已受洗為基督教徒。

克也曾幫助克洛維戰勝西哥德人。國家安定之後，克洛維卻煽動克洛德里克弒父篡位。克洛德里克聽從了教唆，害死了自己的父親，並派親信到克洛維處通報喜訊，答應送給克洛維一些財寶。克洛維來到科隆觀看克洛德里克的財寶，這時，從克洛維的隨從中衝出一個人殺死了克洛德里克，隨後克洛維把里普阿爾法蘭克人召集起來，揭露了這樁謀殺事件，把自己的責任推得一乾二淨。里普阿爾法蘭克人群起沸騰，他們把克洛維高舉於盾牌之上，擁戴他為國王。

克洛維對其餘的軍事首領同樣不放過。不管是誰，只要他疑心會對自己的王位構成威脅，必定剷除。就連自己的親人也不放過，後來他幾乎成了孤家寡人。西元511年，克洛維在巴黎去世，安葬在聖彼得教堂。他所遺留下來龐大的法蘭克王國，則一直延續了三百多年。

晚年孤獨的克洛維

【人文歷史百科】

克洛維英雄一世，晚年卻非常孤獨。即將辭世時，他發出了這樣的哀嘆：「我像個孤獨的香客走在茫茫人海之中，所有的親人都離我而去，當我遇到災難時，不再有人來幫我了。」克洛維一生未嘗敗果，想不到晚年卻體驗到如此幽深的挫折感。

法蘭克王國的興衰

墨洛溫王朝末期，「宮相」執掌大權，查理‧馬特就是其中最著名的一個。他實行采邑制，建立重裝騎兵，阻擋了阿拉伯人的進攻。

「懶王」時代

西元五、六世紀的墨洛溫王朝統治時期，土地就是金錢，土地就是權力，土地就是一切。克洛維帶領將士在征服戰爭中得到土地，然後將之賞賜給親信、侍從和立下戰功的將士，維持他們對自己的忠誠。如此，王室的土地不斷地流入到貴族手中，自己的土地越來越少。

最初，墨洛溫國王還可透過徵稅聚斂錢財，但後來國王把收稅權也賞賜出去——免除某些封地的納稅義務，封地領主可自行徵稅。而國王手中握有的司法權，後來居然也送了出去。

← 達戈伯特一世雕像，迪賓涅關雕刻，凡爾賽宮藏
達戈伯特一世是墨洛溫王朝末期的傑出君王，在他去世後，墨洛溫王朝進入「懶王」時期。

剛開始，特權只是贈予給教會貴族，國王官吏無權進入主教和修道院院長的領地收稅，後來這種特權擴展到世俗貴族。西元614年，在經過了四十餘年的內戰之後，國王克羅泰爾二世頒布《巴黎敕令》，使貴族在戰爭期間攫取的司法和行政特權合法化。凡持有「豁免證書」的領地，王室官吏都無權進入執行公務。到七世紀，這種「豁免權」四處蔓延出去，王室的土地幾已枯竭。

貴族權力越來越大，王族的權力卻不斷縮小。七世紀中葉，墨洛溫王朝已陷入癱瘓。紐斯特里亞、奧斯特拉西亞、勃艮第三地大貴族崛起，分別推選出自己的「宮相」，在宮中負責管理各自政務。朝中，國王也有自己的「宮相」代理各種事務。國王不須再親事政務，終日閒居宮中，縱欲行樂。他們坐在王座上，長髮飄飄，鬚髯垂胸，風采依然，但實際上則淪為一副空殼。坐著牛車遊村串巷，成為國王的「職責」。由此，他們被冠以「懶王」的美稱。墨洛溫王朝後期，因而被稱為「懶王」時代（639至751年）。

↑ 克羅泰爾二世頒布《巴黎敕令》

宮相掌權

宮相原是法蘭克國王從他的奴僕當中選拔出的官員，負責管理家務。起初，宮相地位很卑微，充其量不過是個管家。漸漸地，國王沉湎於酒色，縱欲行樂，宮相的權力一天比一天大，地位越來越重要，甚至掌握著王室土地的進款和王室的恩賜。慢慢地，王宮的總管也就變成了國家的總管；無形中，宮相便成為最有權力的官職。在「懶王」時期，宮相代表國王總攬大權，料理國事。

宮相原本是由國王任命，後來隨著王權的衰微和貴族權力的膨脹，宮相便由貴族推舉，國王成了一個花瓶。

七世紀末至八世紀初，加洛林家族奧斯特拉西亞的宮相權力日重，甚至還擁有了世襲權。奧斯特拉西亞與紐斯特里亞，兩家宮相為爭奪領導權而展開了戰爭。西元687年，奧斯特拉西亞宮相赫里斯塔爾・丕平擊敗紐斯特里亞宮相的軍隊，集大權於一身，成為宮廷之中唯一的宮相。西元714年，赫里斯

塔爾不幸離世，他的妻子遂把持大權，將她與赫里斯塔爾的兒子查理・馬特也送入了大牢。然不久後查理成功越獄，召集一些奧斯特拉西亞的軍隊，為奪回大權展開了戰鬥，最後將宮相大權攬入懷中。

查理・馬特掌權後的法蘭克王國，內有貴族叛亂，外有外族入侵：薩克森人攻入萊因地區的法蘭克尼亞；阿瓦爾人進入巴伐利亞；阿拉伯人征服北非之後，渡海來到西班牙。內憂外患困擾著查理・馬特，西元715年，查理進行了大刀闊斧的改革。他創立釆邑制，建立起一支重裝騎兵，不僅鎮壓下貴族反叛，還挫敗了阿拉伯人的進攻，威信大增。查理・馬特死後，其子丕平又繼任了宮相。

法蘭克王國的興衰

↑七世紀墨洛溫王朝統治疆域

41

都爾會戰

西元731年10月，為了保衛國土、捍衛國家的主權，查理·馬特率領法蘭克人與阿拉伯人在都爾進行會戰，史稱為「普瓦捷戰役」。

以輕騎兵為主力的阿拉伯軍隊行動迅速，擅長進攻，強悍勇猛，在阿布德率領下集中向法蘭克腹地都爾挺進。一得到消息後，查理·馬特立即率軍南下迎擊阿拉伯人。同時，查理寫了一封信給駐守都爾城的歐多公爵，大意是：現在最好不要阻止阿拉伯人的進攻，因其正處於貪欲狂熱之中，士氣正旺，因此我們要暫且忍耐。歐多聽從了他的建議。阿拉伯人順利攻占都爾，隨後大肆劫掠。就在此時，查理率領的軍隊突然出現，猶如神兵天降，教阿拉伯人大為震驚。

阿拉伯人進攻法蘭克王國的原因

西元711年，阿拉伯人征服了整個西亞和北非之後，揮兵渡過直布羅陀海峽，滅掉了西哥德王國，征服伊比利半島，建立了地跨歐、亞、非三洲的大帝國。野心勃勃的哈里法打著「聖戰」的旗號，把消滅拜占庭、征服基督教世界作為戰略目標。717年，阿拉伯人在拜占庭首都君士坦丁堡城下慘敗，鎩羽而歸。但阿拉伯人並未因此放棄目標，而是改變了作戰路線，把法蘭克作為新的突破口。731年，阿拉伯人西班牙總督阿布德率領數萬軍隊入侵法蘭克。

一連幾天，交戰雙方只進行了幾次小規模的戰鬥，出現了對峙的局面。這時的查理並不急於出戰，他把軍隊排列成一個堅強的方陣，步兵在前，準備迎戰。而阿布德急不可耐，開始組織強攻，但絲毫未動搖法蘭克人的陣容。法蘭克人手臂粗壯，不僅用盾牌組成盾牆，抵擋了阿拉伯人凶猛的進攻，而且還砍殺了不少敵人。戰鬥進行到黃昏時分，歐多公爵率領他的部隊偷偷地繞到阿拉伯軍隊的側翼，向阿布德的

←都爾會戰，查理斯·斯圖本作品
都爾會戰又叫「普瓦捷戰役」，發生在西元732年10月，以法蘭克王國的勝利告終，抑制住阿拉伯人向歐洲進攻的勢頭。

營地發動突襲。那裡堆放著搶劫來的無數財寶。前方的阿拉伯人聽到營地遭劫的消息，立刻退出戰鬥返回營地，但營地早已被歐多公爵的軍隊所占領，阿布德也成了刀下鬼。阿拉伯人看到營地丟失，統帥已死，敗局底定，遂潰散而逃。

軍事采邑制

查理·馬特繼任宮相後，吸取了墨洛溫王朝衰敗的教訓，在國內政策方面也做了重大改革。他深知要想改變現狀，必須從根本上改變土地占有制度，使豪紳顯貴、軍政官員和王室緊密聯繫起來，為此查理·馬特創立了軍事采邑制。

軍事采邑制是一種有條件的土地占有制，接受封地的貴族必須提供騎兵。王室有責任提供保護，換取他們對王室的效忠，並隨時應召為王室作戰。如果他們不履行職責，如拒服騎兵役、濫用權力、拒納貢稅等，封地就得被收回。起初，采邑制並非世襲，當雙方有一人死亡時，這種關係就宣告結束；到九世紀時采邑制變為世襲制，但仍以服兵役為條件。

←查理·馬特白金像
查理·馬特採用強權統治，被人們取了「鐵錘」綽號。他當政期間實行軍事采邑制，加快了西歐的封建化進程。

查理·馬特用來分封的土地，大部分來自叛亂者，後來開始徵用教會的土地。法蘭克人信奉基督教後，從國王到臣民都向教會捐獻大量土地，以求贖罪。教會也採用勒索、欺騙等各種卑劣手段巧取豪奪，因此教會獲得了大量地產，成為最大的地主，直接威脅到王室的利益。查理除徵用部分教會土地作為封地外，還任命聽命於他的人擔任主教和修道院長。在分封過程中，查理特別注意避免形成大封建領主，多半把土地分成小塊。查理及其後代正是依靠這些中小封建領主的軍事力量擴展了法蘭克的版圖，為加洛林帝國的形成奠定了基礎。

查理實行采邑制後，各個次級封建主也紛紛仿效，大大小小的封建領主都把自己的土地作為封地，逐層封賜給下屬，就這樣逐漸形成了以國王為首的金字塔式封建階級制度。采邑制成為查理加強政治和軍事力量的有效工具。

法蘭克王國的興衰

建立加洛林王朝

查理·馬特擊敗阿拉伯人後名聲大噪，被稱為「鐵錘」查理，成為整個基督教世界的救世主。

「鐵錘」查理登上皇位的條件已臻成熟，但他將這個任務交給了兒子。查理死於西元741年，他的兩個兒子中一個討厭世俗，嚮往寧靜清淡的生活，很早就歸隱，於是另一個兒子——「矮子」丕平繼任宮相。

丕平雖然身材矮小，但勇氣和野心卻毫不遜於其父祖。西元751年，他廢掉墨洛溫王朝而自立，並將末代國王希爾德里克三世貶入修道院。稍後又以義大利中部的土地作為交換條件，換取教皇為其舉行加冕禮。大主教卜尼法斯親自為丕平塗膏油、戴王冠。就這樣，丕平取得了「神授」王權，展開了加洛林王朝。

最初，有些貴族對身材矮小的丕平並不服氣。一次集會上，丕平命人牽出一頭凶猛的公牛，又放出一頭殘暴的獅子，獅子咆哮著撲向公牛。這時，丕平讓身邊的貴族們去把公牛和獅子分開。

▶ 丕平一世肖像，油畫
丕平是查理·馬特的兒子，因個子矮小而被稱為「矮子丕平」。但他機智勇猛，有雄才大略，建立了加洛林王朝，後世稱為丕平一世。

面對殊死搏鬥的獅子和公牛，貴族們早已嚇得魂不附體，戰戰兢兢地地回說：「天下哪有人敢嘗試此事？」這時丕平站起來，抽出寶劍，只見寒光一閃，獅子的脖子就斷了，同時他也把牛頭齊肩切掉。收劍入鞘，矮子丕平對貴族們說：「你們認為我配做你們的主人嗎？你們難道沒有聽說幼小的大衛對巨人歌利亞做過什麼嗎？」貴族們個個魂飛魄散，全都為之懾服。

矮子丕平是個不知疲倦的鬥士，他在歐洲大陸上到處征戰。西元768年，他征服阿奎丹人後班師回國。在回國途中，丕平因水腫病辭世，其子查理繼承了父親打下的江山，繼續南征北討，建立起龐大的查理曼帝國。

君士坦丁贈禮

【人文歷史百科】

丕平獻土後，教皇為掩蓋其領土野心，偽造所謂「君士坦丁贈禮」。詭稱這是帝國皇帝君士坦丁為感謝羅馬主教西爾維斯治好他的病，將羅馬和帝國西部的統治權作為禮物，贈予他和他的繼承人。十五世紀義大利學者羅倫佐·瓦拉經過考證後，予以揭穿。

丕平獻地

矮子丕平獨攬大權後，篡奪王位之心已是路人皆知。但在歐洲篡位比較麻煩，必須先跨過羅馬教皇這一關。幸運的是，當時北方的蠻族倫巴底人（日耳曼人的一支）不斷侵擾教皇的領地，羸弱的羅馬教皇如風中殘燭，哪裡還有力量反抗。教皇急需強有力的支持，而矮子丕平也急需只有教皇才能賦予的名分。雙方各取所需，一拍即合。

西元751年，丕平遣使覲見羅馬教皇札哈里亞斯，說：「法蘭克國王雖屬王族，但除了在公文上簽名外，已無他用。」教皇心領神會，為換取法蘭克的支持以消除倫巴底人的威脅，便回答道：「有實權的人稱王，比徒有虛名的人稱王更好。」於是，丕平隆重宣布教皇的「決定」，正式篡位稱王。丕平被貴族們高舉在盾牌上，以示他們的擁護，紅衣大主教卜尼法斯為丕平戴上王冠。

按照傳統，只需紅衣大主教加冕就可以了，但若由教皇親自加冕，那是何等的榮耀。西元753年，倫巴底人再次威脅羅馬，新教皇司

提反二世冒著風雪，翻過阿爾卑斯山脈前往法蘭克王國，向丕平求援。丕平跟教皇討價還價，要求教皇親自為自己塗聖油並加冕，他會將義大利中部的土地贈給教皇作為回報，教皇欣然應允。西元754年1月6日，教皇司提反二世再次塗油祝聖，丕平出兵。

西元754至756年，丕平兩次出兵義大利擊潰倫巴底人，並將奪得的拉文納到羅馬之間的「五城區」贈給教皇，奠定了教皇國的基礎。這就是基督教世界千秋稱頌的「丕平獻地」。

↓希爾德里克三世被剪掉頭髮
丕平長期掌握墨洛溫王朝的大權。西元751年，丕平將國王希爾德里克三世的頭髮剪掉，並把他送進修道院，自己當上了國王。

010.一代雄主查理曼

查理曼就是查理一世、「查理大帝」，法蘭克國王和羅馬人的皇帝。西元八世紀到九世紀之交，西歐大部分土地都被他征服。

查理曼的擴張

西元768年，加洛林王朝第一代國王丕平去世。查理繼承父業，繼續擴張。772年，曠日持久的薩克森戰爭開始。薩克森人屬於日耳曼人的一支，居住在萊因河以東到易北河的廣大地區，當時他們還處於部落社會。法蘭克與薩克森之間只有少數的山脈、森林作為天然邊界，其餘多為平原，邊界不清，因而雙方戰事頻繁。

查理大帝即位後決心徹底解決這個問題，他出兵薩克森，但遇到了凶猛強悍的薩克森人的拚死抵抗，雙方展開了拉鋸戰。薩克森人狡詐無比，每當抵擋不住便遣使和談。一旦元氣恢復，立即重燃戰火。查理大帝惱怒不已，打敗薩克森人後作風殘酷，在某地一次就命部下砍掉了四千五百名薩克森人的頭顱。

征服薩克森後，法蘭克的邊境推進到易北河東岸。

東面戰火還沒熄滅，西元778年查理大帝又揮師西進，前去征服西班牙的阿拉伯人。查理大帝的大軍翻過庇里牛斯山，攻陷許多西班牙城鎮和要塞，迫使敵人投降。之後又經過多次征戰，將阿拉伯人趕到厄波羅河以南，建立了西班牙邊防區。

西元787年，巴伐利亞戰爭爆發，查理大帝不費吹灰之力就取得了勝利。巴伐利亞公爵塔西洛的妻子是倫巴底國王的女兒，倫巴底被查理大帝滅亡後，公爵夫人慫恿丈夫塔西洛與查理大帝為敵，欲借公爵之手為父報仇。巴伐利亞公爵與東鄰匈奴人結成同盟，向查理大帝挑戰。查理大帝不能容忍塔西洛的狂傲無知，於是親率大軍前去討伐。塔西洛畏懼了，派人到查理大帝那裡求和。就這樣，查理大帝不戰而勝，次年又將塔西洛廢黜，另派伯爵治理巴伐利亞。查理大帝還乘機征服了西斯拉夫人的一支——維爾齊人。

←查理大帝，木版版面蛋彩油彩畫，德國國家博物館藏
畫面中的查理大帝一手持寶劍，一手拿嵌有十字架的金球，呈現出對其一生豐功偉業的高度讚美。

【人文歷史百科】

查理曼和封建莊園

西歐中世紀的莊園，是農、林、牧、漁及各種手工業和加工業生產的結合，從原料生產到成品加工都在莊園內進行。莊園還設置管事負責管理，每個莊園都設有法院和教堂，規定莊園的司法制度和教堂制度，以便加強統治。查理大帝經常率領僕從到莊園巡行，以加強對下屬領主的控制。由此可見查理大帝對莊園經濟的重視程度。

征服巴伐利亞之後，查理大帝不可避免地面臨著與匈奴人和阿瓦爾人的衝突。這場戰爭的規模僅次於薩克森之戰，雙方打了八年，阿瓦爾人號稱堅不可摧、用土木柵圍成的「環形壁壘」被夷為平地，匈奴貴族全部戰死在沙場，可汗的宮殿燒毀殆盡。戰後，潘諾尼亞一帶一片荒涼，杳無人跡，只有鮮血滋養出的茂密青草在風中瑟瑟作響。查理大帝隨後又征服了北歐人。此刻查理曼帝國的版圖涵蓋整個西歐，從易北河到庇里牛斯山脈南麓，從北海到巴塞隆納和本尼文托。

→ 查理曼騎馬塑像
查理大帝是中世紀早期歐洲最大帝國的統治者。

查理曼的政策

查理大帝的才能和功業並不僅限於軍事征服上，他在行政、司法、軍事和文化各方面都推行了一連串措施。經過連年的征戰，帝國疆域廣闊，幾乎占盡整個西歐大陸。查理大帝把帝國分成二百五十個轄區，分別派伯爵管轄。伯爵們又把領地逐層分封給他們的附庸，如此一來，封建制度在西歐確立起來。

在宮廷裡，查理大帝派親信專管財政、文書等各項事務，逐漸建立起了專職大臣制度和常設辦事機構。他還在蠻族習慣法的基礎上進行修改補充，制定了中世紀的司法制度。為適應連年征戰的需要，建立了兵役制度和軍事組織。

查理還召開全歐洲的宗教會議，制定並統一了教條、教規和什一稅制度。而查理大帝的對外戰爭，使得其所制定的這一整套行政、司法、軍事制度、經濟生產管理體制、教會組織等等推行到整個西歐，奠定了西歐封建社會發展的基本模式。

查理大帝為鞏固帝國的統一，採取了各種措施：他規定全帝國境內十二歲以上的男子都必須對他宣誓效忠，並發布法令統一貨幣，控制物價，實行統一稅收和勞役，保護商業流通，管理對外貿易。當時的西歐，自然經濟占絕對優勢，商品經濟十分微弱。查理大帝賴以維持王權和宮廷的經濟力，主要是帝國內廣為分布的王室領地。查理大帝非常重視莊園的組織制度和生產管理，曾發布了一個長達七十條的《莊園敕令》。

→ 哈里法的禮物
查理大帝統治時期，法蘭克王國的統治達到了頂峰。畫面中的查理大帝注視著阿拉伯哈里法送來的禮物，表現出冷靜沉思。

查理曼的加冕

西元773年，應羅馬城主教哈德良之請，查理率軍攻打不時騷擾羅馬的倫巴底人。此舉可說是子承父業，因為其父丕平就曾兩次幫助教皇打擊倫巴底人，換取了教皇的加冕，教皇因而視法蘭克人為教會保護神。

在法蘭克與義大利北部倫巴底人之間，橫亙著高聳的阿爾卑斯山，白雪皚皚的山脊上到處是尖峰絕壁。查理率軍翻越天險，彷彿天降奇兵，出現在倫巴底人面前。倫巴底國王困守城池，法蘭克人將該城團團圍住。數月之後，城中糧草枯竭，倫巴底國王自動投降，法蘭克人兵不血刃便贏得了勝利。

為防止倫巴底人叛離，查理娶了倫巴底國王的女兒，但她不能生育。一年後，查理與其離婚，這下惹怒了倫巴底國王。

他率領臣民在帕維亞城起事，修建高牆，挖掘壕溝，緊閉城門，宣誓與法蘭克人為敵。查理得到消息後，立即起兵討伐。

這時，恰有一個叛逃的法蘭克貴族奧特克爾在倫巴底國王處避難。得知查理大軍逼近，兩人登上高塔眺望。浩浩蕩蕩的車隊出現在視野中，塵土遮天蔽日。倫巴底國王問奧特克爾：「查理在其中吧？」奧特克爾說：「不在，這只是輜重隊。」片刻之後，步兵出現，隊伍一眼望不到盡頭。國王說：「查理一定在其中吧？」奧特克爾答道：「還不在。」國王驚恐萬分：「難道後面還有

→查理大帝的加冕，拉斐爾作品
查理大帝跪在教皇利奧三世（西元795至816年在位）面前接受加冕，稱「羅馬人的皇帝」，他的帝國也被稱為「羅馬帝國」。

查理大帝繼續實行封建朵邑制度，士兵的裝備都是自己配置，為歐洲重裝騎兵的代表。

查理大帝的軍團
騎士軍團是查理大帝對外征服的工具，該圖描繪的是騎士軍團在由法蘭克境內的亞琛前往聖地牙哥途中。

西元795年，利奧三世繼任羅馬教皇，不久便與羅馬教會內有勢力的大貴族發生衝突，貴族首領以其對法蘭克人軟弱為藉口，於799年4月將其逮捕監禁。利奧三世遭到虐待，幾乎有盲啞的危險；夜間他逃入教堂，遇到兩名法蘭克使臣而得救。西元800年12月，查理率軍抵達羅馬，召集所有神職人員及貴族開會，幫助利奧三世復位。幾天後，當查理正跪在聖彼得大教堂作耶誕節祈禱儀禮時，利奧三世突然將一頂金冠戴在他頭上，並向信徒宣稱：「上帝為查理皇帝加冕，這位偉大且帶來和平的羅馬人皇帝，將萬壽無疆和永遠勝利！」查理因此稱查理大帝，中文譯稱查理曼。

更強大的兵力嗎？」說話間，查理的親近隨從出現了。國王結巴著說：「我們藏起來吧，躲開這樣一張可怕的臉！」話音未落，西方捲來一片烏雲，晴朗的天空頓時黯然。一支鐵甲騎兵進行過來，鐵矛、鐵劍、鐵甲、鐵盾、連同戰馬裹著鐵甲。守軍一片惶恐。查理出現了，他全身盔甲，臉色鐵一般冷峻。倫巴底國王只說出一句：「我盼望看到的查理就在那裡」，便倒地昏了過去。倫巴底守軍的信心也被粉碎了，法蘭克人又不戰而勝。查理沒有馬上入城，他吩咐在城外紮營，並讓手下建造一座教堂。人人動手，只用了八個小時，一座教堂就拔地而起。倫巴底人被嚇傻了，再不敢與法蘭克人為敵，國王被終生流放。

【人文歷史百科】

基督教的保護者
查理大帝以基督教信仰的最高保護者自居，羅馬教皇亦受他控制利用，成為他推進帝國統一的工具。查理所到之處，異教徒均遭剷除。他召開全歐洲宗教會議，制定並統一教條和教規，鞏固天主教會在西歐的統治地位。查理為了更有系統地在帝國境內規範大主教區、主教區、教區各級教會組織，逐親自任命主教和修道院長。查理原想利用教會來加強自己的統治，卻奠定了中世紀教會所享有的最高權威之根基。

法蘭克王國的興衰

查理曼的文化情結

為了鞏固統治和推行基督教，查理大帝致力於文化教育。他邀請歐洲各地的知名學者，例如英格蘭的阿爾昆、義大利的保羅副主祭等人到宮廷講學。

查理大帝勤奮好學，連吃飯的時候也讓僕人在旁邊為他朗讀，特別喜歡聽奧古斯丁的《上帝之城》。為學習書寫，身邊和枕下總放著寫字板和紙張。他會講古德語、古法語、拉丁語，並略通希臘語，還認真學習語法、修辭、辯論、算術、幾何、天文和音樂這「古代七藝」；除此之外，也研習早期基督教學者的學說，發布了不少敕令，督促教會和修道院傳授和學習文化知識。他還令人抄寫大量古典和早期基督教的著作加以保存，這些著作因此得以流傳至今。這些成就後來被稱為「加洛林文藝復興」。

為了栽培有用人才，查理大帝在宮廷和各地建立了一些學校，聘請飽學

↑查理曼和阿爾昆，油畫
阿爾昆是當時英國著名的學者，查理大帝將其請到宮廷，奉為老師款待。圖為阿爾昆在正為查理大帝及貴族講課。

之士主持，讓貴族子弟和一部分平民入學，並且經常在政務和打仗餘暇檢視這些學生的學業。他發現，出身低微的孩子學習成效較佳，而貴族子弟的成績卻很差。他對那些學習好的孩子說：「我的孩子們，你們深得我的喜愛，因為你們竭盡全力去執行我的命令，並且自己也得到了好處，因此今後要繼續學下去，以達到完善。我將賜給你們主教管區和華麗的修道院，你們在我的眼裡永遠是光榮的。」而對壞學生他則大發雷霆：「你們這些貴族，你們這幫少爺，你們這群花花公子，你們仗著出身、仗著財產，對我讓你們自己謀求上進的命令竟置若罔聞！你們忽視探求學問，沉湎於奢侈和嬉戲，沉溺於遊手好閒和玩樂。上帝在上，我看不上你們的高貴出身和漂亮儀表，即使別人因此而羨慕你們。千萬要明白，除非你們發奮讀書，彌補從前的怠惰，否則你們永遠得不到我的任何恩寵！」

50

三分帝國

查理曼帝國盛極一時，但鼎盛局面卻未能持久，帝國內部潛伏著危機。西元806年，查理大帝預立遺囑，把帝國平分給三個兒子查理、丕平和路易。不幸的是，長子和次子先他而去。814年，七十二歲的查理大帝病逝於首都亞琛。死後不久，帝國即陷入混戰之中。

查理大帝死後，路易繼任。路易國王是位不理朝政的國王，既沉溺於宗教，又優柔寡斷，因此有「虔誠者」或「軟弱者」之稱。他的統治軟弱無能，為爭奪領地、政權和臣屬，父子紛爭，兄弟相殘，貴族叛亂，中央政權徒有其名。西元817年，他認為自己行將就木，就把帝國分給三個兒子：長子羅泰爾得到義大利，次子丕平分得阿奎丹，幼子日耳曼人路易分到巴伐利亞。分封立即引起義大利和奧爾良封建領主的反抗。不久，路易想給他繼室之子禿頭查理一塊封地，這引起了其他三個兒子的反對，他一度被兒子囚禁。

西元838年和840年，路易的次子丕平和他本人先後逝世，羅泰爾承襲帝位。路易的幼子日耳曼人路易和禿頭查理將領主之位棄之一邊，聯合起來反對羅泰爾。西元841年，兄弟三人會戰於方特奈萊斯，羅泰爾敗北。842年2月，日耳曼人路易和禿頭查理在斯特拉斯堡祕密會晤，發誓要更加強聯合起來反對羅泰爾，被稱為「斯特拉斯堡誓約」。

到了西元843年8月，兄弟三人終於達成和解共識，簽訂了《凡爾登條約》，正式瓜分帝國。

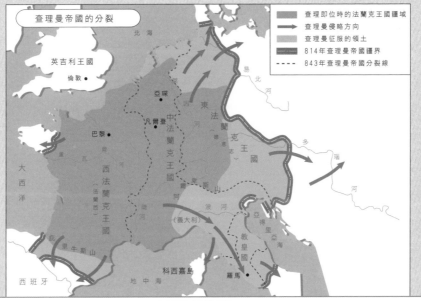

↑ 查理曼帝國的分裂

法蘭克王國的興衰

51

封建階級制度

歐洲封建社會時期，貴族為更有效地統治而建立起一種制度，自上而下，從國王到騎士，呈金字塔形。這種制度以土地關係為樞紐，透過層層分封而形成上下、尊卑的階級差別，故而稱之為「封建階級制」。

「封建階級制」的特徵在於領主與附庸之間的臣屬關係。國王是國家的統治者，也是全體封建領主的最高「君主」。國王把土地透過采邑形式分封給大領主——公爵和伯爵，大領主把土地留下一部分，其餘的再分封給中等領主——男爵和子爵，即占有幾個或幾十個莊園的封建領主。中等領主也把土地留下一部分，其餘的再分封給小領主——騎士。從某種意義上來說，騎士屬於封建階級中最低的階級，是金字塔的底座。

教會在封建社會中作為特殊階級，處於出世的地位。大主教、主教、修道院長和其他教會領主是統治階層的組成部分，他們也透過分封取得土地和權力。這樣，這些封建領主全成了特權階級，將全部的負擔壓到了農民身上，農民以自己的勞動養活了這群封建貴族階級。

由於是層層分封，附庸只能承認自己直接受封的領主，與再上層的領主卻不發生臣屬關係。因此出現了所謂「附庸之附庸非吾附庸，領主之領主非吾領主」的現象。此外，不僅一個領主可有眾多的附庸，一個附庸也可以有好幾個領主。如十二世紀法國最大的諸侯「香檳伯爵」，最初他只是法王的附庸，以後包括理姆斯大主教、朗格里主教，甚至神聖羅馬帝國皇帝等另外九個領主都是他的領主。

西元847年，西法蘭克國王禿頭查理頒布了《墨爾森法令》，規定：「一切自由人都必須選擇國王的臣屬作為主人。」

← 封建階級制度
中世紀歐洲社會階級分明，不得逾越。圖中兩個身分低下的農民，正讓道給兩個有地位的騎士。

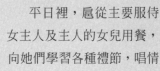

騎士的宣誓

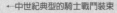
←中世紀典型的騎士戰鬥裝束

隨著時間的推移、社會的發展，領主和附庸的關係以契約的形式固定下來。

附庸受授領主的封土，得舉行隆重的儀式，稱為「敕封式」，也叫「臣服禮」。附庸在接受敕封時，須跪在領主的膝下，雙手放到領主的手掌中，宣誓說：「主人啊，臣下是吾主的僕人和家臣，臣下恪盡職守，不顧生死，一生侍奉我的主人。」而領主則將一小撮泥土和樹枝授給附庸，以象徵封土。如果受封者是僧侶，還要授予指環和權杖，作為宗教權力的象徵，這種儀式也叫「授職禮」。

騎士並非世襲，唯有通過一段時間的受訓後經授封得來。一般說來，貴族都會把兒子送到有權勢或富有的領主家中；十四歲以前只能做侍童，十四歲以後才有資格當扈從，扈從也就算是預備騎士了。

平日裡，扈從主要服侍女主人及主人的女兒用餐，向她們學習各種禮節，唱情詩並學習討好女人的本領，還要樹立起為了女人獻身的精神和品德。只有當主人出發作戰時，他才跟在主人身邊，負責為主人看管甲冑、武器和馬匹，同時學習打仗。直到二十一歲時，才有資格通過「授甲儀式」成為一名真正的騎士。

騎士的「授甲儀式」
「授甲儀式」如下所述：要成為騎士的年輕人，前一天在禮拜堂看守著自己的盔甲和武器，並做祈禱，徹夜不眠。次日，向主人行宣誓儀式，單膝跪倒在主人面前，宣誓忠誠於主人、保護教堂和婦女，要行俠仗義，扶弱濟困。宣誓完畢，主人會把一支劍掛在他身邊，並用另一支出鞘的劍在他的後背上輕敲兩下，以示認可。

↓封授儀式
土地和效忠是中世紀歐洲封建領主與封臣之間聯繫的樞紐，封授儀式是封臣效忠領主的見證。

法蘭克王國的興衰

騎士的浪漫

中世紀的騎士就是職業軍人，凶狠好鬥既是騎士性格的傳承，也是騎士的特點。因此，平日裡他們以打家劫舍為生，以比武格鬥為樂。為了表現自己、博得女人的歡心，他們往往使用真刀真矛格鬥，因而死於格鬥的人也不少。他們以勇於作戰、遵守諾言、不說謊為信條，恪守準則乃是事關騎士名譽的大事。如果有人對騎士的勇敢和忠誠表示懷疑，就被認為是對騎士的一種侮辱。

對婦女，尤其是貴婦的勇敢與忠誠，也是騎士的重要信條。由於貴婦在

↓騎士精神，油畫
騎士可以為自己所愛的女人而死，對貴婦的忠誠乃是騎士遵循的重要信條，他們會對貴婦產生一種特殊的「騎士之愛」。

騎士年輕時就扮演教育者的角色，騎士對她會產生一種特殊的感情，即所謂「騎士的愛」。騎士對於貴婦的愛是尊敬和服從摻雜造成的，為愛情而服役，如同附庸對領主的服役一樣，他們必須聽從貴婦的命令，甘冒一切之危險，甘受種種之折磨。在騎士的心目中，貴婦永遠是他最尊敬與愛慕的對象。由此而產生的「騎士風度」，即是把貴婦視若真主，在她們面前鞠躬低頭，吻她們的手，在社交場合讓座給她們，出入之時請她們先走……

這種對婦女的尊敬，起初只限於中世紀的騎士對待宮廷貴婦，後來逐漸擴大，成為歐洲「上流社會」的一種表徵。至今，這種風氣仍在歐美上層社會盛行。

【人文歷史百科】

農民的災星

貴族騎士在單調又閒適的生活之餘，常會騎上駿馬，帶著扈從和鷹犬去行獵。行獵時，莊園的農民都得出來幫助他們驅趕野獸。只要獵物出現，他們就立刻展開角逐。騎士放開他們的駿馬，任牠們馳騁，農民的莊稼被任意踐踏，但卻不敢有半點怨言。為了確保有足夠的獵物，農民們連野兔都不能打食；因為莊園是主人的，山林也是主人的，而林中的野獸也屬於主人。農民只有養護的義務，沒有獵捕的權利。所以，騎士的娛樂實是農民的災難。

騎士的征戰

中世紀歐洲的騎士，駿馬、鎧甲、長矛、刀劍和盾牌是他們的固定裝備。裝備精良的騎士通常備有幾匹駿馬：一匹能征善戰的戰馬、一匹專供女人出遠門用的

←聖殿騎士
十字軍東征的主要成員就是騎士，聖殿騎士團、馬爾他（醫療）騎士團和條頓騎士團是最著名的三大騎士團。

乘馬和一匹運載裝備的馱馬。其中戰馬最受優待，牠不僅有自己的名字，且被視爲騎士的良伴佳友。在那個崇尚俠風的年代裡，無論是文字記載還是口頭傳說中的著名英雄都是騎士，像羅蘭、亞瑟王、蘭斯洛特和黑太子愛德華等。

騎士間的戰鬥並不可怕，相比而言，活捉對方比殺死對手更讓他們感興趣。因爲俘虜敵人可以索取贖金，殺死對手或許什麼也得不到。贖金的數量按俘虜的地位和家產而定，地位越高，贖金就越豐厚。

另外，無論是參加馬上比武還是實戰，騎士都要遵守這樣的慣例：不能對一個毫無戒備的騎士發起攻擊，或突然襲擊，或背後偷襲，此舉對眞正的騎士來說都是可恥的行爲。當一名

騎士俘虜了另一名騎士後，必須待俘虜如上賓。其實，這慣例於人於己都有好處，寬容別人就是善待自己。除交戰慣例外，騎士還應遵守基督教的戒律，如：騎士應幫助窮人，保護教堂、婦女和所有無防衛能力的人等等。雖然並非所有騎士都遵守這些準則，理想的騎士和現實中的騎士仍存在著很大的差別，隨著時間的推移，情況也有些許的變化，1350年時的騎士就比1050年時的騎士更有禮貌和文明。基督教會和貴婦們努力督促一個魯莽好鬥的騎士，變成有教養、懂禮貌的騎士，畢竟取得了一定的成果。

騎士制度盛行於十一世紀至十四世紀。到了1500年，騎士作爲戰力已被那些備有火器的雇傭軍取代，騎士階層走向了衰亡，但騎士精神和騎士風度並未完全消失，至今仍留存在歐美上層社會的作風之中。

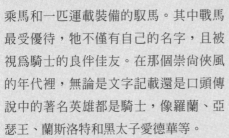

←騎士的戰鬥，現代雕塑
在中世紀歐洲，騎士們之間的戰鬥有許多俗成的規定，獲取贖金是主要目的。

查理曼統治時期，蠻族文化與古典文化和早期基督教文化相融合，使古羅馬滅亡以來文化湮沒的狀況得以改觀，這些成就被後人讚譽為「加洛林文藝復興」。

加洛林王朝的建築風格

←查理曼大帝時期建造的亞琛王宮教堂復原圖

矮子丕平建立了加洛林王朝。查理大帝即位後，採取了一系列措施以恢復古典文化，如此一來，既可爭取教會的擁戴，又能吸收先進的文明，促進文化的交融。尤其是在建築方面，吸取了早期希臘、羅馬和拜占庭藝術中的精華，其建築風格一路傳到西班牙、奧地利、不列顛和義大利，成為中世紀建築藝術中的瑰寶。

加洛林時期的建築以教堂為主，呈長方形的「巴西里卡」風格是主流形式，其主體分為中殿和側廊，後殿為半圓形。查理大帝定都亞琛後，大興土木，修建了許多金碧輝煌的宮殿和教堂，其中亞琛的王宮教堂就是加洛林王朝建築藝術的代表，堪稱歐洲宗教建築史上具有里程碑性質的傑作。

經過無數戰火的洗禮和歲月的滄桑後，只有亞

琛的王宮教堂保存了下來。它曾經是座雄偉宮殿的組成部分，現在卻孤零零地佇立在那兒見證著歷史。亞琛的王宮教堂和同時代的教堂相比，具有其獨創性。內部捨棄了各小廳之間的彼此交錯，以便於清晰而簡潔地劃分空間。大廳引出的通往迴廊的壁龕，不再是普遍的圓形而變成了八角形。由氣勢雄偉的拱廊構成的底層承載著一個樓廂，樓廂上方又是高高的拱廊，其敞開的一面則按照拜占庭的式樣，以兩列重疊的圓柱加以「圍欄」。一個八稜錐形拱頂覆蓋了這座八角形建築，下面的迴廊是正方形和三角形的十字交叉拱，樓廂則有筒形的拱頂。整個穹頂技術皆源於古羅馬建築。另外，教堂還擁有一個兩層的門廳，兩邊有兩個圓塔，使得整幢建築在方向上朝向聖壇，而三個塔樓構成的群體使得外觀上也十分明顯，這種方法為我們指明了羅馬式建築今後發展的可能性。

↑加洛林王朝時期製作的木雕作品

加洛林王朝的美術成就

　　紀念碑式的雄偉雕塑是古典藝術的重要環節之一，但在加洛林時期卻未能有所突破。一方面，因為當時教會認為塑像可能會成為新的偶像崇拜而威脅到自身利益；另一方面，也缺少創作大型雕塑所需的技術條件。在加洛林時期，浮雕藝術的發展顯然優於獨立塑像。

　　加洛林繪畫往往是壁畫或是鑲嵌畫，現在留下的僅有殘片。但是從所記載下來的描述中可知，表現《舊約》故事和《新約》故事的組畫，在教堂裡到處可見。而從大量流傳下來的手抄本插圖的實例中，我們才能真正瞭解到當時的繪畫風格。那些由一頁頁古手稿裝訂而成的書，取代了傳統的書寫卷軸，書籍作為知識的媒介被賦予了重要意義。

　　早在加洛林王朝之前，歐洲人就已經開始對特別珍貴的書籍進行繪畫裝飾了，但是，這種繪畫裝飾初始僅限於裝飾起首的大寫字母。愛爾蘭僧侶首先創造了這種花紋裝飾風格，而動植物紋飾起源於克爾特人和日耳曼人，平面紋飾則是受科普特人的影響。查理曼大帝把一些愛爾蘭僧侶召集到亞琛，他們在宮廷學校裡教授手抄本的插圖藝術。於是，這裡也完成了裝飾畫藝術，從抽象紋飾到人物插圖的重大轉變。這種新風格首先表現在阿達派的手抄本插圖之中，醒目的人像和古典裝飾形式是具有開創性的。在蘭斯大主教的「福音書」裡，具有強烈動態的衣服褶皺，生動地表現了形體；具有印象派風格的風光背景，賦予了畫面突出的立體感。古代晚期寫實的繪畫風格，在加洛林時期手抄本插圖中得以復興。

↓加洛林王朝時期製作的插圖畫

亞琛大教堂

亞琛的王宮教堂又叫「亞琛大教堂」，是查理曼大帝政教合一思想的完美體現。大教堂始建於西元805年，以羅馬的聖維泰爾教堂為藍本，仿照早期基督教建築式樣，進一步融進拜占庭和希臘、羅馬風格，開創了帶有塔樓的堡壘、外部地下室、半圓形後殿、教堂主建築相結合的「加洛林」特色，成為歐洲其他教堂建築的典範。西元814年，查理曼大帝去世後就葬在這裡。

法蘭克王國的興衰

014.城市的興起和發展

羅馬時期的歐洲就有了許多繁華的城市，但對中世紀的西歐而言，城市既熟悉又陌生。這些規模不大而充滿活力的城市，演繹著新的歷史。

充滿自由的城市

◆中世紀英格蘭城市
此畫面顯示的是中世紀早期英格蘭城市興起的情景，城堡內建築雖然簡陋，但繁亂中顯示著生機與活力。

西元三至五世紀的羅馬帝國，可謂風雨飄搖。奴隸、農奴的不斷起義，蠻族的不時襲擾，讓羅馬帝國疲於應付。最後，文明程度相對落後的蠻族控制了羅馬的大片國土。連年的戰火使生產力遭到了嚴重的破壞，而蠻族相對落後的文明，使戰後的生產顯得更加混亂。農業衰落、工商業凋敝、城市蕭條，這就是當時的情形。

戰亂還未停息，生產自然難以發展。中古早期的西歐，占主導地位的是自然經濟，商品經濟還十分落後。在自然經濟居先的情況下，農業和手工業還沒有分離，商品交換極其有限。

民族大遷徙的浪潮過後，蠻族控制了羅馬的國土。這些蠻族逐漸放棄游牧生活，定居了下來，生活的困窘讓他們開始思考發展生產。自七世紀起，蠻族國家把發展農業放到了首要位置；這些慣於使用刀劍的蠻族，開荒種地也毫不含糊。教會也積極回應，號召僧侶從事農業勞動，同時呼籲農民到教會領地上定居以促進農業生產的發展。

國家從上至下對農業的重視，以

及對於羅馬農業技術的合理利用，使得衰敗了數世紀之久的農業生產漸漸有了起色。到加洛林王朝時代，僅高盧地區的耕地就由原來占總面積的三分之一上升到二分之一，人口也增加到了八、九百萬之多。這時，手工業逐漸和農業分離，產生以交換為目的的商品生產逐漸興起。七世紀形成的朗迪集市，每年吸引了大批商人。義大利、西班牙和高盧等地的國際性貿易更加活躍，大批東方人、拜占庭人、敘利亞人和猶太人都來到這裡進行貿易活動。

【人文歷史百科】

外界因素對城市發展的影響

正當西歐城市生活開始復興的時候，遭到了來自北方的諾曼人、東方的匈奴人和南方的阿拉伯人一連串的進攻。戰爭給正在復興的經濟造成極大破壞，影響了城市的發展。當和平到來時，戰爭期間的許多設防據點，如城堡、要塞、主教駐地等，由於人口集中，在戰後發展成為城市。十一世紀初的十字軍東征，也為城市興起創造了有利條件。於是，西歐城市的發展經過一段短暫的停滯後，更加迅速地發展了起來。

生產力的提高和工商業的發展，為城市的重新興起奠定了基礎。渡口、港灣、城堡、教堂，甚至交叉路口等，有越來越多的人定居。集中的人口、便利的交通，皆促進了集市的形成，而這又吸引更多人前來居住，逐漸形成以市場為中心、較穩定的居住點，新的城市便在這個基礎上慢慢形成。

城市的興盛使來城中居住的人們擁有了更多的權利。日耳曼有句諺語說：「城市的空氣使人自由。」這源於當時特殊的城市法權：凡是逃亡到城市的農奴，只要在城市中住滿一年零一天，領主就失去了追捕的權利，這個農奴便可成為自由人。

擁擠的中世紀城市

西歐城市興起的早期階段，最初移居的市民若單純依靠手工業生產是難以維持生活的，他們在城市裡仍必須從事農業生產，以獲得穩定的生活物料。因此，此時的城市更像個農村，規模十分狹小，還算不上真正意義上的城市。這種城市的居民一般約在五千人之譜。十四世紀初，歐洲最大的城市，也不過五至十萬人左右。

頻繁的封建戰爭使城市變得擁擠不堪。為了保護城市，人們在城市周圍築起帶碉樓的泥牆或石牆，外面還圍有壕溝。這雖然有效阻止了敵人的攻擊，但也使人們進入城中居住不再便利。新來的居民只好住在城牆周圍安家落戶，於是「城郊」逐漸形成了。而城郊的居民也建起了泥牆或石牆，更後來的居民只能形成新的「城郊」。

城市不斷擴充的過程，看似加大了城市面積，其實是使城市發展中的不合理之處更加突出。如人們建房時沒有考慮街道的狹窄，致使房屋雜亂無序，交通極其不便；城市既沒有導水管也沒有下水道，街道也沒有經過鋪砌，道路在雨天時汙水橫流，一片泥濘；隨地傾倒的垃圾使城市裡的空氣汙濁不堪，時常發生瘟疫奪去了大量的生命。十四世紀時，神聖羅馬帝國皇帝查理四世的宰相曾抱怨說：「街道上滿是泥濘，騎馬行走也有危險。如果馬不小心陷入了泥潭裡，騎馬的人就會被摔在臭氣熏天的街泥中。」

↓中世紀城鎮街景
中世紀歐洲城市的街道窄小，但充滿了自由氛圍，是許多農民嚮往的地方。

爭取自治權的奮鬥

中世紀城市興起以後，市民與封建領主之間的關係變得複雜起來。城市通常是建立在領主或教會的領地上，有的城市同時隸屬於兩、三個，甚至更多的領主，城市的管理權掌握在這些領主手裡。封建領主把城市市民視同莊園裡的農奴，對他們大肆剝削，甚至公開搶劫來往商客，這激起了市民對領主的仇恨，城市要求脫離封建領主控制的呼聲越來越高。領主的壓力越來越大，雖然他們在城市建立之初曾爲它提供了一定的保護，但當城市發展起來後，他們對市民的盤剝顯然是不得人心的。從十一世紀開始，城市爭取自治的行動如火如荼地展開了。經過兩個世紀的發展，遍及西歐各地。

在人民起義的威懾下，一些封建領主主動授予市民人身自由和某些特權，也有一些城市是透過金錢從領主那裡贖買自治權的，如法國南部和義大利的一些城市就採取這種方式。取得完全自治權的城市只須向國王或領主交納定額賦稅，即可成立自己的市民議會，作爲城市的最高權力機構，擁有制定政策、法令和鑄造貨幣的權利，還可透過選舉產生自己的市長和法官等管理人員，行使行政、司法和財政大權，並得組建保衛城市的武力，甚至有權宣戰、媾和等。這些城市只在名義上從屬於皇帝、國王或大領主，它們對領主所應盡的義務，僅限於繳納一定的稅額和戰時提供少量的軍隊。

另外未能取得完全自治權利的城市，只能稱爲「自由城市」，封建領主仍有一定的掌控權。但自由城市的市民人身都是自由的，他們可以自由結婚，自由地支配自己的財產，自由進行貿易而不受領主的限制；而且還可根據城市法選舉自己的代議機關——市議會，在法律面前享有平等的權利。其他一些小城市的奮爭則很難取得成效，不得不在領主的剝削統治下生活，因而起義和暴動時有發生。

←城市暴亂，油畫
中世紀早期，歐洲城市控制在封建領主和僧侶手中，城市居民爲爭取自治權經常發生暴亂。

中世紀的行會

西歐城市興起時，手工業者已獲得了不少生存空間，商品交易非常有序地進行著。但為獲取人身自由不斷進入城市的農奴，對原來手工業者的「飯碗」構成了一定的威脅。為了對抗領主的剝削和農奴的競爭，以保護本行業的共同利益，他們按行業建立了各自的同行業團體組織——行會。

行會是手工業者的自發組織，有嚴格的階級制度。行會的首領稱為「行頭」，組織成員稱為「行東」。行東一般都是作坊主人，就像現在的獨立老闆一樣。行東手下有幫工和學徒，協助行東經營作坊。那時的學徒不僅沒有工資，而且還得繳交學費；學藝期滿後，才升為幫工。幫工只能領取少量的工資。因此，行東和幫工、學徒之間，實際上維持著某種階級關係。

一個行東手下通常有一、兩個幫工和幾個學徒，再加上自己家人，共同經營一個作坊，自產自銷，規模往往不

【人文歷史百科】

商業公會

商業貿易的發展，使商人階層的地位愈加提升。各行業的商人也聯合起來建立了商業公會。商業公會比較富有，其經濟勢力和地位遠在手工業行會之上。富有的大商人漸漸成為了城市貴族集團的一部分。城市獨立後，這些貴族集團把持了城市統治權，壟斷商業，並開始剝削手工業者和其他下層的勞動者。於是，手工業行會展開了對城市貴族的抗爭，歷史上稱之為「行會革命」。十三至十四世紀，行會革命遍及西歐各地。

怎麼大。但行會對手工業作坊的生產監督，卻十分嚴格。為了保護行業利益，一個作坊的人數、生產設備、產品的數量和規格，以及工作時間和產品售價等等，都有統一的規定。另一方面，行會也有人性化的措施，徵收的會費除日常開支外，還會拿來救貧濟弱。

此外，行會可組建自己的武裝隊伍，負責當地的守備任務。在與領主對抗時，這種武裝力量通常發揮了關鍵的作用，為爭取城市自治權立下了不少功勞。

但隨著人們日益增長的需求，作坊式的手工業生產已難以適應商業的發展，行會的保守主義經營方式顯然不符合時代的要求。競爭的加劇，使一部分行東失去了作坊，也使一部分雇傭者變成了行東，行會組織逐漸走向解體。

←**市井百態，彼得‧布勒哲爾作品**
中世紀城市的規模不大，屋舍擁擠，人們從事不同的營生，各行業間形成了各自的行會。

015.英國的統一

雖然隔著一條海峽，但歐洲大陸的任何風吹草動都影響著英倫三島。盎格魯·撒克遜人的湧入、征戰不休的七國時代、丹麥人的入侵，書寫著英國鐵與火的歷史。

七國時代

西元一世紀中葉，羅馬大軍開進了不列顛，開始了征服之旅。雖然羅馬兵強馬壯，但對不列顛的統治也僅限於南部和中部地區。從西元410年起，日耳曼族的盎格魯人、撒克遜（也叫薩克森）人、朱特人等不斷侵入不列顛，此後的三十年裡，羅馬在不列顛的版圖越來越小。後來法蘭克人征服了高盧北部，切斷了羅馬與不列顛的聯繫。民族遷徙浪潮的興起，迫使羅馬軍團撤出不列顛。

日耳曼人征服不列顛後，建立起許多小國。內部不斷爭戰下，這些小國不斷合併，最後形成了七個王國，即撒克遜人居主導地位的南撒克遜（或叫蘇塞克斯）、西撒克遜（或叫威塞克斯）和東撒克遜（或叫埃塞克斯）三國，盎格魯人居主導地位的有東盎格里亞、麥西亞和諾森伯里亞，還有一個以朱特人為主的肯特王國。

從五世紀中葉到九世紀初的這段時間，英國歷史上稱為「七國時代」。七國之間經常發生戰爭，勢力此消彼長，短時間內未有一國能顯示出絕對的優勢。但島內七國的整合終究成為歷史趨勢。當時各王國都處於封建化的過程中，農民為了爭取自身的利益，經常發起各種暴動。因此，統治階級聯合起來共同鎮壓農民的反抗，無形中促進了七國的統一。八世紀末丹麥人的入侵，更加速了動盪的不列顛島走向統合的步伐。

埃格伯特的霸業

七國在爭霸過程中，產生了一代又一代的霸主。最早當上霸主的是南撒克遜王國的艾拉，隨後是西撒克遜王國的西阿林，然後是肯特王國的艾塞爾伯特，後來又輪到了東盎格里亞王國的雷德沃爾德。諾森伯里亞王國崛起後，

↑七國時代形勢圖

蟬聯了三屆霸主，分別是艾德溫、奧斯沃爾德和奧斯沃爾德的兄弟奧斯溫；而終結諾森伯里亞王國霸主地位的，是西撒克遜王國的埃格伯特。

埃格伯特約生於西元775年，是西撒克遜王位的合法繼承人，因其父是前任國王伊尼兄弟的後裔，但埃格伯特在少年時就被驅逐出境了。原來，西撒克遜王國的王位遭勃屈力克竊取，他深恐埃格伯特奪取王位，於是把埃格伯特驅逐出了西撒克遜。

埃格伯特起初流亡於七國之一的麥西亞，後來避難於查理大帝的朝廷。埃格伯特從查理大帝那裡學到了不少治國之道，並和法蘭克王國保持友好的關係。西元802年，勃屈力克去世，埃格伯特的機會降臨。西撒克遜王國的「賢人會」一致推舉埃格伯特為王，於是他結束數年的流亡生涯，回國執掌西撒克遜王國。

埃格伯特登上王位之後，立即實行

↑埃格伯特國王，貝葉掛毯圖像，中世紀時英國人製作

- 阿爾弗雷德王國
- 西撒克遜王國控制區
- 西元878年的阿爾弗雷德王國

0　50　100 英里

富國強兵的政策，準備開拓疆土。當時的英格蘭南部各王國人口稀少，所居面積不大，較易征服。只是中部的麥西亞王國聲勢正猛，橫行無忌，是埃格伯特的心頭大患。

西元823年，兵強馬壯的西撒克遜王國與麥西亞王國在艾蘭頓展開大戰，埃格伯特率兵擊潰了麥西亞國王，麥西亞王國逐漸走向衰落。艾蘭頓一戰成了盎格魯‧撒克遜歷史的轉捩點，麥西亞王國威風不再，西撒克遜王國則迅速崛起，成為這些王國中最強大的勢力，埃格伯特也成為新的霸主。

西元829年，埃格伯特征服了麥西亞王國，進而乘勝進攻諾森伯里亞王國，迫使其俯首稱臣。七國爭霸的局面一去不返，埃格伯特終於統一了七國，並將這個統一的國家命名為「英格蘭」。

【人文歷史百科】

丹麥人的入侵

諾曼人包括丹麥人、瑞典人和挪威人，屬於居住在易北河口以北的日耳曼族。雖然四世紀以來有大批日耳曼人進入西歐各地定居，但這些諾曼人仍遠居北歐，過著部落生活。九世紀時，諾曼人從北歐四出侵略。入侵英國的諾曼人主要來自丹麥，因此也把他們稱為丹麥人。丹麥人八世紀末開始入侵英格蘭，九世紀中期南下攻擊倫敦，並在英格蘭東北部逐漸形成大片丹麥人定居區。十一世紀初，丹麥王克努特曾征服英格蘭。

西歐封建化進程

阿爾弗雷德大帝

埃格伯特統一七國後，仍面臨著來自外部的威脅。一是北歐海盜丹麥人的侵擾，一是康沃爾人的襲擊。西元835年，大批丹麥海軍潛至威爾斯西部，與威爾斯人合攻埃格伯特，並在亨斯登丘原發生激戰。埃格伯特率軍大敗威爾斯人和丹麥人，贏得了輝煌的勝利。

西元865年，丹麥人捲土重來，在根茲倫率領下大舉入侵不列顛，而埃格伯特此時已逝世二十六年了。東盎格里亞、諾森伯里亞和麥西亞相繼淪陷，丹麥人接著沿泰晤士河向上游攻擊，直逼西撒克遜王國的腹地。西撒克遜人在國王伊塞爾雷德一世的號召下奮起抗敵，雖然擊退了丹麥人，但伊塞爾雷德卻突然暴死，使得西撒克遜王國人心惶惶，亡國危機隨時都可能發生。

【人文歷史百科】

阿爾弗雷德的政績

阿爾弗雷德的功績不僅在於鞏固國防，更重要的是安定國內的封建社會秩序。他以「摩西十誠」為基礎編成了一套新的法典，使教會與國家共同執行，並規定在「百人集會」和「郡集會」上，貴族和自由民一律平等，消除了不同階層的人依據不同律法處理事務的習慣。阿爾弗雷德還主持翻譯了大量的書籍，彌補北歐海盜入侵時對教育造成的嚴重損耗。

西元871年，伊塞爾雷德一世的弟弟阿爾弗雷德扛起了保衛國土的重任。當時，丹麥軍前鋒已逼近，準備趁伊塞爾雷德一世去世之機一舉攻克西撒克遜王國。西撒克遜軍隊節節敗退，直到阿爾弗雷德親臨戰陣，戰局才出現了轉機。身先士卒的阿爾弗雷德擊潰了丹麥人，迫使丹麥人與之媾和，丹麥軍從西撒克遜王國的領地上撤退，阿爾弗雷德保證不在其境外地區干擾丹麥人的行動。

然而，丹麥人的撤退只是緩兵之計。西元874年，丹麥人突襲西撒克遜王國的要塞瓦倫漢，進占埃克塞特，企圖聯合威爾斯人共同進攻西撒克遜王國。水陸兩面受敵的阿爾弗雷德立即派兵圍困埃克塞特城，並派兵截斷丹麥艦隊對該城的增援。而前往埃克塞特城解圍的丹麥艦隊觸礁後沉沒，城內的丹麥人於是被迫投降。

西元875年，得到增援後的丹麥人奇

- 阿爾弗雷德國王肖像，英國牛津大學圖書館藏
  阿爾弗雷德是中世紀早期英國最著名的國王，在位時打敗了丹麥諾曼人的入侵，被稱為「阿爾弗雷德大帝」。

襲奇普納姆，迫使阿爾弗雷德狼狽退至帕雷特河的沼澤地帶，躲藏在艾瑟爾尼的一間農屋裡。同年5月，阿爾弗雷德聚集一支強大的軍隊克復威爾特郡，迫使丹麥軍領袖簽訂《韋德摩和約》，劃分了丹麥與西撒克遜王國統治的區域。後來阿爾弗雷德大力發展戰艦，打造了一支足以控制英吉利海峽的艦隊。西元886年，阿爾弗雷德大敗丹麥軍後，把邊境推進到根茲倫王國境內，並奪取了半個東撒克遜王國的舊地。

威廉的野心

十世紀下半葉，不列顛島上的丹麥人逐漸與當地居民融合。十世紀末，丹麥人再次侵入英格蘭，其國王克努特建立起一個囊括丹麥、挪威、瑞典和英格蘭的大帝國。西元1042年，這個大帝國崩潰，英格蘭恢復獨立，「賢人會」擁立西撒克遜國王伊塞爾雷德二世之子「懺悔者」愛德華爲王。1066年初，愛德華去世，膝下無兒女繼承。「賢人會」爲安定社會秩序，把愛德華的結姻兄弟哈樂德推上王位，爲哈樂德二世。

哈樂德繼承王位之事，震怒了歐洲大陸上的諾曼第公爵威廉，揚言要奪回英國王位。威廉說愛德華曾親口允諾他爲英格蘭王位的繼承人，且他對哈樂德

有救命之恩；哈樂德也曾發誓：有朝一日，英格蘭王位由威廉繼承。

威廉是諾曼第公國建立以來的第七位公爵。北歐諾曼人於西元912年建立的諾曼第公國，經過百餘年的發展，已成爲基督教世界的重要成員。1066年的威廉公爵，在歐洲大陸上擁有十分強大的勢力。從斯凱爾特河到菲尼斯太爾河一帶的海港，都直接或間接掌握在威廉公爵中。雖然諾曼第公國的實力不足以進攻英格蘭，但威廉公爵可以從不列塔尼和緬因獲得支援，因爲他趁安茹伯爵馬特爾的兩個侄子發生內戰導致安茹分裂之機，收復被安茹占領的緬因，控制了不列塔尼。同時他還可取得佛蘭德爾的支援，他與佛蘭德爾伯爵鮑爾溫之女梅蒂爾達結婚後，佛蘭德爾便成了他的盟友。法國、阿奎丹以及諾曼人在南部義大利的殖民地，都成爲他堅強的後盾。戰爭似乎不可避免了。

↑威廉公爵對哈樂德二世的斥責

016.諾曼征服

諾曼人,是海盜起家的日耳曼人,曾改寫了歐洲大陸許多國家的歷史,對英國的影響尤其深遠。

黑斯廷斯戰役

→黑斯廷斯戰役,油畫
黑斯廷斯戰役是諾曼征服中最關鍵的一戰,哈樂德被射中眼睛而死,最後以威廉的勝利而告終,英格蘭自此開始了諾曼王朝的統治。

西元1066年8月,準備就緒的威廉公爵帶領一萬餘人,氣勢洶洶地向英格蘭進發。9月27日,威廉引兵渡海,駛向蘇格蘭東南海岸,帶著這群虎狼之師於次日踏上了英格蘭的土地。但是,全副鎧甲的威廉剛踏上英格蘭領土,就摔了一跤。他手下的士兵都緊張起來,認為這不是個好兆頭。威廉也看出了士兵的憂慮,於是爬起來大聲喊道:「偉大的主啊,我剛到這片土地上,你就讓我和它擁抱。憑著您的指示,我一定征服這片土地!」

士兵聽威廉這麼一說,群情振奮,直抵黑斯廷斯安頓築營,同時搜索軍糧,準備大戰。

聽到威廉登陸的消息後,哈樂德二世立即集結兵力,沿途號召熱血志士保衛英格蘭,很快就率軍抵達了黑斯廷斯。

哈樂德選擇了一個極好的位置排兵布陣,等待著與威廉決鬥。雖然哈樂德擁有使用長柄戰斧的侍衛隊,可說是當時歐洲最優秀的步兵,但英格蘭軍隊沒有騎兵和弓箭手,顯然無法和擁有強大騎兵的威廉進行對戰。哈樂德明白自己的劣勢,故擺出了防守陣形,待威廉進攻受挫時再伺機反攻。

10月14日清晨,諾曼第軍隊在威廉的率領下離開營地,準備和哈樂德交戰。威廉的軍隊一字排開,左翼是不列塔尼人,右翼是法國和佛蘭芒傭兵,他則率領最強大的諾曼第軍隊坐鎮中央。

威廉首先指揮弓箭手發起進攻,但無功而返,因為哈樂德用盾牌組成了一道密不透風的「盾牆」。威廉隨後指揮英勇善戰的步兵向哈樂德發動進攻,但在哈樂德的侍衛隊面前,絲毫未能奏效。威廉只得拿出了絕招,派自己的騎兵前去衝殺,崎嶇的道路影響了騎兵的戰鬥力,而不列塔尼騎兵的退卻使威廉的軍隊潰不成軍。

哈樂德的右翼見狀立即反擊,威廉也在全線潰退中落馬,這時士兵喊道:「威廉死了!」諾曼第軍隊頓時軍心大亂。其實威廉只是受了一點輕傷,他立即跨上戰馬,摘下頭盔,大喊:「威廉在此!」這才勉強穩住了軍心。

下午四時左右，威廉和哈樂德重整軍隊，準備進行更激烈的決戰。威廉發現單兵種作戰難以取勝，於是命弓箭手放箭吸引住英格蘭人的注意力，然後派騎兵和步兵趁對方舉起盾牌防禦之時，發動猛烈進攻。這一招果然奏效，諾曼第軍隊在哈樂德陣地上衝開了一個缺口，四名騎士衝向哈樂德的大旗，殺死了哈樂德。英格蘭軍隊失去了主帥，四散潰逃，只有僅存的侍衛隊向英格蘭軍旗靠攏，與國王死在一起。

於是，威廉公爵取得了黑斯廷斯戰役的最後勝利。

英格蘭新君

哈樂德戰死後，倫敦遭威廉包圍而投降。當年的耶誕節，威廉在西敏寺舉行加冕典禮，諾曼第公爵威廉成為英格蘭國王威廉一世，開啟了英國諾曼王朝的統治。此事件在英國歷史上被稱為「諾曼征服」。

然而，進駐倫敦並不代表征服了整個英格蘭，各地的反抗活動仍風起雲湧，剛建立起來的威廉政權顯得極不穩定。威廉一世為了安撫人心，一方面保持盎格魯‧撒克遜時代以來「賢人會」的政體，儘

管「賢人會」已淪為他的御用工具；另一方面則起用愛德華時代的高官貴族，給英格蘭人一些有名無實的職位。同時，威廉一世給予反抗者堅決的打擊。由於各地起義的貴族和群眾既無組織又無聯繫，一下子就被威廉鎮壓下去了。1071年伊利島的陷落，標誌著威廉對英格蘭的全面征服。

征服英格蘭後的威廉一世大肆沒收英格蘭人的土地，轉入諾曼人手中，每個從征的諾曼人都得到了土地。獲得封賜的諾曼貴族必須豢養一批騎士，在打仗時為國王效力。這些貴族可對自己領地內的英格蘭人民徵收賦稅，任意壓榨，只須把部分收入繳給國王即可。同時，威廉還著手整治教會，將擔任主教職務的英格蘭人通通用諾曼人代之。

威廉在位期間還頒布了《森林法》，使其狩獵的「皇家森林」更加遼闊。1087年，威廉入侵法國時，因戰馬受驚而摔落重傷，在魯昂去世。

↑征服者威廉肖像，油畫
威廉一世是諾曼第公爵，征服英格蘭後實行了一連串改革，加速英國的封建化過程。

【人文歷史百科】

《末日審判書》

西元1086年，威廉一世為了瞭解王田及國王直接封臣的地產情況，在全國進行了大規模的土地和賦役清查。調查結果匯總整理，編定成冊，稱為《末日審判書》，意指它所記錄的情況不容否認，猶如末日審判一樣。調查結果顯示，一百八十個大封建領主占有全國一半的土地。土地調查書具有極珍貴的史料價值，它體現了中世紀英國「沒有無領主的土地」、全國土地來自國王封予的法律原則，且確定大多數農民皆為耕種領主土地的依附農民。

西歐封建化進程

67

雄才大略的亨利二世，具有騎士風格的獅心王，昏庸無能的無地王，好大喜功的亨利三世，長腿的愛德華一世，一步步把英國帶向議會制，成為民主國家的「楷模」。

金雀花王朝的開始

←亨利一世雕像
亨利一世是諾曼王朝的第三代君王，因廣聞博學而被稱作「儒雅王」。

西元1133年，亨利在法國的勒芒城出生。他的父親安茹伯爵傑弗瑞控制著杜萊納、緬因等地，勢力非常強大。他的母親瑪蒂達是英國諾曼王朝末代君王亨利一世的女兒。

亨利出生不久，英國就發生了一場戰爭，他的家族也加入了。西元1135年，亨利一世去世，而亨利的母親瑪蒂達曾被指定為王位繼承人。就在瑪蒂達準備接替王位時，亨利一世的外甥布臘伯爵斯蒂芬，從半路殺出奪去王位。瑪蒂達大怒，與斯蒂芬展開了戰鬥。倫敦和東部領主支持斯蒂芬為王，而西部領主支持瑪蒂達奪回王位。經過了近二十年的爭鬥，雙方於1153年議和，斯蒂芬承認亨利為其王位繼承人。

1154年斯蒂芬去世，亨

←亨利二世肖像，油畫
亨利二世的父親是安茹伯爵，母親是諾曼王朝末代君王亨利一世的女兒。他繼位後的王朝被稱為「金雀花王朝」。

利被擁立為英國國王，是為亨利二世；因其父傑弗瑞伯爵經常在帽子上飾以金雀花枝，所以又被稱為「金雀花王朝」。除英國本土外，出身於安茹家族的金雀花王朝在法國的安茹、諾曼第、不列塔尼等地擁有大量領土，所以又稱「安茹王朝」。

亨利二世成為英王後，控制了蘇格蘭和威爾斯，愛爾蘭後來也向他臣服。這樣一來，南起庇里牛斯山、北至蘇格蘭的廣闊土地都處於亨利二世的統治之下，面積相當於法王路易七世土地的六倍，史稱「安茹帝國」。

亨利二世早年對英國的有效治理使他雄霸一方，但晚年的他卻處境堪憂。外部勢力已難以對其帝國構成威脅，但家庭內部的矛盾卻讓他焦頭爛額。

亨利二世早年曾任命長子亨利為王位繼承人，次子喬弗雷為不列塔尼公爵，三子理查為阿奎丹土地之王，幼子約翰因年幼跟隨自己身邊，未封領地。但隨著約翰年齡的增長，亨利二世想從封賜出去的土地中為約翰籌措封地，這招致了其他兒子的強烈反對。

西元1189年，亨利二世與三子理查開戰。此時理查已是王位繼承人，因為他的兩個哥哥相繼去世。亨利二世最後戰敗，接受了理查提出的全部條件。但當他得知約翰在暗中幫助理查時，氣得不久後便含憤辭世。

英國習慣法之父

亨利二世一生功勳卓著，但他剛上臺時，接手的卻是個爛攤子。當時的英國經歷了連年的戰禍，滿目瘡痍，生產停滯不前，社會動盪不安，王權衰落，綱紀廢弛。而一些大領主擁兵自重，到處為亂。亨利二世上臺後，在市民、騎士和教會的支持下，開始強有力的改革。

亨利二世最大的建樹是司法方面

的改革。他廣納賢士，召集了一批法律專家，依照羅馬法、法國法律和英國各地的習慣法，對英國的法律進行整理，統一了英國的法律。亨利二世設立的陪審團制度，為現代兩大法系之一的英美法系奠定了基礎，成為英國司法制度的核心，因此被人譽為「英國習慣法之父」。

亨利二世以犧牲封建貴族法庭的方式，提高國王司法會議許可權，加強了王權。他規定在刑事和民事訴訟中實行陪審制度，以誓證法取代神命裁判法，每個自由人只須繳納一定費用，即可將訴訟案從領主法庭轉到國王法庭，因而削弱了領主的司法權限。但是占全國人口絕大多數的農奴卻不得向國王法庭申訴，仍然受領主法庭的管轄。

西元1164年，亨利二世頒布了《克拉倫登條例》，規定國王有權干預高級教職的選任，教士的訴訟必須到國王法庭受審。非經國王特許，教會法庭審理的案件不得上訴羅馬教廷，此限制了教會法庭的許可權。

←鞭笞
亨利二世限制了教會的權力，坎特伯里大主教也被騎士們殺死，諸侯們藉此反抗亨利二世，亨利二世被迫屈服，到大主教墓前懺悔。圖中描繪的是他受鞭打。

無地王約翰

約翰是亨利二世的幼子，英國金雀花王朝的第三代君主。他的三位兄長都受封有土地，而約翰因年少沒有受封，所以被稱爲「無地王約翰」。

西元1189年，亨利二世逝世，約翰的哥哥獅心王理查即位後，傾全力進行第三次十字軍東征，大肆徵斂，招致貴族不滿。而約翰覬覦王位已久，伺機作亂。1192年，獅心王理查東征歸途中遭奧地利公爵俘獲，被轉囚至神聖羅馬帝國皇帝亨利六世那裡。約翰乘機起事，但陰謀被理查留守的大臣粉碎。

1194年3月，獅心王理查獲釋後返回英國，迅速將約翰流放，但不久又恢復了約翰的自由，並把他立爲王位繼承人。1199年理查去世，約翰繼承王位，掌握了地跨英、法兩國的「安茹帝國」。

1202年，致力於收復領土的法王腓力二世召集諸侯開會，命掛著法國封主身分的約翰到法國聽候安排，約翰不從。腓力二世便即宣布剝奪他在法國的全部領土，並派大軍進駐。至1206年，

諾曼第、安茹、緬因和波爾多的一部分相繼脫離英國控制，併入法國領土。「安茹帝國」的版圖急劇縮小，英國在法國僅剩下西南部的部分領地。

與歐洲大陸的聯繫被削弱，英國貴族集團獲得財富的渠道減少，轉化成對約翰的極大不滿。爲了挽回英國的頹勢，約翰準備向法國開戰。但他橫徵暴斂，踐踏習慣法和成例，讓貴族、騎士和市民人人自危。對外還未開戰，內亂

【人文歷史百科】

《大憲章》
《大憲章》主要保障教俗封建經濟、司法和政治方面的特權，如國王承認教會選舉自主，保障諸侯和騎士的封土、繼承權，非經主教和諸侯會商同意，不得徵收額外稅金等。憲章也有部分內容維護騎士和市民的權利，如不得強迫騎士服額外之役、承認倫敦和其他城市市民享有的自由、統一全國的度量衡等等。《大憲章》還規定從大領主中選出二十五名代表，以監督國王執行憲章，如果國王違反，貴族有權行使武力。

↑約翰王接受《大憲章》
1215年6月25日，約翰王和諸侯們在泰晤士河畔的蘭尼米德草地會晤，戰勝的諸侯們向約翰王提出了六十三條要求，約翰王被迫簽字答應。

危機卻是一觸即發。對主教選舉的操縱，使羅馬教皇於1212年下令廢黜了約翰的王位，並指令法王腓力二世討伐約翰。約翰率軍迎敵，然而蘇格蘭和威爾斯的相繼叛離，逼使他不得不放棄進攻法國的計畫，並於隔年向教皇表示臣服。

不過，約翰並未真的屈服。西元1214年，他糾集一批貴族與法國激戰，遭到法軍擊潰，約翰逃回英國。1215年，約翰不同意以憲章形式保障諸侯們的自由，引起了一片憤慨。最後，約翰在泰晤士河畔的蘭尼米德草地，被迫簽字承認諸侯提出的六十三條要求，史稱為《大憲章》。

因《大憲章》限制了羅馬教廷對英國教會的控制，羅馬教皇宣布《大憲章》無效。約翰募集傭兵擊敗了諸侯軍隊，諸侯則迎立法王腓力之子路易為英王。路易率軍進入英國，占領倫敦，大部分地區向他臣服。約翰被迫轉戰北部，於1216年患熱病去世。

議會君主制的形成

無地王約翰去世後，部分英國貴族擁立他年僅九歲的幼子亨利即位，號亨利三世。因亨利三世尚年幼，暫時由大領主和大臣監國。

亨利三世親政之後，曾多次重申承認《大憲章》，表示接受貴族監督。後因向教皇獻納過多，又任用法國貴族執政，引起英國貴族反對。他本人又好大喜功，到處插手政事，使國家財政受到極大消耗，經濟出現嚴重困難。1258年，貴族武裝集會，強迫國王實行改革。同年6月，亨利三世被迫接受《牛津條例》：決定組織十五人會議，非經會議同意，國王不能做出任何決定。不久，反對派陣營因騎士和貴族利益衝突而分裂，亨利三世乘機否認《牛津條例》，內戰因而爆發。

在1264年5月14日的路易斯戰役中，亨利三世及王子愛德華被以孟福爾為首的貴族俘獲，孟福爾控制了英國政權，於翌年召集貴族、騎士、城市市民集會議事，成為英國議會之始。1265年8月孟福爾兵敗被殺，亨利三世恢復王位，但實際上由愛德華掌權。

亨利三世去世時，愛德華正參加第八次十字軍東征，直到1274年才回國加冕，是為愛德華一世。愛德華一世統治時期，英國議會制度正式確定下來。1295年，愛德華一世召開英國議會，出席的除教會和世俗貴族外，還有騎士和市民的代表參加。因為這次議會的組成和職能成為後世議會的「楷模」，故史稱「模範議會」。

西歐封建化進程

71

《凡爾登條約》使查理曼帝國走向分裂，其中西法蘭克成為現代法國的雛形。卡佩王朝建立初期，國王因生活困窘竟然攔路搶劫。

卡佩王朝的建立

西元843年《凡爾登條約》和870年《墨爾森條約》簽訂以後，主要講羅曼語的西法蘭克，包括紐斯特里亞、阿奎丹、加斯科尼、普羅旺斯、勃艮第等地，逐漸形成中世紀的法蘭西王國。

加洛林王朝在西法蘭克的統治又延續了一個多世紀，但統治者大多腐敗無能，如胖子查理、昏庸者查理、孩童查理、盲者路易和結舌者路易，從名字上就可見一斑。西元887年，加洛林王朝國王胖子查理遭廢黜以後，西法蘭克王國出現了加洛林王朝和羅伯特家族的長期爭鬥。羅伯特家族的「強者」羅伯特因抗擊諾曼人入侵有功，被封為法蘭西島公爵。

「法蘭西島」指塞納河和盧瓦爾河中游、以巴黎和奧爾良為中心的南北狹長地帶，「法蘭西」這個名稱即起源於此。後來，「強者」羅伯特的兒子、巴黎伯爵埃德又因擊退諾曼人對巴黎的圍攻，所以在胖子查理被廢以後由部分領主擁為國王，但還有一部分領主仍堅持加洛林王朝的正統性，推選昏庸者查理為國王。這兩個王朝纏鬥近一個世紀。

←休・卡佩肖像
休・卡佩為巴黎公爵，西元987年成為西法蘭克國王，建立法國歷史上的卡佩王朝。

後來羅伯特王朝勢力逐漸強大，而加洛林王朝的領地只剩下琅城及其附近一帶領土，加洛林王朝名存實亡。西元987年，加洛林王朝的末代國王路易五世去世後，羅伯特家族的休・卡佩被蘭斯主教等大領主擁立為王，法國從此開始了卡佩王朝的統治。

休・卡佩當時擁有五個伯爵領地，分散在塞納河和盧瓦爾河之間的狹長地帶，全部面積不超過六千平方公里，境內只有巴黎和奧爾良兩個城市。

名義上的國王

卡佩王朝建立初期，王權仍未得到加強。在名義上國王是最高宗主，國王繼位時主教也為他塗聖油，是神授統治權的君王，但事實上並非如此。當時的法國分裂成許多公國和伯國，北部有佛蘭德爾伯國，西北部有諾曼第公國，西

↑羅伯特二世在羅馬
羅伯特二世是卡佩王朝的第二位國王，西元998年因未向教皇交納結婚費，被迫與表妹柏爾塔離婚。他在西元1016年奪得了勃艮第公國，1031年因病去世。

部有安茹伯國和不列塔尼，南部有阿奎丹公國、土魯斯伯國和巴塞隆納伯國，東部有勃艮第公國和香檳伯國。

公國和伯國這些大大小小的領主各自稱霸一方，領主在領地內有權宣戰媾和，有權鑄造自己的貨幣、制定法律並對其臣民進行審判。國王不但沒有行政機構和固定的財政收入，而無固定的駐地，時而住在巴黎，時而住在奧爾良。甚至有的領主因修建堡壘，把國王從巴黎到奧爾良的通路都截斷了，國王不得不帶領武裝侍從，小心翼翼地從領地這一端走到那一端。

卡佩王朝初期的國王生活十分窘困，為了擴大收入，他們甚至帶著隨從攔路搶劫。國王腓力一世就曾對過境的義大利商人進行劫掠。

雖然卡佩王朝在國內活得很不體面，但在對外上卻極力顯示自己的尊嚴，不遺餘力地提高國際威望。卡佩王朝先後與英國和拜占庭的君主互換使節，國王亨利一世也與基輔大公雅羅斯拉夫的女兒安娜結婚，以提高知名度。

西元997年，農民舉行祕密集會，決定制定有關森林和水源使用的新法，這觸犯了封建領主的利益，年輕的查理二世立刻派大批騎士前去鎮壓。在誘殺農民代表後，將起義鎮壓了下去。1024年，不列塔尼又爆發了一次農民起義，但因組織散漫，加上武器落後，最後仍被領主調集的大批騎士鎮壓。雖然這些農民

為爭取更多自由而發動的起義未能成功，但激化的階級衝突使封建領主惶恐不安，部分領主依附於王權，進而使王權得到了加強。

十一世紀末，由於城市的興起，在市民階級的支持下，封建割據勢力日薄西山，法國逐漸走向統合。

卡佩王朝歷代君王

國　　王	在位時間	備註
休·卡佩	987至996年	
查理二世	996至1031年	虔誠者
亨利一世	1031至1060年	
腓力一世	1060至1108年	
路易六世	1108至1137年	胖子
路易七世	1137至1180年	
腓力二世	1180至1223年	奧古斯都
路易八世	1223至1226年	
路易九世	1226至1270年	聖路易
腓力三世	1270至1285年	勇敢者
腓力四世	1285至1314年	美男子
路易十世	1314至1316年	
腓力五世	1316至1322 年	
查理四世	1322至1328年	

【人文歷史百科】

《墨爾森條約》和加洛林王朝的終結
加洛林王朝在西法蘭克的統治延續了一個多世紀，但統治者大多腐敗無能。西元870年，日耳曼人路易和禿頭查理爭奪羅泰爾一世的屬地，簽訂《墨爾森條約》，共同瓜分了處於東、西法蘭克之間的洛林地區，形成後來德意志、法蘭西和義大利三國的雛形。查理曼帝國最後一個皇帝胖子查理於西元887年遭廢黜，東法蘭克的加洛林王朝於西元911年中斷，西法蘭克的加洛林王朝於西元987年告終。

西歐封建化進程

城市和國王

西歐中世紀初期的封建割據帶來無休止的混戰，破壞了農業生產，造成社會動盪。小領主無力鎮壓農民起義，因此強烈希冀一個強大王權。自十二世紀開始，國王與大領主之間，中、小領主與大領主之間的矛盾衝突有逐漸擴大之勢。

自十一世紀起，城市在法蘭西社會興起。城市走向繁榮，推動了商品貨幣經濟的發展，市場出現一片欣欣向榮的局面。經濟市場的良好態勢，刺激了封建領主的物質慾望，因當時的城市大都是在領主的土地上建立起來的。所以，封建領主加緊了對城市居民的需索，使得城市與封建領主間的矛盾日益加深。

←魯昂，中世紀法國城市想像圖

一些城市為了獲得自治權，不是訴諸戰爭，就是用錢贖買，尤其是富裕的大城市，只是待領主揮霍完贖金後，往往會再次對城市進行勒索，引起市民的極大不滿。於是，一些城市便直接從國王那裡用錢換取特權，以此來對抗領主。

國王雖然與城市之間的關係不甚融洽，卻需要城市提供的貨幣來招兵買馬，加強王權。領主們對此儘管不滿，但畢竟國王在名義上仍是全國最高統治者，因此他們大多選擇忍氣吞聲。

在城市內部，貨幣地租的推行加深了農民與城市間的矛盾。因為農民出售農產品時多受到商人的剝削，而每當貨幣短缺，又無可避免地被城市高利貸者盤剝。兩者間的矛盾，讓城市市民頓生尋求武力作支柱的迫切需求。

因此，自十二世紀以後，國王漸與城市結成聯盟，各取所需。國王從城市得到貨幣以加強王權，城市則依靠國王的武裝保衛其自治權，大領主和農民則成了他們共同的敵人。

←路易六世和主教
路易六世致力於鞏固法國的王權，給予城市居民自治權，拉攏他們能在自己與貴族的衝突中站在他這一方。

王權的加強

←路易九世肖像，油畫

　　法國王權的加強，乃是從路易六世開始的。路易六世定都巴黎後，大力拓展王室領地，並設置「御前會議」，透過法律手段加強王室的權力。十二世紀中葉以後，城市與領主之間的矛盾成了法王加強王權的籌碼。至路易七世時，城市先後二十五次獲得了國王頒發的特許證，而腓力二世則對八十多個城市頒發了特許證。國王透過與城市的聯盟，不斷鞏固自身的王權，與大領主及農民之間的衝突越來越深。

　　十三世紀時，法蘭西的王權已顯著增強。路易九世在位期間，在王宮設立了「最高法院」，有權對任何案件進行審理，規定有些案件必須在最高法院審理。領主審理的案件及領主之間的問題，也以此法院為最高仲裁。如此一來，封建領主的司法權遭到削弱，政權逐步向國王集中，領主處理事務的空間越來越小。

　　為了限制大領主的軍事特權，路易九世規定在王室領地之外實行「國王四十日」，即規定在宣戰之後四十天之內不准開戰，弱小者可向國王申訴，請求裁決。而在國王的領地內，領主們不得發動戰爭。路易九世還廢除了服役騎兵制，改用募兵制，國王從此擁有一支聽從自己指揮且訓練有素的常備軍。這些規定減少了土地兼併行為，改善了混戰局面，同時提高了國王的威信。

　　除此之外，國王還統一了封地內的貨幣，強行規定國王的貨幣可以在所有領地上流通。這種幣制的統一，既利於經濟發展，也使國王在財政方面掌握了主權，有力地促進了法蘭西全國經濟的統合。

【人文歷史百科】

琅城起義

十二世紀前後，城市反對領主的風氣盛行，一些富裕的城市為了取得自治權而向領主支付大量金錢。十二世紀初，琅城的居民湊了一大筆贖金，向主教高德理和國王路易六世買回城市的自治權。但是，高德理得到錢後不久，又要重新統治琅城。琅城居民聞訊十分憤怒，於1112年發動起義，成立「公社」，殺死主教。路易六世和法國北部領主派軍隊進占琅城，強行取消了公社。琅城居民堅持戰鬥，終於1128年重新取得自治權。

西歐封建化進程

↑路易七世接受十字架
1147年，路易七世參加十字軍東征，在出發時接受主教贈予的十字架。

75

腓力二世的功績

卡佩王朝建立初期，國勢衰微，朝綱不振。經過幾代君王的努力後，王權得到了加強，但領土仍十分有限。至路易六世的孫子腓力二世統治時，始將目標轉向領土擴張。

腓力二世雄才大略，首先與雄霸一時的英王亨利二世結盟，借勢征服了阿圖瓦和香檳伯爵，確立了統治地位。趁亨利二世勢力衰微時，腓力二世開始著手對付英國的金雀花王朝，伺機奪取英王在法國的領土。亨利二世去世後，繼任的無地王約翰目光短淺且橫行霸道，惹得國內外一片撻伐，為腓力二世提供良機。當時的金雀花王朝領地擴展到法國境內，腓力二世藉口約翰不履行封臣義務，宣布剝奪他在法國的全部領地，雙方爆發了戰爭。

腓力二世在市民階級的大力支持下，僅用十多年的時間，先後攻占諾曼

第、安茹、緬因等地，控制了金雀花王朝在盧瓦爾河以北的土地。在西元1214年的布汶之戰中，因英國貴族拒絕作戰，約翰只得和原神聖羅馬皇帝鄂圖四世結盟。腓力二世和神聖羅馬帝國新皇帝腓特烈二世結盟，派大兵與約翰進行決戰，幾乎殲滅了約翰和他的同盟軍隊，並俘虜了五位伯爵和二十餘名男爵。

這場戰爭被認為是法國的一大勝利，腓力二世占領了英王約翰在法國的大部分領地，同時也將佛蘭德爾置於法國控制之下，王室領地迅速擴大了三倍，國王的實力大為增強，腓力二世因此獲得了「奧古斯都」的稱號。

腓力二世以後，王室領地不斷向盧瓦爾河以南擴展，後來完全兼併了普瓦捷，並於1258年吞併阿奎丹，使英王在法國的領地只剩下西南一隅。

三級會議的召開

法國王權的發展，到腓力四世時期達到一個新的階段。腓力四世身材高大，相貌英俊，金髮碧眼，素有「美男子」之稱。他即位後繼續擴張王室領地，努力加強君主的地位。

↑布汶戰役前的腓力二世
法王腓力二世在布汶戰役中，大敗神聖羅馬帝國皇帝鄂圖四世、英王約翰以及法國諸侯組成的聯軍，威震歐洲。

法國加強王權和爭取國家獨立的奮爭，終於與羅馬教皇發生衝突。為了維持龐大的軍費開支，腓力四世不斷增加稅收，甚至向教會課徵百分之二十的財產稅。1296年，教皇卜尼法斯八世公開發出敕令，反對腓力四世向教會徵收財產稅，否則將開除他的教籍。

腓力四世聞言之後大怒，下令禁止一切金銀出口，使羅馬教廷難以從法國得到任何收入，最後教皇讓步，法王取得了這場衝突的初步勝利。但此事過後不久，爭端又起。教皇發布關於教會權力至上的敕令，危及了腓力四世的權力，他當眾燒毀教皇敕令。腓

↑腓力四世
腓力四世在位期間努力加強王權，因與教皇不合，遂於1303年軟禁教皇，教皇憤憑離世。西元1307年他又對付聖殿騎士團，將大主教處以火刑。

←教皇卜尼法斯八世雕像，中世紀羅馬雕塑

亞維農之囚

腓力四世與教皇卜尼法斯八世發生衝突後，西元1303年，法王派人潛入教皇在阿南尼的城堡，以暴力逼迫教皇退位，七十五歲高齡的卜尼法斯八世在羅馬被軟禁三日後憤懣而死。1305年，在腓力四世的壓力下，法國波爾多大主教當選為教皇，被稱為克雷芒五世。腓力四世還將教廷從羅馬遷到法國南部小城亞維農。從克雷芒五世開始，連續七任教皇均為法國人，紅衣主教絕大多數也是法國人，史稱「亞維農之囚」。

力四世在和教皇的激烈衝突中，得到了國內的支持。然而，1302年對抗佛蘭德爾的克泰爾戰役中的慘敗，使腓力四世再次面臨國庫空虛的壓力。由於法國長期對英國和佛蘭德爾開戰，腓力四世不得不大肆斂財，雖然使王室收入比路易九世時期增加十倍，但仍然入不敷出。

西元1302年，腓力四世首次正式召集全國性的三級會議，研究全國賦稅的徵收與使用問題，歷史上把這一年作為法國三級會議的開端。

三級會議是階級代表制，所謂三級是指：高級教士、大貴族、城市上層代表。三個階級分別開會討論議案，每個階級只有一票表決權。三個階級的代表與國王的利益基本一致，是王權的支柱，因此國王可透過三級會議達到自身目的。

西歐封建化進程

佛蘭德爾事件

←農民起義

西元1302年，當布魯日城的晨禱鐘聲響起，蓄勢待發的義軍嘶喊著衝殺而出。

這是發生在佛蘭德爾伯爵領地上的布魯日城起義，由於義軍以晨禱鐘聲作為起事信號，因而這次起義被稱作「布魯日晨禱事件」。起義爆發後，早就覬覦佛蘭德爾富饒的法蘭西王國立即出兵，在未得到佛蘭德爾伯爵的同意下，法蘭西大軍開進了布魯日城。誰知起義軍實力堅強，竟然擊敗法蘭西大軍，迫使法軍退守佛蘭德爾南部幾座城市。

1328年，佛蘭德爾又有一波起義。

起義軍氣勢如虹，佛蘭德爾伯爵一潰千里，轉向法蘭西國王求援。自從上次被義軍殺退後，法王心有餘悸，但面對著送上門的肥肉，實在是難以割捨。於是，法王派出數倍於前的兵力前往佛蘭德爾。這次法軍未敢輕敵，憑藉絕對優勢穩紮穩打，終於把起義之火撲滅了。

鎮壓起義後，法蘭西大軍得國王授意，駐紮在佛蘭德爾不走。這下可急壞了佛蘭德爾伯爵，這不是引狼入室嗎？法蘭西國王自恃兵力強大，強迫佛蘭德爾伯爵行效忠禮，承認法蘭西國王為其宗主，佛蘭德爾終究讓法王抓進了手中。

自從無地王約翰痛失法蘭西領地後，歷代英王皆圖謀收復江山。經幾代國王的勵精圖治，到愛德華三世時，英格蘭國力大增，成為歐洲唯一可與法蘭西抗衡的國家，而富饒之地佛蘭德爾早就成了愛德華三世眼中的肥肉。

佛蘭德爾位於北海沿岸，雖然在地域上與法蘭西毗連，但在經濟上卻與英格蘭關係密切。佛蘭德爾的毛紡織業

【人文歷史百科】

佛蘭德爾

佛蘭德爾位於北海沿岸。最初居住在這裡的是克爾特部落，西元前一世紀羅馬人占領這一地區，自三世紀起弗里斯人和法蘭克人移居此地。五世紀這個地區被稱為「佛蘭德爾」。九世紀佛蘭德爾成為法蘭克王國的伯爵領地，西元870年，佛蘭德爾併入西法蘭克王國。中世紀初期，毛紡織手工業在佛蘭德爾發展起來，出現了伊珀爾、布魯日和根特等城市。到中世紀盛期，這些城市發展成為歐洲的工商業中心。

十分發達，唯不出產羊毛，毛紡織業所用原料都從英格蘭進口。法國吞併佛蘭德爾之後，愛德華三世立即禁止英格蘭向佛蘭德爾出口羊毛。佛蘭德爾失去原料來源，間接造成法蘭西徵財的願望破滅，法蘭西與英格蘭的關係驟然緊張起來。

法國王位之爭

愛德華三世對佛蘭德爾禁運羊毛，無異於釜底抽薪。佛蘭德爾有大批手工業者瀕臨失業，整個地區民怨沸騰，把矛頭指向法蘭西。恰在這時，英、法之間又鬧出了王位之爭。

西元1328年，卡佩王朝國王查理四世去世，因死後無子嗣，王位一時出現空缺。這時，有兩人跳出來說自己有權繼承王位，一位是法蘭西瓦盧瓦伯爵腓力，另一位即是英王愛德華三世。腓力屬於卡佩家族旁支瓦盧瓦家族，因而他認為自己繼承王位是合法的；而愛德華三世以其母為查理四世之妹，故欲以查理四世外甥的身分繼承王位。

王位的空懸亟待解決，眼看國內的局勢快要不可收拾，法蘭西貴族會議最後決定由瓦盧瓦伯爵腓力繼承王位，稱腓力六世。新王朝則稱為「瓦盧瓦王朝」，腓力六世即是瓦盧瓦王朝的開國君主。

愛德華三世儘管心有憤恨，但自知暫時無力發動全面戰爭，不得不退出法蘭西王位之爭。西元1329年，為了保住阿奎丹地區作為英格蘭在法蘭西的根據地，愛德華甚至向腓力六世屈膝行封臣禮，實際上承認了腓力六世法蘭西國王的身分和地位。

發展到西元1337年，法蘭西已是歐洲大陸上地域最廣、人口最多、經濟最富庶的國家。就在這時，腓力六世突然宣布，剝奪金雀花王朝在法蘭西僅存的一塊領地——阿奎丹。唯此時的英格蘭已不可小覷，在愛德華三世統治下搖身一變成為軍事強國。忍辱負重多年的愛德華三世決定大展身手，恢復英格蘭過去的版圖。於是，愛德華三世重提對法蘭西的王位繼承權，宣稱腓力六世篡奪了本應屬於他的王位，將要出兵討伐。

↓腓力六世肖像
　愛德華三世是查理四世的外甥，腓力六世是查理的侄子，兩人同屬旁系。愛德華三世自認有權繼承法國王位，引起了英、法之間長達百年的戰爭。

021.英國入侵法國

法王腓力六世揚言：「在強硬的馬蹄下，愚蠢的英國人將粉身碎骨，他們的肉體只會被我們用來鋪築慶功的大道。」但事實並非如此。

斯勒伊斯海戰

西元1337年6月23日，愛德華三世親自率領英格蘭艦隊從泰晤士河出發，直奔佛蘭德爾伯爵領地上瀕臨北海的一個港口——斯勒伊斯。此次隨愛德華三世出征的士兵達一萬餘人，有手持長矛的步兵，也有手握利斧的騎兵，還有一支長弓手隊伍。

愛德華三世將登陸地點選在斯勒伊斯，目的是登陸成功後，將佛蘭德爾作為據地，爾後揮兵南下，從陸路進攻法蘭西。

法王腓力六世也不是省油的燈，他洞察出了愛德華的意圖。自從愛德華斷絕佛蘭德爾的羊毛來源後，佛蘭德爾把怨氣全指向了法蘭西，佛蘭德爾伯爵甚至與愛德華結成同盟，佛蘭德爾的居民也有了聯英抗法的共識。即使愛德華三世不出兵，腓力六世也須擺平這個燙手山芋，不能讓它成為阻力。所以，當愛德華有進軍法蘭西的行動時，腓力六世即在斯勒

斯勒伊斯海戰，弗魯瓦薩爾作品
英軍在斯勒伊斯海戰中獲勝，為往後的增兵占得了可靠的登陸點。

伊斯港布下兩百艘諾曼人船隻，將艦隊布成三線展開，並用鐵鏈將船艦一排排連結起來，準備阻擊。

6月24日清晨，英格蘭艦隊經過一夜的航行，悄無聲息地駛近斯勒伊斯港。站在船頭的愛德華三世突然發現港中檣檣林立，而這些艦船又非法國艦船的樣式。愛德華疑惑不解，立即詢問身邊的船長。船長憑經驗推斷出這些船應是效忠法王的諾曼人艦隊。愛德華三世立即排兵布陣，準備迎戰。因當時逆光、逆流不利作戰，英格蘭艦隊便轉向上風位置等待時機。

中午時，流向改變，英方艦隊占領攻擊陣地，長弓箭手開始射擊，接著盔甲齊備的士兵展開近戰。法艦因用鐵鏈連結，行動不便，再加上缺乏弓箭手，士兵沒有厚重的盔甲，所以處於被動挨打的境地。

經過八個小時的激戰，法蘭西艦隊第一線艦船被擊敗，第二線艦船兵無鬥志，紛紛逃生。夜戰中，第三線艦船也遭擊潰。到翌日清晨時，法國艦隊幾乎

↑英格蘭長弓手
在英法百年戰爭之中，英國軍隊裝備了射程極遠的長弓，造成法國人很大的傷亡。

英法百年戰爭的三個階段
第一階段是1337至1360年，這個階段裡法軍屢戰屢敗，喪失了大片領土；第二階段是1369至1380年，法國發動反攻，收回大部分失地，英軍只占有沿海少數據點；第三階段是1415至1453年，英軍重新發動攻勢，又占領了北部半個法國，此時法國軍民團結一致，共抗英軍，最後終把英軍驅逐出去，英國在法國境內僅據有加來港一地。

潰不成兵，損失了近一百八十艘艦船，傷亡近兩萬官兵，而英軍僅傷亡四千餘人。英軍首戰告捷後，奪取了制海權，為隨後渡海大舉進攻法國取得優勢。

克雷西之戰

西元1346年7月，愛德華三世率軍一萬餘人從樸茨茅斯出發，渡海侵入法國諾曼第，爾後揮師東進，沿途燒殺劫掠，直逼巴黎城郊。不久，英軍北渡塞納河和索姆河，占領了阿布維爾以北克雷西村附近高地，準備與前來阻擊的三萬餘法軍作戰。

當時法軍兵多將眾，面對氣勢洶洶的英國軍隊，腓力六世把自己最精銳的騎兵部隊派到了前線。因英軍沒有能與法國抗衡的騎兵部隊，腓力六世曾揚言：「在強硬的馬蹄下，愚蠢的英國人將粉身碎骨，他們的肉體只會被我們用來鋪築慶功的大道。」

但是，腓力六世忽視了愛德華三世的弓箭手，為自己的驕橫付出了沉重的代價。當時英軍使用了一種名叫「大弓」的弓箭，它射程遠、射速快、準度高，可在兩百公尺的距離內射殺身披鎧甲的騎士。

8月26日下午，法軍抵達克雷西。腓力六世將軍隊分成三個作戰集團，第一、二作戰集團交給波希米亞國王和洛林公爵指揮，自己親率第三集團。當晚因一些臨時召集來的騎士和義勇兵貿然發起進攻，迫使腓力六世倉促發起總攻擊。法軍仗著人多勢眾猛烈進攻，但占據有利地形的英軍用「大弓」進行密集射擊，給予法軍沉重打擊。腓力六世最後令重騎兵奮力衝前，稍緩戰局。戰至半夜時分，已被十五次射退的法軍傷亡慘重，洛林公爵和阿侖森伯爵戰死，腓力六世受傷退兵。

克雷西一戰，法軍傷亡萬餘人，其中包括一千名精銳騎士，而英軍僅傷亡數百人。愛德華三世乘勝發起攻勢，於1347年8月奪取了法國的軍事要塞加來，為英國取得百年戰爭第一階段的勝利奠定了基礎。

↑克雷西之戰，弗魯瓦薩爾作品
在克雷西戰役中，無論雙方騎士多勇敢善戰，勝利女神終究傾向於英國騎士，因為他們擁有致勝武器——「大弓」。

法國在百年戰爭初期的失敗，喚起全國上下空前的團結。在百年戰爭第二階段中，法國採用游擊戰收回了英軍侵占的大部分領土，扭轉了法軍數十年來的頹勢。

法國的恥辱

克雷西戰役過後，英軍的「大弓」帶給法軍強大的威懾作用。西元1355年，英國黑太子愛德華進行了一次遠征，橫掃法國土地，一直打到地中海濱才收手。此時的法王約翰二世無勇無謀，只知一味退讓，讓英軍一路燒殺搶掠。

1356年，龜縮在城池裡的約翰二世在黑太子愛德華將要退兵之際，率領人馬殺了出來。這並非約翰二世突生勇氣，只因人民怨聲沸騰，如果再不出兵，可能連王位都不保，於是他只得強打精神跨上戰馬，追擊黑太子愛德華。

約翰二世與黑太子愛德華在普瓦捷相遇。英軍此時的兵力大約八千左右，法軍則是它的三倍。因此，英軍以防守為主，先發揮弓箭的威力，然後再伺機反擊。由於在克雷西戰役中見識了英軍的「大弓」，約翰二世小心翼翼，根據上次教訓來調整部署。但他的部署實在起不了作用，法國騎兵再次損失慘重。

約翰二世為了避免騎兵們因戰馬遭射傷而失去戰鬥力，於是讓他們下馬行走，跟著前面少量的馬隊一起往前衝。然而，那些身著沉重鐵盔甲的騎士行動笨拙，下馬之後別說作戰，連行走都很困難。法國太子率領的第一波騎兵總算衝到了英軍陣前，但他們直接衝向了長矛陣，英軍部署在兩翼的長弓手乘機射殺，法軍丟下一堆屍體後狼狽潰逃。

眼看法軍潰退，約翰二世親自策馬向前，鼓勵士兵作戰。豈料黑太子愛德華派出的預備隊迂迴到了約翰二世的背後，腹背受敵的法軍立即潰不成軍。

戰到最後，法軍四散逃竄，約翰二世被俘。英國藉機向法國索取鉅額贖金，1360年，法國王子查理被迫簽訂屈辱的《不列塔尼和約》，將加來及法國西南部大片領土割讓給英國。

← 愛德華三世橫越索姆河，帆布油畫，美國藝術家班傑明·韋斯特作品，英國溫莎皇家收藏館藏

→法國武士塑像

游擊戰的勝利

西元1364年，法王約翰二世去世，其子查理即位，稱查理五世。

《不列塔尼和約》簽訂後，法國獲得了一段休戰期。查理五世立即改編軍隊，整頓稅制，緊急備戰。他修築城堡，開拓兵源，建立了軍階制，並成立了一支新海軍、增加砲兵，讓作戰方式更加靈活。為了增加國庫收入以維持龐大的軍費開支，查理五世設立商船隊，對其實行優惠政策。在取得三級會議同意後，他開始徵收常稅，包括關稅、鹽稅和戶口稅等。同時，查理五世也加強對大貴族的控制，保護中小騎士的利益，這對建立統一王權發揮了相當的作用。

富國強兵政策的推行，使法蘭西逐漸恢復了實力，查理五世於是決定起兵

↑普瓦捷戰役，弗魯瓦薩爾作品
在普瓦捷戰役中，莽撞的約翰二世率領的法軍遭到英國長弓手狙殺，不僅法軍慘敗，他本人也被俘。

收回被英軍侵占的領土。西元1369年，法軍向英軍發動進攻，戰爭進入了第二階段。

查理五世沒有重蹈約翰二世的覆轍，他避免與英軍正面交鋒，讓英軍長驅直入後，選用精銳部隊襲擊入侵者，使英軍遭受了重大損失，普瓦捷和不列塔尼很快就被收復。

西元1372年，法國艦隊攻占拉羅舍爾，重新控制英吉利海峽，封鎖了英國在北部的運輸通道。到1380年，法國收復大部分失地，僅有沿海幾個城市及其周圍地區尚在英軍占領之下。

法國在戰爭第二階段取得了不俗的戰績，沉重打擊英軍，扭轉了法軍數十年的頹勢，鼓舞了法軍收復失地的信心。1396年，英、法雙方締結了二十年停戰協定。

【人文歷史百科】

黑太子

黑太子愛德華是愛德華三世長子，生於牛津郡伍德斯托克。愛德華三世加封他為賈斯特伯爵、康沃爾公爵、威爾斯親王，均為王儲專用稱號，是英法百年戰爭第一階段中英軍最著名的指揮官。「黑太子」的綽號，源於他穿戴的黑色盔甲。西元1346年，愛德華指揮英軍獲得了克雷西一役的勝果；1355年，他的軍隊洗劫了阿奎丹。隔年（1356年），愛德華指揮了他最出名的戰役——普瓦捷戰役，大勝法軍，俘虜了法王約翰二世。

西歐封建化進程

法國的危機

西元1380年，法王查理六世即位。此時王權衰落，封建貴族相互傾軋，征戰不休，最後分為奧爾良和勃艮第兩大集團。封建貴族的對立，導致了國力下降。外患和內戰使法國國民生產受到嚴重破壞，經濟發展停滯不前，人民生活水平下滑，階級衝突日益激化。查理六世在位期間，民間爆發了各種起義，參與其中的有生活在城市裡的市民、手工業者，以及幫工和小商人。而農村的農民起義，更有星火燎原之勢。

→百年戰爭時期的法國，房龍手繪地圖

西元1415年，英王亨利五世利用法國的內亂，聯合勃艮第派作內應，大舉進攻法國，百年戰爭進入了第三個階段。

同年，英法大戰於阿金庫爾，法國大敗，奧爾良公爵被俘，英國重新占領了諾曼第。法國王太子查理見勢不妙，立即逃往南方，致使政權落入勃艮第派手中。

1420年，英、法兩國簽訂了《特魯瓦條約》，條約規定英國可以保留它在法國征服的所有土地，如此英國等同控制了法國的半壁河山。條約還規定，法國王太子的王位繼承權轉歸英王亨利五世。這項條約實際上等於將法國一分為由亨利五世、勃艮第公爵和法國王太子查理統轄的三個部分。

西元1422年，法王查理六世與英王亨利五世先後去世，英方宣布由未滿周歲的亨利六世兼領法國國王。法國王太子則在布魯日即位，稱查理七世，形成了南北兩個法國對峙的局面。

1428年10月，英軍圍攻通往法國南方的要塞奧爾良城，形勢危急，派往馳援的部隊皆被英軍殲滅。保衛奧爾良是關係法國命運的決戰，法國人民愛國熱情高漲。法國民族女英雄貞德便在這時請求出戰，以解奧爾良之圍。

來自鄉村的女英雄

1412年，貞德出生於法國東北部一個篤信天主教的家庭。童年時代，

正值英法百年戰爭時期，兩國間的民族對立日益加深。1415年百年戰爭進入第三階段後，英軍占領法國北部廣大地區，法國人民與英軍展開游擊戰。宗教虔誠和愛國熱忱使貞德自幼關心抗英戰爭的進展，英國侵略軍的暴行使她憤恨不已。

1428年10月英軍圍攻奧爾良城，並殲滅了法國派去解圍的數支部隊，法國形勢危急。翌年初，換上男裝的貞德求見查理王子，聲稱上帝派她來拯救法國。一籌莫展的查理為貞德的勇氣所打動，遂任命她為軍事行動指揮，援救奧爾良城。

1429年5月，貞德順利擊敗英軍，解了奧爾良之圍。法國人民歌頌貞德的戰功，稱她為「奧爾良的女兒」。這場戰役使百年戰爭的性質，從原來領主間爭權的混戰，轉變為法蘭西抗擊英國入侵者的民族戰爭。

奧爾良戰役後，貞德率軍東進，直取蘭斯城。7月，查理王太子在蘭斯大教堂舉行加冕禮，稱查理七世。

年輕的貞德威望一天比一天高漲，遭到查理七世周圍法國貴族的嫉妒。1430年春天，蘭斯西北的軍事重鎮貢比涅告急，貞德率軍前往救援。5月23日傍晚，貞德帶領少數隊伍偷襲敵軍失利，撤退時城門已關，貞德為勃艮第人所俘虜。

勃艮第人以高價把貞德賣給英國人，而查理七世卻坐視不救。英國人把她押到魯昂，交給異端裁判所審判。貞德在關押期間，經受輪番審訊，堅貞不屈，最後被以女扮男裝、妖術惑眾等罪名判為女巫，處以火刑。1431年5月30日，貞德在魯昂廣場英勇赴死。

英國人的殘暴激怒了法國人民，他們開始對英軍進行猛烈反擊。1435年，勃艮第公爵臣服於法王。1453年10月，駐波爾多英軍投降。法國除加來外，所有領土全部收復。至此，百年戰爭最終以法國勝利而告結束。

西元1456年，羅馬教廷撤銷對貞德的判決。1920年貞德被追認為「聖女」，巴黎高等法院規定每年5月的第二個星期日為全國「貞德節」。

【人文歷史百科】

對貞德的審判
勃艮第人把貞德賣給英軍後，英國人於1431年2月21日首次開庭，對貞德進行宗教審判。

「妳對那些吻妳的手腳，摸妳的戰馬的人民如何想呢？」審判官問道。

「窮苦人民樂於接近我，這是因為我不遺餘力地支持他們，保衛他們。」

「上帝憎恨英國人嗎？」

「我不知道上帝對英國人是愛還是恨，但我確信，侵略者除了戰死的之外，統統都要被趕出法國！」

5月30日，貞德被冠以「妖術惑眾」、「穿戴男裝」等罪名處死。

024.鄉巴佬的抗爭

扎克雷——鄉巴佬，封建貴族眼中的賤民，即便受盡凌辱，仍不得違抗。不過他們忘了，鄉巴佬也有自己的尊嚴，必要時也會為維護自己的權利而奮鬥。

扎克雷起義的原因

十四世紀的西歐，隨著城市的興起和繁榮，貨幣地租逐漸盛行。封建領主為了獲取更多的利益，不斷提高租金，使農民不堪重負。為了擺脫領主的剝削，有的農民開始大批逃亡，尋找更好的生存空間；有的則抗租抗稅，直接對領主開戰。

農民的暴動換來了殘酷的鎮壓，階級衝突日漸加深。再加上這一時期黑死病的肆虐，農民的處境更加艱難。偏偏這時又爆發了百年戰爭，克雷西戰役與普瓦捷之戰中連遭敗績的法國政府背上了沉重的包袱。為了維持龐大的軍費開支，法國政府把手伸進了困苦不堪的農民的口袋。

英軍的燒殺搶掠、法國領主的剝削，早教法國農民苦不堪言。為了贖回普瓦捷戰役中遇俘的法王約翰二世和大批貴族，法國政府實行新的徭役制度，把這沉重負擔又轉嫁在農民身上，如此一來，法國農民再也無法正常生活下去了。

西元1356年，法國王太子查理（即查理五世）在巴黎召開三級會議，因法王和大批貴族被英軍擄去，所以第三階

←扎克雷起義
三級會議召開後，引發了貧困農民的起義，「消滅所有貴族」是他們的口號。畫面中農民的激憤和貴族們的驚慌失措，形象生動。

級的代表占了半數以上。第三階級趁勢提出監督國王行動的要求，但被查理拒絕，並解散了三級會議。

巴黎市民惱羞成怒，在市商會會長、富商艾頓·馬塞的領導下掀起暴動，迫使查理於隔年重新召開三級會議，並確認三級會議有自行召集的權力，同時規定國王徵稅須由三級會議批准，馬塞由此掌握了巴黎政府的實權。

但馬塞執掌巴黎後，又把賦稅的負擔轉嫁到了平民身上，並且向其他城市多徵稅收，引起一片民怨。查理藉機辭退了三級會議派給他的顧問，馬塞便領導三千餘名工匠和店員於1358年2月衝進王宮，迫使查理恢復以前的承諾。然

【人文歷史百科】扎克雷起義失敗的原因

扎克雷起義之所以失敗，一方面由於缺乏嚴密的組織和明確的戰鬥綱領；另一方面則是沒有得到可靠的同盟者。城市上層市民在利用農民起義軍達到己身目的之後，立即背叛出賣了農民。起義者輕信敵人，未能明識國王仍是封建統治的最高代表，甚至在自己的旗幟上遭繪飾王徽。此外，起義軍隊伍比較散漫、武器相對落後、沒有執行正確戰略和作戰路線也是起義失敗的重要原因。

而不久後，查理逃出巴黎，隨即調集軍馬，封鎖了巴黎的糧道，置巴黎於飢餓的威脅之中。

消滅所有貴族

巴黎市民的起義引發了農民心中的積怨。1358年5月，巴黎北部的博韋地區爆發了反封建的農民起義——「扎克雷」起義。扎克雷是鄉巴佬的意思，這是法國貴族對農民的稱，起義即由此得名。

扎克雷起義之初時人數不足百人，但起義隊伍迅速擴大，席捲了法國北部地方。起義者推舉吉約姆·卡爾為領袖，提出「消滅所有貴族」的口號。法國北部的貴族們紛紛攜妻帶子，聞風而逃。

卡爾率領農民軍四處攻打貴族、領主的堡壘和宅第，焚毀田契、帳簿，將他們的土地、財都分給農民。卡爾的作法和口號，吸

引了越來越多的農民，起義隊伍不斷增加，抗爭的範圍也不斷擴大。

巴黎遭王軍圍城使馬塞心急如焚，他立即請求卡爾解救。卡爾率農民軍破壞巴黎附近的領主堡壘，終於打通了向巴黎運糧的道路。但馬塞卻在關鍵時刻拋棄了農民軍，置卡爾的危險於不顧，撤回了派去協同農民軍作戰的部隊，使農民軍處於不利的境地。

那些四處逃竄的貴族們於是定下了心神，開始審視這支鬥志昂揚的農民軍。他們迅速聯合起來，並搬來了英軍一起攻打卡爾的軍隊。一次，農民軍在攻打莫城時，配有精良武器的英國騎兵突然從側翼殺來，農民軍措手不及，不斷後退的農民軍遭到了法國貴族和騎士的追擊。在這一次戰鬥中，卡爾軍隊損失了七千餘人，大批城裡的貧民也遭到砍殺。

1358年6月10日，卡爾率領農民軍與封建領主軍隊在博韋地區展開決戰。領主們誘使卡爾前去談判，將他囚禁。群龍無首的農民軍被擊敗，爾後遭到血腥屠殺。兩個星期內，被殺害的農民近兩萬人。兩個月後，貴族因擔心無人收割莊稼，才停止了對農民的屠殺。卡爾遭受各種凌辱後壯烈犧牲，扎克雷起義宣告失敗。馬塞因勢單力孤，於9月被殺，巴黎又為查理王太子重新占領，起義終告失敗。

87

起義的導火線

西歐城市的興起，使英國從十三世紀開始就實行貨幣地租制。封建領主的胃口越來越大，貨幣地租帶給農民的壓力也越來越大。一些貧窮的農民因交不起地租，只好到富農或領主自行經營的土地上充當傭工，雇傭勞動就這麼盛行了起來。

十四世紀中葉時黑死病橫掃歐洲，英國喪失了一半人口，勞動力急劇減少。勞動力的減少，帶動了勞力工資上漲。英國的廉價勞工似乎看到了擺脫困境的希望。

就在這些傭工期望領主提高傭金的時候，英王愛德華三世於1349年頒布了《勞工法令》，徹底打碎了傭工提高工資的希望。《勞工法》規定：凡是十二至六十歲的成年男女，如果沒有生活來源，應按黑死病以前的工資受雇；拒絕受雇或在受雇期滿前擅自離開雇主者，將被判處監禁。

1351年，議會又變本加厲，制定了《勞工法案》，規定凡破壞雇傭法令者須戴枷下獄。十年後，也就是1361年，新的《勞工法案》又一次加重了傭工的苦難：新勞工法宣布，離開雇主者將不受法律保護，逮捕後要對其進行烙印。

《勞工法案》無視農民的利益，引發農民的廣泛抗爭。不論在城市還是在鄉村，階級衝突都變得極其尖銳。在百年戰爭第二階段中失利的英國統治者，加重了對人民的徵稅剝削。如1377年國會決定徵收人頭稅，十四歲以上每人需繳納四便士，兩年後又徵收一次。到了1380年，國會又把人頭稅提高到五便士。政府的剝削和稅吏的敲詐教農民忍無可忍，終於爆發了大起義。

占領倫敦

西元1381年5月，埃塞克斯和肯特兩郡向農民徵收人頭稅時遭到農民的抵抗，舞弊的稅吏遭殺死，其他稅吏被趕

↑愛德華三世
愛德華三世為金雀花王朝（安茹王朝）的第七位國王，是一個典型的中世紀騎士。

←農民起義的插圖畫
描繪出國王的軍隊和農民起義軍對峙的情景。

跑。埃塞克斯和肯特兩郡的抗稅行動，點燃了相鄰各郡積壓已久的怒火，抗稅浪潮洶湧而起。進入6月，全國四十個郡中約有二十五郡發生了起義。抗爭活動不單單是針對人頭稅，連帶莊園、教堂、修道院遭到搗毀，糧食、牲畜也被農民奪取。肯特郡的農民把約翰‧保爾從監獄裡救了出來，擁戴他為起義領袖之一。而這次起義的主要領袖是泥瓦匠瓦特‧泰勒，所以這次起義也被稱為

「瓦特‧泰勒起義」。

起義軍在瓦特‧泰勒和約翰‧保爾的領導下，很快地占領了肯特郡首府坎特伯里。起義吸引了大批農民加入，聲勢浩大的農民隊伍震驚了國王和貴族，接著起義隊伍的目標也鎖定了倫敦。

6月12日，起義隊伍開拔到了距倫敦幾公里處，倫敦市長尼古拉‧窩爾窩斯大驚失色，立即關閉了城門。次日，倫敦的貧民為農民軍打開了城門，起義軍幾乎沒有遇到任何抵抗便占領了倫敦。他們釋放了那些因無力繳納人頭稅而被關押起來的農民，放火焚燒了主張徵收人頭稅的貴族住宅，還殺死了農民痛恨的貪官汙吏。起義軍請求與躲在倫敦塔內的國王理查二世對話，但遭到拒絕。最後在農民武力的威脅下，理查二世不得不接受談判的請求，但他要求起義軍退到一個叫邁爾恩德的大廣場去舉行談判。

約翰‧保爾的宣傳

「善良的人們啊，目前英國的光景很不好，但是將來也不會好，除非一切都變為公有的，沒有農奴，也沒有貴族。我們造了什麼孽？為什麼就該替領主做苦工？我們都是亞當和夏娃的後代，從哪裡能說明或證明他們比我們高貴呢？所以我們要團結在一起……」這是肯特郡一位名叫約翰‧保爾的教士，經常向做完彌撒的信徒們作的宣講。坎特伯里大主教後來把保爾送進監獄關了三個月。保爾出獄以後仍繼續做宣傳，後來還當上了起義軍的首領。

←理查二世肖像
愛德華三世去世後，由黑太子年僅十歲的兒子繼位為理查二世。1399年，蘭開斯特公爵拘捕並廢黜了理查二世，次年將其祕密處死於倫敦塔中。

西歐封建化進程

89

國王的陰謀

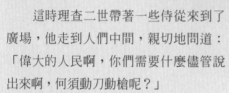

來自英格蘭各地的六萬多起義軍退到了邁爾恩德廣場，他們興奮地交談著，希望國王能給大家一個滿意的答覆。

這時理查二世帶著一些侍從來到了廣場，他走到人們中間，親切地問道：「偉大的人民啊，你們需要什麼儘管說出來啊，何須動刀動槍呢？」

「我們需要土地，我們需要自由，希望子子孫孫也都擁有自由，而非永無止盡地被捆綁在不屬於自己的土地上！」

「偉大的人民，你們的要求是合理的，我會滿足你們的願望。但是，你們這麼多人來到倫敦，會影響政府的正常運作。現在請你們退回各自的村莊，每個村莊留下幾個代表，我將以國王之名立下字據，還給你們自由。請相信我，我會讓人把我的旗幟分送到每個郡去。」

↑瓦特‧泰勒之死，油畫
繪出瓦特‧泰勒被倫敦市長刺殺時的情景。

→理查二世接見反叛者，弗魯瓦薩爾作品
國王坐在船上，和起義軍保持著一定距離，呈現出不以為意的神態。

一部分人開始歡呼了，但還是有人不太相信國王的承諾，他們需要立即兌現諾言，無法退回村莊後等待消息。於是，起義軍內部出現了分歧，一派主張先退回村莊去，因為國王以自己的名譽作了保證；另一派則主張留下來，直到獲得允諾的自由。

當天晚上，有一部分人陸續離開了廣場，回到各自的村莊，等待著國王的消息。另一部分貧民則圍在瓦特‧泰勒身邊，他們要留在倫敦，請求與國王再進行一次談判，要國王立即兌現諾言。

瓦特‧泰勒帶領著大約兩萬起義軍，聚集在一處叫斯密茨菲爾德的地方，與國王進行了新一輪會談。

「國王陛下，這裡還有很多人，他們有不同的想法。我是他們的領袖，他們誓死效忠於我，所以我要對他們負責。請你考慮一下他們的想法。」

「我不是已經承諾過了嗎？你們何須如此呢？」

「他們想請你立刻履行諾言，不願退回村莊去等待你的消息。」

「既然我以國王尊貴的身分發出承諾，就會實現這些諾言，請你帶著他們回到各自的村莊去吧！」

就在這時，倫敦市長領著一批全副武裝的騎士來到瓦特‧泰勒面前。因這些騎士都身披大衣，所以瓦特‧泰勒和遠處的起義軍都未注意到他們隱藏的武器。

他們圍住了瓦特‧泰勒。「你是什麼東西？竟然向國王討價還價？」市長說著，突然拔劍砍向他，猝不及防的瓦特‧泰勒被砍下馬，還沒來得及呼救，國王身邊的侍從便跳下馬來，一劍刺死了瓦特‧泰勒。

無情的屠殺

起義軍的首領瓦特‧泰勒遇害後，理查二世立即違背諾言，對起義軍進行鎮壓。他宣布，非倫敦居民或在倫敦居住未滿一年的人，都必須離開倫敦，否則將以叛逆罪處死。

許多人聽到瓦特‧泰勒被殺的消息後，紛紛離開了倫敦。國王的號令一下，又有更多的人撤出倫敦。約翰‧保爾和另一個起義軍領袖賈克‧斯卓躲進了一座舊房子裡，準備伺機發起攻擊，但不幸被國王的士兵捉到，很快就處死了。

退出倫敦的起義軍半路上也遭到了攻擊，大批人遇害。而逃回村莊的起義軍，又遭到了各郡騎士和貴族的迫難。由於肯特郡是最先發動起義的地方，所以遭到了國王殘酷的屠殺。在其他地方，一些起義軍也被殘忍殺害。據統計，被絞死和砍頭的共有數千人。而那些保住性命的義軍，則被迫接受了更為苛刻的勞工條件。

瓦特‧泰勒起義儘管以失敗告終，起義軍卻給封建社會帶來了極大的震撼。由於起義軍來自英格蘭各地，引起了統治集團內部極大的恐慌。此後農民起義不斷，長期束縛農民的勞役制逐漸廢弛，農奴制度也逐漸瓦解，農民獲得了越來越多的自由。

↓瓦特‧泰勒在斯密茨菲爾德被殺，弗魯瓦薩爾作品
此作品內容同左頁上圖，對照描繪中的理查二世，一次對著起義者，一次對著凶殺場面，寓意深刻。

瓦特‧泰勒起義的失敗

【人文歷史百科】

隨著義軍領袖的倒地和國王的鎮壓，1381年這場轟轟烈烈的英國農民起義，最後以失敗告終。起義之所以失敗，有多方面的原因：一是分散在各郡的農民未形成統一的組織，帶給統治階級有效的打擊；二是占領倫敦的起義軍意識無法整合，導致行動不一，給了國王可乘之機；三是對國王的輕信，無法認清對方的手段，致使起義的力量分散，最終被各個擊破。

玫瑰，充滿浪漫情調的植物，怎會和血腥的戰爭聯繫起來呢？正是兩朵花之間的碰撞，使英國經歷了三十年的苦難。背後的原因只有兩個字──王權。

紅白玫瑰戰爭的爆發

西元1399年，英王理查二世出征愛爾蘭受挫，英國北部領主乘機擁立蘭開斯特家族的亨利四世為王，結束了金雀花王朝在英國的統治，進入了蘭開斯特王朝統治時期。

蘭開斯特王朝的建立，引起了約克、威爾斯等地領主的不滿，相繼叛亂。為了分化領主們的勢力，蘭開斯特王朝的亨利五世重新挑起了英、法之間的戰爭，於1415年在阿金庫爾戰役中大敗法軍，暫時抑制住了一些領主的叛亂之心。

亨利五世死後，不滿一周歲的亨利六世繼承王位，實權落在了各領主手中，他們更加肆無忌憚。此時英法百年戰爭尚在繼續，法國民族女英雄貞德解除奧爾良之圍，扭轉了法國不利的戰局，英法百年戰爭在1453年以英國的失敗而告結。

←蘭開斯特家族和約克家族的少年們
蘭開斯特家族和約克家族都是英國的王室成員，分別以紅、白玫瑰為標誌。

英法百年戰爭的混亂，促使英國各地領主招兵買馬，擴張自己的利益。在英國和法國拚戰的期間，領主們助援的軍隊發揮了強大的力量。但當戰爭的硝煙散盡時，這些強大的武裝力量卻讓英王如鯁在喉。

百年戰爭的失利，讓英國境內原已動盪的局勢變得更加混亂，貴族和城市市民階層把生活安定的希望，寄託在了朝代的更替上。於是，約克家族重新走上了統治舞臺，受到廣泛的支持。

西元1455年，約克公爵理查宣布攝政。理查此舉遭到了蘭開斯特家族的反對，雙方於是率領擁護自己的領主集團，展開了一場混戰。蘭開斯特家族以紅玫瑰為標誌，約克家族以白玫瑰為標誌，因此這場封建集團之間的混戰就被稱為「紅白玫瑰戰爭」，也叫做「薔薇戰爭」。

約克公爵之死

1455年5月初，亨利六世讓各領主前往萊斯特參加諮議會。按照往日慣例，

↑阿金庫爾戰役
百年戰爭期間，為了打擊法國對諸侯的支持，亨利五世率領的英軍以寡敵眾，在阿金庫爾戰役大敗法軍。

領主們是不能帶領大批人馬參加的。然而，約克公爵理查以自身安全無法保障為由，率領他的內侄瓦立克伯爵及數千名士兵隨同前往。此舉令亨利六世極為憤怒，在王后瑪格麗特和執掌朝廷大權的薩姆塞特公爵的支持下，他也率領了一批士兵前往會場。

5月22日，亨利六世占據聖奧爾本斯鎮，與約克公爵理查率領的大軍相遇。約克公爵搶先發難，指揮士兵狂攻聖奧爾本斯鎮，擊敗亨利六世，從此約克公爵控制了英國王室，稱為「護國公」。

1459年，王后瑪格麗特幫助蘭開斯特家族把約克公爵理查擠出諮議會，又引發了約克公爵與亨利六世之間的戰爭。10月，亨利六世在盧德福橋大勝約克公爵，迫使理查公爵和瓦立克伯爵逃亡法國。

1460年6月，瓦立克伯爵和理查之子愛德華率軍殺回英國，雙方於7月10日在北安普頓發生激戰。結果亨利六世被

←約克公爵，玻璃畫
約克公爵是兩位國王愛德華四世和理查三世的父親，長期執掌大權。

俘，蘭開斯特軍大敗。約克公爵獲此消息後欣喜若狂，以為王位已成囊中之物，於是早早地提出了繼承王位的要求。在未和親信貴族商量的情況下，他宣布自己為王位繼承人。

王后瑪格麗特聞訊大怒，立即從蘇格蘭借來一支人馬，糾集蘭開斯特家族的殘兵敗將在約克公爵的領地製造禍端。約克公爵匆忙湊合一支數百人的隊伍前去圍剿，由於輕敵冒進，被包圍在威克菲爾德城。12月30日，部分市民造反，與城外軍隊裡應外合，擊潰約克公爵率領的軍隊，約克公爵及其次子為亂軍所弒。瑪格麗特把約克公爵的首級懸掛在約克城上，並扣上紙糊的王冠，供人觀賞。

紅白玫瑰戰爭

【人文歷史百科】

紅白玫瑰戰爭從1455年開始，到1485年結束，延續了整整三十年。約克家族代表了英法百年戰爭中興起的中小貴族之利益，而蘭開斯特家族代表了傳統大貴族的利益。所以，從表面上看似兩個家族的權力之爭，但實際上是新興的市民階層向傳統貴族索要權力的爭鬥。經過三十年的混戰，大批封建舊貴族在互相殘殺中或陣亡、或被處決。新興貴族和資產階級的力量在戰爭中迅速增長，成了都鐸王朝建立新君主專制政體的支柱。

93

↑亨利六世加冕，油畫
亨利六世登基為英王時還未滿一歲，由其叔父貝德福公爵攝政，後約克公爵宣布自己攝政，引起蘭開斯特家族的不滿。

愛德華四世

約克公爵死後，他的長子愛德華誓言懲治蘭開斯特家族。1461年2月26日，愛德華進入倫敦。經濟較發達的南部領主集團，以及力圖樹立強大王權的城市市民和新貴族，給予愛德華強力的支持。3月4日，在瓦立克伯爵和上層市民的支持下，愛德華自立爲王，稱愛德華四世。他立即組建軍隊，率兵北進，攻打瑪格麗特。

1461年3月29日，飛雪連天，愛德華四世率軍挺進約克城，與瑪格麗特大軍相遇。當時蘭開斯特軍隊有二萬餘人，但處於逆風之中，連睜開眼睛都很困難，更別說要拉開沾滿雪花的強弓了。愛德華率領的約克軍隊乘機強攻，雖然兵力不及瑪格麗特，但風雪減弱了蘭開斯特軍隊射出的利箭之威力，其攻勢得以順利展開。

蜂擁而上的約克軍隊給予蘭開斯特軍隊沉重打擊。爲了扭轉劣勢，不斷後撤的蘭開斯特軍隊憑藉人數優勢展開反撲，戰爭愈形慘烈。戰至傍晚時分，雙方仍處於膠著狀態，沒有哪一方占了上風。

就在這時，約克軍隊的後續部隊趕到，從側面向敵軍發動進攻，打開了蘭開斯特軍隊的防線，使它腹背受敵，被迫撤退。愛德華四世指揮軍隊乘勝追擊，大敗瑪格麗特，迫使瑪格麗特和亨利六世逃亡蘇格蘭。

此次大捷，不僅讓愛德華四世威望遠播，也鞏固了他的王位。西元1465年，亨利六世再次被俘，愛德華將其囚禁在倫敦塔中，迫使瑪格麗特攜幼子逃往法國。愛德華四世統治期間，實行了一些保護工商業的政策，使中小貴族得到許多利益，進一步鞏固了他的統治。

都鐸王朝的建立

在大致肅清蘭開斯特家族的勢力後，約克派內部發生了矛盾，曾經親密無間的愛德華四世和瓦立克伯爵成了冤家對頭。瓦立克伯爵依仗赫赫戰功及手裡的部隊，試圖讓愛德華四世聽命於他。而愛德華四世清理完外部紛爭後，又想解除身邊大貴族手中的兵權，以消除對王權的威脅。

↑亨利六世肖像

西元1469年，瓦立克伯爵煽動軍隊發動叛亂。愛德華四世派兵前去鎮壓，卻被擊退。瓦立克伯爵暫時取得了優勢。然愛德華趁瓦立克伯爵不在倫敦之際大肆擴軍，並發動反擊，迫使瓦立克逃亡法國，投靠法王路易十一，並與舊日死敵瑪格麗特結盟。

1470年9月，瓦立克在路易十一的支持下殺回英國，大敗愛德華四世，迫使他逃到尼德蘭，寄身於妹夫勃艮第公爵查理門下。瓦立克趁勢宣布廢黜愛德華四世，恢復亨利六世的王位。

瓦立克伯爵掌握大權後不思進取，引起了英國人的普遍反感。1471年3月12日，大霧迷漫，愛德華四世率軍與瓦立克在倫敦以北的巴恩特展開決戰。最後瓦立克的大軍慘敗，他本人也遭殺害。5月4日，愛德華四世俘虜了從南部港口偷偷登陸的瑪格麗特王后，將王后及其獨生幼子及蘭開斯特貴族一派殺死，囚禁中的亨利六世隨後也被祕密處死。至此，蘭開斯特家族被誅殺殆盡，僅有流亡法國的里士滿伯爵亨利·都鐸，還自稱是蘭開斯特家族的繼承人。

西元1471至1483年是英國和平昌盛的時期，但隨著1483年愛德華四世的逝去，約克家族內部又發生分裂。年僅十三歲的愛德華五世即位不久，王叔理查三世篡位，遭到了愛德華四世後裔和亨利·都鐸的反對。

1485年8月，亨利·都鐸率軍與理查三世在英格蘭中部的博斯沃爾特決戰。斯坦利爵士率部三千人公開倒戈，理查三世陣形大亂而戰死。亨利·都鐸同年登上英國王位，稱亨利七世，終結了約克家族的統治，英國進入都鐸王朝統治時期。次年，亨利七世娶約克家族的繼承人——愛德華四世的大女兒伊麗莎白為妻，以紅白玫瑰為徽，兩大家族終於走到了一起。

【人文歷史百科】

巴恩特激戰

1471年3月12日，愛德華四世與瓦立克伯爵在巴恩特展開激戰。當時瓦立克伯爵指揮二萬餘人的軍隊，而愛德華四世的軍隊僅有九千人。漫天的大霧讓瓦立克放鬆了戒備，他認為愛德華四世會在霧散後發起攻擊。清晨四時許，漫不經心的瓦立克伯爵突然聽到喊殺聲，愛德華的部隊發動了進攻。瓦立克倉皇應戰，但因霧大，散在各處的士兵根本無法執行他的號令。愛德華的軍隊則步步為營，攻擊力大大提升。瓦立克最後死於亂軍之中。

西歐封建化進程

027.恐怖的黑死病

「白天和朋友一起吃午餐，而晚上和祖先在天堂一起進晚餐。」——薄伽丘

黑色妖魔

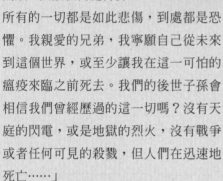

←一修道院的恐怖，十四世紀插圖畫
1348年，「黑死病」蔓延至英格蘭。此圖出自十四世紀的一幅手稿，道出一群修道士正受到病症的折磨。

「我的弟弟！我親愛的弟弟！……我怎樣開頭？又該在何處轉折？所有的一切都是如此悲傷，到處都是恐懼。我親愛的兄弟，我寧願自己從未來到這個世界，或至少讓我在這一可怕的瘟疫來臨之前死去。我們的後世子孫會相信我們曾經歷過的這一切嗎？沒有天庭的閃電，或是地獄的烈火，沒有戰爭或者任何可見的殺戮，但人們在迅速地死亡……」

這是中世紀義大利詩人佩脫拉克寫給他弟弟的一封信。他弟弟當時在一所修道院裡，那裡死了三十四位修士，而整座修道院也只有三十五個修士，最後僅存佩脫拉克的弟弟倖免於難。

佩脫拉克信中：「沒有天庭的閃電，或是地獄的烈火，沒有戰爭或者任何可見的殺戮，但人們在迅速地死亡……」正是十四世紀歐洲真實情況的寫照。原來，歐洲當時正流行一種名為「黑死病」的瘟疫，所到之處，幾乎沒有人能夠生存，存活下來的人們心理留下了巨大的陰影。

「黑死病」其實就是鼠疫，是鼠疫桿菌引起的一種烈性傳染病。原為鼠類及野生齧齒動物中發生的獸疫，鼠疫桿菌經由鼠蚤叮咬傳播給人。鼠疫患者痰中含菌，可透過飛沫在人與人之間傳播，造成人間鼠疫大流行。因患者皮膚呈紫黑色，故有「黑死病」之稱。

「詩聖」佩脫拉克

佩脫拉克是義大利詩人，為文藝復興時期帶入人文主義觀點來研究古典文化的創始代表。他廣泛搜集希臘、羅馬的古籍抄本，敢於突破中世紀的神學觀念，用新時代的眼光把人和世俗生活放在中心位置，詮釋古典著作。他對古典文化的研究，對歐洲文藝復興運動和後人的創作皆產生了影響。代表作是《歌集》，他使十四行詩此一新詩體在藝術上臻於完美，後人為此尊稱他為「詩聖」。

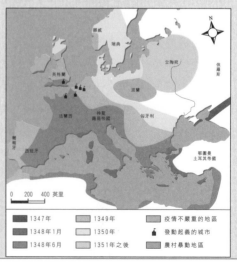

1347年	1349年	疫情不嚴重的地區
1348年1月	1350年	發動起義的城市
1348年6月	1351年之後	農村暴動地區

↑十四世紀黑死病在歐洲的蔓延

鼠疫在人類歷史上曾有數次世界性大流行，在鼠疫流行期間，人和鼠類大量死亡，屍體遍布街巷，城市上空飄蕩著腐臭味。那些不知道能不能活到明天的人攜家外逃，遠離人群，以至於十室九空。據統計，死於流行性鼠疫的人數，超過歷史上所有戰爭死亡人數的總和，所以人們又把它稱為「黑色妖魔」。

差點毀了歐洲的「黑死病」

世界上曾發生過三次鼠疫大流行。第一次是在西元542年，爆發在查士丁尼統治時期的拜占庭帝國，經埃及南部塞得港沿陸海商路傳至北非、歐洲，幾乎殃及所有大國。據記載，在鼠疫傳播的高峰期，拜占庭帝國首都君士坦丁堡每天有五千到一萬人染病死亡，總死亡人數在二十萬人以上，幾乎摧毀了君士坦丁堡，歷史上把這次鼠疫稱為「查士丁尼鼠疫」。

第二次鼠疫大流行發生於十四世紀，在一百年中約造成兩千四百萬人喪生，相當於當時歐洲人口的四分之一。

第三次鼠疫大流行始於1894年，在1930年代達到高峰，波及亞、歐、美、非六十多個國家，波及地區之廣、傳播速度之快，遠遠超過前兩次的大流行。

在三次鼠疫大流行中，第二次持續時間最長，持續近三百年，為中世紀的歐洲帶來沉重打擊。對於這次鼠疫流行的原因：有人認為起源於美索不達米亞平原，因十字軍遠征，鼠疫被帶到了其他地域；另一種說法認為可能起源於中國西部、印度、中亞和俄羅斯南部，因為這些地區古時曾爆發過鼠疫，最可能是疫源地。

還有一種說法認為是蒙古人帶到歐洲的：西元1346年蒙古人從亞洲征戰到歐洲，在圍攻克里米亞的卡法時，用砲車將患有鼠疫的士兵屍體拋射進城裡，導致鼠疫在城內流行，城內大批居民逃亡。卡法居民乘商船駛向義大利熱那亞的途中，大批人染上了鼠疫，當局即下令禁止船上的人上岸。雖然卡法居民沒有上岸，船上的老鼠卻爬上岸了。短時間內，熱那亞的居民相繼患上了淋巴結腫大的鼠疫，皮膚上出現可怕的色素點。

在三年左右的時間裡，這場鼠疫傳到了北非、義大利、西班牙、法國、奧地利、瑞士、日耳曼和北歐斯堪地那維亞及波羅的海沿岸諸國。其中義大利和英國死亡人數達到其總人口的二分之一，有不少城鎮的人口全部死亡。

世界末日來臨

中世紀的「黑死病」讓整個歐洲陷入了末日來臨般的恐慌中，有人描繪當時的情景：「慘不忍睹、陰森可怖……倖存的人們只能孤獨地殘存人間。」住在城裡的居民，前一天晚上還能膽戰心驚地入睡，然夜裡痛苦襲來，就看不到明天的太陽了。而那些活動在海上的船隻因為水手的相繼死亡，只好孤零零地飄蕩在海面上。

據說義大利的佛羅倫斯，城裡近十萬人僅剩下四萬人。市民們相互迴避，鄰里不相打擾，甚至親人死了也不敢前去探望。生存的渴望打碎了一切關係，親情、愛情、友情都被摧殘得支離破碎，父母拋棄了年幼的孩子，兒子丟下了年邁的雙親，丈夫離開了妻子，妻子躲避著丈夫……人們四處逃散，尋找能活下去的角落。於是，街上腐臭的屍體旁躺著發呆的老人，旁邊還有不知名的嬰兒嚎啕哭泣著。

有些人則結成了小團體，過著與外界隔絕的生活，他們把自己關在沒有病人的房子裡，斷絕任何有關死亡與疾病的消息，期待著瘟疫盡快過去。

還有些人放縱自己，利用所有時間飲酒作樂。由於大批人逃散，許多房舍成了公共財產，他們從一個房屋鑽進另一個，隨意地用著主人遺棄的東西，或者發洩似地破壞任何可接觸到的東西。這個時候他們不必擔心有官吏和衛兵的指責或逮捕，因為這些人也是逃的逃、死的死。

薄伽丘的《十日談》反映了這種情況。佛羅倫斯的十位男女青年為躲避黑死病到鄉村避難，藉歡宴歌舞和講故事消遣時光，用笑聲將死神的陰影遠遠拋諸腦後。薄伽丘在書裡寫道：「白天和朋友一起吃午餐，而晚上和祖先在天堂一起進晚餐。」這就是那場可怕的瘟疫帶給人們世界末日般的恐怖感。

【人文歷史百科】

倫敦的鼠疫

1664年倫敦發生鼠疫，英國王室逃出倫敦暫住牛津，市內的富人也紛紛攜家帶口匆匆出逃。著名文學家佩皮斯在1665年10月16日的日記中寫道：「我的天哪！大街上沒有人走動，景象一片淒慘。許多人病倒在街頭。我遇到的每個人都對我說：某某病了，某某死了……」直到幾個月後的一場大火燒毀了倫敦大部分建築，老鼠銷聲匿跡，鼠疫流行才隨之平息。鼠疫即是在這場大流行中被命名為「黑死病」。

↑瘟疫，雕版畫，1516年馬爾坎托尼奧·拉伊蒙迪作品

「黑死病」席捲中世紀歐洲時，人們絕望地認為這是天譴。

愚昧導致妖魔降臨

中世紀的黑死病，讓人們感覺世界末日正在逼近。人們無法對「黑死病」做出科學的解釋，認為這是上帝對人類的懲罰。有人認為向上帝坦白罪惡就能取得上帝的諒解，遠離黑死病，於是祈求寬恕成為治療黑死病的主要方法。一些人組成了自笞隊，透過相互鞭打，懇求上帝的寬恕。自笞隊高唱著「我最有罪」，在各個村鎮間遊行，每到一個公共場所，他們就用鞭子彼此抽打，直到皮開肉綻、鮮血淋漓。

鼠疫在歐洲的氾濫，還由於信仰基督教的人們對貓的偏見。當時的教會認為貓和貓頭鷹有相似的外表，貓令人毛骨悚然的叫聲和閃爍凶光的眼睛，如同表明牠是魔鬼撒旦的化身，或是災禍女神的幫凶，是與魔鬼結盟的異教畜生。在教會的大力宣揚下，人們接受了「貓是魔鬼的化身、邪惡的代表」這一觀點，大批的貓遭到遺棄或濫殺。貓的數量急劇減少，導致了鼠害更加氾濫。

而關於鼠疫的傳說，更說明了人們對鼠疫缺乏科學的認識。據說有一個患有鼠疫的美貌女子，她圍著一條深紅色的圍巾，從一個村落走到另一個村落。

←恐怖的「黑死病」，版畫
1348年，黑死病籠罩整個歐洲，人們活在極大的恐懼之中。佛羅倫斯原是個繁華城市，卻因黑死病而成為一座死城。

只要她把那條紅色圍巾在經過的窗戶或閘前一揮，這家人就會染上鼠疫。有一個男子發誓要砍掉鼠疫少女的手臂，以切斷鼠疫的傳播。他終日坐在門口，但不幸的是，鼠疫少女經過了他的窗戶，然後揮了一下手臂，這名男子最後也跟著死於黑死病。

「黑死病」給歐洲的社會造成了嚴重的影響，不僅經濟紊亂、風俗敗壞，同時更衝擊了封建制度，加速了它的瓦解。而在宗教方面，「黑死病」使人們意識到上帝拯救論不再可靠，一步步促成了往後宗教改革和宗教戰爭的發生。

↑等待死亡的「黑死病」病人，版畫

落後的日耳曼

西元843年簽訂的《凡爾登條約》，是加洛林王朝瓦解的第一階段，預示著近代西歐國家的形成。在這個條約中，日耳曼人路易統治下的東法蘭克，後來發展為狹義的日耳曼國家，即為此後歷史上所指的「日耳曼」（即德意志German）。

中古時期日耳曼地區的落後，表現在許多方面。這裡是日耳曼族生活的本土，長期保存了日耳曼人的農村公社制度——馬爾克制度。封建關係大約產生

↑西元962年的日耳曼地圖
十世紀時，東法蘭克王國分裂為五個公國，其中最強盛的是薩克森公國。

【人文歷史百科】

尼采筆下的德國

德意志是一個變化頻繁的國家。它時而如溫馴的綿羊任人宰割，時而如咆哮的雄獅顯威於世界，真是反復無常，迷離混沌。同一部德國史，對這個國家的描繪，前面篇章與後面篇章迥然相異。尼采寫道：「德意志人的靈魂深處埋藏著許多曲折環繞的通道，它們之間互相連接著，那兒有洞穴、躲藏處和地牢，它的雜亂無章使它更加迷人和神祕。德意志人是熟悉這些混亂通道的。」

於八世紀末，始於查理曼大帝征服日耳曼地區，但直到十二世紀才確立。由於遠離羅馬，所以羅馬的文化較少滲入到這裡，羅馬的政治、經濟和法律制度對它的影響亦較小，日耳曼人的農村公社制度仍維持著首要地位。農村公社賦予農民較大的自由，公社成員彼此平等，也因此他們對封建制度的剝削產生了抵制心理，經常爆發頑強的抵抗，致使封建關係的推展較為緩慢，如薩克森等邊遠地區，到十二、三世紀仍存有自由的農村公社。

封建化進程的緩慢，也影響了手工業和農業的分離，不利於商品經濟的發展，連帶使得城市的興起較晚。日耳曼地區的城市大多興起於十一世紀以後，比法國與義大利約晚了兩個世紀。

另外，當時的東法蘭克王國境內群

雄割據，加洛林王朝幾乎毫無實權可言。薩克森、法蘭克尼亞、巴伐利亞和史瓦本等著名的公國，勢力強大，國王有些時候還須看這些公爵的眼色行事。而日耳曼皇帝和各地王侯，多數熱中於對外侵略擴張，因此影響了國家的集權和統一。

　　十二世紀城市興起以後，日耳曼城市多在邊境地區，靠對外貿易繁榮，沒有一個城市像英國倫敦那樣成為全國性的經濟中心，因此不利於政治上的統一。為了保障各自的利益，這些城市往往結成地區性的城市同盟，對國家統一興趣缺缺，故整個日耳曼地區在中古時期，無論政治上還是經濟上，都處於一種分裂狀態。

日耳曼王國的建立

　　西元九世紀末，東法蘭克出現薩克森、巴伐利亞、史瓦本、法蘭克尼亞、圖林根五個大公國。加洛林王朝的阿努夫於899年病歿後，其年幼的兒子路易四世於次年即位，人稱「孩童路易」。路易四世即位時還是個孩子，大權落在美因茲大主教哈托的手裡。後來匈牙利人入侵東法蘭克王國，東法蘭克的軍隊慘

敗，路易四世也於西元911年病歿，年僅十八歲。

　　路易四世死後，法蘭克尼亞公爵康拉德當選為國王，稱康拉德一世，這意味著法蘭克帝國的完全分裂和加洛林王朝的終結，也意味著日耳曼早期封建國家的誕生和德意志歷史的開始。

　　西元919年，康拉德一世去世。當時薩克森為最強大的公國，薩克森公爵亨利順利登上了王位，為亨利一世，又稱「捕鳥者」亨利，他創建了薩克森王朝。

　　薩克森王朝的社會支柱是中小領主和教會。支持國王的中小領主，既可透過對外侵略增加財富，也可借助王權壓制領地內農民的反抗。教會方面，擔任重要教職的都是國王的親信，由國王親自任命。國王一方面可透過他們得到教會領地的捐稅收入，另一方面也可透過教會組織來牽制地方公爵的勢力。

　　此外，亨利一世還建立了一支強大的軍隊，藉以鞏固和擴展王權。他依靠騎士、家臣和市民，和大領主作對抗，並抑制匈牙利人的入侵，先後占領了洛林公國、易北河以東的勃蘭登堡地區。他的聲望如日中天，王權在全國得到了承認，標誌著日耳曼王國的正式建立。

西歐封建化進程

101

鄂圖大帝

西元936年，亨利一世去世，其子鄂圖即位，稱鄂圖一世。

鄂圖一世即位後堅決維護自己對公爵們的宗主權，繼續推行加強王權的政策，同時打擊割據勢力、抵禦匈牙利人的入侵。就在他即位的第二年，薩克森內部發生了激烈的衝突，巴伐利亞公爵乘機謀反。鄂圖一世在中小領主的支持下，兩次出兵巴伐利亞，迫使巴伐利亞公爵出逃。鄂圖一世任命原公爵之弟為巴伐利亞公爵，唯剝奪了他對主教的任職權，改由自己親自任命。同時，鄂圖一世還任命了一位權力極大的巴拉丁伯爵，代表中央處理巴伐利亞的司法和稅收事務。

在嚴格限制巴伐利亞公爵的權力後，鄂圖一世讓親弟迎娶公爵之女。西元947年，巴伐利亞公爵死後，由鄂圖一世之弟即位，巴伐利亞最終也為鄂圖一世所控制。西元939年洛林公爵造反，鄂圖一世發兵將之擊敗後，於944年成功控制洛林。949年史瓦本公爵去世，鄂圖一世任命公爵的女婿即位，而公爵的女婿就是鄂圖一世的兒子。

如此，鄂圖一世透過征討和聯姻，逐漸控制了幾個大公國。國內的形勢剛剛穩定，鄂圖一世便動了擴張之心。西元951年，鄂圖一世進軍義大利，取得了倫巴底國王的稱號。954年，匈牙利人侵入日耳曼地區，次年鄂圖一世便將匈牙利人徹底擊潰。

戰勝匈牙利人後，鄂圖一世又發動了一連串的戰爭。到西元960年，已征服居於易北河和奧得河中游之間的斯拉夫人。西元961年5月，鄂圖一世將他六歲之子加冕為日耳曼國王，稱鄂圖二世。然後，他應教皇約翰十二世之請再次前去義大利。西元962年2月，鄂圖一世到達羅馬，由教皇加冕為「奧古斯都」。三年後（965年），鄂圖一世推選約翰十三世為新教皇，但約翰十三世早已被羅馬人趕走。在966至972年期間，鄂圖一世第三次進軍義大利，征服羅馬，甚至攻入拜占庭。

由於鄂圖一世醉心於征服義大利，以重建羅馬帝國並進一步稱霸世界，把畢生精力都消耗在侵略戰爭上，以至於國內割據勢力乘機再起，有望可成的日耳曼統一終究化為了泡影。

↑鄂圖大帝的審判，鮑茨作品
鄂圖大帝審判的傳說非常著名。此畫面的人物造型被拉得修
長、清瘦，衣著運用大色塊對比，表情孤立呆滯，缺少個性。

【人文歷史百科】

神聖羅馬帝國的本質

鄂圖一世的「羅馬帝國」與奧古斯都的羅馬帝國毫無共同之處，後來的日耳曼皇帝腓特烈一世加冕時，又加上「神聖」二字，歷史上稱為「神聖羅馬帝國」，意思是它有權統轄一切基督教王國，是信奉基督教之古代羅馬帝國的真正繼承者。神聖羅馬帝國名義上包括日耳曼地區和義大利北部與中部，實際上僅是徒有虛名而已，義大利人經常反抗，不願做日耳曼人的屬邦。法國啟蒙思想家伏爾泰，為此留下了一句：「它既非神聖，又非羅馬，更非帝國。」

皇帝和教皇

西元1075至1122年間，神聖羅馬帝國皇帝和教皇為任命主教的權利發生了激烈的衝突。在日耳曼地區封建化過程中，羅馬教皇擁有為日耳曼皇帝加冕的特權，而日耳曼皇帝則力圖控制教皇和教會。地方封建領主為擴大權勢，又往往借助教會的力量來削弱王權。

鄂圖一世在位時，逐漸控制了羅馬教廷，奪取了教會主教的任命權，此後的神聖羅馬帝國皇帝也都擁有這種權利。但自十世紀起，源自法國的教會改革運動傳遍歐洲各地，反對世俗政權任命神職人員的呼聲越來越高。

十一世紀中葉以後，教會的勢力逐步增強。1073年，羅馬教廷紅衣主教團趁日耳曼內亂之際，推選義大利人格里高利為教皇，稱格里高利七世。1075年，格里高利七世頒布敕令宣稱：教皇的地位高於一切，羅馬教廷有權罷免教會貴族和世俗貴族，甚至皇帝，違者嚴懲。並警告神聖羅馬帝國皇帝亨利四世：如果不服從教皇命令，將受到逐出教會、廢黜皇位的懲罰。亨利四世採取激烈行動予以回擊，於1076年初在沃爾姆斯召開帝國會議，宣布廢黜教皇格里高利七世，對教皇斥責道：「我，亨利，以上帝恩寵加身的國王及全體主教的名義，向你奉告：下臺吧！下臺吧！在時代洪流中毀滅吧！」然而國內諸侯反對派擁立羅馬教廷，拒絕為被開除教籍的皇帝效力，以逼迫退位來威脅亨利四世。

在內外強大的壓力下，亨利四世屈服了。1077年冬季，亨利身披罪衣，親往教皇居住地卡諾莎堡請罪，得以恢復教籍。這次事件讓教皇聲威大震。

1080年，格里高利七世再次開除亨利四世的教籍，將他廢黜。許多貴族考慮到自身利益，最後站到了亨利四世這一邊。1084年3月21日，亨利四世舉兵攻占羅馬，另立教皇克雷芒三世，格里高利七世被迫逃到南方的薩萊諾城。

↑ 亨利四世向教皇請罪

神聖羅馬帝國的統治者以羅馬帝國和查理曼大帝的繼承者自居，但歷任皇帝都未能使日耳曼獲得真正的統一，無論腓特烈還是魯道夫。

腓特烈的理想

腓特烈一世
腓特烈一世是個典型的中世紀騎士，一生忙於征戰，他死於十字軍東征中。

　　1123年，腓特烈出生時正趕上自己家族——霍亨斯陶芬家族與威爾夫家族的混戰。父親死後，腓特烈繼承了史瓦本公爵爵位。1152年，腓特烈的伯父——神聖羅馬帝國皇帝康拉德三世去世，他以史瓦本公爵的身分當選為神聖羅馬帝國皇帝，即腓特烈一世。

　　腓特烈一世和歷代君王一樣，以羅馬帝國和查理曼大帝的繼承者自命，並期望獲得無上權力。1153年，腓特烈一世進軍義大利，這是他第一次出征義大利。因為在腓特烈一世即位前夕，一度從屬於皇帝的羅馬教皇透過《沃爾姆斯協定》，幾乎取得了與皇帝平等的地位。腓特烈一世無法容忍教皇凌駕於皇帝之上，他希望像鄂圖一世及亨利三世那樣，讓教皇聽命於皇權，並成為統治帝國、向外擴張的工具。如果要實現這一目標，必須獲羅馬教皇加冕為神聖羅馬帝國皇帝。於是，腓特烈一世整裝待發，準備進軍義大利。恰在這時，教皇尤格紐斯三世寫信給腓特烈，要求他火速前往羅馬討伐阿諾德，正好給了腓特烈一世出兵的理由。

　　原來，羅馬發生了政變，商人手工業者和小騎士聯合起來建立了羅馬共和國，其首領阿諾德喊出了反對教皇的口號。腓特烈一世與教皇簽下《康斯坦茨條約》後，進軍羅馬。條約中規定：腓特烈一世非經教皇同意，不與羅馬共和國或諾曼人媾和，不把義大利土地割讓給拜占庭皇帝，維護教皇的地位；教皇則保證支持腓特烈取得帝位。

　　但是，當腓特烈一世到達羅馬時，教皇尤格紐斯三世還沒來得及為他舉行加冕儀式就崩卒了。腓特烈一世捉獲阿

腓特烈一世和比阿特麗斯的婚禮，喬凡尼作品
腓特烈一世先與亨利四世的女兒阿格尼絲結婚，後又娶勃艮第的比阿特麗斯為妻，獲得了勃艮第。圖為教皇為其主持婚禮的場面。

諾德並處死後，尤格紐斯三世的繼承人阿德里安四世，於1155年6月在羅馬為腓特烈加冕，腓特烈一世正式成為神聖羅馬帝國皇帝。同年，腓特烈一世退出羅馬，結束了他第一次入侵義大利之役。

血染的紅鬍子

義大利人給腓特烈一世取了一個「紅鬍子」——巴巴羅莎的綽號，意思是說他的鬍子是義大利人的鮮血染紅的。

西元1158年，腓特烈一世第二次入侵義大利。他包圍並征服米蘭之後，召開龍卡利亞會議，確定皇帝的權利，剝奪各城市的自由。1162年他回到日耳曼，用從義大利徵收的稅金招募傭兵，準備征服西西里。

1163年，腓特烈一世為征服西西里，發動了第三次入侵義大利的戰爭。由於義大利各城市的反對力量過於強大，腓特烈一世征服西西里的願望並沒有達成。

1166年，腓特烈一世第四次入侵義大利。原來，1159年紅衣主教羅蘭特當選為教皇，稱亞歷山大三世，他想建立獨立於皇帝之外的教皇統治，於1160年將腓特烈一世開除教籍，腓特烈一世惱羞成怒，在1165年維爾茨堡會議上起誓不承認亞歷山大三世，並準備出兵討伐。隔年西西里的諾曼人國王威廉一世去世後，腓特烈一世認為打擊亞歷山大三世和西西里的時刻已經到來，於是發動了第四次入侵義大利的戰爭。

腓特烈一世大舉攻打羅馬，逼使亞歷山大三世倉皇逃走，卻遭到倫巴底城市居民的奮勇反抗。就在這時，腓特烈一世的軍隊裡爆發了瘧疾，大大削弱軍隊的戰鬥力，腓特烈一世不得不宣布撤退，第四次入侵義大利宣告失敗。

1174年，腓特烈一世進行第五次義大利戰役，迫使倫巴底人根據《蒙特貝洛停戰協定》向他臣服。

1176年，腓特烈一世第六次發動戰爭，妄圖一舉吞沒義大利。日耳曼貴族拒絕支援腓特烈一世，而諾曼、拜占庭和教皇亞歷山大三世站在同一陣線，共同反對腓特烈一世，致使腓特烈一世在1176年的雷納諾戰役中徹底潰敗。根據1177年《威尼斯和約》，腓特烈一世承認亞歷山大三世為教皇。

↑紅鬍子腓特烈承認亞歷山大三世的權力，義大利席耶納國家宮殿壁畫，斯皮內洛‧阿瑞提諾作品

哈布斯堡王朝創建人

1218年5月1日，魯道夫在瑞士里姆堡出生。他的父親阿爾伯萊希特四世伯爵透過努力，使哈布斯堡家族在上亞爾薩斯地區獲得采邑等種種特權。1240年阿爾伯萊希特四世伯爵去世後，二十歲出頭的魯道夫繼承了父親的爵位和家業，管理一個龐大的家族。

魯道夫能征善戰，熱中於擴張領土。他先用武力奪取了瑞士托根堡伯爵的領地，然後強占一些帝國田園和無主領地。而在接管母親繼承的基堡伯爵國與前妻繼承的霍恩堡公國的領地後，魯道夫的勢力範圍大大擴展，哈布斯堡家族也逐漸成為帝國西南部的強大諸侯。

1254年，康拉德四世在與羅馬教廷和倫巴底同盟的戰爭中死去，統治日耳曼地區的霍亨斯陶芬王朝宣告結束。此時的神聖羅馬帝國皇位虛懸，引起了眾封建領主的爭奪，魯道夫也積極參與了皇位爭奪的混戰。1273年10月1日，在奧格斯堡帝國議會上，五十五歲的魯道夫當選為神聖羅馬帝國皇帝，號稱魯道夫一世，從此開始了哈布斯堡王朝的統治。

魯道夫一世在位初期，決心改變日耳曼混亂的局勢。他首先收回了一

↑魯道夫一世和教士，維也納奧地利望景樓畫廊藏
　魯道夫是一位謀劃高手，他充分利用教會的勢力進行擴張，帝國版圖空前廣大。

些小諸侯非法竊奪的帝國土地，以加強王室的勢力。同時頒布了一項「國內和平」法令以穩定國內局勢。該法令規定：任何人不得繼續對他人作戰，違者將受到帝國法庭的制裁。

但是有一些騎士只知搶奪地盤，對過境商人收取重稅，致使小戰亂不斷發生。魯道夫一世出兵嚴厲打擊這些騎士，終於得以制服這龐大群體。唯由於萊因河流域一帶的諸侯對農民實行殘酷的剝削，使農民反抗活動愈演愈烈，終於在1285年爆發了農民起義，許多地區也紛紛呼應，起義之火迅速蔓延。魯道夫一世最後選擇了武力鎮壓，並對受捕的領導人實施火刑。

魯道夫一世的擴張

魯道夫一世統治時期，國土雖然幅員遼闊，但在政治上卻極為鬆散，皇權

勢力有限，只能支配自己領地的軍隊，無法號令諸侯的士兵。因此，魯道夫一世極力擴大王室領地，不久即與波希米亞國王奧托卡二世展開了爭奪奧地利的戰爭。

奧地利在十二至十三世紀時，還只是霍亨斯陶芬王朝巴奔堡家族的一個公國。1246年，巴奔堡家族的最後一位成員「好鬥者」腓特烈二世，與匈牙利因邊界問題發生戰爭，他本人不幸陣亡，巴奔堡家族絕嗣。1251年，波希米亞國王奧托卡二世乘機占領了巴奔堡家族領地，含奧地利、士底里亞、克倫地亞和克萊因，此舉招致了羅馬教皇和日耳曼其他諸侯的不滿。

西元1252年，魯道夫一世在諸侯和貴族支持下進軍奧地利，與波希米亞爭逐，匈牙利也出兵支援。魯道夫的軍隊與匈牙利軍隊兵分兩路，對奧托卡二世的軍隊形成鉗形攻勢。正在這時，波希米亞貴族準備趁奧托卡二世投入對外戰爭時，發動叛亂。貴族密謀的消息傳到

了奧托卡二世那裡，他只得放棄抵抗，表示歸還奧地利和其他被占的土地，並願意向魯道夫一世臣服。

然而，奧托卡二世並沒有完全放棄奧地利。他在西里西亞和波蘭諸侯的支持下，集結了圖林根、勃蘭登堡和巴伐利亞諸侯的軍隊再次征戰。魯道夫一世率軍迎戰，並得到了匈牙利國王拉迪斯勞斯四世的軍事援助。

1278年8月，魯道夫一世與奧托卡二世在維也納東部的馬池河發生激戰。戰爭初期，魯道夫一世處於下風，後由於援軍及時趕到，殲滅了對手的軍隊，並殺死奧托卡二世。馬池河戰役過後，哈布斯堡家族在奧地利的統治確立。

1282年底，魯道夫一世把奧地利、士底里亞和克萊因分給他的兩個兒子，立長子為奧地利公國及其領地的唯一君主，由此建立了奧地利哈布斯堡王朝。哈布斯堡王朝統治奧地利達六百多年之久，直到1918年才告結束。

【人文歷史百科】

魯道夫一世的政策

為了加強對帝國的管理，魯道夫一世在帝國各地設立了有固定收入的「祕密使臣」，充任地方裁判法官；在亞爾薩斯、史瓦本和法蘭克尼亞地區設立了帝國地方行政區，行政區長官可隨時罷免；為了避免領主對帝國事務的過分干預，他首次規定帝國土地和各諸侯的土地原則上分開；推行地方行政長官制，並規定城市代表可以參加帝國階級代表會議，這在一定程度上維護了國內秩序，促進了城市手工業和市民階層的發展。

西歐封建化進程

邦國林立

腓特烈一世的繼任者，仍然熱中於征服義大利，征服義大利是神聖羅馬帝國幾代皇帝的夢想。在他們看來，只有占領義大利才能讓帝國擺脫徒有虛名的尷尬。為了完成這一心願，日耳曼皇帝只得向封建領主作出重大讓步，以求他們的支持。因此，當西歐各國的國王紛紛與城市結盟以加強中央政權的時候，日耳曼皇帝卻為了討好封建領主，而對城市進行打壓。遠征義大利消耗了帝國的實力，導致了諸侯力量的加強和皇權的不斷衰落，乃至走向崩潰。

神聖羅馬帝國皇權對城市的打壓，讓國內本已薄弱的經濟更加雪上加霜。由於日耳曼是按地區組成利益集團，未能形成連結在一起的帝國性經濟利益。所以，當法國境內的諸侯被國王征服時，日耳曼境內的諸侯卻發展成為可與皇帝抗衡的獨立邦國。

神聖羅馬帝

國皇帝連年的對外征戰，使國內割據局面日益加劇，最後導致皇權衰落，連帶影響了經濟的發展。十四世紀初，日耳曼地區出現農業危機，但「黑死病」流行時，領主們反而加重了農民的稅賦，激使農民憤然起來反抗。他們或結盟、或起義，大大衝擊了本就混亂的國內秩序。

國內動盪的局勢，為各地諸侯獨立提供了機會。各封建領主紛紛給自己加上伯爵頭銜，全權管理自己的領地，發展出各自完備的政治、經濟和軍事體系，以至於完整的疆域，形成一個個國中之國。到十四世紀中葉時，神聖羅馬帝國境內除有七大選侯外，還有十多個

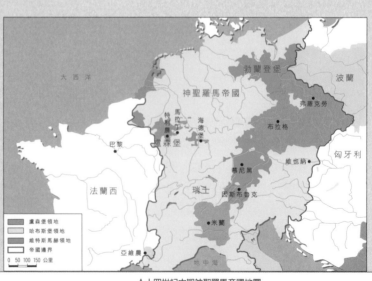

↑十四世紀中期神聖羅馬帝國地圖

←盧貝克
盧貝克是漢薩同盟的中心城市，至今仍保存了中世紀古城的風貌，並被列入《世界文化與自然遺產保護名錄》裡。

大諸侯、二百多個小諸侯、一千多個帝國騎士，他們的領地實際上就是大大小小的邦國。

城市同盟

在西歐國家裡，日耳曼的城市興起較晚。但到十三至十四世紀時，日耳曼已擁有了很多經濟繁榮的城市。由於日耳曼的城市大都處於邊境地區，所以對外貿易占據了城市經濟的重要地位。日耳曼南部的城市與義大利和東方各國貿易往來頻繁，北方萊因河流域和波羅的海沿岸的城市，與英、法和北歐、東歐諸國有密切的貿易關係。

由於日耳曼城市以對外貿易為重，引起了海盜的劫掠。而神聖羅馬帝國內部分裂的政治局面，又使商人面臨領主和騎士的敲詐勒索。為了保護商人的利益，有共同利害關係的城市便一同建立了城市同盟。

十三至十五世紀，日耳曼地區主要有三個城市同盟：南方多瑙河流域有「史瓦本同盟」；西北方萊因河流域有「萊因同盟」；北方波羅的海沿岸的城市則組織「漢薩同盟」。其中漢薩同盟的勢力最為強大。1368至1370年，漢薩同盟的聯合艦隊打敗丹麥，迫使丹麥簽訂《斯特拉爾松德和約》。該和約的簽訂，擴大了漢薩同盟對波羅的海、北海的貿易，以及對斯堪地那維亞地區的控制，漢薩同盟達於鼎盛時期，結盟城市多達一百六十多個，同盟在各地享有商業優惠，在倫敦、諾夫哥羅德、布魯日、卑爾根等地均設有商站。

十五世紀中葉以後，由於英國、尼德蘭、瑞典的工商業日益發展，尤其是新航路的開闢，導致商業中心的轉移，漢薩同盟的優勢遂逐漸喪失。漢薩同盟於1669年在盧貝克舉行最後一次會議，當時只有六個城市參加。此後，同盟即解體。

【人文歷史百科】

金璽詔書
西元1356年，神聖羅馬帝國皇帝查理四世頒布一項帝國法令，因詔書上蓋有黃金印璽，故名「金璽詔書」。詔書規定：皇帝由當時權勢最大的七個帝國選侯在法蘭克福城選舉產生，選侯在其領地內政治獨立，擁有徵稅、鑄幣、鹽、鐵礦開採等國家主權，以及獨立的、不准臣民上訴的最高司法裁判權，且擁有監督帝國的職權。「金璽詔書」從法律上確定了日耳曼侯國的分立體制，進一步削弱了皇權，加劇了神聖羅馬帝國的政治分裂。

西歐封建化進程

109

混亂的亞平寧

中古初期之時，義大利的工商業十分繁榮，經濟發展速度很快。但是，受地理環境及政治的影響，義大利各地區的經濟發展極不平衡。北部波河流域和中部托斯卡尼地區經濟最為發達，如著名的城市威尼斯、佛羅倫斯、米蘭等都在那裡。反之，北部山區的經濟相對十分落後，那裡的農奴制長期占主導地位。中部教皇領地的經濟也不發達，主要為農業區，除了羅馬這樣的大城市能形成一定的規模外，其他小的城市皆難成氣候。南部地區更是經濟最為落後的地方，這裡的農奴制一直到十五世紀還存在。

▢ 神聖羅馬帝國	▧ 拜占庭帝國
▨ 威尼斯領土	▢ 穆斯林領地

110

↑ 西元1050年的義大利地圖

由於義大利在政治上長期處於分裂狀態，統一腳步十分遲緩。境內城市形成各自的利益集團，相互對立，而城市工商業的發展主要依靠國外市場，國內統一市場很難形成。各城市的統治者只想著維護自家城市的利益，根本無暇顧及其他。

外部勢力的侵襲也延緩了義大利的統一。從西元951年鄂圖一世首次入侵義大利開始，日耳曼領主們在此後的三百年裡，共侵入義大利四十餘次，平均不到七年就有一次。這些侵入者進入義大利後燒殺搶掠，使義大利的生產幾乎停滯。

羅馬教皇對義大利的控制以及對西歐各國的野心，也使義大利久久不能走上統一之路。法國安茹家族與教皇勾結，於1268年竊取了西西里王位。此後，西班牙亞拉岡的貴族控制義大利南部，讓義大利的統一又多了一重障礙。

多里奇諾起義

義大利各地區經濟發展的不平衡，決定了各地農民的社會地位。十三、四世紀時，在北部和中部經濟發達的城市裡，大部分農奴多已取得自由，自由的農村公社也獲得了自治的權利。但是，

獲得自由的農奴並沒有獲得土地，他們仍須依附封建領主生活。領主在其占有的土地上極力壓迫雇農，並剝奪自治農村公社的權利。

義大利南部，落後的農奴制依然存在，當地居民長期受外國領主統治，生活困苦不堪。在東北部一些城市以及西北部，如薩瓦、蒙斐拉、皮埃蒙特等諸國，農奴制仍長期保存。

西元1260年，悉加列利創立了「使徒兄弟派」，宣揚信徒之間是平等的關係，就像兄弟姐妹一樣。「使徒兄弟派」信徒反對封建領主，要求實行財產公有制，由於觸犯了教皇利益，他們被視為異端而遭到打擊。1300年，「使徒兄弟派」的領導人悉加列利被判處火刑。

悉加列利死後，多里奇諾便成為了「使徒兄弟派」的領導人。他和悉加列利一樣，也要求財產公有，並認為只有

←多里奇諾肖像
多里奇諾是悉加列利的繼承人，領導「使徒兄弟派」起義軍與十字軍展開了激烈的戰鬥，是西歐農民起義的先驅。

採取暴力，才能建立理想中的王國。多里奇諾宣傳財產是萬惡之源，要求人們站起來用武力去爭取自由。他的宣傳引起了眾多遭受壓迫農民的共鳴，抗爭的隊伍不斷擴大。

西元1303年，多里奇諾率領起義軍打敗領主的軍隊，燒毀領主的莊園，沒收了教堂和修道院的財產。教皇聞訊大怒，立即組織十字軍加以圍剿。經過幾次較量後，雙方都未占到太大便宜。1307年，多里奇諾率領起義軍與十字軍展開決戰，兵敗被俘，後遭判處火刑，與悉加列利一樣被活活燒死。

多里奇諾起義雖然失敗，然這次起義比西歐其他國家發生的農民起義早了半個多世紀，是西歐大規模農民起義的先驅。

西西里晚禱事件

【人文歷史百科】

1282年3月31日，一名法國士兵在巴勒摩的聖靈教堂門前，當眾玷汙一位做完晚禱的婦女，遭到西西里人當場打死。巴勒摩城居民在聽到晚禱鐘聲之後發動了起義，故稱為「西西里晚禱事件」。起義者強烈要求驅逐法國統治者，得到了與查理一世爭奪東地中海霸權的亞拉岡王國彼得三世的幫助，至9月時起義者共殺死四千多名法國人，餘者均被趕跑，起義取得勝利。而亞拉岡王朝亦於1302年統治了西西里。

↑西西里晚禱事件，插圖畫

西歐封建化進程

111

威尼斯共和國的輝煌

義大利北部和中部有許多繁榮的城市，在反對封建貴族和外國侵略者的抗爭中取得了輝煌的戰果，形成了獨立的城市共和國。威尼斯和佛羅倫斯，就是其中兩個著名的代表。

威尼斯原為一座漁村，由於其地理位置優越，逐漸成為東西方轉口貿易的中心。五至七世紀時，受匈奴人和倫巴底人侵擾的內陸居民紛紛遷移此地。西元687年產生第一任總督，九至十世紀時工商業日趨發達，建立起了威尼斯城市共和國。

威尼斯共和國的政權是由商人貴族所把持的。大議會是最高權力機關，有議員四百餘人，在極少數貴族世家中選舉產生。政府稱小議會，由六名成員組成，幫助總督處理日常事務。總督是共和國元首，可以終身任職。共和國的大政方針，則由一百二十名議員組成的元老院決定。

1082年，拜占庭皇帝允許威尼斯商

←利奧納多·勞德諾肖像
勞德諾是威尼斯共和國總督，執政期間（1501至1522年）威尼斯共和國空前繁榮。

人在帝國境內建立商棧，免稅行商。十字軍東征期間，威尼斯鞏固了在東方和愛琴海沿岸的地位，並乘機吞併拜占庭的大片領土，包括克里特島、伯羅奔尼撒西南部及愛琴海上的許多島嶼，一躍成為地中海地區的強國。威尼斯共和國每年的財政收入超過了英國和西班牙，與法國的收入相當。1284年，威尼斯鑄造金幣杜卡特，成為當時歐洲的通用貨幣。

1298至1382年，威尼斯與熱那亞共和國連續進行了四次海戰，最後擊敗貿易競爭對手，壟斷了地中海東部的貿易，威尼斯遂成為地中海和黑海地區的強國，進入全盛時期。海上貿易促進了造船業和航海業的發展，威尼斯當時擁有的水手超過了兩萬五千人，歐洲各地水域都可見威尼斯商船在遊蕩。

十五世紀末，隨著新航路的開關，歐洲商業中心從地中海轉向大西洋沿岸，威尼斯失去了往日的輝煌。1453年土耳其攻占君士坦丁堡後，與威尼斯進行了延續兩百餘年的海戰，威尼斯在巴爾幹和地中海的殖民地喪失殆盡，逐漸走向了衰落。

↑威尼斯共和國總督宮，中世紀插圖畫

世界上第一次工人起義

1378年7月，佛羅倫斯梳毛工聯合行會外的手工業者舉行武裝起義奪取政權，由梳毛工頭米凱爾・蘭多出任「正義旗手」。起義者要求提高工資，延期償還債務，並成立三個新行會，其中一個是梳毛工行會。8月，梳毛工再次舉行起義，並從梳毛工中選出了民有的市政會成員。然而蘭多卻為「肥人」所收買，與「肥人」一同鎮壓起義。佛羅倫斯的梳毛工起義，是世界歷史上第一次工人反抗資本家的武裝抗爭，突顯出資產階級興起後的社會矛盾。

富有的佛羅倫斯

佛羅倫斯的歷史有些曲折。它最初是羅馬帝國的殖民據點，五世紀末臣服於東哥德王國，六世紀中葉在東羅馬帝國治下，六世紀下半葉為倫巴底王國征服，八世紀末併入法蘭克王國，西元962年起隸屬神聖羅馬帝國。

1115年，佛羅倫斯成為獨立的城市公社。十二世紀下半葉，佛羅倫斯建立市政領導機構；1187年擊敗神聖羅馬帝國皇帝亨利六世，自治權得到承認，成為獨立的城市共和國。

佛羅倫斯的商人和高利貸者與羅馬教廷有密切的關係，他們透過向羅馬教廷貸款、代徵各國教會稅等手段，累積了大量資本。1252年，佛羅倫斯開始鑄佛羅林金幣，一度成為地中海區域的通用貨幣。1293年，城市貴族的統治被推翻，由富商、銀行家和行會上層人員掌握政權，並制定了新憲法——《正義法規》。新憲法規定，行政機關長老市政會由九人組成，其中七人是由七個大行會分別選出的代表，為富商或銀行家，被稱為「肥人」；另外兩人是由十四個小行會共同選出的代表，為手工業者，被稱為「瘦人」。市政會負責人稱為「正義旗手」，兼任軍隊總指揮。

佛羅倫斯自十四世紀起便開始對外擴張，先後征服皮斯托亞、沃爾泰拉和阿雷佐。十五世紀初，佛羅倫斯征服比薩，獲得經阿諾河到地中海的出海口，成為托斯卡尼地區霸主。1434年，梅迪奇家族奪取政權，建立僭主政治。

十五世紀末以後，義大利工商業衰落，商人和高利貸者轉而投資土地。1472年，佛羅倫斯有兩百七十家製呢手工工廠，1527年降為一百五十家，1537年僅剩六十家。

1494年法國入侵佛羅倫斯，梅迪奇家族遭到驅逐。1569年，梅迪奇家族依靠西班牙支持，建立托斯卡尼大公國，把佛羅倫斯定為首府，這標誌著共和國歷史的結束。

↑穿鎧甲的科西莫・梅迪奇，阿格諾羅・布隆基諾作品
科西莫・德・梅迪奇（1519至1574年），是第一代托斯卡尼大公，史稱科西莫一世。他於1569年，靠著西班牙的支持建立托斯卡尼大公國，定佛羅倫斯為首府，復興了梅迪奇家族。

032.西班牙的統一

1492年，西班牙人取得「收復失地運動」的勝利，統一了西班牙，但這一過程卻花費了七個世紀。

哥德時期的西班牙

西元前九世紀到前八世紀間，克爾特人從中歐陸續遷入西班牙。西元前218年到西元414年受羅馬人統治，415至711年為西哥德人所占領。

西元419年，西哥德人在高盧南部和西班牙地區建立起西哥德王國以後，奪取羅馬大地主三分之二的耕地、一半森林以及部分奴隸、農奴和工具，國王把土地分給自己的臣屬和主教，西哥德王國的封建制由此逐漸建立起來。

西哥德人瓜分了羅馬人的土地，但沒有摒棄羅馬的土地私有制。受其影響，原有的農村公社迅速瓦解，逐漸轉為土地私有化。到國王尤里克統治時期（466至484年）時，土地私有制已確立，土地買賣漸普遍，農村公社大都變成了窮人，部分公社成員淪為依附農、農奴和奴隸，有些破產者甚至得賣子為奴才能生存。同時，自由哥德人的地位也逐步下降。

五世紀中葉，軍事會議取代了人民會議，國王獨攬大權，宣戰與媾和都由國王自己決定。當時的羅馬人與哥德人之間存在著嚴格的階級制度，如羅馬人不能與哥德人結婚等。隨著封建化的加快，這種界限日漸消弭。國王利奧維基里德統治時期（573至586年），羅馬人與哥德人的禁婚規定被取消。國王列卡列德（586至601年）上臺後，立即尊羅馬天主教為國教，西哥德王國得到了基督教僧侶的支援，封建化大為廣及。

到了國王岑達司維特（646至652年）統治時期，封建階級制度更為明顯。岑達司維特及其後繼者所制定的法典中，把自由人分為上等人和低等人兩種，他們在法律上的地位是不平等的。如上等人作偽證只須賠付一定的金額即可，而低等人作偽證，則須面臨淪為奴隸的風險。

封建化另一方面表現在國內封建割據勢力強大，貴族專橫跋扈，對王權構成了極大的威脅。西元631年，貴族凱撒南特勾結法蘭克人反對國王斯文吉拉。711年，尤利安伯爵與阿拉伯將領塔立格所率領的一萬餘大軍配合，阻擊西哥德國王羅德里克，而奧帕斯主教的叛變，使兩萬餘人的西哥德軍隊在瓜達拉維爾河戰役中慘敗，從此，西班牙便由阿拉伯人統治了。

↑西元500年的西哥德王國疆域
從地圖中可看出，早期的西哥德王國以西班牙為中心，涵蓋法國南部的廣大地區。

114

阿拉伯人在西班牙的統治

八世紀初，倭馬亞王朝的政權鞏固以後，阿拉伯貴族發動了大規模的對外戰爭。在東線，他們征服了布哈拉、撒馬爾罕、信德及部分旁遮普地區；在西線，攻占埃及以西的北非地區後，他們於711年越過直布羅陀海峽，占領了安達魯西亞，控制了西班牙。到八世紀中葉倭馬亞王朝後期時，阿拉伯帝國已成為地跨亞、非、歐三大洲的龐大帝國。

西元720年左右，阿拉伯統治集團之間的衝突激化，內訌不止。一直受歧視和壓迫的非阿拉伯穆斯林紛紛揭竿而起。倭馬亞家族的統治在西元750年被推翻，出身貴族的阿巴斯成功奪取政權；阿巴斯下令清除倭馬亞家族，卻讓倭馬亞家族的王子拉赫曼逃脫，成為倭馬亞家族九十餘名成員中唯一倖存的人。

拉赫曼逃到西班牙後，受到部分阿拉伯貴族和柏柏爾人的歡迎，他於西元756年宣布獨立為「後倭馬亞王朝」。這個王朝到拉赫曼三世（912至961年）統治時期定都科爾多瓦，王權高度集中，

勢力達到頂峰。西班牙接受了阿拉伯人帶來的先進技術和科學文化知識，如開鑿運河、種植水稻、採礦、紡織和金屬加工等，並使它在西班牙得到推廣。

但是，西班牙的繁榮乃是建立在人民受剝削之痛苦上的。如阿拉伯統治者徵收人丁稅，凡是信仰基督教和猶太教者，每年都要繳納十二到四十個迪爾汗；而從事耕作的農奴則要將其收成的五分之四，交給新來的穆斯林地主。

另外，拉赫曼三世奢侈的生活更加重了人民的負擔。他花費了二十年修建一座宮殿，然後部署了近四千名奴隸組成的禁衛軍來保衛這座豪華的宮殿。他手下還有十萬常備軍供其調遣，成為對內鎮壓和對外擴張的有力工具。在國家的財政收入中，有三分之一用來修建工程，三分之一用作軍餉，但拉赫曼三世仍然憂心忡忡，擔心哪一天會爆發農民起義。他後來在遺書中說：「平生只有兩個星期是無憂無慮的」，由此可見對叛亂的恐懼。

↑拉赫曼三世和建築師
拉赫曼三世為了修建豪華的宮殿，不僅招來大批阿拉伯工匠，而且也請來了許多歐洲著名的設計師。

【人文歷史百科】

繁華的科爾多瓦

十世紀時，科爾多瓦約有五十萬居民、七百座清真寺、三百所公共澡堂，是當時歐洲最大的城市，與長安、君士坦丁堡、巴格達並稱為「世界四大城市」。哈里法的宮廷是全歐最富有魅力的宮廷之一，其華麗程度僅次於巴格達和君士坦丁堡。拜占庭皇帝和日耳曼、義大利、法蘭西等國的國王，都有使節到這裡來。科爾多瓦大學就是在拉赫曼三世時期創建的，它是歐洲著名的學府，歐、亞、非三洲都有人到此留學。

西歐封建化進程

基督教諸王國的興起

阿拉伯人擊敗西哥德人占領西班牙後，西哥德貴族紛紛逃到半島西北部的阿斯圖里亞斯山區，並於718年建立了阿斯圖里亞斯王國。873年，阿斯圖里亞斯王國遷都雷翁，改名爲雷翁王國。十一世紀初，在雷翁王國東部斗羅河流域，形成了卡斯提爾王國。

1031年，後倭馬亞王朝在西班牙的統治宣告結束，在科爾多瓦哈里法國家的廢墟上出現了二十三個小王國。雷翁王國與卡斯提爾王國於1037年合併，仍稱卡斯提爾王國，勢力不斷壯大，並趁機從阿拉伯人手中奪回托勒多城，然後繼續南下。卡斯提爾王國成爲反阿拉伯人的首要核心。

此時的伊比利半島北部還有亞拉岡王國、納瓦爾王國和巴塞隆納伯國。亞拉岡王國在拉米羅一世統治時，勢力就

→阿方索六世雕像，中世紀西班牙人雕刻

已擴張到厄波羅河，而十二世紀中葉對巴塞隆納伯國的兼併，更增強了亞拉岡王國的影響力，亞拉岡成爲對抗阿拉伯人的第二個中心。

阿拉伯人迫切需要遏制西班牙人向南滲透的力量，於是向北非柏柏爾族的穆拉比兌人求助。穆拉比兌人首領伊本·優素福率兩萬餘人挺進西班牙，1086年10月與卡斯提爾國王阿方索六世展開激戰，結果阿方索大敗，損失數萬人。1090年，伊本·優素福幾乎完全統治了西班牙，只有托勒多等城仍在基督教徒手中。

1094年，西班牙民族英雄羅德里戈·狄亞士率軍攻占瓦倫西亞，重創穆拉比兌人。1147年，穆拉比兌王朝結束，仍以柏柏爾人爲核心的阿爾摩哈德王朝建立。十三世紀初，阿爾摩哈德王朝約六十萬大軍被基督教諸國聯軍擊敗，十餘萬柏柏爾人慘遭屠殺。

1236年，卡斯提爾人攻占科爾多瓦，1248年又收復塞維爾，阿拉伯人在半島的領地已喪失殆盡，僅剩下南部的格拉那達一個小王國。

→戰場上的羅德里戈·狄亞士
羅德里戈·狄亞士是西班牙的民族英雄，爲西班牙的獨立貢獻甚鉅。

西班牙的統一

透過不斷兼併，到了十三世紀下半期，伊比利半島形成了三個強大的基督教國家：卡斯提爾、亞拉岡和葡萄牙，其中勢力最大的是在對抗侵略中發揮重要力量的卡斯提爾，其國土面積約占半島總面積的五分之三。

卡斯提爾國王和各領主及教會在收復失地過程中，占有大量土地。卡斯提爾境內山區居多，農業發展緩慢，因此牧羊業便成為主要產業，領主們為此結成了「牧主同盟」。這個組織成為國家經濟的重要支柱，它擁有很多特權，如有自己的行政機關和法庭等。

在卡斯提爾反抗阿拉伯人統治的抗爭中，城市和農民的支持發揮了重要作用。每個城市的市民首要任務就是服兵役，每個城市也都有堅固的堡壘，各城市之間相互結盟，為趕走侵略者貢獻己力。因此，卡斯提爾議會有城市代表參加，城市代表成為議會中極有勢力的一部分。農民也有權選派代表參加議會，他們在收復區除交納地租外，還享有人身和遷徙自由權。

伊比利半島上的第二大國是亞拉岡，但它內部問題不斷，農民為爭取權利與領主們進行了多次的抗爭。尖銳的階級衝突和未完成的收復失地運動，促使亞拉岡與卡斯提爾成為結盟的夥伴。1469年，亞拉岡王子斐迪南與卡斯提爾王位繼承人伊莎貝拉公主結婚。1474年伊莎貝拉成為卡斯提爾女王，斐迪南也於1479年登上亞拉岡王位，兩國正式合併，西班牙完成了初步的統一。

1492年，統一的西班牙攻克阿拉伯人控制的格拉那達，結束了長達七個多世紀的收復失地運動。1512年，西班牙又兼併半島北部的納瓦爾王國，西班牙王國於焉成形。

葡萄牙曾是卡斯提爾王國統治下的伯國，1128年，十六歲的阿方索率領葡萄牙人擊敗了卡斯提爾的軍隊，展開葡萄牙的獨立運動。十五年後，葡萄牙與卡斯提爾王國簽訂《薩莫拉條約》，宣布正式獨立。

【人文歷史百科】

宗教裁判所在西班牙

宗教裁判所是十三至十九世紀天主教會偵察和審判異端的機構，旨在鎮壓一切反對教會和封建制的「異端」，以及有「異端」思想或同情「異端」的人。西班牙宗教裁判所歷時較久，凶殘恐怖駭人聽聞，1480年羅馬教皇塞克斯都四世特許在西班牙設立宗教裁判所，第一任總裁判官托奎瑪達任職十七年中，處死了多達十萬餘人，其中用火燒死的近九千人。因此，宗教裁判所成為西班牙專制王權最有力的工具。直到十八、九世紀，西歐各國宗教裁判所才漸被撤銷。

西歐封建化進程

為基督而戰的十字軍

在基督教徒的眼中，十字架是無比神聖的，是他們忠誠和信仰的標誌。當初無比仁慈、寬容和無私的耶穌基督，為了拯救人類而被釘死在十字架上。在這神聖的十字架背後，又有多少野心家假借基督之名為非作歹呢！

十一世紀末至十三世紀末，在廣袤的歐洲大陸刮起了東征之風。名義上，這是一場「十字」對「新月」的宗教戰爭，戰爭的目的是為了從異教徒——穆斯林手中奪回聖城耶路撒冷，將聖主的陵墓從異教徒手中解救出來。為了彰顯此行為聖主基督而戰，當時的「聖戰」

↑領主和騎士們，油畫
中世紀時，歐洲大大小小的領主和騎士構成了社會的主體，對基督教狂熱的信仰促使他們組成十字軍東征，企圖從異教徒手中奪回聖地耶路撒冷。

者在胸前或臂部都佩帶了十字標記，故而得名「十字軍」。從另一個角度來看，這場戰爭帶有某種侵略性質，東方的土地、財富成為西歐領主和基督教會眼中的瑰寶，為了占有，他們以東方富饒為號召，率領歐洲基督教徒征服東方異教徒。這樣的戰爭，與基督教所宣揚的仁、慈、愛精神可說是背道而馳的。

十一世紀末，羅馬教會的權勢不斷膨脹攀升，君主的權力變成了一種束縛，教皇極力想擺脫這種束縛。實際上，當時的羅馬教皇已經成為西歐最大的地主和精神領袖，教會的地位高高在上，但他並不滿足。榮耀不會讓羅馬教皇停步，反而更激起了他對名利的追逐。教皇欲凌駕於一切世俗王權之上，

↑東方財富的誘惑

不僅成爲西歐和中歐的霸主，還要將勢力推進到東方的拜占庭帝國，進而建構出統一的基督教世界，進一步突破伊斯蘭教的勢力範圍。於是，教會發起了長達兩百年的十字軍東征。

對法蘭西、日耳曼、英格蘭、義大利等地大大小小的領主來說，領土的擴張確實是一種難以抵抗的誘惑。掠奪是他們的本性，也是他們參加東征的眞正目的。

擺脫饑荒和貧困的出路

十一世紀的西歐，城市如雨後春筍般出現，帶來了商品的繁榮。這時東方的奢侈品也或多或少地進入了貴族們的生活，再加上傳說之中東方厚土的神祕與奢華，更讓西歐的封建貴族們朝思暮想。封地那點微薄收入顯然已不能滿足貴族們的貪欲，所見之路僅有一條——掠奪異教徒的土地和財富。

當時，西歐盛行著長子繼承制，唯有長子得以繼承領地的權利，而其餘諸子僅襲有騎士之名，得到的只有一副貴族的空殼。他們沒有土地，也就沒有收入，若要保住地位，便只能依靠戰場上的搏殺來博得國王的歡心，或靠打劫商旅來致富了。也就是說，他們要想生存下去、活得體面一些，就

必須憑恃武力。

城市裡的商人，尤其是威尼斯、熱那亞、比薩等地的商人，爲了奪得地中海東部的商業陣地，擊敗自己的冤家對頭——阿拉伯商人和拜占庭商人，也唯有透過戰爭來解決。因此他們大力響應東征，並樂意提供經濟上的奧援。

就在1087至1095年，西歐遇上了罕見的連續七年大饑荒，而領主們漠視此一狀況，仍只知狠命地盤剝，農民們實在無法生活下去了。在法國，甚至出現了易子而食的現象，在市場上竟然有人把煮熟的人肉當牛肉賣，由此可見當時人們的飢餓程度。農民們在極度貧困生活中掙扎，他們渴望從遙遠而富饒的東方，尋找到擺脫這般飢餓和剝削的出路。

十一世紀末期的西歐，就是這樣一種人欲難填的局面。瘟疫橫行，起義暴動頻傳，小騎士打家劫舍，大領主相互攻城掠地，到處人心惶惶、餓殍遍地，再穩定的政權也面臨搖搖欲墜的危機。統治者們急欲尋求一條出路以轉移人民的不滿，同時滿足底下領主們貪婪的本性。

↑十一世紀時的歐洲農村
十一世紀時，由於封建領主的殘酷剝削，許多農民破產，生活陷入困境，衍生出到東方掙取財富的渴望。

拜占庭向兄弟求援

西歐動盪不安之時，地中海東岸的形勢正有利於西歐封建領主進行東征計畫。阿拉伯地區的阿巴斯王朝內部空虛，實權為塞爾柱土耳其人所控制。當時的東羅馬帝國——也就是拜占庭帝國已日漸式微，頹勢浮現。老朽的拜占庭帝國受到塞爾柱土耳其的覬覦，邊境上不斷受到他們的侵擾和進犯。

塞爾柱土耳其人為西突厥的一支，崛起於中亞之後，不斷向西蠶食和遷徙。西元1055年，塞爾柱土耳其人占領了巴格達，隨後向拜占庭帝國宣戰。1071年在曼西克特，塞爾柱土耳其人與拜占庭軍隊展開激戰，最後拜占庭帝國大敗，皇帝羅曼拉斯四世淪為俘虜。塞爾柱土耳其人順勢奪取了敘利亞、巴勒斯坦和小亞細亞的大部分地區，並在尼西亞建都，與君士坦丁堡遙相對峙。

西元988年左右，突厥人的另一支佩徹理格人也逐漸興起。他們更狡猾，祕密地和拜占庭帝國內部串結，聯合起來幾次打敗拜占庭軍隊，騷擾色雷斯，甚至一度兵臨君士坦丁堡城

下。處於土耳其人重重包圍之中，拜占庭帝皇阿曆克塞一世在萬不得已的情況下，只好低聲下氣地向宿敵羅馬教皇以及西歐眾君主們求援，期望大家看在侍奉同一天主的分上，施以援手。

西歐諸國的君王正在為東征苦苦尋找戰機，此帖求救信正中他們下懷。1095年夏，教皇烏爾班二世不顧天氣炎熱和旅途勞頓，從義大利來到法國，沿途向教會和各地貴族大肆宣傳東征的緊迫。

烏爾班二世的鼓動

羅馬教皇烏爾班二世是一位極富煽動性的人物，深知什麼能讓西歐人心動，東方的神祕與富饒自然成為宣講的題材。他的聽眾們全都是聽著聖經故事長大，深信迦南有肥沃的土地、豐饒的草原、繁盛的羊群。教皇將真實的耶路撒冷城和天國之城混為一談，認為耶路撒冷就是那個以珍珠為城牆、以白銀為街道、流淌著不休的活水、沐浴著上帝光輝的那個聖城。任何地方的貧困人們，只要到了東方就能獲得歡樂和富足。歐洲匱乏的東西，那裡都有；這裡無法得償的願望，在那裡就會得到滿足。他還許願說：

↑曼西克特戰役
在曼西克特戰役中，拜占庭皇帝羅曼拉斯四世中箭被俘，驚動了歐洲。

克勒芒會議

在進行了充分的輿論準備之後，1095年11月28日，一次盛況空前的宗教會議在法國南部的克勒芒城召開，十四位大主教、兩百位主教、四百多位修道院院長，以及成千上萬的騎士和教士，還有無數平民，齊聚克勒芒。小小的克勒芒城哪裡容得下這麼多的人，好多人只得在城郊搭起帳篷，才算找到一個安身之所。在大會上，教皇烏爾班二世發表了義正詞嚴的演說。他說：土耳其人正在東方「上帝的國度中大肆蹂躪」，「主的聖墓被不潔淨的人占領和玷汙」，「現在我代表上帝向你們下令，懇求和號召你們迅速行動起來，把那邪惡的種族從我們兄弟的土地上消滅乾淨！」他號召爭雄逐鹿的西歐王公諸侯停止「私戰」，「讓一切爭辯和傾軋休止，共同踏上通往聖墓的征途」。

「凡動身前往東方的人，假如在旅途中——無論在陸上或在海上，或是在反對異教徒的戰爭中丟失了性命，他們的罪過就會在頃刻間獲得赦免。」「參加東征的人，一切債務可免付利息，出征超過一年可免交賦稅，並且死後會直接進入天堂。」

烏爾班還呼籲：「英勇的武士們，要追憶祖先的光輝業績，要不愧爲無敵祖先的子孫！」「上帝賜給你們強大的武力，毫不遲疑地參加對異教徒的聖戰，就將得到天國不朽的榮耀！」

教皇的演說點燃了湧動的人群，博得了熱烈的掌聲，他們高喊：「上帝所願！上帝所願！」接著一名在旁等待許久的使者登場，向群情激憤的人群宣布：「年近六旬的土魯斯伯爵將不顧年邁體弱的身體，加入聖戰，誓死遵從教皇之命！」人群沸騰了，近乎瘋狂了，對宗教的狂熱達到頂點。

第一次成功的演說後，教皇烏爾班二世在西歐各地繼續他的政治遊說，慫恿人們加入十字軍，參加聖戰。一些言聽計從的「聖徒」也奉教皇之命四處宣揚。在響應教皇的聖徒中，有一個叫彼得的隱士，他常年赤著腳，僅僅披一件粗布袍，背負一個大大的十字架，形象有些滑稽，經常騎驢遊說於法國和日耳曼各地。他專門挑人多的地方，像教堂、市集和街頭廣場等，宣揚他到耶路撒冷朝聖時所看到的一切：聖墓被土耳其人毀壞，前去朝聖的同胞們受盡勒索、凌辱和殘害。他還假傳上帝的旨意：罪犯只要出征，上帝就會饒恕他們的罪過。

↓ 克勒芒會議，油畫
1095年11月28日，教皇烏爾班二世在克勒芒召開宗教會議，鼓動如簧之舌，煽動起教士及騎士們東征的激情。

農民十字軍

←農民十字軍殘部與哥弗雷會合，杜雷插畫
彼得率領的農民十字軍遭到慘敗，殘眾與
洛林公爵哥弗雷率領的十字軍會合後，一
部分繼續東征，另一部分打道回府。

最先東征的十字軍戰士，主要由農民組成。當時西歐的農民生活在社會的最底層，單純而蒙昧；再加上連年的災荒，為飢餓和債務所逼迫，處於生死的邊緣。在聽完了教皇的遊說後，大多數受到蠱惑的農民堅信：唯有出征東方才能獲得幸福。參加東征的農民們攜妻帶子，把家裡耕地用的老牛也牽了出來，還在牛蹄上釘上鐵掌，讓牠們拉著破舊的老車，車上裝載著全家，浩浩蕩蕩向東方出發。

這支大軍大約有三、四萬人，其中大部分是農民，夾雜著一些急於建功立業的騎士，還有迫不及待想發財的亡命之徒。他們的首領就是隱士彼得，彼得的宣揚功力實在是太高了，農民難以抵禦彼得話中的蠱惑。還有一個綽號「窮漢沃爾特」的日耳曼騎士，效法彼得做了類似的布道，也成了這支軍隊的頭領。

由於出走得太過倉促，他們的裝備五花八門，卻沒有糧草供應，所以只得沿途搶掠。不管是雞狗鵝鴨、田野裡尚未成熟的蔬菜水果，還是剛剛出爐的麵包，只要瞧見了，就成了他們的果腹之物。再加上傷病，出征不久，就有好幾千人病死途中。沿途的保加利亞和匈牙利地區算是遭了殃，東西被劫掠一空，激起了他們反抗的怒火，這支主要由農民組成的十字軍，在途中就被消滅了一半。到拜占庭之後，對這群烏合之眾的卑劣行徑早有耳聞的阿曆克塞一世，用最快的速度把他們送上了小亞細亞前線。其戰果是為土耳其人殲滅，生還者不足三千人。隱士彼得因有事留在君士坦丁堡，因此得以逃過一劫。

一場令人毛骨悚然的鬧劇

隱士彼得，一個渾身汙穢不堪、打著赤腳、狂熱的法國僧侶，發起了一次私人的十字軍——史稱「農民十字軍」。他向信徒們宣稱：上帝會親自導引他們通向聖地的道路。信徒們大受鼓舞，把他所騎毛驢的毛拔個精光，深信這就是上帝賜給他們的信物。這次東征純粹是一場鬧劇，叫人哭笑不得，也讓人毛骨悚然。一群日耳曼人跟在一隻鵝後面，因為他們相信這隻鵝得到了上帝的啟示。

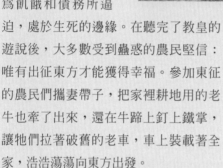

十萬大軍的遠征

第一次真正的十字軍東征開始於1096年秋天，主要由領主和騎士組成。整支軍隊分成幾批，從海陸兩路行進，在君士坦丁堡集結。

←安娜‧科穆寧娜公主和書記員
安娜‧科穆寧娜公主是拜占庭帝國著名的歷史學家，阿曆克塞一世皇帝的長女，對十字軍的所作所為留下了真實的紀錄。

土魯斯伯爵率領軍隊從法國南部出發，哥弗雷兄弟率領隊伍從洛林出發，諾曼第公爵也親自統率一支隊伍從諾曼第出發，博希芒德叔侄率領諾曼人的隊伍從義大利南部出發。各路兵馬中，騎士算是正規軍，約有三、四萬人之譜，再加上僕役隨從、隨軍商人和仍未死心的農民，總數近十萬人。在到達君士坦丁堡之前，他們就已經迫不及待、躍躍欲試了。

其實，十字軍和拜占庭帝國之間，普遍存在著相互仇視和敵對情緒。許多心高氣傲的法蘭克騎士私下發誓，要把拜占庭同盟者視同土耳其人一樣是敵人。1097年春，當這支十萬大軍抵達君士坦丁堡的時候，拜占庭皇帝阿曆克塞一世為著如何供應眾多十字軍戰士食物而傷透腦筋。同時，他也對這些十字軍戰士的能力非常不滿，他原本期望的是受過良好訓練的士兵，然而真正來到君士坦丁堡的，卻是一群紀律鬆散的烏合之眾，甚至還有牧師、婦女和兒童。就算真有全副武裝的騎士，表現出來的行為也是相當傲慢。

十字軍到了城裡以後，便開始縱欲狂歡，將阿曆克塞一世的話當耳邊風。當時的拜占庭公主安娜‧科穆寧娜是這樣記述的：「當父皇催促他們過海峽時，他們一天天拖延。」皇帝哪裡受過這種侮辱，雙方一再發生衝突。拜占庭皇帝要求十字軍宣誓效忠，並從土耳其人手中奪回失地交還拜占庭，十字軍斷然拒絕。皇帝頓時覺得自己是引狼入室，向近親祈求援助，得到的卻只是蠻人侵擾。

最後，在金錢美酒的引誘下，十字軍終於答應皇帝的要求。安娜公主是這樣記述的：「他們終於覲見父皇並宣誓，之後接受一大筆金錢，應邀到皇宮內飽享盛宴，然後渡海而去。」

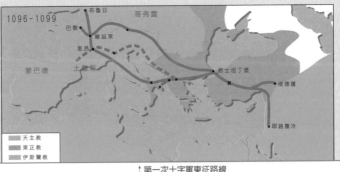

1096-1099
布魯日　哥弗雷
巴黎
維茲萊
里昂
萊巴德　土魯斯
君士坦丁堡
埃德薩
耶路撒冷

天主教
東正教
伊斯蘭教

↑第一次十字軍東征路線

狡猾的拜占庭

拜占庭皇帝阿曆克塞一世當然也不是傻子，他在打著自己的算盤。1097年初夏，尼西亞處在十字軍重重包圍之中，拜占庭皇帝也派親信率軍跟隨十字軍一起行動。在戰鬥最激烈的時候和最激烈的地方，幾乎不見拜占庭人的身影。當城垣即將攻破時，拜占庭人喬裝改扮，偷偷地混進城裡，與尼西亞守軍談判。守軍向拜占庭投降，卻拒不向十字軍投降，這是尼西亞人與拜占庭人的陰謀，尼西亞城順理成章地落入拜占庭皇帝之手。

十字軍一路凱歌，繼續南下。不久十字軍兵臨多里利昂城下，再次擊潰突厥軍，占領埃德薩，收復了小亞細亞，解除了土耳其人的威脅，拜占庭感到十分滿足。但這離十字軍的夢想還很遠，他們怎會善罷甘休，堅持要繼續南下。拜占庭皇帝同意了，只要不損及自己的利益，一切好說。當十字軍要求拜占庭兌現他所承諾的兵力、費用和給養支援的時候，拜占庭皇帝卻開始抵賴了。十字軍征討到地中海東岸後就寸步難行，遇到了前所未有的困難。

驕陽似火，光禿禿的山地和一望無際的戈壁灘都快烤焦了，騎士們口渴極了，卻找不著半點水源，有不少人就地暈倒。不僅無水可喝，就連吃的東西也嚴重不足，大量的馬匹和士兵於是活活地渴死或是餓死。最後，終於看見了城市，士兵們瘋也似地衝去，唯恐晚了一步便搶不到任何東西。為了一件件戰利品，十字軍的戰士們搶得頭破血流。

聖城變地獄

1099年1月，十字軍揮兵直指聖城耶路撒冷。這時的十字軍幾與土匪、強盜無異，他們一路燒殺搶掠，放火燒毀房

【人文歷史百科】

安條克之戰

1097年10月，十字軍到達安條克城。該城的城牆異常堅固，城內糧草儲備充足，守軍又異常的頑強，十字軍久攻不下。冬天到了，十字軍騎士們還穿著單衣，沒有吃多少東西，很多人就這麼活活凍死了。嚴寒終於過去，1098年6月，十字軍花費大批錢財買通了一名內線，裡應外合才攻下該城。他們萬萬沒有想到的是，四天後，他們陷入了前來支援的土耳其人的重重包圍。十字軍困守城中達二十五天之久，幸運的是城中糧草充足，土耳其人無奈之下只得退兵。

↓十字軍圍攻耶路撒冷，油畫
十字軍來到夢寐以求的聖地耶路撒冷後，宗教的狂熱促使他們對聖城進行了瘋狂的進攻。

屋、搶占土地、屠殺無辜、劫掠財物。十字軍所到之處，血流滿地，哀鴻遍野。宿營時騎士們紛紛拿出自己搶到的財物，比一比看誰的戰利品更多更好，這已然成爲他們行軍途中的榮耀。

士兵尚且如此，將軍的「豐穫」可想而知。斯蒂芬伯爵在寫給妻子的信中如是說：「靠上帝恩典，我正極端走運……現在我所擁有的黃金、白銀以及其他財物，比我離開你時所期望的數量還多上一倍。」

同年6月，十字軍終於到達日夜夢想的聖城。十字軍共有步兵一萬二千人，騎兵一千三百人。這樣一支軍隊與守城的一千人相比，簡直像是大象見了螞蟻。螞蟻雖小，卻非常頑強地捍衛著家園和個人尊嚴。他們堅持了近四十天，7月15日，耶路撒冷陷入十字軍之手。

落入十字軍手中的聖城不再是聖城，變成了一座死亡之城。所羅門聖殿也不再是聖殿，變成了屠宰場。一名騎士這樣描寫當時的情景：「我們進了城，對薩拉森人邊追邊殺，一直追殺到所羅門聖殿。薩拉森人集結在那裡，頑強抵抗了一整天，以致整間廟宇淌滿了他們的血。在所羅門聖殿裡，我們屠殺了將近萬人，死人的鮮血不僅淹沒腳踝，而且染上大腿。穆斯林誰都不能保住生命。」只要是穆斯林，不管是婦女還是兒童都難逃毒手。屠殺過後，耶路撒冷居民減少了近七萬人！由於死人太多，財物不好找，他們把屍體堆在一塊焚燒，在屍灰中尋找黃金，黃金已叫他們喪心病狂。耶路撒冷被洗劫一空，許多騎士卻從窮漢變成了富翁。

最初攻打耶路撒冷城受阻時，遠在羅馬的教皇烏爾班二世坐立不安。這一日，烏爾班二世正緊鎖眉頭思索，忽有一信使來報：聖城已收復。烏爾班二世高興得差點跳上屋頂，可悲的是，這個可憐的老頭突發腦溢血，不治而死。

↑哥弗雷進攻耶路撒冷，杜雷插畫
洛林公爵哥弗雷率領的十字軍是進攻耶路撒冷的主力，他們進入耶路撒冷後毀壞了所羅門神殿，並對城內居民進行滅絕人性的屠殺。

西歐封建化進程

僧侶騎士團

西元1099年，十字軍占領耶路撒冷城後沒多久，就占領了地中海東岸的全部土地。或許是因為當初就兵分四路，他們建立起了四個獨立的國家，其中最大的是含括巴勒斯坦和敘利亞南部的耶路撒冷王國。名義上，其他三個小國皆附屬於耶路撒冷王國，但實際上是完全獨立的。

按照傳統，所占領的土地都被作為領地分給騎士，土地上的人，包括一些基督徒都淪為農奴。戰爭後倖存下來的騎士不過數千人，但他們所據有的領地竟綿延達一千二百公里。由於地處地中海沿岸，地勢較為平坦，這些城邦大多易攻難守。而此時仍占據著附近大馬士革、阿拉頗、艾米沙和哈馬等地的穆斯林，對這幾個十字軍國家虎視眈眈。騎士們的血腥統治也引發農奴的不斷反抗，為爭奪私利，騎士之間內訌不斷，這些都讓教皇和統治者們深感不安，教皇決定組織僧侶騎士團來維持秩序，主要有聖殿騎士團、醫院騎士團和條頓騎士團，號稱「三大騎士團」，各自擁有強大的武裝。

→聖殿騎士（左）和醫院騎士（右）的不同裝束
醫院騎士團又叫「聖約翰騎士團」，1120年正式成立，主要由義大利騎士組成，成員身穿繪有白十字的黑色衣袍。

僧侶騎士團的騎士絕大部分是敗落貴族出身的亡命徒，他們被組織起來，受惠並聽命於教皇。教皇為他們制定了嚴格的三大戒律——安貧、守貞和順從。實際上，僧侶騎士們並不理會所謂的三大戒律，金銀錢財才是他們的終極目的。騎士團大肆搶劫所到之處，劫掠來的錢再用來放高利貸、購置土地等，生活越來越富足。當時流行一種說法，在騎士團裡，「契約帳簿比宗教書籍多得多」。

↑聖伯納德在維茲萊布道，埃米爾．希尼奧爾作品
1146年復活節時，聖伯納德在維茲萊布道，宣傳十字軍東征的意義，立即得到許多人的響應，包括法王路易七世。

僧侶騎士們不受十字軍國家當局指揮，他們為所欲為、肆無忌憚。結果，僧侶騎士團不但未能鞏固十字軍國家政權，反而加深了內部的矛盾。

→ 聖殿騎士團騎士
聖殿騎士團始創於1118年前後，成員主要來自法國，身穿繪有紅十字的長袍，在全盛時據說有兩萬多名成員。

伯納德的鼓動

第一次十字軍東征結束後，穆斯林們逐漸從沉重的打擊中恢復過來。當初屢屢戰敗的主因，是內訌以致無力對外抵抗。如今，兄弟之邦的國破家亡、自己國家的岌岌可危，讓他們重新團結起來。穆斯林們推選摩蘇爾土耳其人為首，開始組織反攻。1144年，摩蘇爾土耳其人總督伊馬德·贊吉攻下埃德薩，耶路撒冷國王緊急求救於其靠山——羅馬教皇，引發了第二次十字軍東征。

1145年夏，埃德薩陷落的消息傳入羅馬，教皇歐根三世剛剛當選。到了秋天，教皇發布了《十字軍教令》。接著派著名的布道士——克萊沃的聖伯納德為十字軍布道，並於1146年3月重申教令。聖伯納德奉教皇歐根三世之命，開始募集新的十字軍。頭頂無毛、獅鼻豹眼、說起話來唾沫四濺的聖伯納德，是個無與倫比的宗教狂，曾經寫出了一部《新騎士頌》，在書中歌頌聖戰騎士為「完人楷模」，號召騎士們毫不留情地消滅異教徒，為羅馬教廷征服土地。不僅如此，他還四處遊說，甚至說服了日耳曼國王遵從自己的觀點，由此可見聖伯納德的雄辯之才。

1146年復活節，聖伯納德在維茲萊向聚集而來的一大批朝聖者布道。在場的人約有一半宣誓加入十字軍。法王路易七世深受聖伯納德的鼓舞，決定親自率兵前往聖地，王后艾麗諾決意和丈夫一同前往。聖伯納德隨後前往日耳曼，邀請神聖羅馬帝國皇帝康拉德三世也加入這支遠征軍。

1147年夏天，路易七世和康拉德三世各自親率大軍，踏上了第二次十字軍東征的征程。在君士坦丁堡，拜占庭帝國皇帝非常冷淡地接待了到來的日耳曼人。在他看來，所謂的十字軍，不過是西方擴張的一個小把戲而已。

【人文歷史百科】

王后參加十字軍
在維茲萊舉行的布道會上，法王路易七世決定率兵出征，而其王后艾麗諾也隨夫出征。雖然教皇只允許男子參加，但宮廷裡的很多女士也決定跟隨艾麗諾王后一同前往。艾麗諾和她的侍女們穿上亞馬遜女戰士的服裝，跑到騎士們面前，表示她們也願意為基督而戰。艾麗諾來自阿奎丹，那裡是吟遊詩人們的家鄉，而亞馬遜女戰士正是吟遊詩裡經常出現的人物。

西歐封建化進程

↓阿奎丹的艾麗諾，油畫

艾麗諾是阿奎丹公國的繼承人，和路易七世結婚使法國得到
了大片土地，後因紅杏出牆而離婚，嫁給英王亨利二世。

一盤散沙

在第二次十字軍東征之前，西西里國王看到拜占庭危機四伏，覺得眼下是進攻的好機會，便聯合埃及人進攻拜占庭。拜占庭皇帝眼見自己的國家西面受西西里和埃及的攻擊，東面又受土耳其人的威脅，康拉德三世又大敗而歸，不禁徹底絕望。為了自保，他和土耳其人簽訂和約，任憑對方宰割，用大片國土換取一時的苟安，土耳其人幾乎占領了整個小亞細亞地區。

日耳曼十字軍先行出發，他們穿越匈牙利、色雷斯和君士坦丁堡後，橫渡海峽。十字軍在小亞細亞半島中部的多里利昂，與穆斯林軍相遇。十字軍跋山涉水、人疲馬乏、糧草不足，猶如強弩之末；而穆斯林以逸待勞、養精蓄銳、兵強馬壯，其勢氣貫長虹。兩軍尚未交手，勝負就已見端倪。結果可想而知，十字軍一敗塗地，康拉德三世差一點送了命，他落荒而逃，直奔君士坦丁堡。戰場上的騎士們群龍無首，頓時亂作一團，再也無心戀戰，各自逃命去了。大部分跋山涉水，返回家鄉；小部分到了君士坦丁堡，尋找他們的君主康拉德三世。

不久，路易七世帶領法國十字軍浩浩蕩蕩開拔到小亞細亞，一抵達便遭到了土耳其人的頑強阻擊。也許是因為腳跟未穩，難以組織有效的進攻，他們僅能且戰且退，尋找避難所。遠離歐洲大陸的十字軍將士，把全部的希望寄託在十字軍建立的基督教國家身上。他們走出小亞細亞之時，早已傷兵滿營，死亡過半。

1148年，康拉德三世和路易七世率領的殘部，與耶路撒冷王國的軍隊會師，合攻大馬士革，妄圖一雪前恥。殊不知大馬士革的穆斯林總督比狐狸還狡猾，他暗地派人分頭送禮給三支軍隊的統帥，然後又挑撥離間。三方原本就各自為戰，不過是戰敗之後，在萬般無奈之下才勉強結合在一起。一旦開始了攻城戰後，三方互相推讓，誰都不願使出

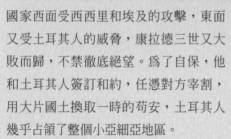

【人文歷史百科】

帝王十字軍遠征

像第一次十字軍起源於克勒芒會議一樣，第二次東征起源於維茲萊會議。法王路易七世決定出兵後，寫信給拜占庭皇帝曼努埃爾、神聖羅馬帝國皇帝康拉德三世、匈牙利國王蓋札和西西里的羅傑，提出合作計畫，發動東征。由於為各國君主所發動，這次東征被大家寄予厚望。但許多人並非出於自己本意，如康拉德三世，原來對十字軍東征很冷淡，因為正與教皇鬧矛盾，而且日耳曼境內的貴族也處於反動。面對聖伯納德的勸說，他不斷找藉口推託。然而1146年耶誕節，在施佩爾，伯納德直接對他發表了一篇布道，將他描繪成基督受難時的袖手旁觀者，康拉德在他的壓力下終於答應出兵。

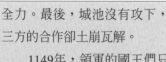

全力。最後，城池沒有攻下，三方的合作卻土崩瓦解。

1149年，領軍的國王們只得灰頭土臉地回到歐洲，承認第二次十字軍東征徹底失敗。

互相推卸責任

一敗塗地的第二次東征過後，率兵出征的國王們開始推卸責任，爲自己尋找藉口。勞而無功的騎士們兩手空空地回國，羞愧難當，便指責國王指揮無方，致使騎士們一次又一次地吃敗仗。而國王們也非傻子，怎會承擔敗戰的責任，指責起耶路撒冷王國的軍隊根本不願意出力，而教皇也未做好後繼工作，糧草供應不足。

教皇歐根三世聽到這些話，差點沒

←日耳曼十字軍的毀滅，杜雷插畫
康拉德三世率領的十字軍還未踏上耶路撒冷的土地，就被穆斯林軍隊大敗，傷亡慘重，本人也差點喪命。

氣暈過去，也開始尋找宣洩的出口。想來想去就想到了這次東征的最初組織者聖伯納德，教皇破口大罵聖伯納德蠢笨如牛，組織不力，辜負了歐洲人對他的期望，有辱使命。聖伯納德聽到這些指責後，都快氣炸了，本想回罵過去，指責教皇只知窩在後方，卻不敢走到前方戰場上去看一看。但他又轉念一想，這樣推來推去有何意思呢？內訌於事無補，於是便寫出一篇文章，詳細分析了這次東征失敗之因。最後，聖伯納德把敗因歸結到狡猾的拜占庭人頭上，怪就要怪拜占庭人勾結穆斯林！

聖伯納德的這篇文章一發表，國王、騎士、僧侶們都頓時悔悟，紛紛表示支持。他們叫嚷著要殺到拜占庭帝國去，找對方算帳。盡釋前嫌的教皇立即授命聖伯納德組織十字軍，討伐「十惡不赦」的拜占庭。但因當時各種條件不齊備，討伐未能實現。大張旗鼓的渲染，淪爲了替第二次東征失敗尋找的遮羞布。

西歐封建化進程

↑聖母子和聖伯納德，西班牙畫家牟利羅作品

036.勇敢的薩拉丁

埃及蘇丹薩拉丁自幼習武擅長騎射，且品德高尚，還有一副仁慈的熱心腸，就連英王都不得不承認薩拉丁比十字軍騎士更有風度。

穆斯林的英雄

←薩拉丁形象，十五世紀歐洲插圖畫
薩拉丁是埃及阿尤布王朝的創建者，率領阿拉伯人對十字軍的入侵進行了英勇的抵抗。

薩拉丁‧阿尤布，埃及阿尤布王朝的締造者，抗擊十字軍的英雄。在穆斯林眼中，他是大英雄。他自幼習武，勇猛過人，擅長騎射，並具有高尚的品德和仁慈的心腸，連西方人也不得不承認他比西方的騎士更有騎士風度。

1138年，薩拉丁出生於今日伊拉克北部的一個庫德人家庭，九歲時隨父母來到敘利亞的大馬士革。少年時代的薩位丁不僅善於騎射，且酷愛伊斯蘭經典，是位虔誠的遜尼派教徒。年輕時曾隨父親和叔父到處征戰，並遠征埃及，抵抗十字軍的入侵。成年後的他擔任埃及法蒂瑪王朝統治下的亞歷山卓城長官，率軍打敗了十字軍建立的耶路撒冷王國對埃及的入侵。1169年，年僅三十二歲的薩拉丁成為法蒂瑪王朝的宰相。

薩拉丁是位雄心勃勃、富有遠見的政治家。早在他首次遠征埃及時，就立下了將十字軍趕出「聖城」耶路撒冷、趕出阿拉伯領土的雄心壯志。執掌埃及大權後，他迅速鞏固自己的地位，在杜姆亞特擊敗了從海上來犯的十字軍，迫使十字軍不敢輕易進攻埃及；接著又進行了大刀闊斧的改革，很快就成為埃及無可爭辯的領袖。西元1171年，薩拉丁奪取了法蒂瑪王朝的統治權，阿尤布王朝誕生，薩拉丁成為埃及的真正統治者。

薩拉丁在建立了新王朝之後，立即把消滅在地中海東岸立足的十字軍列為目標。他決定先統一分散的伊斯蘭力

【人文歷史百科】

自由貿易協定

薩拉丁取得埃及王位後，為了發展本國的經濟，和十字軍建立的耶路撒冷王國國王該德‧律西安簽訂了《自由貿易協議》。然十字軍將士們根本不理會律西安的命令，遑論遵守什麼所謂的協議。他們私設關卡，向過往的人員徵收過境稅，遇上有錢的商旅，更光明正大地劫掠，就連虔誠的朝聖者也不放過，儼如藉宗教之名遮掩的一群強盜。

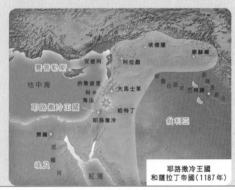

耶路撒冷王國和薩拉丁帝國（1187年）

↑西元1187年的耶路撒冷王國和埃及王國

量，再對付十字軍，於是先後出兵占領了利比亞、突尼西亞東部、葉門和蘇丹北部。1174年10月，薩拉丁進入大馬士革，統有敘利亞。1175年，薩拉丁得到了阿巴斯王朝哈里法授予的「埃及、敘利亞、馬格里布和葉門蘇丹」的稱號。1181年，薩拉丁與拜占庭帝國建立友好關係，瓦解了拜占庭與歐洲人的結盟，解除十字軍從海上進攻埃及的威脅。此後又透過各種手段，把勢力擴張到整個敘利亞、阿拉伯半島和伊拉克的一部分，原來四分五裂的小國，遂逐漸統一為強大的伊斯蘭帝國，完成了從東、西、北三面包圍十字軍的戰略部署。

仁慈的薩拉丁

【人文歷史百科】

收復聖城之後，薩拉丁的寬厚仁慈深深地打動了戰爭的參與者。儘管十字軍曾對伊斯蘭教徒犯下大屠殺的罪行，但薩拉丁並未讓他們血債血償。他首先命令手下將士必須恪守伊斯蘭教規，不得濫殺無辜。薩拉丁還給基督教徒充分的信仰自由，或走或留，絕不干涉。對於劣跡斑斑的戰俘，薩拉丁也極為寬容，只要他們繳納一定的贖金即可獲釋，最後剩下的兩千俘虜就算無力償贖，也同樣被釋放了。然而，對於犯下滔天罪行的十字軍將領，薩拉丁沒有手軟，親自審訊後論罪。而對於一向主張和平的耶路撒冷國王律西安，薩拉丁奉之為座上賓，待之以禮。許多參戰的騎士及其家屬皆深受感動，因而決心不再與穆斯林為敵。

哈特丁大戰

1186年，卡拉克城堡的十字軍首領沙提翁撕毀自由貿易協定，強徵過境稅，劫掠來往商隊，嚴重影響了埃及和敘利亞地區的貿易往來。他還在亞喀巴灣建造艦隻，企圖從海上進攻伊斯蘭聖地麥加和麥地那，襲擊朝聖隊伍，控制東西方貿易。沙提翁這一背信行為，成了薩拉丁對十字軍發動聖戰的導火線。

西元1187年，薩拉丁向穆斯林世界發出「真主偉大，把法蘭克人趕出耶路撒冷」的號召，發動聖戰。薩拉丁從各地調集六萬大軍，和十字軍在哈特丁相遇。狹路相逢勇者勝，戰鬥號角吹起，薩拉丁身先士卒，衝在最前線。將士們看見統帥衝在前面，都變得無比英勇。兩軍人數相近，勢均力敵。但薩拉丁指揮有方，使敵軍陷入重圍，一舉殲滅了十字軍的主力，除少數騎士得以逃脫外，以該德·律西安和沙提翁為首的將領全部被俘。史學家稱此次戰役是十字軍東征失敗的開端。

哈特丁戰役結束後，薩拉丁抓住戰機，乘勝追擊，迅速占領巴勒斯坦境內的要塞，徹底切斷了耶路撒冷的對外聯繫。不久，如墜甕中的耶路撒冷守軍繳械投降，被十字軍占領了八十八年之久的聖城終於又回到穆斯林手中，多年未聞的穆斯林祈禱聲又再度從清真寺傳出，在耶路撒冷城中飄蕩。

131

阿卡之戰

薩拉丁收復聖城耶路撒冷震驚了整個基督教世界，正和神聖羅馬帝國皇帝腓特烈一世鬥得死去活來的教皇烏爾班三世聞此消息，受不了打擊，心臟停止了跳動。繼任教皇的格利高里八世呼籲西歐君主們採取行動，再次收復聖地。十字軍的熱情又被激發起來。

西元1189年，神聖羅馬帝國皇帝「紅鬍子」腓特烈一世、英王「獅心王」理查一世與法王「奧古斯都」腓力二世，發動了旨在收復聖城和收拾薩拉丁的第三次十字軍東征。腓特烈一世率領日耳曼十字軍首先踏上征途，一路凱歌高奏，但不幸的是剛踏上小亞細亞的土地，就溺斃在一條小河裡。日耳曼十字軍大多數打道回府，剩餘的七千餘名騎士則繼續向敘利亞和巴勒斯坦前進。

腓力二世率領的法國十字軍於1191年初抵達蒂爾，4月與康拉德·蒙費拉所率領的那些未歸返的日耳曼殘部一起，將薩拉丁的沿海要塞阿卡包圍起來。理查一世兩個月後才趕到阿卡城外，與

←理查一世雕像
此為聳立在倫敦市內的理查一世雕像。理查一世又被稱為「獅心王」、「獅心理查」，是中世紀著名騎士，一生大部分時間在征戰中度過。

圍攻城池的法國人和日耳曼人會合。其他十字軍因為在城外耗了多時，這時已經元氣大傷，只好聽任「獅心王」的差遣。

圍攻阿卡的戰鬥進展緩慢，薩拉丁持續在附近騷擾十字軍。到了7月初，阿卡守軍挺不住了，同意投降，他們以薩拉丁的名義簽署協議，釋放兩千名基督徒俘虜，交出二十萬金幣的贖金，並派人去通報薩拉丁。

數日後，阿卡守軍將城市移交給了十字軍。奧地利公爵利奧波特作為神聖羅馬帝國皇帝亨利六世的代表，將其軍旗插在與英、法兩位國王軍旗同等的位置上，但理查一世把它扔進了壕溝。

薩拉丁支付了首筆贖金，但理查一世並沒有按規定釋放戰俘。不久，由於薩拉丁未能滿足全部條件，理查一世下令處決戰俘，包括婦女、兒童在內的兩千七百名穆斯林。

←獅心王的報復，杜雷插畫
獅心王理查一世為了報復阿拉伯人，在阿卡對俘虜進行了野蠻的屠殺。

力二世一小部分。沒有達到要求，法王對理查一世的嫉恨更深了。

冬去春來，英、法兩軍分頭渡海。法軍揮兵直取敘利亞，英軍則出兵賽普勒斯島。理查一世本想大掠一番即行離去，卻在王宮中巧遇貝蓮加公主，公主的美貌讓他無法自拔，便挾兵威向公主強行求婚。賽普勒斯王哪敢得罪他，理查一世於是如願抱得美人歸，不過已經在那裡耽擱了五個月之久。

勾心鬥角的理查和腓力

神聖羅馬帝國皇帝腓特烈一世死後，東征的重擔壓在了英王理查一世和法王腓力二世身上，但二人素來不和，導致了阿卡之戰後腓力二世的回國。

法王腓力二世富於智慧和膽魄，在位時收回了英國在法國的大片領地。理查一世也是一位雄心勃勃的人物，從小熱中於習武，博得「中世紀騎士之花」的美稱。理查一世即位後，腓力二世將之視為自己最大的威脅，聯合理查東征的目的乃是為了尋找機會將其除掉。

1190年7月，英、法兩軍分道南下，踏上了征程。理查一世抵達西西里王國。不久，法國十字軍在腓力二世率領下也到達這裡。理查一世向西西里國王勒索兩萬盎司黃金為十字軍支付軍費。見到這麼多的黃金，腓力二世分外眼紅，便要平分。然理查一世卻不答應，幾度爭執之後，理查一世才答應分給腓

↓腓力二世進軍耶路撒冷，油畫
腓力二世是法國歷史上最偉大的國王，在位時收回了大半英國的據地，為法國的統一貢獻良多，被授予「奧古斯都」的稱號。

獅心王大戰薩拉丁

英王理查一世是中世紀最著名的騎士之一，愛好戰爭是他的天性。他在位共十年，卻僅在自己的領土上住過六個月，其餘時間均在外征戰。阿卡城的野蠻屠殺，為他招來「獅心王」的惡名。法王腓力二世離去後，僅剩「獅心王」理查一世指揮十字軍征戰，和穆斯林英雄薩拉丁不可避免地發生了直接的衝突。

1191年9月，薩拉丁從幼發拉底河流域平叛歸來，騰出手來親自對付獅心王。薩拉丁不直接攻打理查一世，先圍攻基督徒控制的沿海重鎮雅法城，以吸引理查一世。理查一世果然率軍向雅法城而來，欲與薩拉丁決戰。然而薩拉丁的計畫只實現了一半，因為理查一世對薩拉丁派去騷擾的小批騎射隊採用新戰法，不讓騎兵主動出擊，而命步兵方陣嚴密防守，用長弓手對敵方派出的騷擾騎兵進行遠射回擊。薩拉丁的計畫落空，派去偷襲十字軍的騎兵非但未能擾敵成功，反造成不小的損失。於是他果斷地放棄了騷擾戰術，率領部隊直接迎擊理查一世。

9月14日，雙方主力在阿爾蘇夫展開決戰，戰況非常激烈，無數阿拉伯騎兵在英格蘭長弓射出如驟雨般的箭矢中

↑獅心王的遠征，油畫
理查一世是第三次十字軍東征的統帥，因傲慢而得罪了奧地利公爵利奧波特，回國時被其捉獲，關押了一年。

倒下。薩拉丁率著騎兵繞到十字軍陣中較薄弱的後方，企圖衝散十字軍，但每次都被擋回，十字軍的陣形在理查一世的控制下保持如一，薩拉丁的部隊損失卻極為慘重，不得不下令全面撤退。理查一世順利地進軍雅法。

阿爾蘇夫之戰的勝利，讓理查一世聲名大噪。1192年夏季，薩拉丁趁理查

↑理查一世和薩拉丁在雅法戰役中，杜雷插畫

一世不在，輕取雅法城。8月，理查一世的大軍兵臨雅法城下，雙方使出渾身解數在雅法城再次展開決戰，最後仍以薩拉丁的失敗告終。

十字軍締約退兵

獅心王理查一世在雅法城大勝，讓十字軍士氣大振，揮兵直取聖城耶路撒冷。此時守城的將領不是別人，正是薩拉丁。兩個來自不同世界的傑出君主，在聖城下再次決戰。

雖然獅心王理查兩次打敗薩拉丁，然這次他的優勢並不明顯。1192年雅法會戰以後，理查一世試圖進攻耶路撒冷卻失敗了。理查一世淺嘗輒止，未做進一步的努力——因為這時有消息從英國傳來：法王腓力二世已與留在英國的理查一世之弟約翰勾結，密謀篡位。理查一世與薩拉丁的戰事遂停頓下來，雙方書信往來，謀求妥協。直到同年9月2日，雙方才決定停戰，締結了一個為期三年的停戰條約：耶路撒冷仍歸穆斯林管理；西歐人保留從蒂爾到雅法的海岸走廊地帶，基督徒和穆斯林彼此可自由地到耶路撒冷和麥加去朝聖；穆斯林將基督教會所有的宗教遺物（包括十字架在內），加以歸還。

這就是史上聲勢浩大、傳奇迭出的第三次十字軍東征的結局：彼此各讓一步，相安無事。基督徒總算保住了東方

↑ 薩拉丁大帝
薩拉丁因抵禦十字軍有功，被認為是伊斯蘭世界的救世主。

囚禁獅心王

獅心王理查一世和薩拉丁簽訂和約後，國內的形勢已使他等不及帶領軍隊一起回國，於是便帶著幾個隨從，乘船祕密返回歐洲，而船在靠近義大利的地方擱淺了，只好提前登陸。沒有軍隊的獅心王此時等同一隻拔了牙的獅子，只能隱藏身分，繞道日耳曼。就在路過奧地利公爵利奧波特的地盤時不慎暴露行跡，讓利奧波特捉住了，把他交到神聖羅馬帝國皇帝亨利六世手裡。法王腓力二世聽到此消息喜出望外，馬上寫信給亨利六世，連捧帶哄，鼓吹亨利六世快將理查一世除掉。然而亨利六世另有打算，他深知奇貨可居，便把獅心王牢握在手裡，一關便是一年，最後向英國索取了十五萬金馬克的巨額贖金。1194年3月，歷盡磨難的獅心王理查一世終於回到了英國。

的「耶路撒冷王國」（雖無包括耶路撒冷）和雅法、阿卡等重要貿易港口，而真十字架得以收回。穆斯林雖未將基督教徒完全趕走，但卻趕走了第三次東征的十字軍，奪回了聖地。

西歐君主組織的第四次十字軍東征並非針對異教徒，而是進攻具有同樣基督教信仰的拜占庭，成為歐洲宗教史上難以磨滅的傷痛印記。

狡猾的威尼斯人

←當多羅在威尼斯號召人們參加十字軍東征，杜雷插畫
當多羅是當時的威尼斯總督，號召人們為威尼斯的利益參加東征。

1198年，新教皇英諾森三世即位，他是一個狂熱的教權主義者，夢想讓基督教成為唯一信仰。新官上任三把火，英諾森三世喚出「打敗埃及，收復聖地」的口號，詔令西歐各國組織新的十字軍東征，並且還給拜占庭皇帝下了一道命令，要求為東征提供人力和物力支援。更重要的是，英諾森三世要求東方教會併入羅馬教會，實現教會合一。拜占庭皇帝對教皇的居心心知肚明，斷然拒絕其要求。英諾森三世惱羞成怒，決定把拜占庭一起除滅，徹底實現教會的統合。

法、義、日耳曼等地的貴族騎士一直在等待報復的時機。機會終於降臨，十字軍集結完備後，他們從海路出發，準備直接在亞歷山卓港登陸，以迅雷不及掩耳之勢直搗埃及。但是又沒有那麼多的船隻，十字軍的統帥們馬上想到了義大利的「水上城市」威尼斯，讓他們協助提供艦船。

1202年夏天，十字軍按原計畫在威尼斯上船。船隊離開大陸不久，就在威尼斯灣附近的一個小島上靠岸，騎士們剛一上岸，船隊便駛離海岸，威尼斯人提出了預付船費的要求。十字軍騎士們哪能一下子拿出那麼多的錢付船費！威尼斯船隊返航了。當時正值炎炎夏日，烈日把騎士們的皮膚都曬乾了，他們飢渴難耐，越來越多人暈倒。此時，狡猾的威尼斯人又出現了，提出一項要求，只要十字軍答應改變航道，取道富庶的拜占庭，他們便答應讓十字軍緩交船費。這與十字軍的打算不謀而合，十字軍痛快地答應了威尼斯人的要求，取道拜占庭。掛滿帆的船猶如離弦之箭，駛向最近的拜占庭商業城市薩拉。11月，薩拉城淪陷，城內居民所遭受的苦難讓人不敢目視，不忍耳聞。

↑十字軍乘坐威尼斯船隊向東進發，油畫
威尼斯人以善航海聞名於世，准予十字軍乘坐其船隊東征的目的，主要是在打擊昔日的貿易競爭對手——拜占庭商人。

↑十字軍進入君士坦丁堡，1840年德拉克洛瓦作品
君士坦丁堡淪陷後，十字軍在城內濫殺手無寸鐵的居民，姦淫婦女，搶劫財物，留下第四次十字軍東征在歷史上的惡名。

君士坦丁堡失陷

1203年6月，滿載十字軍的船隊突現君士坦丁堡城下。此時的拜占庭帝國因連年戰亂，政局動盪，早已失去了往日的富庶與繁華，整座城市破敗不堪，軍隊毫無鬥志，根本不是十字軍騎士們的對手，然而，拜占庭人憑藉自己的頑強意志硬是支撐了九個多月。1204年4月13日，君士坦丁堡失陷，四十萬居民慘遭蹂躪。

破城之前，十字軍統帥為早日攻下該城，下令只要攻破城池，騎士們即可在城中任意劫掠七日，隨軍的主教還預先赦免了騎士們在此所犯的一切罪行。城破之後，十字軍戰士們肆無忌憚，燒殺擄掠。據記載：「他們把奉祀上帝的處女，用以滿足貪色青年的淫欲。他們不但掠奪皇室財富、毀壞貴族和平民的財物，甚至殘暴地劫走教會的祭祀用具，把祭壇上銀製飾品打得粉碎，並打劫聖所，搶走十字架和聖者的遺物。」

為了毀滅罪證，十字軍還放了一把大火，大火燒了整整三天三夜，收藏著無數珍貴古籍的圖書館燒為烏有，無數的商鋪在頃刻間化為灰燼。騎士們在城裡尋歡作樂、爛醉如泥，姦淫婦女、殺戮無辜無惡不作；並對這座古城進行瘋狂的搜索，任何金銀珠寶、絲綢皮貨、貴重器皿，只要讓這群惡徒們瞧見，就會納入自己懷中。

十字軍甚至把索菲亞大教堂鑲滿寶石的祭臺，砸成碎塊加以瓜分。他們把馬牽進了聖殿，將搶到手的金銀裝上馬匹。神職人員也不甘落後，他們脫掉法衣當作包巾，把金銀財寶裝進去。所有值錢的東西全運到西歐，任憑名城君士坦丁堡被拋棄在一片火海之中，成為人間地獄。

隨著君士坦丁堡的陷落，大部分拜占庭領土皆遭侵占，十字軍以君士坦丁堡為首都，建立起拉丁帝國。

【人文歷史百科】

威尼斯商人的陰謀

當時的威尼斯與埃及商業來往頻繁，每年向埃及輸出大量的木材、鐵和武器，然後再從埃及輸入奴隸，從中獲得豐厚的利潤。故此，威尼斯商人不想看到自己的商業夥伴埃及遭受打擊。而拜占庭是威尼斯的商業勁敵，因為拜占庭帝國橫亙在地中海的咽喉要道上，地中海東部的貿易幾乎為他們所霸占，嚴重損害了威尼斯的商業利益。以上兩方面的原因，促成了威尼斯決心將這把戰火引向拜占庭。

西歐封建化進程

039.十字軍東征的終結

隨著十字軍的潰敗和無功而返，十字軍的騎士神話徹底破滅，教皇權威地位也受到動搖，人們開始挑戰教皇的權威，作為西歐封建制度中心的羅馬教廷也逐漸衰落。

十字軍神話的破滅

←羅馬教皇格利高里九世對教令表示滿意，壁畫

第四次十字軍東征結束後，教皇英諾森三世意圖煽動組織第五次十字軍東征。為了募捐到足夠的軍費，他宣布聖主不僅會為出征者赦罪，也會為出資者赦罪。1217年，第五次十字軍東征開始。

但是，此前參加過東征的人都不再聽從教皇之言，僅有匈牙利國王安德魯二世、日耳曼和奧地利的公爵們以及荷蘭的伯爵還對東征心存幻想，這次他們將矛頭指向了埃及。安德魯二世走到巴勒斯坦便預感此行將會凶多吉少，因此決意回國。其餘十字軍陷入迷途並不知返，他們到達埃及之後，包圍住尼羅河口的達米埃塔。經過長期的圍困，西元1219年，他們才勉強攻下此城。然而好景不長，1221年進軍曼蘇拉時連遭敗績，失敗讓十字軍內訌紛起。士氣低落的十字軍，註定不會有什麼好結果，這次東征最後只得草草收場。

第五次十字軍東征失敗後，羅

馬教廷避去敗戰之責，把這次失敗歸罪於神聖羅馬帝國皇帝腓特烈二世。因為腓特烈二世初始本答應出兵，後來卻違約，惹怒了教皇。教皇遂開除了腓特烈二世的教籍，但他對此並不在乎，一心只有向東方擴張的野心，只是當時未做好充分準備才阻止出兵，想不到教皇竟要將東征失敗的罪名往自己的頭上扣。

為了能在與教皇的爭執中占得上風，腓特烈二世組織了第六次東征，他的影響力顯然比教皇要大得多，英、法、義、日耳曼等地都有騎士參加，進攻方向也有了改變，首站進攻較為弱小的敘利亞。教皇格利高里九世不甘示弱，當即宣布此次十字軍並非聖戰，腓特烈二世不過是想乘機竊取聖城的主宰權。腓特烈二世對教皇的挑釁充耳不聞，於1228年動身向東方進發，但最後以失敗告終。

←十字軍進攻達米埃塔
第五次十字軍東征進攻的對象是埃及，最大的收穫是攻占了達米埃塔，但最後亦告失敗。

138

教皇權威的動搖

第六次十字軍東征失敗後，教皇英諾森四世又召開了里昂宗教會議，號召組織新十字軍，討伐奪取聖城的埃及人。當時的法王路易九世是個野心勃勃的傢伙，想攻占北非，爲法國的貿易開闢基地，進一步鞏固法國在地中海地區的利益。因此他響應了教皇的號召，命令法國的騎士們參加戰爭。

西元1248年，法王路易九世親自掛帥，率領歐洲史上第七支十字軍踏上了征程。翌年突襲達米埃塔得手，旋即向南包圍曼蘇拉。得到消息後，埃及蘇丹調集大軍前往增援，法國騎士陷入埃及軍的重重包圍之中，路易九世遭到俘虜。爲了保全自身性命，路易九世表示願意放棄達米埃塔並交付巨額贖金。

獲釋回來的路易九世又氣又惱，心有不甘，決心報復。1270年，路易九世又組織了第八次十字軍東征。這時的歐洲人已對東征徹底失去了信心和興趣，因此路易九世不得不自掏腰包，組織了一支傭軍。已經五十六歲的路易九世身衰體弱，連戰馬都跨不上去了，但爲了出那口怨氣，仍然堅持親自掛帥。

路易九世改變了作戰路線，首攻突尼西亞，祈求能爲自己帶來好運。當時時值盛夏，瘟疫流行。遠途行軍、人困

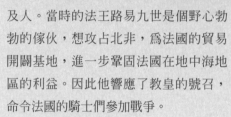

→路易九世橫渡地中海
法王路易九世是一個虔誠的基督徒，獲得「聖路易」的稱號。他領導了兩次十字軍東征，結果第一次被俘，第二次斃命。

馬乏的法軍難逃瘟疫之劫，路易染病後不久便客死他鄉，他的殘部只能兩手空空地回國。

自此以後，就算教皇爲東征費盡口舌，也不再有人聽了。由於得不到後方的支援，十字軍前幾次出征所占有的領地相繼失守，奉送給了埃及軍。1291年，十字軍的最後一個據點阿卡爲埃及軍隊攻占。至此，十字軍占領的穆斯林土地悉數被收回。

直到今天，儘管十字軍東征之浩蕩名留史冊，但實際上基督教徒在這長達兩百年的連串戰役中，並未能獲得眞正的勝利。

第六次十字軍東征的失敗

【人文歷史百科】

腓特烈二世是一個狡猾的傢伙，他利用埃及蘇丹與大馬士革總督之間的矛盾，與埃及蘇丹舉行了會談，會談進行得頗為融洽。最後，腓特烈二世答應助埃及蘇丹鎮壓其對敵，並互通貿易；爲了回報這般盛情，埃及蘇丹答應將耶路撒冷及一些巴勒斯坦城市交予腓特烈二世管理。就在此時，從國內傳來教皇出兵義大利南部的消息。腓特烈二世立即帶兵回歐洲，很快就把教皇的軍隊驅趕出自己的領地。但駐守在巴勒斯坦的十字軍卻在腓特烈二世走後，勾結大馬士革總督反抗埃及蘇丹。1244年，埃及蘇丹再次出兵攻占聖城耶路撒冷。第六次東征遂以失敗而告終。

西歐封建化進程

139

040.神權下的歐洲

基督教在羅馬帝國時期曾受到壓制，耶穌被釘死在十字架上。到了中世紀，基督教的勢力越來越大，教皇的權力甚至在皇帝和國王之上。

歐洲的基督教化

經法蘭克王國和拜占庭帝國長達幾世紀的努力，整個歐洲最後完成了基督教化。

西元496年，法蘭克國王克洛維率三千士兵來到蘭斯大教堂，在那裡接受了基督教的洗禮，成為征服羅馬帝國的蠻族人中最早的正統基督教徒。

法蘭克統治階層正式受洗後，羅馬基督教會即開始借助其王室的影響力，在中歐和西歐推行基督教。法蘭克統治階層也致力於提高教會的地位，國王將大片土地賜給教會，並號召他的子民信仰基督教，不僅促進了基督教在歐洲的發展，也加快了教會的封建化進展。

西元511年，法蘭克王國創立者克洛維主持召開宗教會議，通過了一系列宗教法規。法規中不僅賦予教會免稅特權，並規定行政官吏不得打擾教會的生活，且不能到教堂抓人；同時還有一項特別規定：凡是法蘭克境內的居民，必須到附近的教堂作彌撒。這次會議把教會的地位推向了新的巔峰。克洛維晚年定居巴黎時，還曾營造一座供奉使徒的教堂。

六世紀中葉以後，隨著信徒的增加，教會的權力日漸增大，深入到國家各個管理層面。在法蘭克，主教可以參與制定國家法律，有權更改法官的判決，甚至處分失職的官吏。各級政府也都有神職人員任重要官職，若神職人員觸犯法律，則只能由主教按照教會法規審理，法官無權審理。

基督教在法蘭克王國的發展蒸蒸日上。至查理曼帝國解體後，西法蘭克和義大利大抵上已基督教化，東法蘭克仍不遺餘力地向中歐地區傳播基督教。隨著日耳曼神聖羅馬帝國的擴張，匈牙利人、斯拉夫人和丹麥人也接觸到了基督教。大批信仰基督教的日耳曼人北移和東移，更加速了基督教的傳播。約十到十一世紀，中歐和北歐也實現了基督教化。

東歐和巴爾幹地區的基督教化，是由拜占庭帝國希臘正教（即東正教）教會完成的。以君士坦丁堡大教長（也稱牧首）為中心，基督教向周圍輻射，賽普勒斯等愛琴海島嶼上很快有了基督教信徒。隨著拜占庭向北方擴張，基督教

↑ 君士坦丁的洗禮，梵蒂岡教皇宮壁畫，拉斐爾作品
君士坦丁大帝是羅馬帝國第一位保護基督教的皇帝，使基督教得以在歐洲廣泛傳播，因此基督教徒將其視為聖人。

傳到了巴爾幹和東歐各地。保加利亞和基輔羅斯在九到十世紀先後接受了東正教，東歐的基督教化也逐步實現了。

教會大分裂

由於社會環境的不同，自四世紀以降，東歐與西歐的基督教在宗教語言、教義、儀式等方面，呈現出了鮮明的分歧。

東部教會受到希臘文化的影響較大，而西部教會受拉丁文化影響較深。因此，東方教會希臘化、西方教會拉丁化的趨勢異常明顯。經過不斷的發展，東方教會神學理論傾向於神祕主義化；西方教會則出現了倫理化、法律化和講求實際的特點。

東西方教會的分歧，究底體現在教義上。基督教其中一項重要信條是聖父、聖子、聖靈「三位一體」。東方教會向來強調耶穌基督具人性的傳統，如四世紀初東方教會亞歷山卓主教阿利烏斯，即認為耶穌基督乃是人而非神，其品級低於上帝，這是對「三位一體」的否定；西方教會則認為「聖靈出自聖父和聖子」，堅持「三位一體」的信條。這番爭論長期存在，雙方互指對方為「異端」。

在舉行聖餐儀式方面，東西方教會也存在分歧。東方教會認為用發酵餅顯得神聖，而西方教會則認為必須用未經發酵的餅。

東西方教會在宗教教義和儀式上的分歧，預示著兩邊遲早都要分道揚鑣。

八、九世紀拜占庭帝國發生聖像破壞運動，因羅馬教皇插手此事，干涉東方教會聖像崇拜和反崇拜的抗爭，導致了君士坦丁堡大教長弗提烏斯與教皇尼古拉一世之間的矛盾，加速了東西方教會的分裂。

十一世紀時，拜占庭的領土大為縮小。東方教會為了保住在義大利南部殘存的領地，要求當地教會執行希臘正教的禮儀，以免羅馬教會染指，羅馬教廷於是慫恿諾曼人進攻南義大利。誰知竟引狼入室，羅馬教廷也頻頻遭受諾曼人的襲擊。羅馬教皇利奧九世只好與拜占庭皇帝君士坦丁九世修好，共同對付諾曼人。

君士坦丁九世與利奧九世簽訂了一項密約，承諾在適當時候，把部分教區轉交給羅馬管轄。此一密約導致了君士坦丁堡大主教與羅馬教皇於1054年的決裂，從此東西方教會正式分家。東方教會自稱為「正教」，也稱東正教、希臘正教；西方教會則自稱為「公教」、「天主教」，也稱羅馬公教。

基督教籠罩下的歐洲

141

教會勢力的發展

早期基督教曾受到羅馬統治者長達數百年的迫害，經過三個世紀的抗爭之後，在教會影響日益上升和帝國內部矛盾日益加劇的情況下，西羅馬皇帝君士坦丁一世和東羅馬皇帝李錫尼於西元313年共同發布《米蘭敕令》，承認基督教與其他宗教同享自由，不受歧視。西元392年，狄奧多西一世以帝國名義宣布基督教為國教，由此之後，基督教在西方世界從非法變為合法，又從合法變為獨尊。

羅馬帝國分裂之後，基督教形成了東、西兩大教派，即東羅馬的東正教和西羅馬的天主教。而在中世紀起發揮領導作用的是天主教，習慣上仍稱之為基督教。在經歷了蠻族大遷移後，日耳曼人的入侵並未摧毀它，然基督教不得不尋找新的依附力量，最後選定了法蘭克王國。此時的法蘭克王國正需要一套倫

理體系藉以鞏固政權，於是雙方開始融合。但當時的教士均由國王任命，並聽命於國王。

到了加洛林王朝時期，法蘭克王國需要借助教會的力量實現統一，教會成了國王發動戰爭的工具，但它也同時獲得了壯大己身力量的機會。如國王賞賜給教會大量土地及財物，使教會積聚了強大的經濟實力。

十一至十三世紀是教會的鼎盛時期。在文化上，教會確立了神權高於世俗王權的理論；在政治上，教會擁護階級制度，認為僧侶是人的眼睛，貴族是人的手臂，民眾是人的下身，此乃有機的整體，不能錯位，從而確立了教會高高在上的地位；教會還維持封建制度，確立封建法律，設立法庭──宗教裁判所，行使獨立於王權之外的權力；在經濟上，一個修道院可擁有幾千處莊園，教會還擁有向教徒徵稅的權力，得以聚集大量財富。因此，教會成了中世紀文化、政治、制度、經濟的整體代表。

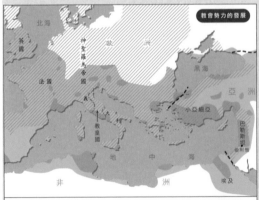

↑ 中世紀基督教會勢力在歐洲的發展

格利高里七世主張神權高於王權，教皇高於皇帝，引發了羅馬教皇和神聖羅馬皇帝之間長期的對抗。

→尼古拉一世肖像

什一稅

什一稅是歐洲基督教會向信徒徵收的一種宗教捐稅。六世紀時，教會利用《聖經》中「農牧產品十分之一屬於上帝」的說法，成為鼓吹徵收什一稅的濫觴。西元779年，法蘭克王國查理大帝明確規定：繳納什一稅是每位法蘭克王國臣民的義務。什一稅分為大什一稅（糧食）、小什一稅（水果、蔬菜）和血什一稅（牲畜）等，主要由農民負擔。不堪重負的農民強烈要求廢除什一稅，然而西歐各國直到十八、九世紀才先後廢除，英國則一直徵收到1936年。

神權與王權

自十一世紀中期開始，隨著羅馬教皇權威的加強與教、俗權之爭的展開，傳統的基督教神權政治文化發生了裂變，羅馬教廷提出了「新神權主義」的政治學說。從「靈魂」統治權高於「肉體」統治權的原則出發，羅馬教廷否定了王權直接由上帝授予的傳統政治理念，鼓吹王權是由教皇所授。1073年當選為教皇的格利高里七世就聲稱：「上帝的恩惠締造了主教權，教皇乃是皇帝的主人。」

1075年，格利高里七世發表了《教皇敕令》，宣稱「教皇有權廢黜皇帝」、「一切君主應當親吻教皇的腳」。十二世紀的神學家則提出了所謂的「雙劍說」：上帝把統治塵世的兩把劍賜予教皇，教皇保留了神權的「靈魂之劍」，將俗權的「物質之劍」授予了皇帝。當皇帝濫施權力時，教皇就能夠廢黜他。

1198年當選為教皇的英諾森三世，稱自己是「基督的代表」乃至「上帝本身的代表」，宣稱教皇可以代表上帝行使一切權力，有權廢黜世俗君主，是「萬王之王，萬主之主」。他在位期間，教廷的權勢達到了歷史上的頂峰。

針對羅馬教廷「新神權主義」之說，一些依附於王權的「國王派」教士極力批駁，並對「王權高於教權並有權統治教會」進行論證，提出了新的「神命君權至上論」。十二世紀初，英國教士編撰的《約克文集》宣稱：國王接受了世界上最隆重的加冕禮，是「神授之王」，是上帝在塵世的映像，值得所有臣民視為大主教和最高主宰來崇拜。

在中世紀，羅馬教廷和世俗君主進行了長期對抗，讓神權與王權之爭變得難解難分。

→神聖羅馬皇帝亨利四世，中世紀插圖版畫
亨利四世為了和教皇格利高里七世爭奪權力，發生激烈的衝突。

041.基督教會

中世紀時期，基督教的教義得到了充分的貫徹，建立起一套完整的宗教體系，形成了規範的行為準則。

教階制度

1054年東西方教會正式分裂後，羅馬公教與東正教沿著各自的軌道順勢發展，逐步形成了完善的體系。

羅馬公教（羅馬天主教）教會的組織形式嚴格集中，重視教階制，分為神職教階和治權教階。神職教階主要包括主教、神父和助祭（執事）三個品位；治權教階包括教皇、宗主教、牧首主教、省區大主教、都主教、大主教、教區主教等，其中教皇權威最高，神聖不可侵犯，由樞機主教構成的樞機團選舉產生。樞機主教又稱「紅衣主教」，是羅馬教廷中最高階的主教，由教皇任命，分別掌教廷各部門和一些重要教區的領導權。除教皇之外，公會議亦具有至高權威。公會議由教皇主持召開，與會代表為各地區的主教。

東正教也形成了完整的教階制，包括大教長（也稱牧首或宗主教）、都主教、大主教、主教、大司祭（也稱大司鐸）、司祭（也稱司鐸）、輔祭（也稱助祭、執事）等。其中都主教是重要城市的主教；大主教主管一個大教區；主

教是教區的主管人；大司祭是司祭神職的高級職稱，可代主教行大型彌撒和管理教務；司祭是神父的正式品位之一，主持傳教工作；輔祭主要輔佐司祭工作。

東正教教會組織與羅馬公教的教會組織有些區別。第一，雖然各教會認為君士坦丁堡大教長處於全教會的首席地位，但各國教會在法規和行政方面有獨立自主權，可自選大主教。第二，東正教在很大程度上依附於世俗政權，大主教的任免、主教會議的召開、對教義的解釋，均由皇帝控制掌握，君主被奉為教會首領，意即政教合一，世俗生活與宗教生活混為一體。

聖奧古斯丁與教義

基督教經過數百年的發展，到中世紀進入了成熟期，羅馬天主教的教義和禮儀與以前相比有了顯著的變化。如基督教在發展初期，雖然受希臘、羅馬哲學的影響，但其教義和信仰基本是建立在神話傳說基礎上的，缺乏系統的理

論。而羅馬帝國後期興起的教父學，使《聖經》內容得到了詳盡的詮釋，教義和信仰變得更加系統化和理論化。四、五世紀時，教父學出現了神學思想家奧古斯丁，他為中世紀「教權至上」提供了理論依據，其學說對後來基督教各派的神學和哲學都產生了巨大影響。

　　基督教有一項基本信仰：三位一體的上帝是創造並治理天地萬物的主。但誰也說不清「三位」究竟是何種關係，又是如何成為「一體」。教父學家和神學家各執一詞，爭論不休。奧古斯丁雖然專門寫下了《三位一體論》，但到最後也沒能說清楚「三位一體」的確切函義。對於基督教這一信條的不同理解，

↑奧古斯丁肖像，蛋彩畫
奧古斯丁是中世紀最偉大的神學家，他的觀點在當時基督教會中居於最高權威地位，進而受教會封聖。

成為了各派別分歧的根源。

　　奧古斯丁認為，人類的能力十分有限，靠自身的力量是無法得到救贖的，因此需要一個連繫人與神的中間人。這個人既具有人性又具有神性，能傳達神的旨意也能反饋人的訊息，此人即是耶穌。耶穌為了拯救人類，把生命獻給了天父上帝，這一舉動不僅償清了人類的罪惡，還積累了無量功德。於是，教會創造了一個「善功聖庫」，把耶穌積累的功德儲存在這個聖庫裡，逐步抵償死人和活人所犯下的罪責，使其得到赦免。顯然，教會「竊取」了耶穌的赦罪功能，使耶穌赦罪轉化成了以教皇為首等神職人員的赦罪。

↑三位一體和六聖人，義大利那不勒斯聖方濟各教堂壁畫，1521年作品

基督教籠罩下的歐洲

145

基督教的禮儀

基督教早期的聖禮十分簡單，僅有洗禮和聖餐禮兩種，是信徒與上帝相互溝通的禮儀。到了十三世紀以後，基督教聖禮發展成了七種：洗禮、聖餐禮、堅信禮、告解禮、婚配禮、終敷禮和授聖職禮。這些禮儀制度加強了教會對教徒的控制，鞏固了教俗封建領主的統治。

「洗禮」被視爲是耶穌創立的聖事，經過洗禮可免除人的「原罪」和「本罪」，接受洗禮是成爲基督教徒的必要步驟。洗禮儀式分爲注水禮和浸禮，意義相同。注水禮主要是針對嬰兒及年老體弱的對象，主禮者在受洗者額上灑幾滴水，然後誦經施洗；浸禮主要是針對成年人，主禮者引領受洗者全身浸入水中，禮成出水。

「聖餐禮」也稱聖體禮，是基督教的主要儀式之一。耶穌在最後的晚餐中拿起麵餅和葡萄酒說：「這是我的身體、我的血液，是爲眾人免罪而捨棄和流出的。」由於猶大的叛變，耶穌讓眾人以吃麵餅和喝葡萄酒的方式來紀念他。中世紀的聖餐禮由神職人員主持，他們把麵餅和葡萄酒放在聖壇上，經主禮者誦經和祝禱後，麵餅和葡

【人文歷史百科】

本篤教派

義大利人本篤創立的教派。本篤出身於貴族家庭，二十歲時避居羅馬北方的一處山洞裡隱居修行。三年後爲牧羊人發現，名聲大噪，被一所修道院請去做主持。後來他帶領信徒到卡西諾山另創一所修道院。本篤爲修道院制定一套完整的管理規程，即本篤修道制度。該制度不強調苦行，而強調勞動。本篤認爲懶惰是罪惡之母，體力勞動可以消除罪惡，拯救靈魂。在本篤修道制度下，僧侶每天要勞動八至十個小時，在農忙時節勞動時間相應延長，其餘時間則是誦經、祈禱、作彌撒。

萄酒就如同耶穌的肉體和血液，具有了爲眾人免罪的功能。然羅馬公教規定，信徒只能領到餅，唯有神職人員才可同時領到餅和葡萄酒。

「堅信禮」也稱堅振禮，是主教對信徒實行的按手禮，但只有入教一定時間後的信徒才有資格接受。行禮時，主教將手按在受禮者的頭上，然後誦經祝禱，使聖靈降臨受禮者身上，以堅定其信仰。

「告解禮」也稱悔罪禮，一般是信徒向神職人員私下告解和懺悔，主禮者爲其保密並指明補償罪過的方式。

「婚配禮」是教堂內神父主持的結婚禮儀。主禮者先詢問男女雙方是否願意與對方結爲夫妻，在得到肯定回答後，主禮者誦經祝

↑聖餐儀式油畫，范·瓦森霍夫作品，義大利烏比諾國立馬爾凱州立美術館藏

禱，並宣布這對夫妻是「上帝所配與的，不能分開」。

「終敷禮」在信徒臨終前舉行。主教用祝聖過的橄欖油敷擦其耳、鼻、口、目、手足，並誦經祝禱，使其靈魂升入天堂。

「授聖職禮」也稱授神職禮，由上級神職人員或世俗官員主持，按照規定將某種聖職授予領受者。中世紀時期，教皇與神聖羅馬帝國皇帝就為取得授職權而爭鬥不休。

隱修制度

西元三、四世紀時，基督教興起了一種隱修制度，即基督教徒遠離世俗社會，隱居深山林間進行苦身修行。其實，最初的隱修士多是迫不得已，主要乃為躲避羅馬帝國的迫害而離群索居。也有部分教徒是為了淨化靈魂而遠離塵世喧囂，因為在基督教裡，禁欲苦行是贖罪的具體表現。

隱修活動最初只是個人行為，後來發展成了有組織的行動。西元270年，聖安東尼隻身隱居荒野，歷時三十餘年，他的苦行精神成為基督教徒仿效的對象，隱修活動於焉發展成了群體性的行動。

大批的隱修士聚集在廟宇或廢棄的堡壘裡生活，這些地方成了早期隱修院（即修道院）的雛形，直到後來累積了財產才修建專門的隱修院。約在西元315至320年，埃及基督教徒派克米亞斯創辦了第一所隱修院。此後，大大小小的隱修院在北非和西亞如雨後春筍般湧現。規模小的隱修院可聚集上百人，規模大的隱修院可聚集上千人，他們共同祈禱、共同勞動，希望透過高度的勞動來洗刷靈魂的罪惡。

埃及建立了最早的修道院，誕生了最早的隱修制度。隱修制度從埃及傳到巴勒斯坦和敘利亞，然後又從那裡傳到小亞細亞和巴爾幹地區。這一條傳播路線基本上屬於東方教會系統。由於東西方文化的不同，東方教會的隱修制度注重神祕主義和玄虛思考，而西方教會的隱修制度則注重實際勤苦和清靜誠心。六世紀本篤派隱修制度在義大利的形成，標誌著西方教會創制了適合自己的修道制度。

基督教籠罩下的歐洲

147

以上帝之名保衛和平

十一世紀初，每位法國騎士都要做這樣的宣言：「我保證不進攻教堂，不搶劫教會的財物，我保證不襲擊未帶武器的教士、修士及其同伴。」

教會何以讓威風凜凜的騎士如此敬畏？讓中世紀的騎士發出這樣的宣言，無異於讓以戰鬥為生的他們卸去武裝。但自法國教會發起「上帝的和平」運動後，這不可思議的宣言逐漸為騎士所接受。

十世紀時，法國王權衰落，各封建領主勢力強大，出現了堪與中央分庭抗禮的阿奎丹公爵、勃艮第公爵、諾曼第公爵、佛蘭德爾伯爵等。他們各有自己的行政系統和軍隊，有鑄造錢幣的權力，同時還對領地內過往的商人進行勒索敲詐，導致社會秩序一片混亂。

與此同時，外族的入侵使西歐生產停滯，文化凋零。由於中央政府無法有效的抵抗，各地領主紛紛修築城堡，對入侵者進行阻擊。領主們大肆擴張勢力，致使內戰不斷升級，社會更加動盪不安。

對社會正常秩序構成極大危害的，還有騎士。他們以戰鬥為生，任何富裕的商人和場所都會成為打劫的對象與目標。當外族入侵休止後，當時最富裕的教會成為其首選目標。社會秩序在他們粗暴踐踏下蕩然無存，無數的教士、農民成了他們刀下的冤魂。

九、十世紀的西歐世俗政權無法維護社會秩序，因此法國基督教會發起了「上帝的和平」運動，承擔起維護和平的責任。教會一方面想透過這個活動保護教會的財產和教士的安全，另一方面也想擺脫世俗政權對教會的控制和干預，還有就是要馴服勇猛的騎士，使其成為基督教信仰的捍衛者和鎮壓「異端」的武力。

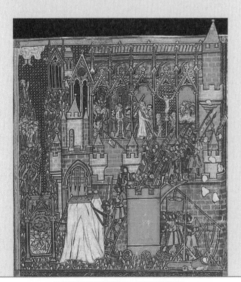

↑好戰騎士攻打城堡，中世紀插圖畫

西元931年，羅馬教皇約翰
十一世宣布，其他修道院
院長由克呂尼修道院院長
管轄，克呂尼修道院系統
成爲歐洲第一個國際性的
修道組織。西元十到十一
世紀，克呂尼修道院的修士出任各地的
主教，使克呂尼修道院的權力進一步加
強。而出身於克呂尼修道院的格利高里
七世和烏爾班二世當選教皇，更讓該修
道院的政治地位變得舉足輕重。

聲名顯赫的克呂尼修道院

「上帝的和平」運動正在醞釀時，
克呂尼修道院的改革，爲它提供了最佳
良機。

西元910年，法國的阿奎丹公爵威
廉在領地上建立了克呂尼修道院，並規
定：世俗領主和當地主教無權干涉修道
院的事務，修道院院長可由修士自由推
選；修士必須過集體生活，教士不得婚
娶。

克呂尼修士不從事體力勞動，而是
集中精力，透過祈禱的形式來拯救人們
的靈魂，修道院逐漸成了專門的祈禱場
所。西歐領主們紛紛仿
效，此後一個世紀裡，
各地出現了近兩千所類
似克呂尼的修道院，並
很快成爲法國和義大利
修道院改革的中心。

克呂尼修道院在社
會上的地位大大提高。

克呂尼修道院堅持世俗領主和當
地主教無權干涉修道院的事務，使修道
院的威信大爲提升，增強了普通信徒對
修道院的信任。修士必須遵守獨身的制
度，致使人日漸相信這是一個純潔的神
聖處所，而修道院照顧老弱病殘和信
徒的舉動，更增加了人們對修道院的好
感。

基督教籠罩下的歐洲

↑現今的克呂尼修道院

「上帝的和平」運動的蔓延

　　爲了維護社會秩序，西元987年，在法國南部勒皮主教區舉行了和平會議。隨後，阿奎丹的夏洛主教區與南部的納爾旁主教區，也相繼舉行了和平會議。西元994年，勒皮、里摩日和安瑟主教區舉行了和平集會。從此以後，各地的教士和世俗貴族都宣布舉行和平集會。

　　「上帝的和平」集會充滿了強烈的宗教色彩，讓人相信這完全是由教會組織發起的運動。首先體現在主持人方面：歷次的和平集會大都是由主教或修道院長主持，世俗之人很少能獲得主持大會的權力。其次體現在和平集會的展出物方面：在和平集會上展出聖徒的遺物甚至屍骨，成了集會必不可少的內容，藉此激發人們維護和平的信念。如西元994年的里摩日和平集會，聖馬丁修道院院長主持的三日齋戒過後，聖徒的遺物被從各地運送到會場，所有的人都當著聖徒的遺物宣誓維護和平。與會者把雙手伸向天空，齊聲高呼：「和平！和平！和平！」其場面可謂眞情感人。

↑「上帝的和平」運動中的一個場面

最後一點是弘揚教會的神聖性和濟世性：在和平集會上，往往會有教士或修士進行治病表演，簡單的方法和神奇的效果，提升了人們對教會爲上帝寓所的認同。

　　1020年以後，「上帝的和平」運動效果顯著，法國境內所有騎士都做了前文所說的誓詞。在領主們私戰不休的期間，騎士還必須保證不逮捕農民、婦女和商人，並保證在四旬節和萬聖節期間不搶劫磨坊、不毀踏葡萄園、不搶劫值錢的牲畜。

　　《和平法令》約束騎士行爲的同時，還規定教士不得參與暴力活動。1043年，納爾旁大主教歸夫雷宣布：嚴禁教士攜帶武器並參與暴力活動，並保證自己從此不再攜帶武器，不發動、領導任何軍事行動。

↑烏爾班二世
烏爾班二世原名歐德．德．拉尼，1042年出生，年輕時在蘭斯任副主教，隨即先後擔任克呂尼隱修院修士、副院長、紅衣主教，1088年當選為羅馬教皇。

「上帝的休戰」運動

十一世紀初期，「上帝的休戰」運動興起，進一步限制了貴族和騎士的爭戰，免除社會各階級的受害，標誌著「上帝的和平」運動發展到了新的階段。

上帝休戰運動在興起之初，規定騎士在星期日和宗教節日不得發動戰爭。後來，克呂尼修道院院長奧迪羅擬定《上帝休戰書》，擴大了休戰時間，規定星期六正午到星期一早晨，得停止所有的私鬥。違反規定者將不能參加教會的聖餐禮，也不准教士為他們舉行葬禮。1017年，貴族和騎士宣誓遵守《上帝休戰書》。

隨著人們越來越迫切渴望和平，休戰時間繼續延長。1037年，阿爾勒斯主教區召開了和平集會，規定休戰時間為星期三晚上到星期六早晨。

1041年，法國南部土魯斯舉行了和平集會，第一次把「上帝的和平」與「上帝的休戰」中的一些主要因素結合起來，規定：任何人不得在教堂及其周圍或教堂享有特權的地方、教堂公墓、教士居所三十步之內進行暴力活動……禁止任何人襲擊未帶武器的教士，或對教士不敬。禁止搶劫教士、修士和其他神職人員……任何人不得燒毀或損壞農民、教士的房屋和穀倉。任何人不得殺害或毆打農民、農奴及他們的妻子，也

←奧迪羅肖像，克呂尼修道院院玻璃畫
奧迪羅是克呂尼修道院院長，他發表「和平休戰書」，得到了多數人的回應。

不得逮捕他們……

到1054年，休戰時間繼續延長。納爾旁大主教歸夫雷在和平集會上提出：休戰的時間為星期三日落到星期一日出。這一規定的提出，使得騎士私鬥的危害面越來越小，有效地維護了社會的和平。

「上帝的和平」運動的影響

「上帝的和平」運動對中世紀西歐的歷史發展產生了重要影響。它在一定程度上限制了中古早期西歐封建貴族和騎士的暴力活動，使社會秩序有所好轉，為經濟復興創造了條件。此外，它還提高了主教的地位，促進了西歐騎士制度的形成，最重要的是為十字軍東征鋪路。從十一世紀中期起，經克呂尼修士和羅馬教皇的鼓動，騎士演變成「基督的戰士」，最終成為為奪回耶穌墓地而戰的「聖戰者」。

↓騎士的戰爭，油畫
「和平休戰日」之外，是騎士們發動戰爭的時候，不過其規模與對象和以前已不相同。

基督教籠罩下的歐洲

英諾森三世是有史以來最有權勢的教皇，自稱「萬王之王，萬主之主」，使歐洲許多君王臣服於他。在位期間，他組織發動了第四次十字軍東征。

幸運的羅馬教皇

▸英諾森三世肖像
英諾森三世原名賽尼．洛旦里，出生於有日耳曼血統的羅馬貴族世家，統治時期是教皇權勢的鼎盛時代。

1198年2月21日，羅馬教廷樞機團中一位資歷最深的樞機助祭，將一件紫色斗篷披在三十七歲的洛旦里身上，並對他說：「我授予你羅馬教皇尊號，你擁有了統治這個城市和整個世界的權利。」

1160年，洛旦里出生在義大利阿納尼城，父親是塞涅家族的特萊蒙特伯爵，教皇克力門三世與樞機主教奧克塔維安還是塞涅家族的親戚。年輕時他曾赴巴黎學習神學、哲學，到博洛尼亞學習法學，受教於當時著名教會法學家烏戈奇渥門下。1189年，教皇克力門三世任命洛旦里為樞機助祭，他得以進入樞機主教團。然而當塞涅家族的世仇塞萊斯丁三世任教皇時，洛旦里實際上失去了他在樞機團裡的地位。1198年初，塞萊斯丁三世去世，樞機團立即推選洛旦里出任教皇，即英諾森三世。

英諾森三世加冕為教皇後，立即實施自己的綱領。他繼承了格利高里七世的「教權至上」之觀念，並創立了雙劍說。所謂「雙劍說」，即耶穌掌握有世俗權力和宗教權力這「兩把劍」，並把

它們交給了聖彼得的繼承人——羅馬教皇。英諾森三世同時還提出了「日月說」，即教皇猶如太陽，世俗君主猶如月亮，月亮需借助太陽的光輝才能發光。由此他得出了一個結論：教皇掌握神權，並把世俗權力授予皇帝和國王，因此皇帝和國王應臣屬於教皇，教皇有廢黜他們的權力。

權勢達到巔峰的羅馬教皇

1197年，神聖羅馬帝國皇帝亨利六世去世，其繼承人西西里國王腓特烈年

僅三歲。當時日耳曼諸侯為爭奪王位而進行戰爭，形成了兩大軍事集團，一方以亨利六世之弟、霍亨斯陶芬家族史瓦本公爵腓力為代表，另一方以韋爾夫家族的布倫瑞克公爵鄂圖為代表。

英諾森三世趁機向腓力與鄂圖提出為其加冕的條件：承認教皇擁有西西里的實際統治權，承認教皇擁有義大利本土上的皇室領地。鄂圖爽快地答應了，但腓力拒絕了他的要求。於是，英諾森三世站到了鄂圖一方，支持他奪取皇位。腓力死後，英諾森三世為鄂圖加冕，稱鄂圖四世。但鄂圖四世不久就反悔，意欲吞併西西里王國。英諾森三世大怒，宣布開除鄂圖四世的教籍，轉而支持西西里國王腓特烈。1212年，英諾森三世宣布年僅十八歲的腓特烈為皇帝，稱腓特烈二世。英諾森在維持義大利實際統治權的同時，還讓皇帝聽命於他。

英諾森三世在與世俗君主的對抗中取得了傲人的戰績。1205年，因英國無

地王約翰禁止他任命的坎特伯里大主教入境，憤怒之下他宣布革除約翰教籍，廢除其王位，並慫恿法國向英國開戰。雙方僵持五年後，約翰最後屈服，承認自己是教皇的封臣，每年向教皇進貢一千馬克。英諾森三世還成功插手法王腓力二世、亞拉岡國王彼得二世，及萊昂國王阿方索九世的婚姻。

英諾森三世在位期間，發動了第四次十字軍東征，鎮壓「異端」阿爾比派。當攻陷阿爾比派的比塞埃城時，教皇隨軍特使竟叫囂道：「把他們統統殺光，讓上帝去分辨誰是祂的子民！」

英諾森三世還批准天主教成立多明我會與方濟各會，在信徒中產生了重要影響。1215年，英諾森三世主持召開第四次拉特蘭公會議，頒布了「聖餐變體說」教義，標誌著教廷在整個基督教世界的勝利。

↓英諾森三世和腓特烈二世在爭論中，中世紀插圖畫

基督教籠罩下的歐洲

153

044.異端與宗教裁判所

異端、宗教裁判所，這兩個充滿血腥的名字，曾經是中世紀無數歐洲人心目中的夢魘，火刑柱上不知道毀滅了多少真理。

異端

←阿爾比派教徒被逐出阿爾比城堡

「……我們面臨著史無前例的逆境，可惡的異端傳教士百般地誘惑著愚昧無知的人民。他們故意曲解《聖經》的本義，圖謀破壞天主教會的團結統一……我嚴令你竭盡所能，撲滅一切異端……必要時，呼籲貴族與百姓揭竿而起，阻遏異端的流傳！」這是英諾森三世在就任教皇兩個月後給地區大主教奧士的諭令。

所謂「異端」，是以正統自居的組織或派別，對異己的思想或理論的稱呼。早期的宗教之間存在著許多矛盾，他們往往斥責對方為「異端」。天主教成為羅馬帝國國教後，與它觀點歧異的教派一律被斥為「異端」。同時，天主教還借助世俗權力對其進行殘酷迫害。

十一世紀，義大利、法國和尼德蘭等地出現了一個以皮鞭自撻的「鞭笞派」。「鞭笞派」認為一般的苦行不能解脫痛苦，唯有加重肉體的痛苦才能免除罪惡。他們從一個村莊走到另一個村莊，從一個城市走到另一個城市，邊走邊抽打自己，直至皮開肉綻。這種集體性的鞭笞活動到十五世紀仍盛行不衰。1349年，天主教認為「鞭笞派」透過鞭打自身以解除罪惡的行為，否定了教會神職人員在救贖中的決定性作用，將之視作「異端」。同時，鞭笞派信徒不購買「贖罪券」，也不向教會貢獻財物，影響了教會的經濟收入。於是，羅馬教皇頒布訓諭，嚴厲譴責「鞭笞派」的行為。十五世紀，因「鞭笞派」揭露天主教會的罪惡，進而要求改革教會，故遭到了大規模的屠殺。

十二至十三世紀流行於法國南部、義大利北部的「阿爾比派」，也遭到了血腥的鎮壓。「阿爾比派」在法國建立了獨立的教會組織，並斥責天主教會主教是「假冒偽善的豺狼」。由於當地的伯爵與天主教會無力

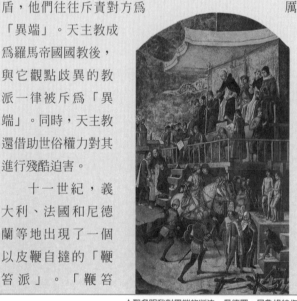

↑聖多明我對異端的判決，佩德羅．貝魯格特作品
畫面上顯示出聖多明我在義大利處罰阿爾比派的情景，綁在柱子上的阿爾比派教徒正受火刑之罰。

↓宗教裁判所，西班牙畫家戈雅作品，現藏馬德里聖·費爾南多皇家藝術學院

對付「阿爾比派」，英諾森三世便聯合法國組織十字軍加以討伐，對其採取血腥的屠殺。

宗教裁判所

宗教裁判所是十三至十九世紀天主教會偵察和審判「異端」的機構，又稱宗教法庭、異端裁判所，旨在壓制一切反對教會的「異端」，以及有「異端」思想或同情「異端」的人。凡是被指控為「異端」者，宗教裁判所即行審訊，不許辯護。一經定罪，便沒收其財產，並處以包括火刑在內的各種嚴峻刑罰。在打壓的同時，教皇還讓多明我會與方濟各會托缽僧到「異端」活躍地區宣傳基督教義，消除其影響。

關於懲處異教徒的辦法，《舊約》中已隱約提到。如果有三位值得重視的證人證實他們「去侍奉敬拜別神」，則將他們逐出城外，並「用石頭將他打死」。拜占庭帝國的君主曾援引羅馬法律，判處摩尼教及其他「異端」信徒死刑。西歐各地君主皆曾發表嚴屬處罰「異端」信徒的法令，其中以1220至1239年間腓特烈二世所頒布的條文最為苛刻：教會所譴責的「異端」信徒立即焚死；即使改變信仰，仍須監禁終生，且不得享受任何高官厚祿；「異端」信徒的居所應夷為平地，不得重建。

宗教裁判所是從十三世紀上半葉開始建立的。教皇英諾森三世為鎮壓法國南部「阿爾比派異端」，曾建立教會的偵察和審判機構，是為宗教裁判所的發端。霍諾里烏斯三世繼任教皇後，於1220年通令西歐各國教會建立宗教裁判所。1229年，土魯斯會議正式決定成立「異端」裁判所，教皇格利高里九世發布通諭強調設置機構的重要性，指定多明我會修士擔任裁判官，要求各主教予以協助。自此以後，宗教裁判所在西歐天主教國家普遍成立。

【人文歷史百科】

尼古拉三世的諭旨

尼古拉三世的諭旨顯示了異端裁判所的宗旨和許可權：「我們藉此詛咒並判處所有異端信徒以破門律，包括清淨派、巴塔里亞教派信徒、里昂的貧者……及一切有名目的異端，被教會定罪後，則將他們交予世俗審判官懲罰……任何被捕者若及時懺悔，並願苦行贖罪，則將他們監禁終生……涉有異端嫌疑者，若無法舉證表明他們的清白，也要處以破門律；一年內無法恢復身分者，推定他們是異端信徒，不得上訴……」

一度壟斷教育的教會

進入中世紀後，古希臘、羅馬文化失去了主導地位，但社會上暫時還未出現另一種強勢文化。於是，西歐的文化教育進入了青黃不接的時代。

法蘭克王國的查理大帝登上王位後，為了鞏固王權、傳播基督教，大力提倡文化教育，鼓勵貴族子弟、政府官吏接受教育。西元794至797年，查理大帝寫信給一些修道院院長，主張修道院擔起傳播文化的重任，讓一些受過教育的修士去講授知識。各地修道院院長反應積極，選出大批修士擔任講師。學校在教會和修道院興起後，修道院逐漸成為了文化教育中心。

為了表現宮廷對教育的重視，查理大帝在宮中設立了一所宮廷學院，聘請各方人才到這裡講學。查理大帝本人也前去聽課，並參與學術討論。英國著名學者阿爾昆曾來到宮廷裡講學，他統一了《聖經》的拉丁文本，平抑了「異端」，還完成了許多著作。但是，各國的學者並不長住宮中，他們完成某個任務後就離開了。因此，到學院裡進行研究和講學的學者都是不斷流動的，他們不僅給宮廷學院帶來了知識，也給整個法蘭克王國帶來了知識。

查理大帝去世後，宮廷學院仍繼續興辦。西元845年，禿頭查理就曾延請愛爾蘭著名學者約翰·司各脫進入宮廷翻譯拜占庭著作。但教會為了宣揚自己倡導的學說，竭力迫害與其思想相左的學者，甚至指稱對方為「異端」。這破壞了良好的學術氛圍，使教會壟斷了文化教育。

←聖多明我和阿爾比教派，佩德羅·貝魯格特作品
聖多明我是西班牙人，對「異端」殘酷鎮壓。畫面中顯示的是在他主持下燒毀阿爾比派書籍時的情景。

聖人阿奎那

1225年，湯瑪斯·阿奎那在義大利羅卡塞卡一個貴族家庭出生。他擁有令人羨慕的身分：神聖羅馬帝國皇帝腓特烈一世的外甥、腓特烈二世的堂兄弟。

阿奎那五歲時進入蒙特長西諾修道院學習，對教會儀式、藝術、文學等方面表現出濃厚的興趣。後因修道院解散，阿奎那只好輟學回家；不久進入那不勒斯大學，在那裡他接觸了多明我會，深受影響。1244年，阿奎那正式加入多明我會。

阿奎那的舉動觸怒了整個家族，因為阿奎那家族信仰的是本篤派，於是他被軟禁在家裡。1245年，遭軟禁一年的阿奎那終於獲得了自由，他於當年年底進入巴黎大學，師從著名神學家大阿爾伯圖斯，學習古希臘哲學和神學。1252年，阿奎那再赴巴黎大學攻讀神學碩士學位，並於1256年起擔任巴黎大學教務長一職。1259至1268年間，阿奎那曾先後擔任亞歷山大四世、烏爾班四世、克雷其四世三位羅馬教皇的神學教師，和法王路易九世的神學顧問。1274年3月7日，阿奎那在福沙諾瓦修道院逝世。

阿奎那一生勤於著述，寫出了大量的神學和哲學著作，其中較為重要的有《神學大全》、《反異教大全》等，尤其前者更被視為「基督教的百科全書」。

阿奎那還根據宗教教義與亞里斯多德的相關學說解決經濟問題，其經濟思想在歐洲主導長達兩個世紀。他還把亞里斯多德哲學運用於神學領域，創建了龐大的經院哲學和神學體系，在倫理學、邏輯學、政治學和認識論等方面都做出了重要的貢獻。阿奎那的哲學和神學體系，於1879年被教皇利奧十三世定為天主教官方學說，後世稱為「湯瑪斯主義」。

1323年7月18日，羅馬教皇約翰二十二世追封阿奎那為「聖徒」。

1567年，教皇庇護五世又封他為天主教會「聖師」。此後，歷代教皇都一直奉他為神學導師。

→阿奎那的勝利，木板蛋彩畫，1340年特萊尼·弗蘭西斯科作品，比薩聖特琳娜教堂藏

西歐初期的大學

中世紀初期，歐洲的文化教育長期受教會壟斷。教會牢牢掌握著教育大權，借助文化宣傳教義，制約人民的思想。那時的學校皆設立在教會內部，講授知識的是清一色的僧侶，受教育者也多是貴族子女和修士，以培養為教會服務的人才為目的。

十世紀阿拉伯人征服了西班牙以後，不僅為當地人民帶來戰禍，同時也帶去了東方的文明以及希臘、羅馬古典文化的精華。阿拉伯人在那裡創辦了學校，建立了圖書館。這些學校講授的內容除了《古蘭經》外，還包括文學、數學、醫學和天文學，因此吸引了大批的歐洲青年學子，西班牙頓時成為當時歐洲的文化中心，為基督教文化造成了極大的衝擊。

十字軍占領拜占庭以後，雖然沒有把拜占庭文化帶到歐洲，但卻把它精緻的珠寶飾物帶到了歐洲，還擄回一批掌握古典文化的學者。拜占庭手工藝者的智慧使西歐人大開眼界，而博學多識的俘虜也敲開了教會壟斷文化局面的缺口。然而，給予教會致命打擊的是經濟的發展，這是促成中世紀大學出現的根本原因。中世紀城市興起後，商品貨幣經濟逐步取代了自然經濟的主導地位，並產生了一個新的階級——工商業者所組成的市民階級。這種新興的市民階級表達出對知識的渴求，他們要求掌握文化以維護其利益。十一世紀末，經濟繁榮的義大利出現了第一所大學——博洛尼亞大學。進入到十二世紀，巴黎大學、牛津大學相繼出現。十三世紀後，布拉格大學、維也納大學、劍橋大學、海德堡大學、奧爾良大學紛紛成立。

早期大學的共同特點就是民主，如巴黎大學的學生有同鄉會，教授有

【人文歷史百科】

經院哲學

經院哲學是產生於十一至十四世紀歐洲基督教教會學院的一種哲學思潮。它是運用理性形式，透過抽象而繁瑣的辯證方法，論證基督教信仰而為宗教神學服務的思辯哲學。早期中世紀思想家只是對基督教的聖經、信條加以闡述，或對文獻、經籍的一些段落進行注釋。十一世紀時，神學命題往往以問題的形式提出，形成了唯名論與唯實論兩大派別。十三世紀經院哲學的發展達到頂峰，十四世紀以後漸趨衰落。

↑ 巴黎大學索邦神學院，中世紀插圖畫

專業行會，他們的權力相等，大學校長就是由他們共同選出的。大學校長只對學校負責，不聽命於任何人。如果市政當局危害到學校的利益，學校可以另覓城市，舉校搬遷。因此，早期的這種大學在教育史上被稱為「自治學院」。

艱難生存的大學

大學的蓬勃發展讓教會人士坐立不安，於是加緊了對大學的滲透。到十三世紀中葉時，教會已經完全操縱了巴黎大學，有自由思想的教師都被逐出學校，大學授課的主要內容也變成了經院哲學。

到十四世紀後，許多大學實際上成了教會大學。學生和教師失去了選舉校長的權力，學校的各項工作由教會指派的主教管理；教授不再從博士中選舉產生，而是由教會單獨任命；學生除了按時繳納學費外，對學校行政已無任何干預的權力了。

但是，中世紀的大學畢竟不是教會學校，雖然它難以擺脫教會勢力的束縛，但成立之初的一些良好傳統仍保留了下來；如學生來源的廣泛性、學科的多樣性等。這裡的教授不再是清一色的僧侶，學生也不再只是貴族子弟或修士，學科除了經院哲學外，還有醫科、法科和文科。

中世紀大學的學習方法比較簡單，主要就是聽課和辯論。上課後先由教授講解某些命題，做一番繁瑣冗長的考證後，全體學生開始各抒己見、進行辯論。由於都是經院哲學的論證，所以最後總是無法統一見解。雖然上課很輕鬆，但考試卻極為嚴格。學生每學完一科都要做一次論文答辯，通過後才能取得碩士或博士學位，學位是當講師或教授的必要條件。

中世紀的大學對學生的年齡並沒有限制，但有學習年限。一般學科都要學習五至七年，否則無法畢業，這在一定程度上限制了學生的入學年齡。

中世紀大學的產生，是世界教育史上具有劃時代意義的歷史事件。它對教會具有的最高權威提出了挑戰，打破基督教文化主導歐洲歷史的局面。

中世紀大學的分科

【人文歷史百科】

中世紀的大學一般設四個科：文科、神學科、醫科和法科。文科是基礎教育科，學生入學後必須先學文科。文科中設有七藝，第一階段學三藝：文法、修辭和辯證法，考試及格後可獲得學士學位。然後才有權再學其餘四藝：算術、幾何、天文和音樂理論，四藝學完考試及格後可獲得碩士學位。學生只有取得碩士學位以後才有資格選修其他三科進行深造，完成其中任何一科即可獲得博士學位，同時擁有了擔任教授一職的資格。

基督教籠罩下的歐洲

159

046.教堂建築藝術

在神權至上的中世紀，輝煌的建築大多是教堂和修道院。無論是古典莊重的羅馬式，還是輕盈靈動的哥德式，皆以教堂建築為代表。

遍布各地的教堂

中世紀給予後人印象最深的成就，是在建築藝術方面，尤以教堂建築為最佳代表。每個主教管區都有為主教建立的大教堂，每個修士團也都建有自己的寺院教堂，甚至每個神父也都有教區禮拜堂，其建築藝術水平難分高下。

教士們提出建造這些教堂時，得到了信徒的廣泛支援：富人捐出大批的財物，窮人貢獻大把的力氣，建築師則提供最佳的創意。一座偉大的建築物，往往需要幾代人的努力才得以完成。它把幾代人的智慧都吸收了進去，以一種不朽的形象展現在世人面前。

中古西歐社會的宗教生活，是以教堂為中心展開的，隨著基督教的深入

←中世紀末期的亞眠大教堂

傳播，規模大小不一的教堂星羅棋布地出現在城鄉各地。除了羅馬以外，壯麗豪華的大教堂多建在城市之中，它既是主教、大主教及其隨員生活和處理重大教務的地方，也是附近居民舉行宗教儀式的場所，這類教堂逐漸成為主教區的神權政治核心。

鄉村的教堂是舉行公共活動的地方，村民常集合於此觀看審判情形。它同時也是村民碰面、閒聊的場所，甚至也是一處市集，商販和居民就在教堂邊吆喝生意。每當重大節日來臨時，教堂就是人們歡慶的首選場所。在兵荒馬亂的年月，教堂更成了村民的避難所。

中古西歐教堂的設計結構和建築風格，都具有濃厚的象徵主義色彩。其內部圓的穹頂、神聖的祭壇，使人彷彿置身於無限廣闊的宇宙之中。通向大廳及殿堂呈拱形的大門，被視為「通向天堂之門」，世界的未來（「世界末日」）在西門，而神聖的過去被保存在東門，

↑世界最大的教堂——梵蒂岡聖彼得教堂

依附著教堂的美術和音樂

中古西歐沒有獨立於教堂以外的藝術，較為出色的繪畫、音樂、雕塑都是教堂的附屬品，這些藝術形式主要以《聖經》人物和故事為題材。教堂中的壁畫技巧略顯生硬，缺乏寫實技巧。在另一方面來說，這些創作具有包攬天地萬物的氣勢，反映了基督教以神為本的宗教宇宙觀。教堂音樂是中古西歐的主要音樂，源於六世紀教皇格利高里一世的聖歌，到十三世紀初時達到了巔峰。在雕刻方面，與羅馬式雕刻對建築的依附性不同，哥德式雕刻大量運用半圓雕和高浮雕，較自由地表達人物的動態，並加強了空間感。義大利雕刻家皮薩諾為普拉多大教堂製作的聖母像，動態十分優美，被稱為「哥德式傾斜」，這種姿勢影響了整個歐洲。

這些都增加了教堂的神祕感。在建築樣式上，羅馬式和哥德式是西歐教堂最具代表性的風格。

羅馬式和哥德式

從中世紀初期到十二世紀，羅馬式建築一直占據著主流地位。羅馬式建築從古代羅馬的巴西里卡式演變而來，並開始使用石頭屋頂和圓拱，創造出了用複雜的骨架體系建築拱頂的辦法。在教堂的平面設計上，羅馬式教堂通常建成十字架的形式，並在聖壇後面加建了一些名為「聖器屋」的小屋。這種十字形成為羅馬式教堂的主要代表形式。

或許為了在關鍵時刻變成避難所，羅馬式教堂的外牆特意加厚，窗戶距離地面較高，而且開得很小，如此便變得易守難攻。法國的聖塞南教堂、德國的沃爾姆斯教堂、英國的杜漢姆教堂、義大利的比薩教堂等，都是羅馬式建築的典型代表。

十二世紀初之際，哥德式建築逐漸興起，到十三世紀時開始風靡西歐，羅馬式建築逐漸喪失了主流地位。哥德式建築由羅馬式建築發展而來，但它已褪去了城堡式的影子，改由尖角的拱門、肋形拱頂和飛拱構成一個完整的系統。哥德式建築整體具有高、直、尖和向上抬舉的動勢等特點，體現了教會遠離塵囂的宗教思想。法國巴黎聖母院的立面、亞眠大教堂的本堂、沙特大教堂的塔、蘭斯大教堂的雕刻，個個都是哥德式教堂完美的典範。

↑巴黎聖母院外景

基督教籠罩下的歐洲

047.查士丁尼大帝

查士丁尼大帝，一個夢想恢復古羅馬輝煌的狂熱擴張者，雖然依靠所向無敵的重裝騎兵取得了一些勝利，但最終因統治的腐朽而失敗。

羅馬帝國的餘緒

西元330年，羅馬帝國皇帝君士坦丁大帝於古希臘移民城市拜占庭建立新都，將其稱爲「君士坦丁堡」。西元395年，羅馬帝國一分爲二：以君士坦丁堡爲首都的一邊，稱東羅馬帝國（又稱拜占庭帝國）；以羅馬城爲首都的一邊，稱西羅馬帝國。拜占庭帝國的版圖包括歐洲的巴爾幹、亞洲的小亞細亞、亞美尼亞、敘利亞、巴勒斯坦、美索不達米亞北部，以及非洲的埃及和利比亞等廣大富庶地區，成爲橫跨歐、亞、非三洲的大帝國。

三世紀以後羅馬帝國的危機主要顯現在西部，而東部地區繼續發展和繁榮。拜占庭帝國農業生產的基礎是農奴制。埃及、小亞細亞和色雷斯是拜占庭的「穀倉」，農業經濟比較發達，它們的農業不像西羅馬帝國那樣建立在奴隸制大莊園的基礎上，而是組織中小型的田莊。農業生產者主要是農奴，占農村人口的多數。田莊中保留的一部分奴隸，也分得一小塊土地，自行經營，有自己的家室，其地位接近於農奴。由於帝國賦稅的壓迫和官吏的侵奪，使一些自由小農難以爲生，不得不投靠大地主以求得庇護，自由人也淪爲農奴。農奴

↑查士丁尼大帝及其隨從，義大利拉文納聖維塔利教堂鑲嵌畫 畫面中查士丁尼大帝身穿紫紅色長袍，手捧獻金寶盒。左邊是著華服的貴族和衛士，右邊是大主教和祭師，後面是隨從。

制的發達，緩和了拜占庭帝國的社會危機。

拜占庭帝國的繁榮還體現在城市的興起和商業的發達。首都君士坦丁堡是世界聞名的大都市，扼黑海與地中海交通的咽喉，地理位置優越，是東西方貿易的「金橋」。四面八方的商品都先運到這裡，再轉運到世界各地。繁榮的貿易擴大了拜占庭的財源，也促進了工商業的發展。

農業的穩定、城市的發展、工商業的繁榮，大大擴充了拜占庭帝國的財富，增強了國力，得以平定內部人民的起義，挫敗外部的入侵。也因此，即便西羅馬滅亡，拜占庭帝國仍存在了千年之久。

《查士丁尼法典》

查士丁尼一上臺就認知到經驗豐富的重要性。於是，他特意成立由法學家特里波尼安領導的法典編纂委員會，審訂了自羅馬帝國哈德良皇帝以來四百多年間歷代元老院的決議和皇帝詔令，編成了十卷的《查士丁尼法典》；加上後來陸續編纂的其他一些法典，統稱《民法大全》。這套法典強調皇帝的權力，宣揚王權來自上帝的意志，故而高於一切，皇帝的話就是法律。法典裡也採用許多條文向奴隸們灌輸「順從」意識，為維護貴族統治發揮很大的作用。該法典也是歐洲史上第一部完整的法典，為後世研究羅馬法提供資料，對近代國家的立法也有影響。

查士丁尼的夢想

查士丁尼是拜占庭帝國前任老皇帝查士丁尼的侄兒，他從小就接受英才教育，少年時期見證叔父血腥鎮壓起義之手段，並從書本上學到許多「勵精圖治」的訣竅。西元527年，查士丁尼繼承皇位後，面對四面楚歌的拜占庭帝國，熟知該如何馴服人民，該怎樣讓國庫更膨脹。一上臺，他就糾集親信編纂了一部鞏固統治的新法典，讓他有精力將目光瞄向境外。

查士丁尼雄心勃勃，力圖重振昔日羅馬帝國的雄風。即位後，他對內加強貴族統治，對外積極擴張，指揮著帝國戰車在歐、亞、非大陸上馳騁。查士丁尼統治時期拜占庭國力空前強盛，他也因而得到「查士丁尼大帝」的稱號。

西元534年，查士丁尼派大將貝利撒留率部進軍北非；貝利撒留作為帝國名將，未辜負皇帝寄予的厚望，僅用半年時間就將汪達爾王國夷為平地。次年，又派貝利撒留率兵揮師義大利，劍指東哥德王國。羸弱的東哥德軍隊不堪一擊，貝利撒留的軍隊很快占領了西西里和義大利南部。然而，拜占庭軍隊的侵略行徑激起了東哥德人民的奮勇反抗，貝利撒留接連受挫，被困羅馬城達一年之久。西元540年大軍終於占領拉文納，迫使東哥德國王投降。接著於西元554年，查士丁尼大帝趁西哥德內訌之機，出兵伊比利半島東南部。經過二十多年的征戰，查士丁尼大帝大抵上恢復了原羅馬帝國的領土。

↓查士丁尼大帝向高盧斯贈送《法典》，拉斐爾作品
查士丁尼制定的法典在世界法制史上占有重要的地位，隨著領土的擴張而在各地推廣。畫面中跪著的高盧斯，是下摩伊西亞省的總督。

腐朽的統治

連年不斷的戰爭，令奴隸們本已困頓不堪的生活猶如雪上加霜，他們在生死線上苦苦掙扎。與此同時，主人們卻花天酒地、揮霍無度，奴隸們彷彿用自己的血養肥了這幫吸血鬼。

七世紀的拜占庭

西哥德王國
東哥德王國
斯拉夫人
科西嘉
義大利
伊利里亞
色雷斯
巴利阿里群島
羅馬
君士坦丁堡（拜占庭）
培提卡
薩丁尼亞島
小亞細亞
波斯
阿非利加
西西里
克里特
地　中　海
賽普勒斯
大馬士革
耶路撒冷
阿拉伯
亞歷山卓
尼羅河
埃及
紅海

■ 查士丁尼即位時（西元527年）的版圖
➤ 查士丁尼征服地及其擴張方向
▨ 七世紀末的帝國版圖

0　　400　　800 公里

查士丁尼大帝發動的一連串對外戰事捷報頻傳，趁著情勢，查士丁尼大帝開始大興土木，建造宮殿、教堂，極盡奢侈之能事。光是建造聖索菲亞大教堂就耗了五年的光陰，徵用民工一萬多人，建造費用折合黃金約十八噸。為了充實國庫，滿足私欲，查士丁尼強徵苛捐雜稅，攤派各種徭役。皇宮之中幾乎是日日笙歌、夜夜歡宴，形成強烈對比的，則是宮牆之外人民的飢寒交迫。西元532年，君士坦丁堡爆發了一場聲勢浩大的尼卡起義，旗幟鮮明地反對查士丁尼的統治。

→ 拜占庭重騎兵想像圖
拜占庭帝國建立了一支令人生畏的重裝騎兵，既能夠遠距離殺傷敵人，又可以近距離發起突擊，有極強的攻擊力。

尼卡起義

西元532年1月11日，歷史記下了這一天。拜占庭帝國首都君士坦丁堡的人民不堪統治者的殘酷壓榨，爆發了大起義。起義者高喊「尼卡」口號，衝向皇宮。「尼卡」為希臘語，意即勝利。

當時拜占庭帝國定期舉行賽車會，並且形成特殊的組織，稱作「吉莫」。吉莫實際上具有黨派的性質，它依駕車人的服色，分為藍黨和綠黨。藍、綠兩黨的政治觀和宗教觀不同，因而經常發生紛爭。政府則利用吉莫間的敵對關係進行操縱。

在西元532年的賽車會上，兩黨下層因對官吏的橫暴和苛稅不滿，要求罷免特里博尼安和卡帕杜奇亞的兩個暴吏，釋放兩黨被囚禁的成員。遭拒絕後爆發了聲勢浩大的起義，起義群眾搗毀監獄，焚燒官邸。大火持續三天，焚毀了

↑皇后希歐多爾拉的斥責
畫面中的查士丁尼大帝面對「尼卡」起義垂頭喪氣，大臣們爭論不休，唯有希歐多爾拉異常鎮定，對皇帝進行斥責。

坦丁堡爆發尼卡起義時，她對查士丁尼說：「如果今天還有人在說婦女不該在男人中間高談闊論，那全是空言，因為現在男人們都躊躇不前。依我看，逃亡是最下策。人生在世終有一死，但淪為流浪者，那是我最不能忍受的。願上帝莫讓我失去身上的紫袍……皇帝啊！要逃命並不難！我們有無數珍寶，有海還有船！但逃命之後，您將會覺得當初寧可死去，不該偷生！」皇后的話刺激了查士丁尼，他狠狠地做了一個斬殺的動作，以示自己的決心。

接著，查士丁尼一面派貝利撒留到外地召集傭軍，一面派納爾塞斯收買藍黨。起義者主要包括綠黨和藍黨兩大陣營。起義爆發後的第八天，當起義者擁立綠黨領袖希巴提烏斯為新皇帝時，藍黨突然倒戈，起義軍自亂陣腳。貝利撒留率領傭軍包圍並屠殺起義者約三萬餘人。希巴提烏斯也被處決，起義失敗。

聖索菲亞大教堂等公共建築物，並波及皇宮。查士丁尼撤換兩名寵臣後，親赴賽車場說服起義者，仍未能奏效。查士丁尼和皇后被圍困在宮中，如同驚弓之鳥。

查士丁尼不知該怎樣收拾這個「爛攤子」，急得如熱鍋上的螞蟻。沒想到皇后希歐多爾拉卻臨危不懼，使查士丁尼冷靜了下來。

希歐多爾拉約生於西元500年，曾為演員和名妓，二十歲時巧遇查士丁尼，成了皇帝的情婦。西元525年，兩人結為伉儷，查士丁尼即位後希歐多爾拉登上皇后的寶座。希歐多爾拉極有才華，實際上是查士丁尼的顧問。當君士

【人文歷史百科】

拜占庭重裝騎兵

拜占庭帝國之所以能縱橫歐、亞、非三洲，維持一千多年的繁榮，乃因它擁有當時世界上最精銳的重裝騎兵部隊。在十一世紀之前，拜占庭重騎兵一直是近東最強大的軍隊，其防禦力是中世紀騎兵中之首強。拜占庭重騎兵興起於查士丁尼大帝時期，在貝利撒留和納爾塞斯的指揮下，曾得到過輝煌的勝利。雖然數量不多，但他們都經過嚴格訓練，騎手和戰馬身上都披著鎧甲，使用長矛和弓箭，同時兼有防禦力、射擊力和衝擊力。在對付法蘭克人和哥德人的交戰中，重裝騎兵展現出強大的戰鬥力，凶悍如日耳曼人也被踏於馬下。

拜占庭帝國

165

048.名將貝利撒留

貝利撒留是拜占庭帝國的一代名將，查士丁尼大帝手中的有力武器；在對外擴張稱得上百戰百勝，但最後的結果卻是「兔死狗烹」。

擊敗波斯

貝利撒留約生於西元505年，曾任查士丁尼的侍衛長。六世紀初，拜占庭帝國面臨危機，與波斯的幾次交戰接連失敗。貝利撒留請纓出戰，他率領一支騎兵，幾次成功突襲波斯的屬地亞美尼亞；接著又進行了一次大膽的反擊，奪回波斯人占領的一處邊境要塞。查士丁尼非常高興，深覺此人為一軍事奇才，就提拔他任東線各軍的總司令。當時，年僅二十二歲的貝利撒留可謂少年得志。

西元530年，一支十萬人的波斯大軍浩浩蕩蕩地開向達拉要塞。貝利撒留臨危受命，率一支兵力不足波斯一半的軍隊迎擊。面對敵眾我寡的局面，貝利撒留並未困守城中，而是積極部署迎戰。在選擇了有利的地形後，判斷波斯軍占有優勢，一定會發動進攻；於是，他下令挖掘了一道又寬又深的戰壕，壕溝離城牆不遠，可得到城牆上弓箭的支援。波斯人逼近要塞後，在城外駐紮了下來，第二天便發動進攻；儘管他們相當謹慎，卻仍舊中了貝利撒留的計。在拜占庭重騎兵的反擊下，達拉會戰一役波斯人敗得灰頭土臉。

此後，波斯的同盟者薩拉森國王又提出一個新計畫：從幼發拉底河以西越過荒漠地帶，直接攻擊拜占庭帝國最富庶的城市安條克。當時貝利撒留的部隊已經大大提高了快速反應能力，他命令部隊以急行軍的速度對敵人採取先發制人的攻擊，迫使入侵者原路返回，但沒有乘勝追擊。對於這種作戰方法部下並不理解，貝利撒留因此解釋道：真正的勝利是迫使敵方放棄既定目標，從而使己方遭受最小的損失。

征戰地中海

擊敗波斯後，貝利撒留聲名鵲起，帝國名將的光環亮得刺眼。查士丁尼對他的能力更加信服。不久，查士丁尼

↑貝利撒留熱情接受送來的僕人，弗蘭克斯‧皮埃爾作品
畫面顯示的是貝利撒留接受被征服地區送來僕人時的情景。

↑貝利撒留接受施捨，帆布油畫，大衛作品，法國里昂藝術博物館藏
貝利撒留晚景淒涼，竟淪落到沿街乞討的境地，成為許多畫家描繪的主題。

把貝利撒留派往西方，進攻北非的汪達爾王國。但不知究竟出於何種目的，查士丁尼僅僅給了貝利撒留約一萬六千人的兵力，而當時的汪達爾人卻有十萬大軍。

貝利撒留到達西西里島之後，得到了一個令人振奮的消息：汪達爾王國的屬地薩丁尼亞島爆發亂事，汪達爾人的精兵都被調到那裡平亂去了。貝利撒留立即揚帆前往汪達爾王國的大本營——北非。為了迷惑對方，貝利撒留在距離迦太基城有九天行軍路程的地點登陸，然後快速進軍，直取重鎮迦太基城。

不甘失敗的汪達爾國王蓋麥利重新集結兵力，準備反擊。貝利撒留早已修復了破敗的防禦工事，抵禦住對方一次又一次的進攻。攻防戰整整進行了半年之久，貝利撒留估計對方的士氣已被磨

得差不多了，便向汪達爾人發動進攻。在拜占庭軍隊的全力進攻之下，汪達爾人的防線很快就瓦解，結束了這場戰爭。

屢次勝利刺激了查士丁尼，於西元535年又派貝利撒留出兵東哥德王國。在小股部隊的掩護下，貝利撒留率領一萬二千人的軍隊遠征西西里島。東哥德守軍不多，再加上當地居民的歡迎，奪取西西里島並未遇到困難。隨後，貝利撒留率軍進入義大利半島。

由於東哥德人疏於防範，貝利撒留在南義大利暢行無阻，順利抵達那不勒斯城下。那不勒斯城牆相當堅固，進攻受阻。幸運的是，在一個偶然的機會，貝利撒留發現了一條棄用的水道。他派精兵鑽過狹窄的水道進入城裡，利用夜色裡應外合，一舉攻克該城。之後，貝利撒留又一舉拿下羅馬城。

【人文歷史百科】

兔死狗烹

西元544年，東哥德戰火再起，貝利撒留再次來到了義大利。苦戰幾年後，儘管也取得了不少勝利，可是由於兵力不足，始終無法給予東哥德人致命的一擊。貝利撒留雖然多次請求援軍，但查士丁尼卻僅增派少量的援兵，貝利撒留意欲收復羅馬帝國的全部失地也是不可能的任務。在此後幾年間，他只能在敵人的要塞與港口之間疲於奔命，終是無功而返。西元548年，貝利撒留被查士丁尼罷官召回。562年，他被控參與謀反，遭抄家入獄，不久獲釋，三年後死於君士坦丁堡。據拜占庭史學家普羅可比遺著《祕史》記載，貝利撒留晚年雙目被查士丁尼弄瞎，曾沿街乞討。

049.封建制度的確立

古老的拜占庭帝國持續了一千多年，其前期為奴隸制帝國，而後期進入了封建社會。利奧三世時期，曾打敗過不可一世的阿拉伯人。

希拉克略王朝

→希拉克略擊敗科斯洛，壁畫，巴黎羅浮宮藏

七至十一世紀，是拜占庭帝國由奴隸制向封建制過渡並最後確立的時期。西元602年，駐多瑙河的守軍在下級軍官福卡斯的領導下發動政變，奪取了政權。帝國的北非總督希拉克略在元老院的支持下出兵平叛，取得勝利。610年，希拉克略登上皇位，建立了希拉克略王朝。

希拉克略在位的三十年，幾全在應付外族入侵的戰爭中度過。波斯人、阿瓦爾人、斯拉夫人和阿拉伯人，從不同的方向入侵帝國邊境。西元634至641年，阿拉伯人奪去了敘利亞、巴勒斯坦、美索不達米亞和埃及，帝國的半壁河山讓予阿拉伯人。

康士坦斯二世時期，帝國開始實行軍區制；將拜占庭全國分為十一個軍區，以軍區代替行省，由地方軍事將領行使軍事和行政權力，成為後世非常時期軍事管理制度的藍本。自由農民也被編入軍隊，並分得世襲份地。這種自由農民實際上成為屯田兵，他們必須向政府繳納賦稅，但免除勞役。

軍區制的實施帶來了兩個後果：第一，地方和中央的軍事力量皆得到加強，能夠有效抵禦外族入侵；第二，一個新的軍事貴族階層產生，以軍功進入上層統治集團，他們占有大量土地，由破產農民和農奴耕種。他們與某些舊貴族相結合，構成新興的領主階級。這就是拜占庭早期封建關係的開端。

火燒阿拉伯人

利奧三世原名康農，西元680年生於敘利亞北部日耳曼尼西亞的一個平民家庭。青年時代，他親眼目睹帝國的重重災難。

西元695年，大貴族擁戴帝國名將

↑戰鬥中的希拉克略和科斯洛，壁畫，皮耶羅‧德拉‧弗朗切斯卡作品
科斯洛是波斯國王，該畫面描繪的是希拉克略戰勝科斯洛的事件。

【人文歷史百科】

走向封建社會

希拉克略王朝時期，由於連年戰爭導致勞力嚴重不足，遂將大量被征服的斯拉夫人移居小亞細亞和其他地區。斯拉夫人移民的同時，也帶來了他們的公社制度，這些在八世紀前期形成的「農業法」中有所反映。

「農業法」是拜占庭法與斯拉夫人習慣法相結合的產物。在斯拉夫人占優勢地位的地區，「農業法」發揮了重要作用。當時耕地歸公社裡自由的農民所有，並定期輪換。收割後變為公共牧場。「農業法」中也提到有關農民租種土地須向地主繳納部分收穫物，成為「對分制佃農」和「什一租戶」的情況。從實際情況表明，斯拉夫人的農村公社已逐漸解體，封建租佃關係確立產生。拜占庭社會正由奴隸制向封建制過渡。

里昂第為帝，推翻了查士丁尼二世的統治。查士丁尼二世後來在保加利亞人和斯拉夫人的幫助下得以復位。據說在恢復帝位的一次征戰中，利奧送了六百隻羊給查士丁尼二世，因而得到他的賞識，爭取到了好官職。後來在阿那塔西烏斯二世統治時，他被任命為小亞細亞最大省分的總督。

西元715年8月，沃蒲賽基地區的軍隊舉行起義，擁戴費奧多西烏斯三世為帝，並攻陷君士坦丁堡。當時阿那塔西烏斯二世正在外省視察，拒絕放棄帝位。利奧捉準內亂之機，答應了阿拉伯人的交換條件，與之聯合，於西元716年稱帝，隔年率軍攻下君士坦丁堡，從此進入了伊蘇里亞王朝時期。

利奧三世上臺後未履行諾言，阿拉伯人立即大舉進攻拜占庭。阿拉伯哈里法的兄弟摩斯雷瑪親率十二萬阿拉伯人和波斯人組成的大軍穿過小亞細亞，越過阿比杜斯進入歐洲，從陸路包圍色雷斯諸城。同時，由埃及和敘利亞駛出一千八百艘戰船，衝進了博斯普魯斯海峽，進攻君士坦丁堡。

大敵當前，利奧三世沉著應戰，調度人力和物力，採取以守為攻的戰略。他聽從了煉丹術士卡林尼庫的建議，採用由硝石、硫磺、石油和各種樹脂製成的一種能夠在水上燃燒的混合液，人們稱之為「希臘火」。然後誘騙阿拉伯艦隊深入海港，出其不意地使用「希臘火」火燒阿拉伯戰船，剎那間火舌四竄，龐大的阿拉伯艦隊陷入一片火海，大多葬身海底。時值嚴冬，圍城的陸軍也因飢寒交迫喪失了戰鬥力。最後這場戰爭以阿拉伯人的慘敗收尾。

←利奧三世肖像，拜占庭時期壁畫
利奧三世是拜占庭歷史上最著名的皇帝之一，在位時打敗了入侵拜占庭帝國的阿拉伯人。

拜占庭帝國

169

拜占庭的「破壞聖像運動」

利奧三世執政初期，由於阿拉伯人的入侵，帝國版圖大為縮小。阿拉伯人占領區的大批教士紛紛回到帝國境內，一時間，境內教士的數量猛增，享有免稅權的修道院和教會的土地幾乎占據帝國疆域之半。而軍事貴族對於教會和修道院所占有的肥沃土地早就垂涎三尺，伺機奪為己有；群眾們對教會巧立名目的搜刮和貪得無厭的剝削也強烈不滿。

七至八世紀的教會，一直利用聖像崇拜作為斂財的手段。七世紀以後，帝國境內興起了尖銳攻擊聖像崇拜的保羅教派。利奧三世巧妙地利用各階層反教會的情緒，打出「反對供奉聖像」的旗號進行教會改革。

西元726年，利奧三世頒布了第一道反對供奉聖像的詔令，宣布供奉聖像同偶像崇拜一樣，皆屬「異端」，應該取締。西元730年，他再次頒布詔令，銷毀教會、寺院中的所有聖像，並廢除部分修道院，沒收其全部土地與財產，此外還迫令修士還俗，負擔國家賦稅。這一政策得到了軍事貴族和部分市民的支持，但可想而知地遭到教會的強烈反對，連羅馬教廷也出面干涉，教皇格利高里二世於西元731年宣布開除利奧三世的教籍。然而，利奧三世立刻還以顏色，他剝奪了羅馬教皇在南義大利的徵稅權和對伊利里亞等地的管轄權。

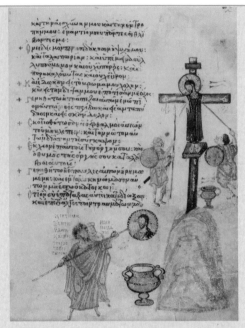

↑「破壞聖像運動」，中世紀拜占庭插圖畫

拜占庭帝國時期的聖像破壞運動為史上所首見，十六世紀喀爾文教派也發起了此運動。

↑托馬起義，中世紀拜占庭插圖畫
托馬領導的農民起義圍困君士坦丁堡長達兩年之久，沉重打擊了封建統治者。

利奧三世將沒收的土地分封給軍事貴族，藉以鞏固他的統治地位。大批軍事貴族的出現，使其領地上的村社農民迅速淪為農奴，加速了拜占庭帝國的封建化。

西元741年6月18日，利奧三世死於君士坦丁堡，下葬在君士坦丁大教堂裡。

封建化的拜占庭

利奧三世為完善軍區制，迫切需要大量土地，發動了「破壞聖像運動」。其子君士坦丁五世繼承父業，繼續推行破壞聖像的政策。這場抗爭持續了整整一個世紀，沒收的教會土地大部分落入軍事貴族之手，促進了新興封建貴族階級的發展。

西元九世紀時，拜占庭的封建關係發展迅速。這時，國家的賦稅名目繁多，而且納稅實行連保制，一人逃稅，眾人遭殃。沉重的稅負促進了大地主制的形成，加速了自由農民的破產。十世紀時，拜占庭的直接生產者多為處於依附地位的農民，封建關係得到進一步發展。

封建賦稅的重壓，造成九世紀以來的動亂不斷，以小亞細亞東部地區為中心的保羅派運動廣泛開展。「保羅派」主張社會平等，具有明顯反封建教會的民主性質。西元827年，保羅派遭到鎮壓。821年起，在小亞細亞爆發了托馬領導的農民起義，起義軍包圍君士坦丁堡達兩年之久。政府一面收買分化義軍，同時請求保加利亞派軍助援，於823年加以平定。

西元932年，小亞細亞又爆發了銅手瓦西里領導的農民起義。據說瓦西里抗爭意向堅決，被砍去手後又安裝上銅手。他領導農民攻打城堡、占領莊園、抵抗官軍，聲勢浩大。最後由於寡不敵眾而被鎮壓，瓦西里受俘後死於火刑。

↑君士坦丁五世發動的聖像破壞運動，中世紀拜占庭插圖畫

十字軍的真面目

←小王子阿曆克塞四世歡迎十字軍的到來，杜雷插畫

從第一次十字軍東征開始，羅馬教皇就提出了一個冠冕堂皇的口號——解救「主的墳墓」，前三次東征的直接目標都是指向耶路撒冷。然而實際上，羅馬教皇真正的野心並不在於耶路撒冷，而是搶奪巴勒斯坦的珍寶。因此，第四次十字軍東征發生了根本性改變，徹底撕下了對「異教徒」作戰的外衣，赤裸裸地顯露出羅馬教皇與歐洲領主們的野心。在第四次十字軍東征中，他們全然將收復耶路撒冷的使命拋諸腦後，把掠奪矛頭指向了同樣信奉基督的拜占庭帝國之首都——君士坦丁堡。

西元1202年，在羅馬教皇英諾森三世的號召下，法蘭西、日耳曼、義大利的君主組成了聲勢浩大的第四次十字軍東征，由威尼斯的船運往東方。十字軍攻占了薩臺爾城之後，在這裡暫作休整。此時接待了拜占庭帝國逃出來的一位小王子。這位小王子是拜占庭前任皇帝伊薩克二世的兒子，被現任皇帝的親叔父阿曆克塞追殺，來這裡請求十字軍為他父親奪回王位。小王子答應十字軍：一旦即位，就歸服於羅馬教皇管轄之下；付給十字軍二十萬銀馬克作為軍費，並負責供應一切糧草；派一萬將士配合十字軍作戰。

貪婪的十字軍得到這般承諾後欣喜若狂，於是高舉懲辦叛逆、維護基督教尊嚴的旗幟，名正言順地出兵拜占庭。

十字軍從薩臺爾出發，繞過雅典進入愛琴海，穿過達達尼爾海峽直抵君士坦丁堡。這時的拜占庭帝國歷政變不久，政局未穩，十字軍沒費多大力氣便於1203年攻占君士坦丁堡，伊薩克二世復位不久就一命嗚呼，小王子阿曆克塞四世即位。小王子即位後為履行承諾，開始增加賦稅；下層人民不堪重負，紛紛揭竿起義，反抗阿曆克塞四世的統治，小王子的王座搖搖欲墜。在這種情況下，十字軍以不能償還欠款為藉口，

↑十字軍戰士進攻君士坦丁堡，中世紀插圖畫
十字軍第四次東征時期，趁拜占庭帝國發生內亂，進攻君士坦丁堡。

於1204年4月再次攻占了君士坦丁堡，對這座古都進行瘋狂的搶掠和血腥的屠殺。

短命的拉丁帝國

西元1204年，十字軍在征服了拜占庭的大部分領土之後，按羅馬教皇和西歐君主們的意願，在拜占庭的廢墟上建立起一個拉丁帝國。

羅馬教皇在十字軍東征中實現了多年來神權擴張的夙願。拉丁帝國建立後，教皇立即委任新的大主教為拜占庭的宗教領袖。佛蘭德爾的鮑德溫一世做了皇帝，直接控制帝國四分之一的土地。

【人文歷史百科】
「拜占庭帝國八分之三的君主」
第四次十字軍東征中，威尼斯商人受益最大，不僅占有君士坦丁堡的主要街道，並在這裡建立起威尼斯特別區，還搶占了拜占庭八分之三的領土，因而威尼斯的總督又被稱為「拜占庭帝國八分之三的君主」。

十字軍首領也得到了大片的土地，建立起了帖撒羅尼加、雅典、亞細亞和色雷斯這四個公國，成為拉丁皇帝的封臣。另外，威尼斯割占了克里特島、優卑亞島等島嶼和一些沿海城市。

而拜占庭的皇族們，在帝國殘存的領土上建立了尼西亞、伊庇魯斯和特拉布松等三個小國，力圖重振拜占庭帝國。

拉丁帝國從建立之日起就岌岌可危。西歐君主集團內部不和，希臘人不斷反抗，保加利亞、土耳其也虎視眈眈。1235至1236年，君士坦丁堡幾乎被保加利亞的伊凡·阿森二世攻占。1261年7月25日，尼西亞國王巴列奧略家族的邁克爾八世收復君士坦丁堡，建立巴列奧略王朝，恢復了拜占庭帝國。拉丁帝國末代皇帝鮑德溫二世逃往西歐，拉丁帝國覆滅。

拜占庭帝國雖然復國，但是昔日的雄風已不在了，國勢衰微，領土縮小。之後不到兩百年的光陰，就為鄂圖曼土耳其人所滅。

↑ 拉丁帝國地圖

拜占庭帝國

173

051.拜占庭帝國的滅亡

鄂圖曼土耳其興起時，拜占庭帝國幾乎走到了窮途末路。君士坦丁堡的陷落，標誌著這個古老帝國的結束。

內外交困中的皇帝

君士坦丁堡位於博斯普魯斯海峽西岸，扼守黑海出海口，形勢險要，貿易繁榮，有「溝通東西方的金橋」之稱。耀眼的財富也召來眾多的征服者。到十五世紀君士坦丁十一世在位時，拜占庭國勢衰微，其管轄範圍僅剩首都君士坦丁堡及其附近的幾個城市，以及已被鄂圖曼土耳其孤立的伯羅奔尼撒地區。

十三世紀末，鄂圖曼土耳其帝國開始向外擴張，十四世紀中期在達達尼爾海峽對岸占領據點，作為向歐洲推進的跳板。1396年，在多瑙河畔的尼科堡戰役中，鄂圖曼土耳其軍隊一舉擊敗了匈牙利、法蘭西、神聖羅馬帝國等國的聯

← 約翰八世到義大利，油畫
面對鄂圖曼土耳其人的壓力，拜占庭帝國皇帝約翰八世無奈之下，到羅馬向教皇求援。

軍，歐洲為之震撼。十四世紀末，鄂圖曼土耳其侵占了從多瑙河到雅典之間的廣大地區，把巴爾幹半島大部分地區併入帝國的版圖。只剩下一副空殼的拜占庭帝國危在旦夕。1430年，鄂圖曼帝國對拜占庭展開新的攻勢，並占領了帖撒羅尼加，拜占庭已陷入重重包圍之中。

在這種情況下，拜占庭帝國的統治者們分化成幾派：

以皇帝約翰八世為首組成了「親拉丁派」，他們尋求西歐各國和羅馬教皇的援助。1439年，約翰八世親自到了義大利，接受教會合併的決定，承認羅馬教皇的最高地位，將東正教置於教皇的統治之下。

以艦隊長官盧卡·諾塔拉為首的派別則反對臣服於羅馬教皇，組成分子有東正

六世紀中期的拜占庭帝國疆界
十三世紀末鄂圖曼土耳其活動中心
1451年的拜占庭帝國
1451年的鄂圖曼帝國

拜占廷帝國的衰亡和鄂圖曼帝國的興起

↑拜占庭帝國的衰亡和鄂圖曼帝國的興起
在此地圖中，六世紀時的拜占庭疆域是帝國最鼎盛的時期，也就是查士丁尼大帝統治時期。

教會的教長和部分宮廷貴族。盧卡・諾塔拉曾說：「我寧願在君士坦丁堡看到土耳其人的頭巾，也不願看到教皇的法冕。」

此外還有一個親鄂圖曼土耳其派，這一派大多是與土耳其及其占領區有經濟政治聯繫的貴族和商人。為了保全自身財產和特權，他們不惜犧牲國家利益。

內部的分歧，大大削弱了抵抗鄂圖曼帝國的力量。

穆罕默德二世的陰謀

西元1451年，鄂圖曼帝國蘇丹穆拉德二世未能實現占領君士坦丁堡的夢想就去世了，年僅十九歲的穆罕默德二世即位。

年輕的穆罕默德二世胸懷韜略，擁有一支裝備精良、訓練有素的軍隊，近衛軍是其中的精英。近衛軍戰士們未滿十二歲便被送入軍隊，接受嚴格的軍事訓練，是當時最優秀的戰士。擁有這樣的一支軍隊，穆罕默德二世決心攻下君士坦丁堡，把它變成伊斯蘭教的中心。

在經過長時間的精心準備之後，穆罕默德二世發布了進攻的命令。但由於君士坦丁堡的城牆非常堅固，鄂圖曼軍隊久攻不下。

穆罕默德二世知曉這樣下去不是辦法，與大臣們反覆研究後，他決定製造

【人文歷史百科】

從十字架到新月

君士坦丁堡轉到鄂圖曼土耳其的手中，代表拜占庭帝國和希臘國家政治獨立的終結，意味著這個基督教的堡壘成為伊斯蘭教的驕傲。基督徒和穆斯林都認為君士坦丁堡是舉世最偉大的城市之一，完美體現了古希臘和古羅馬文化的傳統，占有該城，形同增加了自己的威信。穆斯林決心永遠占有它，就像基督徒從西元四世紀的君士坦丁一世直到十五世紀的君士坦丁十一世那樣，占領之後給它取了一個具有伊斯蘭色彩的名字——伊斯坦堡，直到今日。

一種威力更大的火砲來轟塌君士坦丁堡的堅固城牆，於是派人四處尋找造砲專家。不久，有一名叫巴爾馬斯的匈牙利人求見穆罕默德二世，自稱能造出世上最厲害的巨型火砲，穆罕默德二世毫不猶豫地重用了他。三個月之後，第一門火砲造了出來。經過檢驗，這種巨砲果然威力無比，穆罕默德二世下令用此火砲裝備砲兵。

這種巨型火砲體態龐大，不好運輸，穆罕默德二世便動員全國人民，夜以繼日地努力了幾個月，才將巨砲運到了陣地。

←穆罕默德二世肖像，中世紀插圖畫
穆罕默德二世是鄂圖曼帝國最偉大的君主之一，在位期間不斷對外進行擴張。

拜占庭帝國

175

圍攻君士坦丁堡

西元1453年4月，穆罕默德二世親率二十萬大軍、三百艘戰艦，並攜帶數百門攻城火砲，將君士坦丁堡團團圍住，從海陸兩面同時發起總攻擊。為了振奮士氣，穆罕默德二世竟向士兵們許諾：進城之後特允大肆搶掠三天。

君士坦丁堡的守城士兵只有八千多人，海上有一支由二十多艘大帆船組成的艦隊，難與鄂圖曼大軍匹敵。但由於君士坦丁堡地勢險要，易守難攻，再加上有堅固的防禦工事，起初土耳其人並未占到優勢。

鄂圖曼軍隊首先從城西發動了強攻，他們用火砲轟塌城牆後填平壕溝，架設雲梯，並在城牆下挖掘坑道。在國家生死存亡的危急關頭，城內軍民在君士坦丁十一世和足智多謀的威尼西亞人喬萬尼·吉烏斯蒂南尼的指揮下頑強抵抗，多次擊退了鄂圖曼軍隊的進攻。

陸地進攻不利，鄂圖曼帝國艦隊的海上進攻也受挫，對海峽的封鎖也被衝破。

在多次進攻未果之後，穆罕默德二世把一座巨型木塔移到城牆邊以便登城，而吉烏斯蒂南尼派人將一些炸藥筒滾到木塔下將其炸毀。戰局越來越激烈，鄂圖曼土耳其的士兵一批接一批地倒下，就連穆罕默德二世的近衛軍也傷亡慘重。

遭到一連串失敗後，穆罕默德二世改變了策略：借道熱那亞商人控制的加拉太據點，繞過封鎖的鐵鏈進入金角灣，從背後攻擊君士坦丁堡。土耳其人以保障熱那亞商人在加拉太的商業特權為條件，買通熱那亞商人，然後動員數千人連夜在博斯普魯斯海峽和金角灣之間，鋪設了約一·五公里長的圓木滑道，並在滑道板面上塗抹大量的油脂以減少摩擦，七十多艘輕便帆船就這樣通過滑道進入金角灣，完成了對君士坦丁堡的合圍。

【人文歷史百科】

熱那亞

中世紀時，熱那亞和威尼斯、佛羅倫斯一樣，是義大利境內興起的城市共和國，其經濟基礎是對外貿易。十一世紀，熱那亞人從阿拉伯人手中奪取薩丁島和科西嘉島的控制權後，以武力威逼阿拉伯人在北非沿岸取得貿易免稅權。十一世紀末參加十字軍東征，在巴勒斯坦建立商業殖民點。十三世紀幫助拜占庭復國，又在地中海和黑海沿岸獲得許多特權，包括君士坦丁堡的加拉太。1453年鄂圖曼土耳其攻占君士坦丁堡時，加拉太的熱那亞人出賣了拜占庭。不過，鄂圖曼帝國強盛以後，熱那亞在黑海和愛琴海沿岸的商業殖民地全部喪失，逐漸走向衰落。

君士坦丁堡的陷落

西元1453年5月29日拂曉，鄂圖曼軍隊從海陸兩路向君士坦丁堡進攻：海上軍隊在金角灣用火砲轟擊防禦工事和防守船隻；陸上在穆罕默德二世親自指揮下，數萬軍隊蓄勢待發。霎時間，萬砲齊發，砲彈密如雨下。鄂圖曼土耳其士兵們重振神威，衝向城牆。一時間，城牆上、雲梯上，到處都是廝殺的戰士。穆罕默德二世用巨砲轟開了聖羅門以北的一段城牆，鄂圖曼士兵如潮水般湧入。君士坦丁堡守軍雖浴血奮戰，但畢竟兩軍兵力懸殊太大，城池失陷。拜占庭的末代皇帝君士坦丁十一世也在混戰中被殺。

君士坦丁堡經過五十三天的激戰後失陷了，鄂圖曼土耳其人展開了瘋狂的劫掠，多難的君士坦丁堡再遭蹂躪。穆罕默德二世之前曾承諾：除了城市本身，他什麼也不要，士兵搶得的一切都歸自己所有。這讓士兵們更加肆無忌憚。鄂圖曼土耳其軍隊在城內燒殺搶掠，成千上萬的無辜居民被殺，無數的歷代藝術珍品遭到洗劫，輝煌的建築付之一炬，人類文明再一次遭遇劫難。史書記載，君士坦丁堡失陷後三天，一條條滿載貨物、重得似乎要沉下去的船舶駛離港口，回到鄂圖曼人的家園。

君士坦丁堡的此次陷落，標誌著延續一千多年的拜占庭帝國徹底滅亡。雖然拜占庭帝國滅亡了，但它在世界歷史上留下了濃重的一筆。從某種意義上說，拜占庭帝國是西歐各國得以安寧的屏障，正是由於拜占庭的長期存在與繁榮，才使得西方保有足夠的空間和時間自由發展。另外，拜占庭帝國的貿易發達，為整個地中海地區的繁榮提供了動力，也為世界貿易的發展做出了貢獻。

↓穆罕默德二世進入君士坦丁堡，吉恩·約瑟夫作品
穆罕默德二世踏著拜占庭人的屍骨進入君士坦丁堡。出於對將士們的承諾，故對縱情燒殺和擄掠該城的部下視而不見，君士坦丁堡陷入空前浩劫。

052.拜占庭文化

地處東西方文化交會之處的拜占庭帝國，經歷了一千多年的風風雨雨，融合了東西方文明的精華，形成了獨特的文化風格。

拜占庭風格建築

拜占庭建築是在古羅馬建築文化的基礎上發展起來的。同時，由於特殊的地理位置，在發展的過程中又汲取了波斯、兩河流域、敘利亞等東方建築豪華的特點，注重色彩的運用和裝飾的華麗，形成自己獨特的建築風格。以巨大的穹頂爲特點，對後來俄羅斯的教堂建築、伊斯蘭教的清眞寺建築都產生了顯著影響。

在所有拜占庭的建築中，君士坦丁堡的聖索菲亞大教堂堪稱典範。該教堂是東正教的中心教堂，中央大穹窿的直徑達三十二‧六公尺，穹頂離地五十四‧八公尺。其東西兩側是兩個與它直徑相等的半穹窿，南北由複雜的拱門和巨大的立柱等支撐。內部空間豐富多變，穹窿與穹窿之間、拱門與拱門之間、柱與柱之間，大小空間前後上下相互滲透。飾有金黃底色的彩色玻璃鑲嵌

↑聖索菲亞大教堂主體建築內部結構示意圖

畫與壁畫相互映襯，顯得富麗堂皇。穹窿底部密排著四十個窗洞，光線射入時形成的幻影，使大穹窿顯得高大而輕巧，宛如凌空飛架。

拜占庭帝國晚期，建築物的典型設計是希臘十字式。在這種設計中，主穹窿在四個基本方向由四個互成直角的支架拱頂提供支撐，支架拱相交處的四個角上坐落著另外四個穹窿，雖然規模較小，但異常富麗堂皇，尤以威尼斯的聖馬可大教堂爲希臘十字形教堂的代表之作。

→聖索菲亞大教堂
伊斯坦堡（原君士坦丁堡）的聖索菲亞大教堂，是拜占庭建築藝術中的瑰寶。土耳其人占領此地以後將其改爲清眞寺，又添建了伊斯蘭風格的尖塔。

←皇后希歐多爾拉及其隨從，義大利拉文納聖維塔利教堂鑲嵌畫
這幅畫與《查士丁尼大帝及其隨從》一樣，是當今保存最完
好的拜占庭鑲嵌畫名作，描繪了皇后手捧貢品朝拜的情形。

義大利聖維塔利教堂的《查士丁尼大帝
及其隨從》和《皇后希歐多爾拉及其隨
從》，是當今保存最好的拜占庭鑲嵌
畫名作，描繪出皇帝和皇后手捧貢品朝
拜的情形。由於採取了平面描寫和對稱
圖的處理方法，移動的行列讓人看似靜
止，形成了儀式般的場面。

鑲嵌畫製作成本極其昂貴，而壁
畫製作簡單、花費較少，因此在拜占庭
繪畫中同樣占據一席之地。十三世紀拜
占庭帝國走向衰落後，這種繪畫成為主
流。壁畫的主要題材是聖像，作品強調
傳神而不重視形象，注重寓意而不要求
真實，大量使用線條來表達神學意涵。

基督化的美術

拜占庭帝國時期，由於基督教在當
時社會中占有重要的地位，因此拜占庭
時期美術作品多取材於《聖經》。因為
所處地理位置特殊，拜占庭美術的最大
特色就是融合了東西方不同文化的藝術
成就，注重色彩的絢麗，強調人物精神
的表現。在拜占庭美術中，最突出的成
就是鑲嵌畫和壁畫，在整體教堂裝飾藝
術中占有主導地位。

「鑲嵌畫」出現於古希臘，普及
於羅馬帝國時期，而拜占庭藝術家將之
發揮到最高水準。其製作方法是將紅、
白、紫、藍、黃、灰等各色石子及彩色
玻璃，切割成形狀各異的小塊，壓鑲在
灰泥或石膏的表面，背景空白之處用金
片填充，顯示出一種無與倫比的奇光異
彩。

在拜占庭鑲嵌畫中，聖母、聖子
與皇帝的形象是最主要的題材，反映出
拜占庭社會專制之下教俗合一的特色。

【人文歷史百科】

聖索菲亞大教堂

聖索菲亞大教堂的整個平面呈巨大的長方
形。從外部造型看，是一個以穹頂大廳為
中心的典型集中式建築；從結構上看，受
力複雜而又條理分明；從內部空間看，排
列於大穹窿下部的一圈窗洞將天然光線引
入教堂，使整個空間變得飄忽、輕盈而又
充滿神聖感，同時也借助建築的色彩進一
步地構造出藝術氛圍。

大廳的門窗玻璃是彩色的，柱墩和內牆面
用白、綠、黑、紅等彩色大理石拼成，柱
子用綠色，柱頭用白色，某些地方鑲金，
圓穹頂內部都貼著藍色和金色相間的玻璃
馬賽克。這些繽紛的色彩交相輝映，既豐
富多彩、富於變化，又和諧相處，整體意
境一致：神聖、高貴、富有，有力地展現
了拜占庭建築充分利用色彩語言構造藝術
意境的魅力。

拜占庭的能工巧匠

象牙雕刻、寶石鑲嵌、金屬雕刻和織錦等工藝美術，在奢華的拜占庭文化中亦占有重要地位。

起源於羅馬帝國時代的象牙雕刻，在拜占庭時期也達到了相當高的水平；高超的鏤空技術和複雜的花邊設計，巧妙的布局與細微的雕琢，表現出拜占庭藝術中難得的美感。執政官折合板常被用來歌頌執政官的業績，其一頁飾板上通常雕有執政官的肖像，另一頁雕刻著人物、場景或裝飾圖案。拉文納的《馬克西米里寶座》是第一盛期的重要飾板雕刻作品，其正面和側面雕刻分別表現了聖約瑟、聖約翰和福音傳道者的形象。

在拜占庭時期，琺瑯、寶石和貴重金屬雕刻或鑲嵌的工藝品，是最受歡迎的藝術品；這類工藝品多用於教堂，具有象徵意義，梵蒂岡的十字架和羅浮宮的大酒罐，正是箇中代表。非貴金屬製品也被大量製作，其中應用最廣的有朝聖者用來裝聖油的鉛製長頸瓶、銅製小十字架、香爐和燈檯等。

拜占庭的金銀製品與珠寶首飾、器具等，充分顯

↑拜占庭時期製作的裝飾板

示了工匠們鬼斧神工般的技藝。著名的帕拉多霍祭壇組雕是這一系列技藝的組合之塊寶，高約二公尺，寬一八三·五公尺，由金子、珠寶和景泰藍製成，流光溢彩，令人眩目。

拜占庭人的精雕細琢，不僅運用於手工藝品製作中，也應用在絲綢品上。絲綢在當時的拜占庭帝國屬於特別貴重的商品，生產與銷售都由國家嚴格控制。其中上品錦緞圖案複雜，由金銀絲與絲線混紡而成。這些錦緞製作成簾子、家具套、聖壇罩布和禮服，甚至成為饋贈給外國君主的禮物。查理大帝下葬時穿的壽衣，就是用拜占庭錦緞縫製而成。

文明的聖地

拜占庭在地理位置上處於歐、亞、非三洲的交界處，是連接東西方的橋樑，在文化發展上也兼有貫通古今、融合東西的地位。促使拜占庭文化在中世紀繁榮發展的主要因素包括：（一）古希臘、羅馬和希臘化時代的文化傳統；（二）羅馬國教的基督教文化；（三）東方文化的傳布。這三個因素互相交彙融合，形成中世紀獨特的拜占庭文化。

↑查士丁尼大帝皇冠上的十字架

拜占庭文藝復興

十二世紀以後，拜占庭文化得到進一步發展。人們對古典作品的興趣日益濃厚，在寫作風格和文字語言方面極力模仿古典作家，因而在希臘語中逐漸產生了書面語言與民間語言的區別。在十四、五世紀，拜占庭出現了與義大利文藝復興遙相呼應的所謂「拜占庭文藝復興」。君士坦丁堡出現了一批傑出的學者，如哲學家普利桑、貝塞林及神學家葛列格里等。在帝國末期也出現了一批著名的歷史學家，其中有皇帝約翰六世，他們留下了有關帝國末日的歷史著作。君士坦丁堡大學不僅吸引了希臘學者，且吸引了文藝復興時期的義大利學者。

拜占庭經過一千多年的歷史發展，把各種文化因素融合一氣，形成了典型的希臘民族文化，在世界文化之林中永放光輝。

西歐在五至七世紀處於「蠻族」的統治之下，古典文化遭受破壞；整個中世紀文化水平低落，文藝復興的學者習慣上把這段時期稱為「黑暗時代」。而拜占庭卻保存下來大量的古典文化瑰寶，可說是當時歐洲文化最繁榮的國度，人們視之為文明的聖地。

在西元六世紀的查士丁尼時代，文化已漸具有某些拜占庭的特點，即希臘——羅馬文化因素，文學、藝術、史學、建築等皆很發達。作為歷史學家和文學家的普羅可比，是此一時代文化的代表者。他學識淵博，成為帝國大將貝利撒留的顧問和祕書，親身參與對波斯、汪達爾和東哥德的戰爭。他留下了三部重要著作：《戰史》描述了對外戰爭的經過，和日耳曼人及其國家的社會狀況；《祕史》揭示了查士丁尼及其皇后希歐多爾拉的私生活，涉及到帝國政治生活的諸多層面；《建築》記述了查士丁尼大興土木的活動。這三部著作具有極高的史學和文學價值。

八至十二世紀是拜占庭封建文化的繁榮和發展時期，拜占庭的教俗文化同時發展，互相補充，十一世紀達到鼎盛。編年史家希奈魯斯和狄奧方都記述了破壞聖像運動時期的帝國歷史，保存下珍貴的歷史資料。大馬士革的約翰著有《知識的源泉》一書，有條理地闡述了基督教的信仰，成為後世西方神學家湯瑪斯·阿奎那撰寫《神學大全》的範本。

↓普羅可比，拜占庭時期壁畫
普羅可比在西方被稱為「偉大的普羅可比」，他在貝利撒留遭罷免後曾率領軍隊繼續作戰，留下了許多珍貴的戰爭史料。

053.善於航海的諾曼人

諾曼人的英勇不表現在馬背上，他們一切充滿戰鬥力的活動都是在船上進行的。他們在攻擊時，不把敵人完全消滅絕不甘休。

北歐的古老居民

早在西元前六千年左右，斯堪地那維亞半島和日德蘭地區就有人定居了，當時叫「諾曼人」，意為北方人。多數學者認為，他們是古代日耳曼人的後裔，主要包括古丹麥人、瑞典人和挪威人。古代阿拉伯歷史學家伊本・賽德如此描述：「他們身材魁梧結實，相貌堂堂，勇於襲擊；不過英勇精神並不表現在馬背上，因為他們一切充滿戰鬥力的活動都是在船上進行的。他們在攻擊時，不把敵人完全消滅絕不甘休。」

北歐地區冬季長，日照時間短，耕地狹小而分散，抑制農牧業發展。夏天時波羅的海和北海水上交通十分方便，造就早期的北歐居民成為海洋民族，古代北歐英雄史詩中曾描述說：「大海就是他們的後院，戰船便是他們的長靴。」

早期的北歐居民大約從西元前的最後半世紀起，就到歐洲大陸和地中海地區從事經商與擄掠了。羅馬帝國自奧古斯都皇帝時代起，即對這個僻遠的北歐地區萌生興趣，因為這一地區的沿海盛產優質琥珀和貴重皮毛，而琥珀是羅馬貴族婦女的時髦飾物，價格十分昂貴。因此，商品貿易一下子便在南北歐之間興盛了起來。北歐人駕船橫越波羅的海，為羅馬人運送去琥珀和皮毛，再從歐洲大陸運回黃金、白銀、玻璃器皿、織物等北歐罕見的物品，更重要的是輸入大宗北歐嚴重不足的糧食。

航行到美洲

對於是誰發現了美洲這個問題，您或許會不假思索地喊出：「哥倫布！」但是，一些學者卻有不同的見解，他們認為：在哥倫布之前最先發現美洲的，乃是北歐海盜。

據冰島古代傳說《格陵蘭人故事》和《埃里克的英勇事蹟》記載，西元982年埃里克發現格陵蘭不久，另一冰島人海爾約爾夫松於西元986年從冰島乘船駛往格陵蘭島，途中遇上狂風把船吹到一處滿眼望去皆是森林的陸地，他們沒有上岸就調轉船頭駛向格陵蘭島。後來很多人都提起了那個神祕的陸地。

西元1001年，埃里克的兒子萊夫買下海爾約爾夫松的船，率領三十五個精壯男子去尋找那片神祕的陸地。萊夫的船先到達一個滿布岩石和冰

↑諾曼人「長屋」想像圖，插圖畫，吳廣作品
諾曼人居住在長屋裡，長屋是屬於主人的，
所有為主人做工的僕人也住在這裡。

川的地方，那裡很是荒涼，他們給它取名爲「赫盧蘭」，就是今天的巴芬島。他們接著繼續航行，萊夫發現一個有森林密布的小山，他爲這個地方取名「馬克蘭」，就是今天加拿大的拉布拉多。萊夫繼續向南航行，找到一處可以定居並生長著許多野葡萄的地方，他把這裡叫做「葡萄國度」，又叫「文蘭」。這裡的冬天溫暖而明亮，於是萊夫他們在

【人文歷史百科】

諾曼人到達美洲的物證

有人認為，「葡萄國度」是加拿大的紐芬蘭。因為人們曾在這裡發現過諾曼人用的銅製扣釘、石頭紡錘以及六間木屋的地基遺址。1936年，人們又在此發現了一個諾曼人用過的工具箱，裡面有大鐵槌、小鑽孔器、鋸子、斧子、鉗子等工具。

1970年代，考古學家又在紐芬蘭發掘出一處諾曼人村莊遺址，有八座草泥房屋建築以及一些挪威壁爐、一間鐵匠鋪、熔化的鐵和一些釘子等物品，時間可確定為十世紀末至十一世紀初期。

此度過了一個多季。隔年春天，他們滿載著木材和葡萄，返回格陵蘭。

在萊夫發現的鼓舞下，其他諾曼人先後三次出航到「葡萄國度」去過多，但後來和當地人發生了衝突，被趕回格陵蘭。1014年，萊夫的女兒弗雷德絲率領六十多人到達「葡萄國度」後，見財起意，殺了同伴三十多人。至此，諾曼人「葡萄國度」的故事，就在這個悍婦發動的自相殘殺中結束。1020年，這批探險者中的最後一批人返回了格陵蘭。

在諾曼人向西移民的狂潮中，「葡萄國度」是他們到達過最遠的地方，此後這股狂潮逐漸退去。十三世紀時，格陵蘭和冰島的移民臣服於挪威。昔日的榮耀並沒有因爲他們的臣服而抹去，他們記載下海盜們的英雄傳奇，讓後人知曉英勇無畏的祖先的夢想與壯舉。

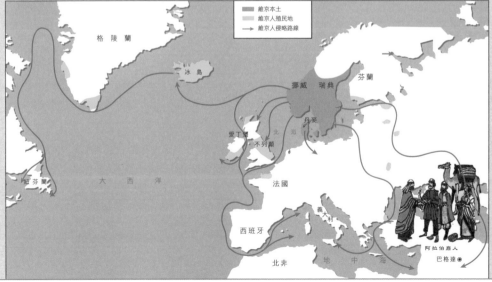

↑諾曼人航海和殖民示意圖

諾曼人狂飆掃歐洲

183

054.海盜之路

諾曼人是一個以船為馬的民族，勇往直前的精神、貪婪的天性和強壯的身體結合起來，對整個歐洲產生了重大的影響。

諾曼人的發展

在羅馬帝國興盛時期，北歐居民與羅馬進行著和平的貿易往來。這種狀況持續到四世紀時發生了變化，那時的歐洲正經歷著歷史上著名的民族大遷徙，局勢動盪，戰亂不止，這使北歐居民再無法像以前那樣，悠閒地乘船越過波羅的海和羅馬帝國進行貿易了，必須南下到地中海一帶才能做生意。這麼遙遠的路程，對於半開化狀態的北歐居民來說簡直太難了。

南、北歐之間的貿易雖然受到嚴重

►戰船上的諾曼人
諾曼人在羅馬帝國時期曾是規矩的生意人，但當他們發現當海盜能獲取更大利潤時，便走上了海盜之路。

影響，但是，置身於局外的北歐居民從民族大遷徙的紛亂中得到了好處，那就是中歐日耳曼人從羅馬帝國掠奪來的財富，有不少透過不同的途徑落到了他們的手中。製作精良的武器、技術和冶煉鐵器的方法，跟著傳到了北歐。正因如此，五世紀至六世紀初期，丹麥、瑞典和挪威進一步開化起來，向歐洲大陸的文明看齊。

起初，北歐人到南歐做生意是有一定規矩的，攜帶的武器多是用來自衛。粗獷的本性使然，他們儘管打劫，也僅止於零星，多是由於船舶迷失航向，或是船上的食物不足了，偶爾登岸騷擾一番，滿足後便即離去。但是積累起這些零散的打劫行為後，他們發現動盪不安的歐洲大陸對這番打劫的抵抗是那麼軟弱無力，而打劫所獲取的財富與正常貿易的所得相差無幾，有時甚至更高。於是他們便不再攜帶貨物，專事搶劫，因為這比經商獲利更快。

【人文歷史百科】

諾曼人的傳統

北歐社會階級分明，孩子們一懂事後便要知道自己在社會中處於什麼地位，以及應對社會盡什麼義務。法律、傳統和神話，都明確地規定了每個人的社會角色和責任。比如，在相關的編年史中記載道：「每一個人都要按自己的地位獻出貢品，地位最高的人必須獻出十五張貂皮、五張馴鹿皮、一張熊皮、十一件用熊皮或水獺皮製成的短大衣、兩根船纜、一張鯨皮，外加其他海豹皮，及一些從北方的鴨窩裡收集來的羽絨。」這些貢品大部分是以向國王交稅的名義徵收的。

社會形勢造就的海盜

九世紀末，哈拉爾德統一挪威後當上了國王，實行專制的獨裁統治。而挪威、丹麥和瑞典各民族中湧現的一批冒險家們為了擺脫哈拉爾德的統治，追求無拘無束的生活，開始瘋狂地向外擴張，成為令人恐懼的海盜。

這一時期眾多的諾曼人到冰島定居，或加入海盜行列，乃是由於北方半島本土的動盪不安，造成諾曼人的外移。當時斯堪地那維亞半島上許多小國的統治者實行殘暴統治，任意撤換部族首領。那些被撤職的首領中性情剛毅者，不甘逆來順受，便帶領其部下遠征海外，投入海上探險生涯。再來就是自

↑諾曼武士和他的僕從
諾曼人身材高大，好勇善鬥，令整個歐洲為之顫抖。

↓諾曼人的擄掠
諾曼人不僅善於航海，且生性勇敢，掠奪財富是他們戰鬥的主要目的。

九世紀初開始，在奉行一夫多妻的家庭結構下，諾曼人人口快速增長，土地分配越來越少，本土再沒有足夠的良田來養活增多的人口。酷寒的氣候、貧瘠的土地、過剩的人口，致使大多數年輕人在本土無法謀生，別無選擇地手持刀劍上船，到海上討生活。

諾曼人勇猛、喜歡冒險，愛好遊歷，同時也貪財。他們其中的一些人有堅固的船隻和熟練的航海技能，還具有經商的天賦，這些都促使他們主動向海外拓展，尋找更多的發展機會。

諾曼人狂飆掃歐洲

185

獨特的海盜船

諾曼人有數百年的航海經驗，船是他們的生活重心。諾曼人的船非常具有特色：船體狹長，船首刻有高高仰起的龍頭，當時人們只要一看到這種龍頭船，就知道諾曼人來了！正是這種獨有的諾曼式龍頭船，讓諾曼人得以馳騁在驚濤駭浪中。

龍頭船是一種快速戰船，用厚橡木板製成，有一根穩定的龍骨和一張大型的中央帆。船上最多有三十根槳，分列在船的兩側，每根槳都有一個划槳的人。在抵近陸地需要快速前進或無風的時候，他們就會使用這些槳。每艘戰船還有一張單帆，是用皮條加固的粗羊毛做成的，在公海上航行時才使用。

龍頭船主要是載運近程搶劫的軍

↑斯堪地那維亞海盜博物館裡保存的諾曼人戰船
諾曼人善於造船，駕駛的船隻被稱為「長船」或「龍頭船」，結構雖然簡陋，但非常結實，能抵禦風浪，適合長途航行。

隊，或是用於海上長距離的探險和到遠方貿易。船上容納的水手並不多，約十五至三十人。船隻兩旁設有盾形的防禦物，船上沒有磁羅盤，取而代之的是一種太陽羅盤。龍頭船吃水淺、速度快、靈活性強，長於在港口和海灣等淺水區航行和快速轉彎，也便於上溯到內陸河道，因此，諾曼人常用它來發動突襲，迅速來去，成功搶劫。

除了龍頭船外，諾曼人還製造了一種像救生艇的「斯哥德船」。

諾曼人的船在航行時都掛滿紅白相間直條紋的船帆，面積有一百多平方公尺大小，多由雙層的亞麻或粗羊毛織品製成，也有染成紅色的，但不是為了炫耀，而是用來作為引導航行的指向標。

【人文歷史百科】

船葬墓

諾曼人終生以船為伴，以海為家，對船隻有著極深的感情，因此死後也是「以船為葬」。假如一位驍勇善戰的諾曼酋長死了，那麼一條船以他生前的戰利品也將為他陪葬。人們會先挖一個戰壕式的大坑，將一切都放下去，然後再填上泥土和石頭。日德蘭半島及挪威地區，都曾挖掘出這樣的諾曼船。

天降災難

英格蘭東海岸的林第斯法恩島是當時頗負盛名的「聖島」，島上教堂和修道院林立。西元793年6月8日這天，島上的居民像往常一樣到修道院去朝聖。這時從海上來了許多船，居民們想也許那些人也是來朝聖的。於是，島上大小寺院都響起了鐘聲，修道士們排成長隊到海灘上去迎接遠道而來的「信徒」。然而，他們做夢也沒有想到，迎來的竟是一場可怕的災難。

這一場突如其來的海盜襲擊震撼了英倫三島，《盎格魯·撒克遜編年史》中記載道：「6月8日，異教徒進行了擄掠和屠殺，並且殘酷地摧毀了林第斯法恩島上的教堂。」為了使後人永遠記住這一事件，島上樹立起了一座石碑，一

↑諾曼人劫掠林第斯法恩島，中世紀插圖畫
西元793年6月8日，諾曼人劫掠林第斯法恩島，畫面中的熊熊大火暗示了海盜門的罪行。

邊刻有十字架、上帝之手和跪著祈禱的兩位修士；另一邊刻著北歐人模樣的海盜揮舞著大戰斧。這座石碑至今仍是遊人們憑弔的古蹟。從6月8日這一天起，先是不列顛群島，繼而是西歐沿海地區先後受到了海盜的蹂躪，此後長達三百餘年的時間裡，正是歐洲歷史上北歐海盜橫行的時期。

【人文歷史百科】

阿拉伯學者筆下的諾曼人

十世紀中葉，阿拉伯歷史學家伊本·法德蘭在他的著作中談到「更威風凜凜」的北歐人時寫道：「那些人身材高大，猶如棕櫚樹一般，臉色紅潤，頭髮火紅。他們身上穿的既非短外套，也不是長袖袍子。男人都穿質料粗糙的斗篷，披在一邊肩上，另一隻手露在外面。男人們隨身攜帶一柄戰斧、一把匕首和一把利劍。他們的利劍兩面開刃，劍形寬闊，裝飾著飄蕩的瓔珞珠玉頸飾，是法蘭克人所鑄造的……女人胸前掛一個小囊，囊內放著一只戒指，旁邊掛一把佩刀。她們的頸項上戴著黃金或者白銀項鍊。因為一個男人若擁有上萬阿拉伯銀幣家產，就會給他的妻子置備一條項鍊。每增加一萬，他的妻子就會多添一條新的項鍊。」

↑諾曼騎兵
諾曼人不僅是航海的勇士，也是陸地上的騎士，戰斧和盾牌是他們的主要武器。

諾曼人狂飆掃歐洲

055.飄揚的骷髏旗

疾駛如飛的龍頭船，高高飄揚的海盜旗，鋒利的戰斧和長劍，歐洲人在此威脅下顫慄了三百多年。

凶殘的北歐海盜

· 在大海上航行的海盜船

自西元793年6月8日北歐人首次在英格蘭登陸騷擾得手之後，他們便年復一年地在夏天來到英倫三島或歐洲大陸進行搶掠。他們如風一般刮來，潮水一般退去，來無影去無蹤，行動快速迅捷。當時不列顛島上的人，給他們取了個最恰當的名字——「北歐海盜」。

據記載，從西元793年至795年春天，北歐海盜連續不斷地襲擊了許多毫無防備的修道院和教堂，這些修道院全位於北海和愛爾蘭的島嶼上。西元797年不列顛群島的馬恩島遭殃；800年，賈羅南部的一座修道院遭劫，接著是蘇格蘭西岸的一座修道院。

教堂和修道院是歐洲人心中的聖地，因此北歐海盜在當地人眼中，簡直就像褻瀆教會的魔鬼。

海盜們每到一座教堂，就將所有值錢的物品搶劫一空：教堂中的收藏珍品、黃金聖物、金十字架、鑲嵌寶石的福音書、教徒們捐贈的珍寶，無一倖免。除了教堂，北歐海盜還劫掠村莊，凡是諾曼海盜襲擊後的地方，都成了血與火交織的海洋。

巴黎保衛戰

西元885年，大批丹麥諾曼人在搶劫了魯昂之後，乘船沿塞納河直驅巴黎，企圖一舉攻下法國首都。11月24日拂曉，諾曼海盜兵臨城下，海盜船上那密密麻麻的桅杆將塞納河變成了水上森林。率領這支海盜隊伍的，是丹麥諾曼人首領西格弗雷德，七百艘戰船共載來三萬名諾曼戰士。當時城內空虛，只有巴黎主教約斯蘭和紐斯特里亞伯爵奧多帶領兩百名騎士和少數士兵守衛。

然而，西格弗雷德並沒有立即進

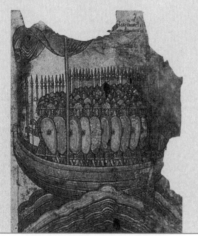

↑九世紀時襲擊法國的海盜船，中世紀插圖畫

攻，海盜們劫掠的主要目標放在塞納河上游的富饒鄉村和城鎮，那裡是他們心目中的天堂。但盧瓦爾河和塞納河上連結巴黎城堡的幾座小橋，阻撓了他們向上游行駛的步伐，海盜們明白，若非經過一場殊死大戰來打通航道，就是讓巴黎人屈服投降後自由自在地通過。

於是，西格弗雷德找到約斯蘭主教，勸他說：「你們只有兩百人守衛，我們有三萬名勇士。看在上帝的分上，要想保護巴黎城和你的信徒，就趕快屈服吧！」

約斯蘭主教厲聲說：「巴黎人不但不屈服，還肩負著阻止敵人前進的神聖使命，你們不可能在任何地方住下，巴黎會堅守到底的。」

「那好吧，我遺憾地告訴你，我們會在破曉時分射出毒箭，不取得勝利絕不停止。」西格弗雷德惡狠狠地說。

第二天凌晨，密密麻麻的北歐海盜手持弓箭、矛、投石器，水陸並進，向巴黎城包圍過來，隨著西格弗雷德一聲令下，各種投擲物穿梭般射入城內。巴黎居民毫不畏懼，他們將任何可挪動的東西，以最快的速度投到城下予以還擊。後來，諾曼人改用鐵器猛擊城牆，守城的騎士和居民們便往下傾倒沸油和燃燒著的瀝青，燙得海盜們焦頭爛額，哀嚎一片，紛紛跌入河中。夜晚時，巴黎城部分地區的火光沖天，但巴黎居民仍頑強地堅守在堡壘之中。眼看破城無望，北歐海盜們決定改用包圍戰術，他們把巴黎團團包圍了起來，就這樣雙方僵持了整整一年。後來西法蘭克國王查理三世率領大軍回師巴黎城外，打了幾仗下來卻無法獲勝。無奈之下查理三世只好答應給諾曼海盜七百磅黃金，商請他們罷兵。沒想到，這一協定激怒了巴黎人民，他們在巴黎解圍之後，把查理三世趕下了臺。

↓奧多伯爵保衛巴黎，維克多・斯里茲作品
奧多是紐斯特里亞伯爵。西元885至886年，他率領兩百多名騎士和少數士兵堅守巴黎，最後贏得了這場保衛戰。

【人文歷史百科】

足球的起源

北歐海盜十分殘忍和野蠻，當時的歐洲大陸和英倫三島的居民只要一聽說他們來了，便會嚇得毛骨悚然、戰慄不止。關於北歐海盜的殘暴，至今仍在歐洲人生活中留有痕跡。比如，北歐語言中的「乾杯」叫做「Skaal」，這個詞本意是「頭蓋骨」，那是因為北歐海盜飲酒不用杯盞，而是用俘虜的頭蓋骨，其殘忍程度可見一斑。正因為如此，西歐人往往把殺死之海盜的頭顱踢來踢去洩恨，久而久之，就演變成了後來的足球運動。

諾曼人狂飆掃歐洲

189

056.諾曼人的國家

諾曼人接受先進文明後，本質上產生了很大的變化。他們曾經征服英國，在俄羅斯建立起自己的王朝，而地中海上的西西里王國也是他們所建。

諾曼第公國的建立

八至九世紀，整個歐洲都籠罩在來自北方半島的侵略騷擾之中。奧多伯爵成為國王後，西法蘭克分裂成許多小君主國，無法集中力量抵禦丹麥人的入侵。而挪威諾曼人也想到法蘭西來爭奪統治權，一個名叫羅洛的人率眾來到了這裡。

←羅洛的洗禮
西法蘭克國王查理三世封丹麥諾曼人首領羅洛為諾曼第公爵，諾曼第公國由此而來。但其中有一個條件：羅洛必須接受洗禮，成為基督徒。

羅洛是挪威貴族羅格瓦爾之子，原名羅夫。他從年輕時就當上海盜，最大的嗜好即是搶掠，經常帶著大批搶來的財物趾高氣揚地返回挪威，炫耀自己的戰果。

雖然哈拉爾德也是海盜出身，然成為國王後很注意面子，他不能容忍羅夫這樣公開張揚的海盜行為，於是在一次司法會議上，宣布將羅夫驅逐出境。

羅夫離開挪威後，加入到丹麥海盜的隊伍，經常隨著他們乘船出海攻城掠地。二十多年的海盜生涯，將羅夫造就成一個作戰勇猛又有心計的海盜首領，他的海盜隊伍很快發展成數十萬之眾，法國人叫他「羅洛」。

西元885年11月，羅洛在法蘭克福稱帝，此後便在法國沿海大肆搶掠。九世紀初，羅洛率眾定居在法國北部的紐斯特里亞一帶。911年，西法蘭克國王查理三世被迫承認羅洛為其封臣，並把紐斯特里亞的部分地區劃歸給羅洛，授予他諾曼第公爵的稱號。作為交換條件和回報，羅洛發誓信奉基督教，採用法語，放棄海上騷擾行動，軍隊改為法蘭克式的騎兵作戰方式。就這樣，羅洛成了法王屬下合法的公爵，他的部下成了諾曼第人，並按基督騎士的待遇，配備了武器

↑諾曼人殖民西歐示意圖

和馬匹。今日「諾曼第」一詞，就源於定居那裡的北歐人。

諾曼第公國在十一世紀時，成爲西歐高度發展的封建國家之一。在接下來的幾百年裡，這些丹麥諾曼人後裔仍然保持著祖先們好鬥善戰的傳統，不斷派出遠征軍相繼征服了許多地方，並向這些地區移民拓殖。

←卡努特大帝和他的妻子，中世紀插圖畫，丹麥人繪製
畫面中卡努特和王后分立在十字架的左右，上方有基督、聖徒和天使，表現君權神授的思想。

卡努特王朝

阿爾弗雷德大帝雖然採用分土而治的策略挽救了英格蘭，但在他於西元899年去世後，丹麥人又捲土重來了。

丹麥國王哈拉爾一世完成了統一大業，使丹麥人接受基督教，並征服了挪威。哈拉爾一世死後，他的兒子斯汶繼承了丹麥王位。1013年，斯汶親率大軍占領倫敦，成了丹麥和英國的統治者。

當時的英王愛德蒙二世面對丹麥大軍的攻擊，曾率領軍民戰鬥，保衛倫敦，並在與斯汶一世之子卡努特一世的戰鬥中奪回了牛津和肯特，但是在埃塞克斯之戰中失利，被迫和對方簽署和平協定：由愛德蒙二世治理埃塞克斯，卡努特統治麥西亞和諾森伯里亞，並約定兩人中不論誰先死，另一方都有權繼承全部領土。不幸的是，愛德蒙在當年的11月就去世了。就這樣，全英格蘭便歸於卡努特一世的統治之下，史稱「卡努特大帝」。他一人兼任丹麥和英格蘭兩國國王，版圖含括挪威、英格蘭、蘇格蘭大部和瑞典南部。

卡努特大帝統治手段較爲柔和，可謂勤政愛民，因此成功統治英格蘭近二十年。1035年11月，卡努特大帝去世後，他前妻的兒子哈樂德當上了國王，五年後即死去。1040年，卡努特續妻所生的哈德卡紐特繼承了英格蘭王位，但兩年後也死去。於是從1042年起，丹麥王朝的王統就這麼斷絕了。

卡爾馬聯盟

十二世紀中期以後，丹麥國王瓦爾德馬一世開創了強盛的君主專制王朝，透過侵略，先後占領了愛沙尼亞、易北河以北地區和哥德蘭島等地。從西元1380年到1814年，挪威一直附屬於丹麥之下。1397年，在丹麥女王瑪格麗特主持下，召開了卡爾馬會議，成立卡爾馬聯盟（丹麥、挪威、瑞典），在聯盟中，丹麥居統治地位。卡爾馬聯盟前後共維持了一百二十六年。此後，原挪威屬地格陵蘭、法羅群島也轉歸丹麥管轄。在此期間，丹麥繼續對外擴張，長期征戰的結果，日耳曼北部的石勒蘇益格和荷爾斯泰因，也歸在了丹麥的版圖之中。

諾曼人狂飆掃歐洲

191

057.分裂的羅馬尼亞

羅馬尼亞是個多災多難的民族，曾多次受到異族的統治。雖然有過短暫的統一，但也僅是曇花一現。

羅馬尼亞民族的形成

上古時期生活在羅馬尼亞的主要是達契亞人。西元前七世紀末，古希臘人開始在羅馬尼亞黑海沿岸的多布羅加建立殖民城邦。西元前一世紀，在外西凡尼亞西南部，一個強大的達契亞部落聯盟發展成為奴隸制國家。第一位知名的國王布雷比斯塔時期，版圖西自多瑙河中游平原，東至黑海沿岸，北起北喀爾巴阡山，南抵巴爾幹山；但到西元前44年布雷比斯塔被廢黜後，疆土迅即分裂。

西元前28年，屋大維派部將克拉蘇占領了多布羅加，西元46年，多布羅加併入達契亞行省。在西元101至102年、105至106年，羅馬皇帝圖拉真兩次出兵達契亞，將其變成達契亞行省。在羅馬統治達契亞的一百六十多年間，達契亞人逐漸羅馬化，他們採用拉丁語，接受羅馬的宗教信仰、習俗和姓氏，在與羅馬移民融合後，被稱作達契亞——羅馬人。

三世紀時，羅馬奴隸制陷入嚴重的危機，無力維持對達契亞的統治，只好把駐軍撤出該地。

在四世紀末葉開始的民族大遷徙

▶圖拉真紀念碑
位於羅馬尼亞的圖拉真紀念碑。圖拉真紀念碑的建造，是為紀念西元102年征服達契亞戰爭的勝利和死去的羅馬士兵而建。

中，哥德人、匈奴人、阿瓦爾人都曾在達契亞留下過足跡。六至七世紀，斯拉夫人和達契亞——羅馬人雜處，逐漸為達契亞——羅馬人所同化，大約到十一世紀時形成了今天羅馬尼亞人的祖先，同時形成了羅馬尼亞語。

異族統治下的羅馬尼亞

羅馬尼亞長期遭到外族的入侵和統治。九世紀末、十世紀初，第一保加利亞王國侵占了瓦拉幾亞、摩達維亞和外西凡尼亞的一部分。十世紀末摩達維亞為基輔羅斯所征服，十一世紀末外西

↑征服達契亞，浮雕
大約西元一世紀，羅馬帝國皇帝圖拉真率領軍隊征服了達契亞地區。有關這次戰爭的場景，可以在羅馬的圖拉真大圓柱上找到。

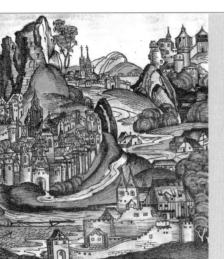

↑描繪瓦拉幾亞的圖畫，中世紀插圖畫

↓爪勾斯肖像
爪勾斯是匈牙利統治摩達維亞的第一任總督，在位兩年，殘酷鎮壓摩達維亞的起義。

凡尼亞併入匈牙利王國。1241年，拔都率領蒙古軍隊橫掃外西凡尼亞和瓦拉幾亞，將摩達維亞併入金帳汗國。十三世紀末至十四世紀中葉，瓦拉幾亞和摩達維亞又相繼臣服於匈牙利。

外西凡尼亞、瓦拉幾亞和摩達維亞的本國君主，依靠人民力量，不斷謀求民族自決權。1324年，瓦拉幾亞第一代大公巴薩拉布一世，自稱「全羅馬尼亞（指瓦拉幾亞）的大公和君主」。1330年，他宣布獨立，建立瓦拉幾亞公國。1359年，摩達維亞在貴族波格丹領導下，建立了摩達維亞公國。但是，波格丹死後，摩達維亞被迫向波蘭稱臣納貢。外西凡尼亞則從匈牙利國王手裡爭得較大的自治權，但始終沒有形成為一個獨立的公國。

【人文歷史百科】

羅馬尼亞早期農民起義

十四至十五世紀，羅馬尼亞的農民除向封建領主繳納實物租、服徭役，向國家納稅外，還要向教會繳納什一稅，毫無地位可言。1437年春，外西凡尼亞的農民揭竿而起，占領了包括外西凡尼亞首府在內的許多城堡。貴族們假意應允起義者提出的要求，在得到喘息後不久，外西凡尼亞貴族和移居該地的匈牙利、日耳曼貴族結為同盟，向起義者發動進攻。1438年初，起義失敗，成千上萬的起義農民遭到剮鼻、割耳、剁唇、砍手、剜眼等酷刑殘害。西元1490至1492年，摩達維亞的農民在穆赫領導下發動起義，起義隊伍達十萬人之多。他們襲擊莊園，處死了許多摩達維亞和波蘭領主，後遭波蘭國王糾集的軍隊所鎮壓。

東南歐及東歐封建諸國

對抗鄂圖曼帝國的統治

←斯特凡大公肖像
斯特凡是摩達維亞大公，
羅馬尼亞民族英雄，又稱
斯特凡三世，一生致力於
羅馬尼亞的統一。

十四世紀末葉，鄂圖曼土耳其開始入侵羅馬尼亞。1396年9月的尼科堡戰役中，瓦拉幾亞、法國、英國、日耳曼和匈牙利組成的五國聯軍竟被土耳其殺敗，瓦拉幾亞被迫臣服於土耳其蘇丹。

尼科堡戰役後，摩達維亞大公拱手把國家主權獻給了土耳其，但1457年4月12日斯特凡奪取了政權，史稱「斯特凡大公」。斯特凡當權後，表面上承認土耳其的宗主國地位，暗中卻蓄積力量，力圖聯合瓦拉幾亞和外西凡尼亞，建立統一的羅馬尼亞王國，擺脫其統治。

土耳其蘇丹怎能容忍斯特凡的作為，故於1474年派了一支十二萬人的大軍，討伐斯特凡。當時斯特凡僅有四、五萬軍隊，他冷靜分析後，決定採取堅壁清野和誘敵深入的策略，把土耳其大軍引到拉科瓦河與伯爾拉河匯流處的沼澤地，與之決戰。藉由泥濘的沼澤困住土耳其長途跋涉的疲勞之師，定能扭轉自己兵力少的劣勢。1475年1月，斯特凡身先士卒，經過三天三夜拚死的決戰，把土耳其軍隊殺得大敗，這就是羅馬尼亞歷史上著名的「高橋戰役」。

1476年，土耳其蘇丹親率大軍二十萬，並策動黑海北岸的韃靼人前來懲罰摩達維亞。斯特凡率領一萬二千名步兵迎敵。白溪一戰，斯特凡戰敗了。1487年，斯特凡被迫承認土耳其的宗主權，但很快的，一支以山區牧民和貧苦雇農為骨幹的一萬六千人的隊伍又集結到斯特凡的麾下，匈牙利的援軍也及時趕到了，兩軍合力發動一場突襲，土耳其軍隊大敗，不敢再輕易入侵摩達維亞。

之後，斯特凡又以與外西凡尼亞大公聯姻的辦法，把它變成摩達維亞的保護國，至此三分之二的羅馬尼亞已處在斯特凡的掌握之中。1504年7月2日，一生為了羅馬尼亞自由和獨立而戰的斯特凡大公去世。

↑土耳其駐瓦拉幾亞總督卓九勒，1456至1476年在位

194

米哈伊反抗土耳其人統治的抗爭深得民心，許多人自動投身到他的麾下。摩達維亞大公什特凡·勒茲萬親率援軍趕來，外西凡尼亞也派來了兩千名援軍，三方奮勇作戰，大敗土耳其軍隊，使其撤出瓦拉幾亞，米哈伊因此贏得了「勇士」的稱號。

1599年10月米哈伊以突襲方式進軍外西凡尼亞，並一戰征服了它；之後回師，隔年5月大敗摩達維亞，將分立的三個公國歸於統一，奠定了現代羅馬尼亞多民族國家的基礎。

勇士米哈伊

十六世紀中，瓦拉幾亞由一個非常儒弱、對土耳其蘇丹唯命是從的大公亞歷山德魯統治，他的宰相叫米哈伊·康塔庫奇諾。土耳其蘇丹覺得亞歷山德魯沒有魄力，不能為他掠取更多的財物，便任命米哈伊為大公，從此開啟了米哈伊統治的時代。

1594年11月的一天，米哈伊在當上大公一年後，將所有在瓦拉幾亞的土耳其商人和高利貸者集合到一間大屋子裡，命人放火一舉燒死他們，並調動軍隊擊敗了駐在瓦拉幾亞的土耳其軍隊，占領多瑙河沿岸的許多堡壘。

1595年8月，米哈伊率領一萬五千人的軍隊，在克盧格雷尼沼澤地大敗土耳其軍。不久，土耳其援軍趕到，由於眾寡懸殊，米哈伊被迫退入山區。

【人文歷史百科】

羅馬尼亞獨立與統一的象徵

1600年夏，米哈伊在詔令中第一次提出了這樣的稱號：「朕米哈伊公爵，托庇上帝保佑，瓦拉幾亞、外西凡尼亞和整個摩達維亞國家的君主。」從此，米哈伊坐鎮在外西凡尼亞，命他的兒子尼古拉·拍特拉什庫代掌瓦拉幾亞，授命瓦拉幾亞的大臣會議臨時管理摩達維亞。

1600年是羅馬尼亞歷史上具有劃時代意義的年頭，米哈伊成為羅馬尼亞諸國的第一個奠基人，他實現了統一的羅馬尼亞國。因此，「勇敢的米哈伊」成為羅馬尼亞歷史上國家獨立與統一的象徵。

四分五裂的塞爾維亞

· 米哈伊爾雕像，中世紀塞爾維亞人製作
米哈伊爾是塞爾維亞歷史上的第一位國
王，奈馬尼亞王朝的創立者。

六世紀至七世紀，南部斯拉夫人西支的三個部落塞爾維亞人、斯洛維尼亞人和克羅埃西亞人遷居到巴爾幹半島西部，之後他們同化了當地的土著居民伊利里亞人，改變了這一地區的民族成分。

塞爾維亞人分布於薩瓦河中下游以南至亞得里亞海沿岸一帶，中心地區是拉什卡。塞爾維亞國家是在和強鄰保加利亞和拜占庭長期競爭中形成的。九世紀中葉，保加利亞出兵塞爾維亞，塞爾維亞的拉什卡大公弗拉斯吉米爾經過三年的戰鬥，打敗了來者。弗拉斯吉米爾死後，他的三個兒子穆吉米爾、斯特洛伊米爾和哥尼克又力克保加利亞人；但勝利過後卻發生內訌，國力削弱，西元872年，穆吉米爾在拜占庭的支持下，擊敗了他的兩個兄弟。891年，穆吉米爾死後，其堂兄彼得·哥尼科維奇奪取了塞爾維亞的大公之位。917年，保加利亞大公西蒙出兵推翻了彼得·哥尼科維奇，並在924年將塞爾維亞併入第一保加利亞王國。

曾作為人質被扣留在保加利亞的拉什卡貴族契斯拉夫·克隆尼米羅維奇，於927年逃回塞爾維亞，在拜占庭的支持下收復了拉什卡，還把波士尼亞和特拉布尼亞納入自己的版圖。但十世紀末，塞爾維亞又一度處於保加利亞的統治之下。

1018年，拜占庭滅了第一保加利亞王國，迫使塞爾維亞臣服。此後，塞爾維亞的政治中心轉到了澤塔，米哈伊爾大公在位時期合併了拉什卡。為了提高塞爾維亞的國際地位，米哈伊爾於1077年從羅馬教皇格利高里七世那裡得到一頂王冠，開始稱王。其子博丁在位時期又合併了波士尼亞。博丁死後，塞爾維亞再度陷於分裂，波士尼亞依附於匈牙利，其他地區則在拜占庭的控制之下。

塞爾維亞的鮑格米勒派

尼曼亞統治時期，從保加利亞傳入的鮑格米勒派十分活躍，參加者主要為農民和手工業者，也有少數不滿朝政的領主。尼曼亞對鮑格米勒派實行野蠻鎮壓，採取火刑等各種刑罰以及驅逐出國等手段；並將他們的房屋和財產分給痲瘋病人和乞丐，妄圖根絕它在國內的生存空間。但是，鮑格米勒派運動並沒有被完全扼殺。

斯蒂芬‧烏羅什二世統治時期，塞爾維亞開始向東南擴張，從拜占庭手中奪取了馬其頓北部和阿爾巴尼亞北部。斯蒂芬‧烏羅什三世在位時期，1330年7月28日，在丘斯滕迪爾附近，塞爾維亞打敗了保加利亞和拜占庭的聯軍，並擊斃了保加利亞國王米哈伊爾，保加利亞遂成為塞爾維亞的附庸國。

塞爾維亞的強盛時期

十二世紀，拉什卡重新成為塞爾維亞的政治中心。1169年，斯蒂芬‧尼曼亞成為拉什卡大公，開啟了統治塞爾維亞兩百多年的尼曼亞王朝。尼曼亞於1185年與保加利亞締結同盟條約，翌年合併了澤塔。1190年，尼曼亞又迫使拜占庭承認塞爾維亞獨立。

尼曼亞統治時期，塞爾維亞的封建生產關係得到發展，但階級矛盾上升，引發了「鮑格米勒派運動」。

1196年，尼曼亞讓位於其子斯蒂芬‧尼曼亞二世。1217年，尼曼亞二世得到教皇賜予的一頂王冠，進而稱王。1219年，尼曼亞二世促使塞爾維亞教會擺脫了奧赫里德大主教的控制，由他的兄弟薩瓦擔任獨立的塞爾維亞教會第一任大主教。

↓尼曼亞王朝君主（局部），壁畫，中世紀繪製

197

東南歐最強盛的國家

斯蒂芬‧杜尚統治時期，塞爾維亞國勢最盛，成為東南歐一大強國。

杜尚幼年在拜占庭宮中度過了七年，深諳拜占庭的典章制度。二十三歲即位後，他馬上派軍隊長驅直入馬其頓南部，接連占領了奧赫里德、斯特魯米察、普里累普諸城；1345年，又征服了整個阿爾巴尼亞和馬其頓的絕大部分。1346年4月，在斯科普里城，塞爾維亞的大主教爲杜尚舉行隆重的加冕禮，尊他爲「塞爾維亞人和希臘人的皇帝」，首都也遷到斯科普里。杜尚直接治理馬其頓、希臘、阿爾巴尼亞，塞爾維亞本土則交由他的兒子烏羅什治理，並授以烏羅什國王的稱號。

↑斯蒂芬‧杜尚加冕儀式，插圖畫，中世紀繪製
在塞爾維亞人心目中，斯蒂芬‧杜尚是民族英雄，往往將他稱爲皇帝，而他也以此自居，但事實上未受到教皇承認。

1348年，杜尚又占領希臘的伊庇魯斯、帖撒利和阿卡納尼亞。

爲加強中央集權，杜尚於1332年春鎮壓了澤塔和阿爾巴尼亞北部一帶領主的反抗，鞏固了封建秩序。1349年，在由僧俗貴族參加的斯科普里會議上，通過了《斯蒂芬‧杜尚法典》，這部法典記錄了塞爾維亞的習慣法。

西元十三至十四世紀，塞爾維亞的手工業有了較大的發展，其中首推礦業。礦業收入是國庫的重要財源之一。塞爾維亞鑄有金、銀、銅三種貨幣，在國外也享有聲譽。在塞爾維亞的城市中，義大利等國的商人和手工業者人數眾多。他們在特定的僑民區內居住，從塞爾維亞國王那裡獲得種種特權。塞爾維亞的對外貿易也相當活躍，輸出金屬、牲畜、木材、毛皮、皮革等，輸入食鹽、酒、紡織品及奢侈品等。

【人文歷史百科】

塞爾維亞的淪喪

塞爾維亞王國是建立在武力征服基礎上的，各個地區的經濟發展水平和政治制度都不相同，相互之間缺乏聯繫，遠未形成為一個統一的整體。1355年，杜尚之子烏羅什五世即位後，帝國迅速四分五裂。1356年，烏羅什五世的叔父在伊庇魯斯首先擁兵自立，接著帖撒利、阿爾巴尼亞、馬其頓也都分離出去。本土內各地大領主各霸一方，不服從中央。匈牙利趁機占領了塞爾維亞北部的部分領土。對於塞爾維亞的最大威脅，還是鄂圖曼土耳其人。1389年6月，在科索沃的原野上，以塞爾維亞大公拉薩爾爲統帥的塞爾維亞、保加利亞、瓦拉幾聯軍被土耳其打敗，塞爾維亞從此劃入土耳其帝國的版圖，喪失了國家和民族的獨立。

《斯蒂芬‧杜尚法典》

《斯蒂芬‧杜尚法典》是塞爾維亞國王斯蒂芬‧杜尚在位時期制訂的一部法典，它反映了十三至十四世紀塞爾維亞的經濟制度和階級關係。當時，塞爾維亞的農業生產有了顯著的進步，實行二圃制或三圃制。教會或世俗的土地制度，一種是世襲領地，叫「巴士提那」，由領主世襲享用，可以自由買賣和轉讓，只有當領主背叛國王時，國王才予以收回。另一種是以服兵役為條件占有的土地，叫做「普洛尼」，即所謂軍事采邑。普洛尼不可世襲，也不可買賣和轉讓。領主在自己的領地和采邑裡，享有徵收租稅、審理一般司法案件和任免役吏的特權。

依附農民主要分成三類：

一類叫「麥洛普赫」，他們領有一小塊分地，須向國家納稅，向教會繳什一稅，向領主交租。地租以勞役地租和實物地租為主。《杜尚法典》規定，麥洛普赫每年要為領主服勞役一○六天之多。

另一類叫做「奧特洛克」，其境遇不如麥洛普赫。他們沒有任何權利，多從事家務勞動，充當僕役。奧特洛克數目不多，後來其地位逐漸接近麥洛普赫。

第三類叫做「弗拉赫」，居住於山區，多從事畜牧業，因此後來弗拉赫成了牧民的同義語。弗拉赫所受到的剝削，較麥洛普赫為輕。

《杜尚法典》把農民牢牢束縛在土地上，逃亡者要受到烙印等酷刑的懲罰，還規定農民不得集會，違者割去雙耳。

↓1389年科索沃戰役

第一王國的崛起

七世紀時，定居於多瑙河下游南岸的七個南部斯拉夫人部落，組成了「七部落聯盟」。稍後，一支屬於突厥部落的保加爾人由亞速海的沿岸西移，渡過多瑙河，定居在今保加利亞東北部。出於共同反對拜占庭的需要，當地的斯拉夫人與他們結成了同盟。西元679年，保加爾人的首領阿斯巴魯赫率眾打敗拜占庭的軍隊。681年，拜占庭被迫與阿斯巴魯赫簽訂條約，承認保加爾人——斯拉夫人國家的存在，這個國家在歷史上稱為「第一保加利亞王國」。

保加爾人本來人數就不太多，再加上社會發展水平較低，因此在與斯拉夫

↑庫布拉特汗肖像
庫布拉特汗（632至668年）是保加爾人的首領，其繼承者阿斯巴魯赫在位時勢力空前強大。

人經過兩個世紀的融合後，改用斯拉夫語，徹底為斯拉夫人所同化，而「保加利亞人」這一名稱則一直沿用下來，但已非指原先的保加爾人，而是指融合了保加爾人的斯拉夫人。

保加利亞建國後，實力逐漸增強。由村社農民組成的軍隊戰鬥力很強，多次擊退拜占庭軍隊的進攻。705年，在拜占庭皇帝查士丁尼二世的請求下，還派遣一支由一萬五千人組成的保加利亞軍，參加了拜占庭的內戰。為了答謝保加利亞人的幫助，查士丁尼二世承認保加利亞大公為凱撒（僅次於皇帝，相當於國王的稱號），並割給保加利亞王國一塊土地，使它的疆域擴展到色雷斯的北部。

在克魯姆大公統治時期，保加利亞和拜占庭又爆發了四年的大戰，拜占庭皇帝尼基福魯斯也在西元811年戰死。克魯姆乘勝奪取了黑海西岸要塞麥森布里亞，直抵拜占庭首都君士坦丁堡城下。經過這場戰爭，保加利亞的領土擴展到包括今日保加利亞的全部，以及羅馬尼亞和匈牙利的一部分。

↑保加爾人的首領庫布拉特汗和他的兒子們

盛極而衰的第一王國

到克魯姆之子奧莫爾塔格大公統治時期，第一保加利亞王國已發展成為東歐的一個強國，西部邊境與當時西歐強大的法蘭克王國毗鄰。但向南擴張的氣勢還是受到拜占庭人的遏制，雙方在西元817年締結了三十年和約，保加利亞勢力不得不退出拜占庭北部地方。之後，保加利亞又向克羅埃西亞、潘諾尼亞和塞爾維亞等地擴張。

在伯里斯大公統治時期，保加利亞人勢力一直延伸到了亞得里亞海岸。到伯里斯之子西蒙大公統治時期，第一保加利亞王國達到了極盛。這時傳入了大量的拜占庭文化，包括基督教在內；但政治上，西蒙大公仍以拜占庭為敵，曾在919至924年間四次進抵君士坦丁堡，與拜占庭皇帝羅曼努斯締結了和約。西元925年，西蒙自稱「羅馬人和保加利亞人皇帝」，並得到羅馬教皇的認可，史稱「西蒙大帝」，連拜占庭也不得不禮遇保加利亞的使節，在宮廷宴會上奉為上賓。

然而貌似強大的第一保加利亞王國，卻因連年勞民傷財的戰爭、日益繁多的苛捐雜稅，導致國內農民起義此起

←克魯姆國王肖像
克魯姆在位時，保加利亞的疆域空前遼闊，包括了現在保加利亞的全部及匈牙利、羅馬尼亞等國的一部分。

彼伏，爭權奪利的宮廷政變層出不窮，國力明顯削弱。西蒙死後，他的兒子彼得即位，彼得的兄弟們據地自立，脫離了保加利亞國。

拜占庭皇帝巴西爾二世在位時，軟硬兼施，採用各種手段，收買許多保加利亞貴族，並進攻保加利亞。1018年，被收買的保加利亞貴族背叛祖國，裡應外合，將首都拱手讓給拜占庭。之後保加利亞全境被拜占庭占領，淪為了拜占庭帝國的一個行省，歷史上的第一保加利亞王國就此滅亡。

←西蒙大帝肖像
西蒙大帝統治時期是保加利亞歷史上最強盛的時期，征服了鄰近許多國家。

「保加利亞人劊子手」

拜占庭皇帝巴西爾二世於西元996至1014年，對保加利亞發動了幾次大規模進攻。在1014年的巴拉西斯塔會戰中，大敗保加利亞軍隊，俘獲了一萬四千名官兵。巴西爾二世殘忍地下令挖去這些保加利亞戰俘的雙目，每百人中只准一人留一目，以充當失明官兵的引路人，把他們送到拜占庭還未征服的其他地區。此舉引起當地人民的極大恐懼，巴西爾二世也由此得到了「保加利亞人劊子手」的稱號。

第二王國的興起

保加利亞成為拜占庭帝國的行省後，拜占庭帝國皇帝派駐保加利亞的官吏橫徵暴斂，人民賦稅沉重。此外，拜占庭還在保加利亞分封軍事采邑，使得僅存的一部分自由農民也淪為農奴。

拜占庭的殘暴統治不斷激起保加利亞人民的反抗，1185年，一場反抗拜占庭統治的大起義爆發了，幾乎席捲整個保加利亞，許多保加利亞貴族也加入起義的隊伍中。領導這次起義的，是保加利亞東北部第諾伐人伊凡·阿森和彼得·阿森兄弟。起義者經過兩年多的浴血奮戰，終於擊敗拜占庭駐軍，拜占庭承認保加利亞的獨立，從此開始了第二保加利亞王國（1187至1396年，也叫後保加利亞王國）。

第二保加利亞王國的初期，王權很不穩固，國王阿森和卡洛揚先後遭到貴

↑巴西爾二世肖像，壁畫
巴西爾二世是拜占庭帝國皇帝，因對保加利亞人進行異常殘酷的屠殺，而有「劊子手」的稱號。

族所弒。唯獨立的環境卻使保加利亞的封建經濟快速發展，並趁拜占庭帝國在1204年為十字軍所滅之機，不斷擴張領土，先後巧妙地占領馬其頓、色雷斯和阿爾巴尼亞的北部，成為保加利亞史上版圖最大的時代。

←伊瓦依洛起義

伊瓦依洛起義是中世紀保加利亞規模最大的起義，主要因抵禦外來入侵者而發起，並且建立了自己的政權。

統治之下達十年之久。蒙古人退出後，保加利亞內訌不已，國力嚴重削弱，一度淪爲塞爾維亞王國的附庸。1365年又分裂爲第諾伐、維丁以及多布羅加三個獨立公國。1371年，塞爾柱土耳其人在馬里乍河附近打敗了保加利亞，保加利亞重鎭索菲亞、第諾伐也相繼淪陷。1396年鄂圖曼土耳其帝國占領保加利亞。直到1877年俄國打敗土耳其後，保加利亞才擺脫了土耳其的統治，獲得獨立。

重蹈覆轍的保加利亞

然而，第二保加利亞王國在強大起來後，又走了第一保加利亞王國的老路，宮廷內部陰謀、篡權、叛變與暗殺層出不窮。正在這時，蒙古人的侵襲激發了農民的反抗，他們組成了游擊隊到處打擊侵略者，推舉牧人伊瓦依洛爲領袖。1277年起義軍宣布伊瓦依洛爲國王，隨後占領了保加利亞首都第諾伐。

可是，起義軍同時要抗擊三方的軍隊：蒙古人、拜占庭人、本國領主。由於起義軍中的中小貴族不時叛變投敵，以及農民的分散和保守，終導致起義軍的大分裂，嚴重削弱了自己的力量。1280年，起義軍遭到鎭壓，伊瓦依洛出走後被蒙古軍殺害，起義軍便在貴族們的血腥鎭壓中失敗了。

保加利亞貴族雖然殘酷鎭壓了農民起義，但是不久，旋風般的蒙古大軍橫掃了俄羅斯和東歐平原，一舉滅亡了第二保加利亞王國，保加利亞陷於蒙古人

→伊瓦依洛肖像

東南歐及東歐封建諸國

203

060.多難的阿爾巴尼亞

斯坎德培，阿爾巴尼亞人心目中的英雄，曾領導阿爾巴尼亞人建立自己的國家，並多次打敗強大的鄂圖曼土耳其軍隊。

阿爾巴尼亞人的苦難

阿爾巴尼亞人的祖先是伊利里亞人，在西元前一千年左右，由中歐遷到巴爾幹半島西部，後來這一帶就叫伊利里亞。當時，他們已由青銅時代向鐵器時代過渡，原始公社開始解體，部落聯盟出現。西元前七世紀時，古希臘人侵入到阿爾巴尼亞的沿海地區，他們建立殖民城邦，經營工商業，和伊利里亞人貿易。

西元前五世紀至二世紀，伊利里亞人在阿爾巴尼亞先後形成了幾個小國。西元前167年，古羅馬征服了阿爾巴尼亞，帶來拉丁語和羅馬文化。西元395年羅馬帝國分裂後，阿爾巴尼亞歸屬拜占庭帝國。

六、七世紀時，南斯拉夫人的一支在伊利里亞定居下來。由於斯拉夫人人口眾多，其他地區的伊利里亞人逐漸被斯拉夫人同化，但阿爾巴尼亞的伊利里亞人居多數，始終保持著自己的民族特徵，並發展為今日的阿爾巴尼亞人。

九世紀中葉，保加利亞人從拜占庭手中奪取了阿爾巴尼亞，將其土地併入第一保加利亞王國。第一保加利亞王國

穆拉德二世表演騎射
穆拉德二世1421至1451年在位，為鄂圖曼帝國傑出蘇丹，在位時平定了許多叛亂。1450年，在克魯亞被斯坎德培打敗。

滅亡後，阿爾巴尼亞被拜占庭統治。十一至十二世紀，阿爾巴尼亞又遭到諾曼人和十字軍的侵擾。

十四世紀時，塞爾維亞國王斯蒂芬·杜尚將整個阿爾巴尼亞併入塞爾維亞帝國的版圖。1355年，塞爾維亞帝國瓦解後，阿爾巴尼亞境內出現了幾個封建公國，彼此混戰不已。

【人文歷史百科】

斯坎德培名字的由來

斯坎德培是吉昂·卡斯特里奧特大公的兒子，早年並不叫這個名字。十八歲時被土耳其蘇丹勒令送往阿德里亞堡當人質。由於他身強力壯、靈活機敏，蘇丹把他送入軍事學校，想把他培養成忠實的奴僕。蘇丹不僅給他特別優厚的待遇，還給他取了一個伊斯蘭教名——斯坎德。他懷著報仇復國的堅強決心，刻苦學習軍事技術，取得了優異的成績。在宮廷禁衛軍事學校畢業後，他又加入土耳其軍隊，因作戰有功，受蘇丹賜以「培」（一種封建軍銜）的稱號。後來，人們便習慣叫他「斯坎德培」。

民族英雄斯坎德培

斯坎德培是阿爾巴尼亞的民族英雄，原名喬治·卡斯特里奧特，1423年作為人質羈留鄂圖曼土耳其蘇丹宮廷，接受伊斯蘭教，得教名斯坎德，後改稱斯坎德培。

喬治·卡斯特里奧特·斯坎德培年幼時，曾作為人質生活在土耳其王宮，長大後在土耳其軍隊中任軍官。他是個懷有強烈民族情感的血性青年，常與一些志同道合的朋友們議論如何為爭取祖國阿爾巴尼亞的獨立而獻身。

1443年，斯坎德培隨同土耳其大軍遠征匈牙利，11月3日這一天，土耳其軍隊失利，軍營中一片混亂。斯坎德培乘機於22日率領三百名精壯的阿爾巴尼亞人騎兵離開戰場，潛往家鄉卡斯特里奧特領地的克魯亞城，一舉全殲土耳其守軍。28日，斯坎德培在克魯亞城宣布獨立，在城頭上豎起了紅底上繡著代表卡斯特里奧特家族族徽黑色雙頭鷹的大旗。

鄂圖曼土耳其蘇丹穆拉德二世知道之後，急忙派阿里巴夏率兩萬五千人的軍隊前去鎮壓。斯坎德培把敵人誘入伏擊圈，不過一仗就把來敵全殲滅了。穆拉德二世惱羞成怒，1450年5月親率十萬大軍，再次撲向克魯亞城。當時，斯坎德培的軍隊僅有一萬八千人，但他毫無懼色，把軍隊分作三股，一股為一千五百人，留城堅守，由烏蘭指揮；另一股約八千人，由他親自率領，駐紮在克魯亞城以北山上，伺機採取作戰行動；再一股編為游擊部隊，分成小分隊活動，在來敵周圍騷擾打擊。

由於山林崎嶇，土耳其十萬大軍無法集中起來作戰，導致圍城四個多月，戰事毫無進展。而斯坎德培方面堅如磐石，八千名輕騎兵憑恃有利地形頻頻出擊，游擊隊則經常在夜間偷襲土耳其軍營，後來又奇襲了土耳其的龐大運輸隊。圍城沒有進展，糧秣又被劫，土耳其軍心動搖，穆拉德二世只得留下兩萬多具屍體，狼狽地逃回阿德里亞堡。

1443至1467年，斯坎德培又領導阿爾巴尼亞人八次擊退了土耳其人的進攻，維護祖國的獨立；直到1468年初，一場惡性瘧疾奪去了他的生命，享年六十三歲。

斯坎德培死後，阿爾巴尼亞人繼續戰鬥。到1479年時，由於長期戰爭的消耗，寡不敵眾，才被土耳其兼併。

東南歐及東歐封建諸國

205

↑阿爾巴尼亞首都地拉那的斯坎德培騎馬雕像

061.動盪中的捷克

捷克多次受到異族的入侵，也受到羅馬天主教會的壓迫。胡斯戰爭——用劍來維護上帝的正義，在歐洲史上寫下了光輝的一頁。

捷克國的形成

捷克人屬西斯拉夫人的一支，他們的祖先原居易北河上游波希米亞和摩拉維亞一帶。六世紀末、七世紀初，在對抗多瑙河中下游阿瓦爾人進攻的戰鬥中，很快從部落聯盟過渡到國家體制。

第一個載入史冊的捷克國家是薩莫公國，於西元623年由薩莫大公創建。薩莫公國帶領西斯拉夫各部落迎擊阿瓦爾人，成功擊退敵人。接著，又與法蘭克國王達哥伯特一世（629至639年）展開決鬥，最後建立起了幅員遼闊的薩莫公國。但這個新興國家的根基並不穩固，三十五年之後薩莫大公一死，這個國家也土崩瓦解了。

九世紀初，為了抵抗日耳曼領主的入侵，又出現了一個大摩拉維亞國家（830至906年），捷克、摩拉維亞、斯洛伐克等地都被含括在內。面對強敵，摩拉維亞大公羅斯提斯拉夫向拜占庭求援，並以接受希臘正教作為交換條件。西元863年，拜占庭兩個傳教士西瑞爾和

美多德，為了傳教跋山涉水來到摩拉維亞。傳教過程中，他們以希臘字母為基礎，創造了斯拉夫文字（稱為「格拉果爾文字」），並把《聖經》翻譯成古斯拉夫文。

摩拉維亞公國在斯維雅托波爾克（870至894年）統治時期，國勢日盛，疆域廣闊，包括西里西亞、魯日查和奧波德利等地在內都納入摩拉維亞公國的版圖，定都維列格勒。但在斯維雅托波爾克死後，貴族為爭權奪利而內訌紛起，國家開始分裂。直到西元906年匈牙利人入侵，才終結了該王朝。此後，捷克人以波希米亞為中心，建立起獨立的捷克王國。

來自日耳曼的殖民者

捷克發展過程中，伴隨著一個明顯特點，即是：長期依附於神聖羅馬帝國。帝國極盛時期的疆域包括近代的德國、奧地利、義大利中北部、捷克、斯洛伐克、法國東部、荷蘭和瑞士等地。1086年，神聖羅馬帝國皇帝亨利四世授

予捷克公爵弗拉提斯拉夫二世國王稱號，從此捷克成為神聖羅馬帝國的一部分。

神聖羅馬帝國統治者早已經對捷克的土地、礦藏覬覦良久。十三世紀左右，日耳曼殖民者便大量湧入。捷克國王為了增加自身收入，張手歡迎他們來幫助建造城市，開採礦藏。這樣一來，日耳曼人幾乎霸占了城市貴族和礦山主人等所有肥差。企業被他們壟斷，議會也操縱在他們的手中。1350年以前，捷克首都布拉格的市議會中，竟然沒有一個捷克人。在日耳曼人所建造的城市裡，他們享有特權，不僅可以免稅，而且還不受捷克法律約束。

日耳曼殖民者實際上成為捷克城市中的「楷模」。捷克貴族極力摹仿他們的言談舉止，德語成為捷克宮廷最時髦的語言。在捷克的日耳曼城市貴族並不滿足，他們將勢力深入農村。十五世紀初，布拉格和古登堡周圍有一一五個農奴村莊屬於布拉格城市貴族。他們榨取捷克城鄉人的血汗，嚴重阻礙捷克民族經濟的發展。十四至十五世紀，捷克城市中的赤貧者占城市總人口的40％至50％。

【人文歷史百科】

捷克的封建化

捷克的封建化過程始於七世紀，至十世紀結束。捷克封建化的特點是未經發達的奴隸制而進入封建社會。根據考古發掘，六至七世紀，捷克——摩拉維亞各部落在農耕中已使用鐵製農具，從摩拉維亞古墓中發現了木犁、鐮刀和鋤頭等，此外還有鐵製的戰斧和寶劍，這都說明冶鐵和鐵的加工技術有所改進，因此擁有戰俘和債奴的顯貴，為了防止他們破壞生產工具進而提高其生產興趣，寧願分給他們土地，換取部分實物地租和其勞役。

這樣的奴隸無論就其生產狀況和生活境遇，都與農奴類似，捷克封建化的過程就是這樣開始的。加上周邊先進封建國家的影響，特別是拜占庭和神聖羅馬帝國的影響，捷克的封建關係發展更加迅速。在波列斯拉夫一世統治時期（929至967年），氏族部落貴族被消滅了，國王強占公社農民的土地，分封給自己的親兵，作為服役報酬。這種封地最初是終身占有的采邑，後來變成世襲領地。

↑波列斯拉夫一世肖像
波列斯拉夫一世統治期間，捷克完成了封建化進程。

東南歐及東歐封建諸國

207

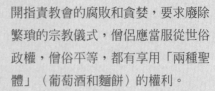

胡斯的宗教改革

日耳曼人所控制的天主教會，是壓在捷克人民身上的另一座大山。早在十二世紀，日耳曼僧侶就已擁有大量封地；到1230年左右，迅速擴大到一千個鄉村和六百個莊園。十四世紀下半期，天主教會成為捷克最大的領主，他們掌握著捷克超過三分之一的土地，布拉格的半數土地亦屬於教會。

布拉格大主教是當時捷克最顯赫的人物，擁有九百個村莊、十四座城市。教會貴族利用偽造文件、製造聖靈奇蹟和濫發贖罪券等，盤剝貧民口袋裡所剩無幾的錢財。教皇克雷芒六世當權時期，這種額外敲詐即達五百次之多。農民向教會繳納的地租更是昂貴。最大地主的天主教會，上層全被日耳曼人所控制，因此，反對教會的抗爭在捷克，還兼具有民族戰爭的性質。

在階級意識和民族情感的雙層交織之下，捷克人處於掙扎中，布拉格大學校長兼教授約翰‧胡斯首先覺醒，他公開指責教會的腐敗和貪婪，要求廢除繁瑣的宗教儀式，僧侶應當服從世俗政權，僧俗平等，都有享用「兩種聖體」（葡萄酒和麵餅）的權利。

最初，胡斯並不打算與教會決裂，但在群眾的熱情感召下，他改變了最初的想法，並時刻準備著為維護信仰而獻身。

1412年，教皇在捷克濫發贖罪券，胡斯站出來公開表示與教會決裂，號召人民起來反抗教會，用劍來保衛自己的權利。在胡斯的召喚下，布拉格貧民和學生舉行了一次反對教皇的示威。教皇震怒了，決定解除胡斯布拉格大學校長和教授的職務，並將他強行驅逐出布拉格。為了喚醒捷克人，胡斯開始用捷克語傳道，並將《聖經》譯成捷克文。

用劍來維護正義

1414年，羅馬教廷在君士坦斯召開宗教大會，教皇約翰在大會上公開指責胡斯為「異端」，並指令他前往君士坦斯受審。在得到神聖羅馬帝國皇帝的安全保證後，胡斯毅然前往。可是到達君士坦斯不久，他隨即被捕，會議根本不給胡斯申訴的機會。然而牢獄與枷鎖並未將他嚇倒。胡斯在法庭上莊嚴宣布：「為了捍衛《聖經》指示給我的真諦，我寧願一死！」

1415年7月6日，在君士坦斯城郊，

↑ 胡斯的辯論，捷克畫家法蘭提斯卡作品

胡斯被活活燒死，他的骨灰隨風撒落到萊因河上。

胡斯之死，讓捷克人無比憤怒。正當教會在歡慶勝利的同時，另一群捷克人揭竿而起。1419年7月，約四萬餘名農民和城市貧民集合在捷克南部的塔波爾山丘上宣誓起義，這便是「塔波爾派」的來源。爲了支援起義，布拉格的城市貧民在約翰·捷里弗斯基的領導下，奪取了城市政權。而企圖奪取教會財產的捷克貴族和希望擺脫貧困的中小騎士，也都加入了戰鬥行列。他們組成了溫和派，稱「聖杯派」，主張採用和平改革手段抗爭。

1420年春，爲扼殺捷克農民革命，羅馬教皇馬丁五世組織四萬人的十字軍，在神聖羅馬帝國皇帝的率領下向捷克進發。1420年7月初，在布拉格城郊維特科夫山發生激戰，傑式卡指揮捷克人粉碎了十字軍的圍攻。捷克人爲了紀念傑式卡的功績，將維特科夫山改名爲傑式卡山，一直流傳至今。此後，敵人又發動兩次大規模的進攻，但都被粉碎了。1424年10月初，傑式卡被鼠疫奪去了生命，大普羅可普被推選爲領袖。起義軍越戰越勇，一直深入到神聖羅馬帝國內地，薩克森和巴伐利亞等地被起義軍占領，當地農民和城市貧民都夾道歡迎。

1434年5月，日耳曼諸侯和「聖杯派」貴族相勾結，進攻塔波爾派，雙方會戰於里旁。小貴族查貝克率領的騎兵不聽指揮，臨陣脫逃，於是戰局急轉直下，義軍領袖大普羅可普和小普羅可普均壯烈犧牲。

這次起義雖然失敗了，但它是中世紀歐洲規模最大、歷時最久的農民起義，也是一場激烈的民族戰爭，爲整個歐洲帶來極大的震撼。

【人文歷史百科】胡斯戰爭的意義

里旁會戰的失敗，標誌著大規模的農民戰爭已接近尾聲。但一部分塔波爾派軍仍堅持戰鬥到1437年9月6日，才被大貴族季涅克·普塔契克的軍隊打敗。這是捷克農民戰爭的最後一幕，但塔波爾派的事蹟卻照耀史冊。

塔波爾派領導的起義軍粉碎了歐洲聯軍的五次進攻，使捷克在較長時間內脫離了神聖羅馬帝國，捍衛了捷克民族的獨立和其民族文化教育的發展，從思想上動搖了天主教會的神權統治。而且塔波爾派的革命思想隨著勝利的遠征，迅速傳遍整個歐洲，大大鼓舞了歐洲各國人民反對奴役的抗爭，爲十六世紀的日耳曼農民戰爭和歐洲的宗教改革運動播下了革命的種子。

↓約翰·胡斯之死，中世紀插圖畫
約翰·胡斯的宗教改革主張遭到了基督教會的強烈反對，被羅馬教皇以「異端」罪名燒死。

波蘭是斯拉夫人所建立的國家，中世紀時贏得了獨立，因抵禦日耳曼人而與立陶宛時分時合。

波蘭王國的建立

波蘭人是西斯拉夫人的一支，他們原居住於西起奧得河、東至布格河和維普什河、北濱波羅的海、南到喀爾巴阡山的遼闊區域內。在這片神奇的土地上，波蘭人一直過著原始部落聯盟的生活。九世紀末、十世紀初，波蘭人直接由部落聯盟過渡到早期封建國家，部落首領搖身一變成為王公，親兵也變成了貴族，並未經歷奴隸制社會。因為當時周邊國家都早已進入了封建社會，奴隸制失去生長的土壤。同時，生產力的發展為波蘭的直接過渡創造了條件。

隨著生產力的發展，農民產品逐漸增加，市場經濟也隨之形成，城市相繼出現。十世紀中葉，沃林和克拉科夫已成為工商業中心。在設防城市基礎上，建立起大波蘭公國。第一位載入史冊的

←墨什柯一世肖像
墨什柯一世是波蘭普雅斯特王朝的開創者，畢生致力於波蘭的統一事業。

波蘭大公是墨什柯一世，他雄心勃勃，致力於統領整個周圍部族。

當時的波蘭大地之上部落分立，戰亂不斷。墨什柯一世親率三千親兵，先後征服了約三十個部落公國，結束混戰局面，開創普雅斯特王朝（960至1370年）。

墨什柯一世迫令臣民信仰羅馬天主教，同時把西歐文明和封建制度也一同帶到波蘭，加速了波蘭的封建化過程。

墨什柯一世統治末期，波蘭版圖顯著擴大許多，包括西里西亞、馬佐夫舍、波莫瑞和維斯拉人居住的廣大地區，都屬於波蘭領土。墨什柯一世的長子勇者波列斯拉夫一世繼承父業，一舉兼併了克拉科夫地區，完成了國家的統一。

隨著國家的強大，波列斯拉夫一世親兵的人數也不斷增加，最後擴大到二萬人。他把透過戰爭強占來的土地，分封給自己的親兵和教會，逐漸形成了封建莊園。為了得到教會的支援，波列斯拉夫一世還在格南森建立了主教區。1025年，羅馬教皇為波列斯拉夫一世加冕，承認其國王地位。

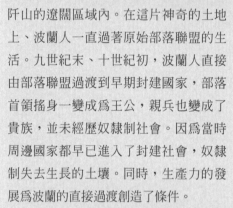

↑戰鬥中的波列斯拉夫一世，油畫，波蘭畫家中世紀繪製

波蘭和立陶宛的合併

西元1138年，波蘭國王波列斯拉夫三世病逝，他的五個兒子瓜分波蘭，形成五個獨立小國：西里西亞、馬佐夫舍、大波蘭、桑多米爾和克拉科夫。起初，五個小國皆承認克拉科夫大公擁有最高仲裁權。

五分天下的波蘭實力大大削弱，一個個封建割據下的小國根本無力抵禦外族侵略。在波列斯拉夫三世死後不久，來自日耳曼的領主就入侵西波美拉尼亞。1226年，馬佐夫舍公爵康拉德引狼入室，邀請條頓騎士團一起與北方的普魯士人作戰，普魯士為條頓騎士團所占領。這樣一來，波蘭通往波羅的海的出海口也被切斷。

1241年，拔都率領的蒙古大軍橫掃波蘭，許多繁華的城市頃刻間化為廢墟。波蘭貴族邀請日耳曼商人共同開發波蘭的土地，建造城市；結果，波蘭城市中絕大部分貴族是日耳曼人，城市的行政和審判權也大都掌握在日耳曼人的手裡。

受到對大貴族和日耳曼城市貴族排擠，波蘭中小貴族的日子並不好過。沃凱太克依靠中小貴族的支援，組織武裝力量對抗大貴族和日耳曼城市貴族，並力圖統一波蘭。他的兒子凱西米爾三世繼承父業，一生致力於波蘭統一大業，並先後將馬佐夫舍、大波蘭、克拉科夫重新歸於旗下。

1370年凱西米爾三世逝世，但他膝下空虛未留子嗣，王位便由近親匈牙利國王路易繼任。1382年路易死後，其女雅德維佳公主被推選出任波蘭女王。而此時條頓騎士團的勢力不斷壯大，開始騷擾東歐諸國。1385年，波蘭與立陶宛聯合抗擊條頓騎士團。並肩作戰碰撞出了友誼的火花，1386年，雅德維佳與立陶宛大公雅蓋洛結婚，雅蓋洛順理成章地成為波蘭國王，即瓦迪斯瓦夫二世。隨著封建制度的發展，大貴族的勢力不斷膨脹，更企圖兼併立陶宛在烏克蘭和白俄羅斯的土地。1430年，雙方兵戎相見，聯盟趨於破裂。

十六世紀中葉，沙俄迅速崛起。為爭奪土地，波蘭和俄羅斯陷入長期戰爭，最後波蘭戰敗。1667年雙方簽下和約，波蘭歸還所占領的大部分俄羅斯土地。波蘭從此日趨衰落。

盧布林國會

【人文歷史百科】

十六世紀中葉，沙俄迅速崛起並大肆擴張。1558年，沙皇伊凡四世進軍並占領了當時屬於立陶宛的一部分領土。為了抵禦強大的沙俄，1569年波蘭和立陶宛貴族在盧布林召開國會，宣布兩國再次合併，建立共同國會，擁戴一位國王，執行統一的對外政策；但對內仍保持自治，各有自己的行政機關、軍隊和法庭。波蘭貴族趁合併之機，把烏克蘭變為自己的殖民地。1596年在布勒斯特高級僧侶舉行的宗教會議上，強迫烏克蘭人放棄東正教，改宗天主教。接著又利用俄羅斯的內訌發動侵略戰爭，但以失敗告終。

東南歐及東歐封建諸國

強大的條頓騎士團和因結盟而強大起來的「波蘭——立陶宛聯盟」，就像兩隻好鬥的公雞，因利益的爭奪不可避免地發生了衝突。

兩隻好鬥的公雞

←立陶宛大公維托爾德肖像

條頓騎士團是由日耳曼騎士組成的封建軍事組織，十字軍東征期間成立，後來在東歐一帶發展，擁有強大的軍力，占領了東歐許多國家的土地。十五世紀初，天生好鬥的條頓騎士團積極向外擴張，逐漸強大的「波蘭——立陶宛」聯盟也對外虎視眈眈。兩強相遇，必有一場惡戰。兩隻好鬥的公雞早已經伸長了脖子備戰。

從「波蘭——立陶宛」一方來說，波蘭正處於幾世紀以來的巔峰時期，立陶宛的加盟帶來了肥沃的土地，更使其如虎添翼。強大起來之後的波蘭人強烈要求收復條頓騎士團占領下的波美拉尼亞，特別是靠近騎士團領地的一些城市貴族表現最為積極。同時，立陶宛大公國也企圖借合併之強大力量，收復被騎士團占領的日姆茲地區。

波蘭、立陶宛的合併，直接威脅著條頓騎士團的利益。在兩國合併的過程中，騎士團曾用威逼利誘的手段加以破壞，但最後失敗了。兩國對騎士團的領土要求，更讓騎士們不能容忍。比如日姆茲地區，對騎士團而言非常重要，因為該地區正是讓條頓騎士團和寶劍騎士團的領地連成一片（寶劍騎士團形成於十字軍東征期間，聖殿騎士團是其前身）的樞紐。況且多年來的侵略占領，騎士團積累了相當的財富，更有一支裝備精良的軍隊。因此，條頓騎士團希望藉由戰爭進一步鞏固自己在波羅的海的地位。

戰前雙方都在努力尋求外界的支持。戰爭爆發後，和立陶宛關係良好的俄羅斯、捷克組織志願兵幫助波蘭，克里木的韃靼人也支持「波蘭——立陶宛聯盟」。而神聖羅馬帝國皇帝和匈牙利國王都支持騎士團。騎士團還從西歐各國招募了不少軍隊，其中有來自日耳曼、法國等地的騎士和英格蘭、瑞士等國的傭兵。

←條頓騎士

條頓是英文「Teuton」的音譯，成立於十字軍東征時期，由日耳曼人組成，是當時三大騎士團之一，在中歐和東歐享有極大勢力。

大戰的序幕

西元1409年春，在立陶宛大公維托爾德的支持下，日姆茲地區爆發了大規模的反騎士團起義。起義後不久，波蘭國王瓦迪斯瓦夫二世便向騎士團大團長烏爾里希·馮·雍寧根發出警告：「立陶宛的敵人就是我們的敵人，如果你們攻擊它，我們就把矛頭指向你們。」1409年8月，烏爾里希對波蘭宣戰，騎士團軍隊隨即越過邊界，占領了波蘭的多布任地區。瓦迪斯瓦夫二世立即宣布實行「全民武裝」，戰爭於焉爆發，波蘭歷史上將其稱為「偉大的戰爭」。

1409年冬，雙方都做好了充分的準備，決定性的戰役一觸即發。在西歐各國的大力支持下，到1410年夏，騎士團建立起一支以重裝騎士和步兵為主並裝備有大砲的軍隊。在大團長烏爾里希指揮下，連同外國傭軍在內，約有六萬人之譜。條頓騎士軍排成兩線隊形作戰，富有經驗、裝備精良的騎士被排在最前面。

波蘭軍主要由各領主的民軍和裝備精良的傭軍組成。「波蘭──立陶宛軍」編成三線戰鬥隊形：最前面的軍隊要頂住敵人的攻擊，打亂敵人隊形；中間部分是基本兵力，要從縱深向前突擊，粉碎敵人的中央部分；最後面的是預備隊。

戰前，波蘭和立陶宛的指揮官在布列斯特──利托夫斯克會面，協商作戰計畫。議定1410年夏季以前，波軍在沃爾波爾日集中，立陶宛和俄羅斯軍隊在納雷夫河一帶集中。一旦行動開始，各軍立即會合，進攻騎士團首都馬爾堡。1410年夏，波蘭軍隊和立陶宛軍隊在切爾文尼集結，數千名韃靼騎兵參加了立陶宛軍，從摩拉維亞與捷克也趕來援軍。這時軍隊的總數達六萬餘人，略多於騎士團。

條頓騎士團

【人文歷史百科】

條頓騎士團與聖殿騎士團、醫院騎士團並稱為「三大騎士團」。

第三次十字軍東征期間，來自日耳曼地區的騎士勇猛異常，所占有的土地和城堡逐漸增多，在耶路撒冷地區形成不小勢力。1198年3月5日，條頓騎士團在阿卡成立，直至1291年，阿卡一直是其總部。為了使十字軍看上去更正規，1199年9月，教皇英諾森三世頒布聖令，規定條頓騎士統一披上繡紅色十字和寶劍的白色披風，戴黑色十字章，嚴格執行騎士團的團規。

十三世紀初，為爭權奪利，醫院騎士團和聖殿騎士團之間衝突加劇；醫院騎士團拉攏條頓騎士團，共同對抗控制著耶路撒冷主要軍事據點的聖殿騎士團。其後，條頓騎士團從醫院騎士團手中獲得馬加特堡。條頓騎士團鼎盛時期，控制著東、西普魯士、整個波羅的海東岸，以及在南義大利、希臘、西班牙、法國的屬地。

東南歐及東歐封建諸國

213

格林瓦爾德會戰

1410年7月2日，瓦迪斯瓦夫二世統率的波軍，和維托爾德大公的「立陶宛——俄羅斯軍隊」在切爾文尼會合後，進軍馬爾堡。準備充分的聯軍勢如破竹，一連攻下幾個重要據點，數日後抵達德雷文次河河口，在這裡碰上了第一個釘子。河口對岸的防禦工事堅固，聯軍偵察得知：騎士團企圖在這裡借助有利地勢將聯軍擊潰。聯軍果斷決定放棄不利條件下的進攻計畫，退守佐耳陶，以便下一步進攻北面。

為了阻止聯軍鐵騎繼續踐踏自己的土地，騎士團團長烏爾里希急忙趕到丹涅貝爾格，親自指揮戰鬥。7月14日黃昏，騎士團的主力在格林瓦爾德（日耳曼人稱為坦能堡）與丹涅貝爾格一帶列出兵陣。而此時，聯軍也正向該地區推進。

在格林瓦爾德上空烏雲密布，雙方的砲手和弩手都在前線嚴陣以待。騎士團的火砲齊向聯軍陣地發射，但聯軍並未遭受重大損失。韃靼騎兵和維托爾德的先鋒部隊向騎士團左翼發起猛攻，遭騎士團擊退。維托爾德的主力部隊和預備軍隊立即投入戰鬥，但又被騎士團一一擊退。維托爾德的部隊潰逃，騎士團乘勝追擊。奧利格爾多維奇公爵率領的三個俄羅斯中隊如同救世主，牽制了騎士團的部分兵力，才使其得以喘息。

在右翼，波蘭各中隊正與騎士團展開搏殺。波軍進攻得手，才使得立陶宛軍有足夠時間重整旗鼓，由潰敗轉入反攻。經過激戰，立陶宛和俄羅斯各中隊合力擊潰騎士軍左翼。隨後，聯軍合圍並殲滅了騎士軍右翼。無奈之下，大團長命令預備隊投入戰鬥，聯軍也派出預備隊迎戰，騎士團的最後希望被擊潰。大團長及所有指揮官全部戰死疆場。

↑格林瓦爾德戰役，油畫，波蘭佚名畫家畫
格林瓦爾德戰役是波蘭、立陶宛、俄羅斯等多國聯軍對條頓騎士團的一場大戰，由聯軍取勝。

條頓騎士團的衰落

格林瓦爾德一戰中，騎士團精銳受重創。聯軍乘勝進入騎士團領地，失去頭領的各城市紛紛繳械投降。1410年7月25日；聯軍逼近馬爾堡，將該城團團圍住；但圍城兩個月沒能攻下，聯軍撤回波蘭境內，騎士團才逃脫了全軍覆沒的命運。

↑格林瓦爾德戰役紀念碑（局部）

1411年2月，匈牙利國王齊格蒙特·盧森堡從中調解，「波蘭——立陶宛」和條頓騎士團簽下《托倫和約》。雙方議定在雅蓋洛和維托爾德死後，日姆茲地區歸還立陶宛，多布任地區歸還波蘭，而東波美拉尼亞仍處在騎士團占領之下。此外，騎士團支付給「波蘭——立陶宛」十萬布拉格格羅什作為戰爭賠償。因為神聖羅馬帝國、匈牙利等國干涉和威脅，和約條件如此寬容讓人咋舌。

儘管《托倫和約》的條款夠寬容了，但有了強大靠山的騎士團拒不履行條款，並在邊境不斷尋釁滋事，新的戰爭可能隨時爆發。大戰在即，波蘭和立陶宛也開始行動，1413年10月他們在赫羅德洛簽訂了新的條約，重申聯合原則，強調立陶宛仍將是由大公統治的獨立國家，唯承認波蘭的宗主權。為了聯合之路，瓦迪斯瓦夫二世和維托爾德大公宣布立陶宛貴族享有波蘭貴族的一切特權，然須得信奉天主教，立陶宛貴族因此逐步波蘭化。

隨著波蘭和騎士團關係的惡化，「波蘭——立陶宛」提出要求，收復東波美拉尼亞、赫翁諾等波蘭的土地，並且要求騎士團立刻歸還日姆茲。雙方戰事再起。1414年和1419年，瓦迪斯瓦夫二世又發動兩次對騎士團的戰爭。騎士團已無力招架，1422年9月27日，在梅爾諾湖畔，雙方再次簽訂和約，立陶宛收復了日姆茲，而波蘭並無太大收穫。

持續了近兩百年的衝突終於結束。自此以後，騎士團再也無力對外擴張。

↓戰鬥中的烏爾里希·馮·雍寧根大團長
條頓騎士團英勇善戰，令當時許多東歐國家寢食難安。在格林瓦爾德戰役中的失敗，是條頓騎士團由盛轉衰的關鍵點。

東南歐及東歐封建諸國

阿提拉之後的匈奴帝國逐漸衰落，和其他民族融合而形成了匈牙利民族，在歐洲腹地繼續演繹著新的民族歷史。

匈牙利建國

匈牙利人原屬於芬蘭──烏格爾人游牧民族中的一支，九世紀以前，散居在烏拉山與卡馬河、伏爾加河之間水草豐美的土地上。匈牙利人共有七個部落，其中馬札爾部落勢力最大，因此匈牙利人又稱「馬札爾人」。早先有一部分匈奴人從中亞遷徙至多瑙河中游繁衍生息。這七個部落的匈牙利人和匈奴人的後裔長期共存，相互融合，構成新的匈牙利人之主體。

長期游牧生活的鍛煉，使匈牙利人個個能騎善射。西元906年，在馬札爾酋長阿爾帕德統率下，匈牙利人摧毀大摩拉維亞公國，占領斯洛伐克。十世紀上半葉，匈牙利人的戰馬曾一度闖入法國中部和義大利南部的土地。955年，在日耳曼地區的奧格斯堡附近，匈牙利人擊敗了神聖羅馬帝國皇帝鄂圖一世的軍隊。從此以後，他們逐漸進入定居生活。在征戰過程中，匈牙利貴族占有了大片土地，演變成封建貴族，而原來的公社成員日漸喪失土地，淪為農奴。

↑匈牙利人大遷移，油畫
匈牙利人原來生活在東歐南部大草原上，長期的游牧生活造就出一身能騎善射的本領，融入匈奴血統後讓他們更具侵略性。中間騎白馬者為阿爾帕德。

匈牙利人在征戰中逐漸強大，但那時候，要想真正在歐洲立足，得到羅馬教皇的承認是不可或缺的條件。斯蒂芬一世在位時，於西元1000年左右得到教廷加冕，阿爾帕德王朝（1000至1301年）正式建立，天主教順其自然成為國教，下設兩個大主教區和八個主教區，同時把大片的土地奉送給羅馬教廷。此外，為徹底摧毀氏族制度、鞏固封建統治，斯蒂芬把全國劃分為四十個行政區，委派大臣前往治理，他們享有廣泛的軍事、司法和財政權。這些措施加速了匈牙利的封建化。

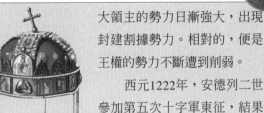

封建割據時期

十一世紀末、十二世紀初，逐漸強大的匈牙利不斷擴張。在東面，外西凡尼亞為匈牙利兼併；在西南面，克羅埃西亞和達爾馬提亞被匈牙利占領。一個瀕臨亞得里亞海的大國就這樣浮現版圖。

在當時，拜占庭帝國仍是一個不可小覷的國家。為了對抗拜占庭，原本親密的匈牙利和日耳曼的關係不斷加強。許多日耳曼貴族移居匈牙利和外西凡尼亞地區，他們不僅占有了匈牙利的大片土地，還享有特權。

在長期的對外戰爭過程中，國王將搶奪來的土地賞賜給立下戰功的騎士，中小貴族階層逐漸形成。同時，大領主更不甘落後，他們大肆搶占土地，進一步擴大自己的領地。十三世紀初，這些大領主的勢力日漸強大，出現封建割據勢力。相對的，便是王權的勢力不斷遭到削弱。

西元1222年，安德列二世參加第五次十字軍東征，結果戰敗而還，更激化了國內的紛亂。大小貴族們聯合起來，強迫皇帝頒布「黃金詔書」。詔書規定：領地為貴族的世襲財產，貴族和教會具有捐稅豁免權，州以下的官員由當地貴族推選，國家官吏未經許可不得進入貴族莊園。國王須每年召開一次國會，貴族不論爵位高低均可自由參加。

該詔書的頒布，給予大小貴族有效的利益保障，而王權又進一步被削弱。

西元1301年，安德列三世死後無繼任者，阿爾帕德王朝因此結束。日耳曼、義大利、波蘭和捷克的一些王室，因為和安德列有點姻親關係，都想奪得匈牙利的王位。

↑匈牙利國王安德列三世，中世紀插圖畫

科帕尼起義

【人文歷史百科】

斯蒂芬一世上臺不久，在科帕尼的領導下，匈牙利東部爆發了一場聲勢浩大的起義。起義的矛頭直指天主教堂和封建莊園。所到之處，教堂被摧毀，莊園被踏平，歐洲君主們為之震撼。在日耳曼傭兵支持下，斯蒂芬一世鎮壓了起義。1040至1070年左右，又接連爆發大規模的起義，予以天主教高層沉重打擊，然起義勝利果實卻為貴族所竊取，貝拉一世便是借助人民的力量而登上王位。政權一經到手，他立即反過來以血腥手段掃蕩起義，殺害了所有起義領導者。

東南歐及東歐封建諸國

217

強盛時期的匈牙利

安德列三世死後的王位爭奪戰，由那不勒斯王國安茹王室的查理‧羅伯特獲勝，稱查理一世。查理及其子路易一世統治時期，皆採取措施抑制大貴族的權力，依恃中小貴族之力來加強王權。

為了維護這些貴族的利益，以鞏固自身統治，1351年路易一世頒布法令，規定只有貴族能擁有土地，且貴族對其領地上的農奴享有司法權。同

↑西吉斯孟德的朝聖之路，范‧艾克作品，布達佩斯博物館藏
畫面中的西吉斯孟德是個虔誠的基督教徒，身負十字架，在部屬的護衛下前去耶穌殉難地朝聖。

時，路易一世還征服了摩達維亞和瓦拉幾亞，並入侵塞爾維亞。

路易一世統治時期，十分注重加強與周邊國家的經濟聯繫，匈牙利的社會經濟發展較快，城市異常繁榮，安茹王朝盛極一時。路易一世死後，王位由路易一世之女婿盧森堡的西吉斯孟德繼承。1410年，西吉斯孟德被推選為神聖羅馬帝國皇帝。1436年，野心勃勃的西吉斯孟德兼併了捷克，還出兵那不勒斯、波蘭和波士尼亞。

1396年9月，在西吉斯孟德率領下，日耳曼、匈牙利、捷克、保加利亞、瓦拉幾亞、法國和英國的騎士組成聯軍，和巴耶濟德率領的鄂圖曼土耳其軍隊，在保加利亞的尼科堡展開會戰。聯軍被土耳其人擊敗，西吉斯孟德倖免於難。

但保加利亞和瓦拉幾亞為土耳其所兼併，匈牙利直接與鄂圖曼土耳其帝國毗鄰。

西吉斯孟德死後，波蘭國王瓦迪斯瓦夫兼任匈牙利國王。出身於羅馬尼亞的貴族亞諾什‧洪雅迪在當時極有影響力，1441年，他受命為匈牙利駐外西凡尼亞總督。洪雅迪憑藉自身的聰明才智，率領一支農民軍多次擊敗當時戰鬥力極強的鄂圖曼土耳其人。1444年11月，在瓦爾那戰役中，洪雅迪敗給了鄂圖曼土耳其人，國王瓦迪斯瓦夫也不幸身亡。兩年後，洪雅迪率領一支三萬人的聯軍捲土重來，在貝爾格萊德與土耳其蘇丹穆罕默德二世親自統率的十萬大軍發生激戰，大獲全勝，撼動整個歐洲。

匈牙利的衰落

西元1458年，洪雅迪之子馬提亞‧科爾溫繼承匈牙利王位。他依靠中小貴族和市民的支持，進一步加強王權，不僅抵禦土耳其的進攻，還侵占了捷克的摩拉維亞和西里西亞。但在1467年對摩達維亞的戰爭中，敗於斯蒂芬大公之手。科爾溫死後，勢力臻強的大貴族

在政治上幾乎取得完全獨立的地位。

1514年10月，匈牙利召開了所謂的「野蠻會議」。會議通過決議，規定農民不得自由遷徙，貴族可自由增加農民的勞役負擔；並嚴禁農民攜帶武器，違者處以死刑。匈牙利農民的處境日益惡化，積怨猶如火山，終有一天會爆發。十六世紀初，匈牙利歷史上規模最大的一次起義——喬治‧多沙起義便是如此。

西元1526年，鄂圖曼土耳其軍隊與匈、捷聯軍在摩哈赤展開決戰，結果聯軍大敗，匈牙利陷入瓜分窘境，中部和南部直接由土耳其占領，東部被劃入外西凡尼亞（土耳其附屬國），西部則被併入奧地利。

↓匈牙利勇士發現路易二世的遺體，油畫
1526年8月29日，匈牙利末代國王路易二世與鄂圖曼帝國蘇萊曼一世交戰，兵敗遇害。

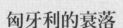

219

東南歐及東歐封建諸國

065.基輔羅斯時期

東斯拉夫人主要包括今日的俄羅斯、烏克蘭和白俄羅斯三個民族。九世紀時，北歐的諾曼人在留里克的率領下入侵東斯拉夫，開啟了基輔羅斯時代。

東斯拉夫人

→中世紀早期的東斯拉夫人，想像圖
斯拉夫人金髮碧眼，熱情豪放，是一個富有想像力的民族。

斯拉夫人的祖先原居維斯杜拉河上游以東、第聶伯河中游以西和普魯特河口以北一帶，地方不大，自然條件極為惡劣。之後，他們分別向東、西、南三個方向發展。向東發展的部分斯拉夫人定居在俄羅斯平原，即東斯拉夫人，也就是今日俄羅斯民族的祖先。

東斯拉夫人來到俄羅斯平原之後，發現這裡自然環境惡劣，尤其冬天冷得讓人難以承受，且大部分地區為茂密的森林和沼澤地所覆蓋。在生產力甚低的階段，要改變這種惡劣的自然條件是極

為困難的，但東斯拉夫人還是頑強地活下來，並且形成了今天的俄羅斯民族。

最先來到這裡的東斯拉夫人主要以畜牧為生，過著群居的氏族生活。隨著生產力的提升，在八世紀左右，一些氏族首領及其親兵、僧侶逐漸從氏族成員中分離出來，形成氏族貴族。

九世紀左右，東斯拉夫人發展史上一個劃時代的巨變發生了——鐵器工具的發明，應用於生產。俄羅斯平原雖然環境惡劣，但卻蘊藏著豐富的資源，鐵礦埋藏很淺，極易挖掘；這賦予東斯拉夫人極大的優越性，即是向鐵器時代過渡。鐵器時代的到來也標誌著「英雄時代」的出現，東斯拉夫人用鋒利鐵器征服了廣袤森林和沼澤地，萬畝良田頓時呈現在眼前。與此同時，東斯拉夫人也從游牧生活過渡到了以農業為主的定居生活。農業生產的快速發展，加劇了社會分層化。九世紀時，基輔、車爾尼雪哥夫、斯摩棱斯克以及諾夫哥羅德等一批封建小國，陸續在俄羅斯平原上出現。

斯拉夫人的擴張

現代斯拉夫人分布區
東斯拉夫人分布區
西斯拉夫人分布區
南斯拉夫人分布區

大西洋

北海

波羅的海

波羅的人

俄羅斯語

斯拉夫人原居地

日耳曼人的海

日耳曼人

波蘭人

白俄羅斯語

捷克語

斯洛伐克語

烏克蘭語

土耳其人
552-659年

阿瓦人

馬其頓尼亞語

克羅埃西亞語

塞爾維亞語

加利利亞語

東羅馬帝國

地中海

↑斯拉夫人的遷徙及分布示意圖

留里克王朝的建立

鐵器的出現，帶來了生產力的提升，九世紀時氏族社會逐漸解體，形成許多浮現階級化的部落聯盟。這些聯盟大都以設防城市為中心，過著穩定的生活。在這些聯盟中，以北方的諾夫哥羅德和南方第聶伯河中游的基輔勢力最為強盛。然而北歐諾曼人的入侵，打破了東斯拉夫人寧靜的生活。

八、九世紀時，北歐的諾曼人處在從氏族社會向階級社會過渡的階段，但諾曼人的生活中軍事民主色彩更為濃厚。擅長水上生活的他們在首領統率下，乘船沿水路進行遠征，掠奪財富是諾曼人唯一的目的，因此其活動帶有濃厚的海盜色彩。後來諾曼人逐漸意識到土地的重要性，開始過起定居生活。諾曼人乘船從芬蘭灣各河口逆流而上，深入東歐腹地劫掠。入侵東歐的諾曼人被稱為「瓦蘭吉亞人」，他們開始在征服的土地上建立政權。

西元862年，瓦蘭吉亞人的首領留里克統率部族入侵東歐，推翻了俄羅斯平原上的諾夫哥羅德政權，成為諾夫哥羅德的王公。而南方的基輔也被瓦蘭吉亞人阿斯科德和迪爾推翻，建立起基輔羅斯。

西元879年留里克死後，由奧列格輔佐留里克的幼子伊戈爾總理朝政。奧列格雄心勃勃，於882年帶兵沿水路南下征服了基輔羅斯，並將都城由諾夫哥羅德遷至基輔，奧列格就任基輔大公。此後，留里克族系子孫迅速合併，並逐漸征服了東斯拉夫人各部落及其周邊部族，以東斯拉夫人為主體的國家於焉形成，俄國史學家稱之為「基輔羅斯」，基輔城公認是俄羅斯諸城之母。

建立留里克王朝的瓦蘭吉亞人跟東斯拉夫人相互融合，接受了斯拉夫的語言文化，逐漸斯拉夫化。

【人文歷史百科】

「俄羅斯」一詞的由來

基輔羅斯公國（Kiev Ross）何以稱「羅斯」？據西方學者考證：羅斯一詞源於當時的征服者諾曼人。在芬蘭語中，諾曼人就是北方人的意思。諾曼人入侵俄羅斯平原，並在基輔建立起自己的國家，諾曼人的名稱自然也被帶到了這裡。所以，不僅他們的國家被命名為基輔羅斯，包括被征服地區在內的所有人都統稱為「羅斯人」。中國原稱俄國為「羅斯」或「羅剎國」，清朝時將蒙古語為方便發音而添上O母音的「Oroccia」轉為漢語，而造出了「俄羅斯」此一名稱。

俄羅斯帝國的崛起

066.東正教在俄羅斯的傳播

俄羅斯是現在最大的東正教國家，眾多輝煌的教堂建築足稱世界建築史上的奇葩。究竟，俄羅斯人是何時接受東正教的呢？

羅斯受洗

→弗拉基米爾的洗禮，油畫
西元988年，基輔大公弗拉基米爾接受洗禮，信仰基督教（即後來的希臘正教或東正教），並宣布基督教為基輔公國的國教。

西元945年，基輔羅斯大公伊戈爾率兵進攻拜占庭帝國，戰敗之後被迫簽訂和約，割讓克里米亞給拜占庭，並允許基督教在羅斯傳播。伊戈爾大公之妻奧爾加擔任基輔羅斯攝政時，曾接受基督教洗禮。據記載，西元975年，奧爾加前往君士坦丁堡拜訪拜占庭皇帝。拜占庭皇帝對她一見傾心，提議與她共同治理帝國。奧爾加回答，她還是一個異教徒，如果皇帝為她施洗的話，她願意接受基督教。於是拜占庭皇帝和教會負責人一起為奧爾加施以洗禮。此後，皇帝重提婚事，奧爾加卻說：「你既然親自為我洗禮並稱我為女兒，怎麼可以娶我呢？」皇帝知道自己上當了，但對此又無可奈何。

西元980年，弗拉基米爾成為基輔羅斯大公，他深知宗教在加強思想控制方面的重要作用。987年，拜占庭帝國發生內亂，向基輔羅斯求援。弗拉基米爾大公要求拜占庭皇帝將其妹安娜公主賜婚給自己，並為自己舉行洗禮，自此改信基督教。翌年，接受洗禮後的弗拉基米爾大公帶著新婚妻子和一批拜占庭神父返回基輔，弗拉基米爾下令廢除多神教，命令全體臣民跳入第聶伯河中，讓神父為他們舉行集體施洗，並在羅斯境內建立大主教區，興修教堂，捐贈大片土地給教會。

從君士坦丁堡傳來基督教屬基督教的東派（當時基督教會尚未正式分裂）。這個教派允許做禮拜時不限拉丁語，可使用民族語言，因而更易於在羅斯傳播。不久，由西瑞爾和美多德兄弟翻譯成的斯拉夫文版《聖經》廣泛流傳開來。

222

↑斯拉夫人的洗禮，壁畫
據說，弗拉基米爾接受基督教後，將基輔城內的斯拉夫人趕到城外，集體入河接受洗禮。

羅斯教會的發展

基輔羅斯成立基督教會後，仍由君士坦丁堡教區牧首（即大教長）任命都主教管理教務。第一任都主教是希臘人菲歐姆普特，教區中心設在基輔。羅斯境內的所有主教皆由都主教在徵得各國王的同意後任命。同時，許多教堂和修道院修建起來，其中基輔索菲亞大教堂和洞窟大修道院非常著名。

十三世紀時，基輔因戰亂遭到重創，政治經濟中心也隨之逝去，而東北羅斯的弗拉基米爾大公國逐漸強大。1299年，大公把都主教的駐地遷到弗拉基米爾，弗拉基米爾大公國成為當時羅斯的政治和經濟中心，不過都主教轄區仍叫基輔教區，這個稱呼持續了一百五十年。後來，莫斯科公國逐漸強大，1326年，都主教駐地遷至莫斯科。

1439年，為解決東西方教會的分歧，羅馬教皇在佛羅倫斯召開宗教會議，莫斯科都主教伊西多爾代表俄羅斯參加，擅自以莫斯科教會的名義簽署了兩教合併的協定，承認羅馬教皇為「基督在世的全權代表」。得知此消息後，莫斯科大公極為憤慨，斥責都主教是「拉丁教的魔鬼」，同西方教會和好是對東正教正統教義的叛離，下令將伊西多爾撤職查辦，並派俄羅斯人約納擔任都主教。從此莫斯科教會正式脫離君士坦丁堡。

鄂圖曼土耳其攻占君士坦丁堡後，莫斯科東正教會趁機自立為東正教首領，並宣布承繼羅馬帝國正統。在東正教中，莫斯科從此成為繼君士坦丁堡、亞歷山卓、耶路撒冷和安提阿之後的第五個牧首區。十七世紀初，俄國處於「大動亂年代」，也正是由於俄國宗教領袖激發了俄羅斯人的民族意識，才挽救了俄羅斯。

弗拉基米爾接受洗禮之因

【人文歷史百科】

弗拉基米爾大公執政時，亟欲尋找新宗教以作為統馭工具。因此，他派出使團考察各國的宗教，最後得出結論：伊斯蘭教徒禁飲酒，然喝酒是羅斯人的樂趣和禦寒之方；猶太教的神顯得弱小，連自己的子民都不能保護，耶路撒冷屢屢被侵；在羅馬西部教會中看不到榮耀；而只有在拜占庭的東部教會教堂裡，才能看到人間罕見的輝煌與壯麗，彷彿置身於天堂而非塵世。弗拉基米爾大公最後決定選擇東正教。

俄羅斯帝國的崛起

223

封建關係的形成

由於生產力的迅猛發展及鄰國社會發展狀況的影響，基輔羅斯在奴隸制尚未普及的情況下，直接進入了封建社會。

八、九世紀時，北方森林地帶的居民用鐵斧砍伐森林，南方草原地區的居民用鐵鐮除去野草，開闢耕地。農民在開闢的土地上種植黑麥、小麥、大麥和燕麥等。農村公社「維爾福」出現，其成員稱為「斯莫爾德」，意即自由農民。東斯拉夫人與拜占庭帝國毗鄰，基輔羅斯建國前就和拜占庭有貿易關係，拜占庭先進的生產力和文化對東斯拉夫人產生了重大影響。

基輔羅斯早期的封建關係中不見采邑，卻有貢賦制度。留里克王朝初期，大公以「索貢巡行」的方式向人民徵收糧食、毛皮等貢物，用以酬庸親兵。十到十一世紀時，隨著農業生產的進一步發展，貧富分化加劇，公社中的自由農民破產，土地被富戶兼併；失地農民淪為依附者，封建關係因而更加擴展。

東正教傳到基輔羅斯後，統治者捐贈大片土地給教會，教會地產猛增。王公貴族和教會爭相搶占公社土地的結

▶ 智者雅羅斯拉夫雕像
智者雅羅斯拉夫以聰明著稱，是古基輔羅斯時期最著名的大公之一。

果，最終形成大地主制。智者雅羅斯拉夫統治時期，頒布《雅羅斯拉夫法典》，規定領主對其領地上的農民有司法裁判權；領主殺死農民只需付少量賠償金。透過立法，封建關係進一步鞏固。此外，還成立了教會管理機構，修建修道院將封建統治加以神化。封建制度至此完全確立起來。

基輔羅斯的擴張

為了爭奪通往黑海之商路的控制權，基輔羅斯與拜占庭帝國多次發生衝突，互有勝負。西元907年，奧列格曾率兵進攻拜占庭，雙方簽訂和約，羅斯商人獲得免繳貿易稅權。此後伊戈爾掌權

↑ 索貢巡行，中世紀俄羅斯插圖畫
索貢巡行是基輔羅斯時期統治者強行徵收財物的一種方式，徵收時往往伴隨武力進行。

後再次出兵拜占庭，941年被擊敗，但944年的進攻取得了勝利。伊戈爾的兒子斯維雅托斯拉夫繼任大公後，依靠武力不斷向外擴張。

斯維雅托斯拉夫一生都在征戰中度過，出征時除了武器不帶別的東西，夜間席地而睡，以鞍為枕。他首先擊敗伏爾加河上的保加爾人和哈查爾人，征服了北高加索，打通通往東方的道路，與拜占庭相毗連。西元967年擊敗保加利亞後，斯維雅托斯拉夫在保國首都定居下來，並宣稱：「這裡，是我領土的中心。希臘的黃金、捷克的白銀、匈牙利的馬匹，一切好東西都該集中到這裡！」

拜占庭帝國擔心基輔羅斯過分強大威脅到自身利益，便派軍隊將羅斯軍擊敗，把斯維雅托斯拉夫趕出了保加利亞首都。斯維雅托斯拉夫撤軍的消息，由拜占庭密報給突厥人。突厥人乘機伏擊，斯維雅托斯拉夫被殺死，突厥酋長

將他的頭蓋骨做成了飲酒器。斯維雅托斯拉夫死後，他的三個兒子發生爭權內訌，國家瀕臨瓦解。後來弗拉基米爾擊敗眾弟兄，重新統一了基輔羅斯。弗拉基米爾繼續擴張，兼併加利奇，擊敗波蘭和立陶宛。

隨著封建關係的開展，大貴族勢力不斷增長。1054年，基輔羅斯發生內訌，分裂成三個小國，各王公不斷互相討伐，戰亂迭起，基輔羅斯面臨解體。十二世紀時，又分裂成十幾個小公國，混戰依然。儘管基輔羅斯漸漸衰亡，它卻依舊是俄羅斯、烏克蘭、白俄羅斯三大斯拉夫民族的文化搖籃。

→斯維雅托斯拉夫肖像
斯維雅托斯拉夫是女大公奧爾加的兒子，以善於征戰而著稱。在其幼子弗拉基米爾統治時期，羅斯達到鼎盛。

【人文歷史百科】

索貢巡行

基輔羅斯初期，大公大肆徵收貢物。每年年初，大公率領親兵到所屬居民的居住區去「索貢巡行」，向人民徵收糧食、毛皮、蜂蜜等。大公一行人到處橫行，不僅搶刮財物，甚至掠走人口作為奴隸出賣。搶來的物品一部分分配給親兵作為獎賞，一部分運到君士坦丁堡出賣，換回紡織品、酒和其他奢侈品。這種徵收和分配貢物的方式，是羅斯王公維繫臣屬關係的一種手段，與西歐國家在封建社會早期的采邑分封制不同。

俄羅斯帝國的崛起

225

楚德湖戰役

基輔羅斯分裂之後，封建割據局面開始出現。內部的分崩離析給外部侵略勢力有可乘之機。十三世紀時，羅斯遭到東、西兩股強大力量的侵襲：亞洲的蒙古人和日耳曼的條頓騎士團。

條頓騎士團初始小有斬獲，占領了羅斯波羅的海沿岸的一些土地。1242年在諾夫哥羅德附近的楚德湖上，雙方發生激戰，史稱「冰湖戰役」，也叫「楚德湖戰役」。據估計，當時騎士團約有一萬人參戰，以重騎兵為核心。羅斯聯軍有一萬五千至一萬七千人參戰，以步兵為主，由諾夫哥羅德公爵亞歷山大指揮。

羅斯聯軍據守冰湖東岸。條頓騎士團發動楔形攻勢，以重裝騎兵作為箭頭進行突擊，步兵跟進，兩翼和後方則由輕騎兵保護。這是騎士團的慣用戰術，能夠迅速撕開對方防線，達到由點到面擊敗敵軍的效果。其缺點是兩翼的防禦力量薄弱，易被打開缺口。亞歷山大瞭解這種戰術的特點，特意將聯軍中的輕裝步兵安排在中間，列成加厚方陣，而把精銳步兵放在兩翼。同時，地理上的劣勢也給騎士團帶來麻煩，湖岸結了冰的斜坡使重騎兵難以有效發揮衝擊力，進攻陷入僵局。

在諾夫哥羅德精銳步兵的攻擊下，騎士團的兩翼慢慢向中心收縮，逐漸陷入聯軍的包圍之中。亞歷山大派出了最精銳的親衛騎兵從右翼後方攻擊騎士團，作致命一擊。包圍圈越縮越小，騎士團重騎兵由於沒有足夠的施展空間，優勢無法發揮。聯軍步兵用長矛將騎士挑落下馬，不少穿著重鎧甲的騎兵掉進了冰窟窿裡。

此戰役騎士團只有少數人突圍出來，絕大多數人戰死，包括大團長在內的五十多名貴族和五百名騎士也成了俘虜。該戰役給予騎士團沉重的打擊，擴張步伐就此停止。

蒙古人對俄羅斯的統治

羅斯逐漸由鼎盛走向衰落時，東方的蒙古迅速崛起，逐漸強大起來，而羅斯的內亂給了蒙古人可乘之機。

蒙古人在成吉思汗的率領下崛起於蒙古高原，蒙古大軍猶如旋風，橫掃

↑楚德湖戰役
楚德湖戰役又叫「冰湖戰役」，條頓騎士團遭到了沉重打擊，從此一蹶不振。

了歐亞大陸。而處於分裂狀態下的羅斯各公國，根本無力抵抗蒙古鐵騎。1223年，蒙古大軍侵入俄羅斯南部的草原，在卡爾卡河畔擊敗俄羅斯軍隊；1237年，拔都率領的蒙古大軍迅速從南方草原打到了北方，連續攻陷包括莫斯科在內的十四座城池；1240年，蒙古大軍又以不可阻擋之勢攻占基輔。至此，俄羅斯的絕大部分地區都陷於蒙古軍隊的鐵蹄之下。1243年，拔都以伏爾加河爲中心建立金帳汗國，也就是蒙古歷史上四大汗國之一的欽察汗國。從此，基輔羅斯處於蒙古人統治之下。

面對俄羅斯這樣一個疆域廣闊的大國，金帳汗國採取「以敵制敵」的辦法進行統治。具體說來，也就是在所有臣服的俄羅斯諸公中挑出最順從自己的大公，授予「弗拉基米爾」的稱號，作爲金帳可汗在俄羅斯地區的代理人，代表金帳可汗徵收貢賦、管理土地。爲爭奪這一特殊的地位與權力，各大公之間明爭暗鬥，互相告密，竭力討好蒙古人。

多難的俄羅斯

在慘遭蒙古蹂躪的同時，俄羅斯於十三世紀中葉又遭到瑞典領主和日耳曼條頓騎士團的侵襲。十四世紀初，新興的立陶宛大公國也開始向俄羅斯擴張。經過近一個世紀的戰爭，兼併了包括基輔在內的整個第聶伯河流域和斯摩棱斯克。而此時金帳汗國開始衰落，原為金帳汗國侵占的地區中有一部分被立陶宛占去，西南部的加利奇公國則於十四世紀中葉遭波蘭吞併。如此一來，俄羅斯的土地被一分為三：東北由金帳汗國控制，西南為立陶宛大公國所占據，最西的部分則被波蘭統轄。十五世紀，東斯拉夫三大民族——俄羅斯、白俄羅斯和烏克蘭，逐漸在這三個地區形成。

【人文歷史百科】

俄羅斯帝國的崛起

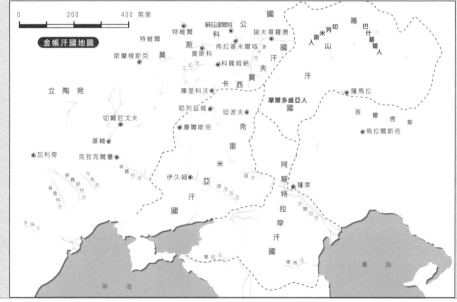

↑ 金帳汗國地圖

227

莫斯科公國的興起

→伊凡‧達尼洛維奇

伊凡富於謀略，為達到目的不擇手段。他用財物賄賂金帳汗國統治階層，抑制以特維爾王公為首的鄰近各公國。

莫斯科原屬於「羅斯托夫——蘇茨達爾公國」。最初只是一個偏僻的小鄉村，有史記載以來首次提到莫斯科是在1147年，因此這一年也被認為是莫斯科的建城之年。此後，莫斯科迅速發展，到十三世紀前期發展成為一個擁有封土的公國。

莫斯科的地理位置優越，扼守奧卡河和伏爾加河的咽喉要道，東南方不遠就是頓河的上游，沿頓河南下可直入黑海。便利的交通使這裡的貿易繁榮起來，為莫斯科帶來大宗稅收。由於莫斯科處於俄羅斯的中心地帶，四周公國林立，不易受到外族的侵擾。相對安定的環境，更為經濟的發展提供了有力的保障。這些是莫斯科公國得以發展的客觀原因。

莫斯科公國歷代的統治者都善於權術，他們借助蒙古統治者的威力震懾並欺壓其他公國，壯大自己的力量。尤里‧達尼洛維

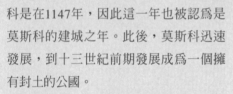

奇當上莫斯科大公後，極力逢迎討好蒙古大汗，並迎娶可汗之妹為妻，博得了蒙古大汗的歡心，大汗甚至撥一支蒙古軍隊供其調遣。老天不會盡如人意，1325年在和特維爾大公爭奪可汗「榮寵」地位的內鬥中，尤里被政敵殺死，他的妻子也不幸喪命。

尤里死後，其弟伊凡‧達尼洛維奇繼承大公之位。和哥哥相比，伊凡的能力毫不遜色，他用金錢收買蒙古的王公貴族，因此獲得了蒙古大汗「弗拉基米爾和全俄羅斯大公」的封號。伊凡以善於對人民搜刮錢財和吝嗇聞名，因而有伊凡‧卡里達的「美譽」。「卡里達」在俄語中意為錢袋。

伊凡獲得「大公」封號後，對內狠命剝削，對外瘋狂兼併，國勢日漸強盛。後來，他幾乎控制了整個東北俄羅斯地區，把教會的牧首駐地遷到莫斯科，提高了莫斯科公國在宗教和政治方面的地位。莫斯科漸成為俄羅斯境內最強大的公國。

↑蒙古人的追殺，中世紀晚期插圖畫
蒙古鐵蹄在歐亞大陸縱橫馳騁，俄羅斯人在他們面前只有逃命的份。

↑庫里科沃戰役，油畫，俄羅斯國家博物館藏
畫面的異常血腥，突顯了庫里科沃戰役的殘酷。底米特里高舉蒙古人的頭顱，以示戰爭的勝利。

年輕有爲的底米特里

底米特里1350年生於莫斯科，年僅九歲便繼承了莫斯科大公之位。當時，封建割據的局面持續，廣闊的俄羅斯土地上散布著大大小小眾多的公國，而所有公國中以莫斯科公國實力最強，不過仍然得向金帳汗國稱臣納貢。

與莫斯科相鄰近的特維爾、梁贊、蘇茲達爾——尼什哥羅德三個公國雖然勢力也不弱，但可以向其他公國發號施令的「弗拉基米爾大公」封號依然掌握在莫斯科公國手中，他們對此權位覬覦良久，隨時準備進攻莫斯科公國。日益強大的立陶宛公國，也急於向東擴張，矛頭直指莫斯科公國。

莫斯科公國雖然四面強敵環伺，但底米特里大公雄心依舊。年幼的底米特里在攝政大主教阿列克塞的輔佐下，實施了一系列富國強兵的政策，以加強大公的權力。底米特里鼓勵墾荒，大力發展農業；改革幣制，爲經濟發展創造條件；並興建防禦設施，增強軍事力量。底米特里對外堅持武力征服，先後征服了特維爾、梁贊、蘇茲達爾——尼什哥羅德，隨後揮兵立陶宛。幾年的苦戰過後，立陶宛公國落敗。1367年，底米特里在莫斯科城外修建了俄羅斯第一座巨大的防禦工事——白石城牆，大大提高莫斯科城的防禦力。這些措施爲莫斯科擺脫蒙古統治奠定了堅實基礎。

而此時，蒙古貴族爲了爭權奪勢，內訌不已，馬麥可汗控制下的金帳汗國開始衰落。1374年，底米特里經過深思熟慮後，斷然停止向金帳汗國納貢；並藉給兒子洗禮之機，在佩雷雅斯拉夫里城召開王公大會，共商抗擊馬麥可汗的大計。

→底米特里殺死怪物
底米特里是俄羅斯的民族英雄，1378年、1380年兩次大敗蒙古軍隊。1382年，蒙古可汗脫脫迷失率大軍重返俄羅斯，攻破莫斯科，底米特里再次稱臣。

【人文歷史百科】

外強中乾的金帳汗國
日漸強大的莫斯科公國，公然與金帳汗國對抗起來，而衰弱中的金帳汗國並未做出任何有力的回應，馬麥可汗僅是在王宮裡大發雷霆，讓底米特里更加看清了蒙古人的虛弱。幾年後，底米特里派兵攻打金帳汗國的盟國保加爾國，強迫其接受莫斯科大公賜給的印璽和派去的官員。這無異給了馬麥可汗一個響亮的耳光，他再也無法容忍，逐決定冒險出擊。

頓河英雄

1378年秋，馬麥可汗派王公別吉奇率兵進攻莫斯科。面對強敵，底米特里毫不畏懼，親自率兵在沃查河一帶阻擊別吉奇。起初，雙方只是隔河相望，誰也不敢貿然出擊。在河右岸，底米特里指揮士兵悄悄布下了一個口袋陣，同時讓士兵們裝作騷動，以蒙蔽別吉奇。急於求勝的別吉奇果然中計，命令部隊馬上渡河迎戰。待蒙古軍過河後，底米特里率軍三面出擊，慌亂之中的蒙古兵四下潰散，莫斯科軍隊大勝而歸。

沃查河戰役的慘敗讓馬麥可汗怒火中燒，決定親率大軍討伐底米特里。1380年，蒙古騎兵和一批來自北高加索的傭兵共有六萬之眾，直逼莫斯科。面對來勢洶洶的蒙古軍，俄羅斯草原上各公國紛紛聚到底米特里旗下，共禦強敵。

蒙古大軍行進到頓河邊安營紮寨，等待後續部隊到達。身穿鎧甲、手握寶劍的底米特里來到頓河邊，目光落在頓河右岸的一片平原上。那片平原叫做庫里科沃，平原的西部、北部和東部溝壑與河流縱橫交錯，蒙古騎兵難以發揮優勢。平原的東部有一片茂密的樹林可設下伏兵。

天色黑了，趁著夜幕，底米特里命令部隊渡河。黎明時，平原上漫山遍野全是莫斯科士兵。底米特里一改古老的牆式隊形，排成前、後、左、右、中五點式隊形。這時，馬麥可汗的大軍也出現在平原上。黎明的濃霧剛剛消散，平原上戰火燃起。底米特里衝在部隊的最前頭，蒙古兵將他團團圍住，幸虧底米特里的盔甲堅實並未受傷。蒙古騎兵勇猛異常，底米特里的前鋒紛紛倒地，大公的帥旗也倒了。底米特里沉著冷靜，帶領部下且戰且退。馬麥可汗那肯甘休，指揮蒙古大軍緊緊追逼。正在這時，早已埋伏好的俄軍從樹林裡衝出來。蒙古將士一下子亂了陣腳，紛紛潰逃。看到形勢無法控制，馬麥可汗只得逃走。

庫里科沃平原一戰過後，金帳汗國在東北羅斯的統治基礎開始動搖，俄羅斯人看到了黎明的曙光。1389年，年僅三十九歲的底米特里病逝。這位大公勵精圖治、英勇善戰，贏得了俄羅斯人的尊敬和愛戴，被稱為「頓河英雄」。

→ 庫里科沃戰役的勝利，油畫，俄羅斯國家博物館藏
畫面描繪的是底米特里在庫里科沃戰役取得勝利後，受到人們讚頌並被拋起來時的情景。

立陶宛大公結盟，欲雙面夾擊莫斯科。1480年，在奧卡河支流烏格拉河的兩岸，阿合馬的兵馬與伊凡三世領導下的俄羅斯聯軍隔河對壘，最後阿合馬軍隊糧草耗盡，只好撤軍。

對莫斯科公國來說，這是一場偉大的勝利，結束了蒙古人在俄羅斯整整兩百四十年的統治。莫斯科公國在全俄羅斯的威望也大大提高，伊凡三世成為全俄羅斯人心目中的英雄，奠定了俄羅斯統一的先機。

←瓦西里三世肖像
瓦西里三世（1505
至1533年在位）先
後兼併了普斯科
夫共和國和梁贊公
國，並從立陶宛奪
取斯摩棱斯克，完
成了東北羅斯的統
一。

金帳汗國統治的結束

莫斯科大公伊凡三世即位後，大力發展經濟，莫斯科公國出現了空前繁榮的景象。經濟的繁榮為政治的統一奠定根基，同時也刺激伊凡三世擴張的野心，他先後兼併了雅羅斯拉夫里公國和羅斯托夫公國。

莫斯科公國興起之時，正是金帳汗國衰敗之日。而此時，金帳汗國東南方的帖木兒帝國迅速崛起，不斷侵擾金帳汗國邊境，更加削弱了金帳汗國的實力。局勢的改變為莫斯科公國的獨立增添了有利條件。伊凡三世抓住時機，拒絕向金帳汗國納貢。阿合馬大汗立即與

【人文歷史百科】

瓦西里三世

伊凡三世的兒子瓦西里三世在位時，採取高壓手段征服了各公國，要求所有人必須遵從他的旨意，一切大事皆由他定奪。監獄和死刑是瓦西里三世維持高壓統治的主要手段。瓦西里三世在位期間，不斷以武力對外進行擴張，他一連兼併了普斯科夫、梁贊、斯摩棱斯克，收復被立陶宛占領的土地，統一了整個東北羅斯。於是，疆域北起白海，南至奧卡河，西抵第聶伯河上游，東達北烏拉山，一個民族眾多、幅員遼闊的俄羅斯在此時形成了。

俄羅斯帝國的崛起

231

069.沙俄的興起

伊凡雷帝，一個讓俄羅斯人引以自豪的名字，他在位時立下了俄羅斯帝國的根基，俄羅斯從此走向強大。

中央集權國家的建立

　　伊凡三世統一俄羅斯後，亟欲建立起一個中央集權國家。1472年，伊凡三世迎娶拜占庭末代皇帝君士坦丁十一世的姪女索菲亞‧巴列奧略爲王后，與拜占庭帝國修好。此後，又與義大利、土耳其、伊朗等國建交，希望透過外交手段，實現建立一個同古羅馬和拜占庭一般的新帝國之夢想。

　　伊凡三世自詡爲拜占庭的繼承人，甚至把拜占庭皇室的雙頭鷹徽記挪爲己用；還把各王公降爲世襲領主，並效仿古羅馬元老院建立諮議機關——「杜馬」。此時的莫斯科被稱爲「第三羅馬」。

　　伊凡三世作爲國家統治者，掌握著最高權力，下設中央權力機構管轄全

←伊凡四世肖像
伊凡四世是俄羅斯第一位沙皇，他對內壓制大貴族分立，對外積極擴張，奠定了俄羅斯帝國的基礎。

國，派總督管理地方，而總督的任期、許可權和薪俸等都有規定。伊凡三世實行著血腥統治。1497年他頒布新法典，改革司法制度，規定一切殺死主人、反對封建法制的人統統處死；還限制農民遷徙自由，農民僅能於尤里里節前後各一週的時間內，在償清租金的前提下才能離開。俄羅斯的封建化在這個時候進入了新階段。

　　1533年，瓦西里三世之子、年僅三歲的伊凡四世即位，其母葉琳娜‧格林斯卡婭攝政，處理王朝事務。不讓鬚眉的她鎮壓了兩位皇叔的叛亂，然而卻不幸於1538年猝然辭世。

　　1547年初，伊凡四世舉行加冕禮，稱「沙皇」。由於連年的橫徵暴斂，人民不堪忍受，各地反暴政的起義不斷。伊凡四世親政後，一方面採取措施鎮壓起義，另一方面著手改革，以加強王權。

←伊凡三世拒絕納貢，油畫，俄羅斯國家博物館藏
伊凡三世領導俄羅斯人擺脫了蒙古人的統治。他不僅是俄羅斯中央集權的奠基人，也是沙俄對外擴張的鼻祖。

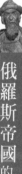

伊凡雷帝

伊凡四世執政後，從司法、行政、軍事三方面著手，進行改革。1550年，頒布新法典，懲治貪汙腐敗；在各地設置專門的司法機關，以削弱地方總督的司法職權；提拔中小地主擔任官職。伊凡四世用火器配備步兵，並由精銳部隊組成近衛團，加強砲兵組織。1555年，在中央設領地衙門和軍事衙門。1556年，伊凡四世又頒布軍役法，規定不管是大貴族的世襲領地還是中小貴族的領地，每一五○俄畝的土地必須推出一名騎兵。大貴族在軍役方面的特權被取消，騎兵人數大大增加，進一步加強了王權。

當時的俄羅斯，擁有大片領地的大貴族仍為數不少。1565年，為徹底解除大貴族對王權的威脅，伊凡四世再次推行新政策。他將全國劃分為普通區和特轄區兩部分：土地肥沃、商業發達、具軍略重要性的地方統統劃為特轄區，並收回特轄區內大貴族的世襲領地，由他轉分給忠於沙皇並服軍役的中小貴族；普通區則由杜馬管理。伊凡四世還從中小貴族中挑選親信組成特轄軍團，以鎮壓大貴族的反抗。這些措施引起了大貴族的強烈不滿，有些大貴族蓄意謀反，但都被伊凡四世血腥剿滅。伊凡四世因此獲得了「恐怖伊凡」的稱號，也被稱為「伊凡雷帝」。

伊凡四世對外進行了大規模的軍事擴張。1550年、1552年他兩度出兵喀山汗國，喀山汗被迫向俄羅斯稱臣。1556年，伊凡四世又兼併阿斯特拉罕汗國，伏爾加河中下游流域和烏拉山以西的領土都被併入俄羅斯，這片土地上的韃靼人、瑪里人、楚瓦什人、烏德摩爾特人、巴什基里人、莫爾達瓦人等各族人民也都變成了「俄羅斯人」。沙皇統治下的多民族俄羅斯國家出現了。

↓**伊凡雷帝殺子，列賓作品**
伊凡雷帝生性殘暴，為達目的不擇手段。他懷疑兒子篡位，用權杖擊中兒子的太陽穴，致使兒子喪命。

070.斯傑潘‧拉辛起義

斯傑潘‧拉辛起義是俄羅斯早期規模最大的農民起義，沉重地打擊了沙皇的統治。

受人民愛戴的拉辛

1598年，沙皇費奧多爾死後無嗣，伯里斯‧戈都諾夫奪取皇位，留里克王朝在俄羅斯的統治宣告結束。此後俄羅斯陷入皇位爭奪的混亂中。1613年1月，俄羅斯貴族、商人、僧侶和哥薩克上層的代表，推舉羅斯托夫總主教菲拉列特之子米哈伊爾‧費多羅維奇‧羅曼諾夫為沙皇，羅曼諾夫王朝的統治就此開始。

羅曼諾夫王朝採取各種措施加強農奴制。1649年，沙皇阿列克謝‧米哈伊洛維奇頒布新法典，規定貴族有無限期追捕逃亡農奴的權力，被追回的農奴連

↑拉辛和他率領的哥薩克起義軍，油畫，俄羅斯聖彼得堡國家博物館藏

同家屬及其全部財產皆歸屬原主人，農奴制在法律上得到確立。農奴可說完全喪失自由，牢固在地主莊園裡，任由地主任意買賣或轉讓，淪為了地主的商品。

這種蠻橫而殘暴的統治，招致了1667年西南地區爆發的由斯傑潘‧拉辛領導的農民起義。拉辛是哥薩克人，不僅長得高大威猛，為人謙虛老成，在軍事和外交方面也很有經驗，會講幾種語言。1667年春，拉辛率領走投無路的窮人，在頓河、伏爾加河

↓米哈伊爾‧費多羅維奇‧羅曼諾夫肖像
米哈伊爾‧費多羅維奇‧羅曼諾夫出身於僧侶貴族家庭，是羅斯托夫總主教菲拉列特的兒子，建立了羅曼諾夫王朝。

【人文歷史百科】

哥薩克

俄國歷史上特殊的社會階層。「哥薩克」為突厥語，意為自由人，原指從中亞突厥逃到黑海北部從事游牧的人，最初聚居在頓河沿岸和第聶伯河下游。

十五至十七世紀時，泛指不能忍受農奴制壓迫而逃出的農民、家奴和城市貧民。他們大多逃往人煙稀少的偏遠地區，以當雇工謀生。從十六世紀開始，因替政府鎮守邊疆，哥薩克受到免除賦役的待遇，並獲得固定的俸祿和土地。後來，在哥薩克內部也出現貧富分化。隨著疆土的擴展，哥薩克在烏拉爾、伏爾加河下游、中亞細亞、高加索、西伯利亞等地出現。他們大都英勇善戰，是俄羅斯兵力的重要來源，十八世紀發展為特殊的軍人階層。

↑拉辛在策劃起義
畫面中描繪的是年輕時的拉辛和同伴在野餐，趁此機會策劃反對沙皇統治的起義。

下游以及裏海以南，襲擊過往的富商船隊。起義軍的規模一天天壯大。1670年6月，阿斯特拉罕被義軍攻下，他們沿伏爾加河北上，直取薩拉托夫和薩馬拉；9月，圍攻辛比爾斯克，同時另兩支農民軍逼近莫斯科。拉辛把戰利品分給大家，受到人民極度的擁戴，紛紛稱他為「父親」。

聲勢浩大的農民起義

隨著革命形勢的發展，拉辛領導的起義軍隊伍不斷增加。1670年春，拉辛實際上已掌握了頓河地區，弭平了哥薩克上層的反抗。就連受沙皇之命到頓河刺探義軍情報的使臣葉夫多基莫夫，也被拉辛處死，等同公開反抗沙皇政府。

為振奮士氣，拉辛召開了全體大會，在會上提出「給百姓自由，殺盡貴族、督軍和衙門官吏」的口號，做出「進軍伏爾加，再取俄羅斯」的決定。同年5月14日，七千多人的起義大軍向伏爾加河察里津逼近，15日包圍察里津。

當地市民和哥薩克將該城雙手奉上。一支沙皇派來的大部隊趕來增援，也被義軍擊敗。

此後，拉辛領導的起義軍連克數城。當時，俄羅斯中部許多地區也有起義軍活動。農民騷動席捲俄羅斯中部、烏拉爾和西西伯利亞。伏爾加河中游的絕大多數城市皆被起義軍控制。9月4日，拉辛派手下率領義軍進抵辛比爾斯克，幾乎全殲來援的部隊，並攻占辛比爾斯克附近大部分的地區。

面對浩大的起義軍，統治者著急了，沙皇軍隊大量集結，組成討伐軍。討伐軍在武器裝備和軍事素質上都占有優勢。起義軍雖然規模較大，但行動不協調，導致接連失敗。戰鬥中拉辛的兩次負傷，更使義軍軍心渙散。10月4日在辛比爾斯克城下，討伐軍再次挫敗義軍。拉辛率領部隊乘船順河而下，撤至頓河對岸。10月底，討伐軍轉入進攻。12月20日，起義軍在伏爾加河中游的最後一個堡壘奔薩陷落。1671年4月，拉辛被俘，6月6日遭到處死。

↑拉辛在被送往刑場的路上，油畫
1671年，拉辛受俘後被送往莫斯科，遭到處死。

俄羅斯帝國的崛起

235

立窩尼亞戰爭

伊凡四世上臺後野心勃勃，積極對外擴張，首先將矛頭對準西方。征服波羅的海沿岸、爭奪出海口，是他的第一夢想。波羅的海地處北歐交通要道，是沙俄通往大西洋最便捷的通道。要想自由出入波羅的海，必須先占領立窩尼亞。這一地區從十二世紀起，便由日耳曼立窩尼亞騎士團（又名寶劍騎士團）和條頓騎士團占據。

1558年1月，伊凡四世以立窩尼亞騎士團與立陶宛勾結反對俄羅斯為名，挑起戰爭。這時的俄羅斯已相當強大，立窩尼亞根本沒有足夠的力量與之抗衡。伊凡四世派出四萬精兵，越過立窩尼亞邊境，很快地攻陷芬蘭灣南岸愛沙尼亞的港口，包含那爾瓦和塔爾圖等城，包圍里加主教區。1559年，受逼迫的立窩尼亞騎士團無奈之下，與俄羅斯簽訂停戰協定。

1560年2月戰火重燃，俄軍再次進攻立窩尼亞，並占領馬爾堡和維爾揚吉，騎士團主力大抵被殲滅。這直接威脅到了波羅的海沿岸國家的安全，波蘭、立陶宛、瑞典、丹麥紛紛對俄宣戰。1561年，瑞典首先出兵占領了包括塔林在內的愛沙尼亞北部，立窩尼亞與「波蘭──立陶宛」將西德維納河以北地區併入立陶宛，形成西德維納公國；西德維納河以南的地區建立了庫爾蘭公國，隸屬「波蘭──立陶宛」。1562年，俄羅斯直接出兵立陶宛，進逼其首都維爾紐斯。1579年波蘭參戰，同時間瑞典也從北方進攻俄羅斯。面對強敵，俄羅斯不敢造次，先後與波蘭、瑞典簽約停戰。歷經二十五年的立窩尼亞戰爭，使沙俄喪失波羅的海沿岸部分土地，吃下慘敗的苦果。

↑伊凡四世查看貢品，油畫，俄羅斯中世紀作品，聖彼得堡國家博物館藏

與烏克蘭的合併

十六世紀初，當時的立陶宛公國頗為強大，白俄羅斯和烏克蘭都是立陶宛公國的疆土。波蘭也日漸興起。1569年，在盧布林會議上，立陶宛和波蘭合併。白俄羅斯仍隸屬立陶宛，然而烏克蘭大部分土地則歸於波蘭。波蘭貴族霸占烏克蘭村社中的最好土地，繼而又強迫烏克蘭人信仰天主教。這些政策無視烏克蘭的實際情況，嚴重阻礙了烏克蘭的發展。

壓迫下的烏克蘭人實在無法忍受了，十六世紀末，反對波蘭統治的起義此起彼伏。1648年春，在富裕「哥薩克」波格凡‧赫米爾尼茨基領導下首先爆發起義，起義浪潮從第聶伯河下游迅速席捲烏克蘭全境。同年5月至9月間，義軍兩度擊敗波蘭軍，波蘭統帥也成為俘虜。年底，基輔城被收復。無奈之下，波蘭國王不得不承認烏克蘭獨立。1651年，不甘心失敗的波蘭再度集結大軍開往烏克蘭。大敵壓境，赫米爾尼茨基先後兩次向克里米亞汗求援，豈料克里米亞汗出賣了烏克蘭，與波蘭貴族相勾結。基輔被攻陷，烏克蘭慘遭蹂躪，無數的烏克蘭人被擄為奴。無奈之下，赫米爾尼茨基向沙俄求助。

沙俄以保護烏克蘭為由，向波蘭宣戰。1654年1月，烏克蘭人在佩累雅斯拉夫召開會議，部分貴族表態，願意歸屬俄國。戰局對沙俄有利，1667年沙俄藉機與波蘭簽訂《安德魯索沃停戰協定》，為期十三年。條約規定：白俄羅斯的部分地區、斯摩棱斯克和第聶伯河東岸的烏克蘭，歸沙俄所有。1686年，俄、波再簽和約，基輔也歸俄國。從此，烏克蘭人、白俄羅斯人與俄羅斯人同處於沙皇統治之下。

沙俄的擴張
十六世紀初，俄羅斯帝國雖然形成，但國土並不十分遼闊，僅偏於東歐一隅。1533年伊凡四世剛即位時，俄國的疆界西自斯摩棱斯克和普斯科夫，南抵基輔，東部尚未達到喀山一帶，面積約二百八十萬平方公里。1547年，伊凡四世加冕稱沙皇後，對內銳意改革，加強軍事實力，對外積極擴張。沙俄除向四周推進，蠶食周邊地區外，還試圖進行水域擴張，爭奪出海口。1610至1640年，僅僅三十年間，俄國邊界向南推進了四百五十公里，向東擴張達四千五百公里。

俄羅斯帝國的崛起

237

在西伯利亞的擴張

十六世紀後半期，沙俄侵略的魔爪伸向西伯利亞。伏爾加河流域首先被吞併，與俄國東南邊疆接壤由蒙古人建立的幾個汗國，如克里米亞汗國、諾該汗國等，均被蠶食。伏爾加河中下游和烏拉山以西廣大地區，也逐漸受沙皇控制。

征服伏爾加河流域後，伊凡四世繼續東侵，西伯利亞成爲新目標。沙皇授權大地主斯特羅甘諾夫家族招募傭軍，沿河蠶食。當時西伯利亞社會發展水平較低，沙俄又無其他競爭對手，因此擴張迅速。1555年，西伯利亞的失必兒汗國向沙皇稱臣納貢。1558年，伊凡四世將卡馬河中游的土地「賜給」斯特羅甘諾夫家族以示獎勵，並授權該家族在此構築堡壘，招兵拓地。1574年，伊凡四世授意直接出兵失必兒汗國。

1579年，以葉爾馬克爲首的一批哥薩克，爲斯特羅甘諾夫家族收編。1581年9月，葉爾馬克糾集一批八百四十人的軍隊，侵入西伯利亞西部。失必兒汗國的首領庫程汗堅決抵抗，終因兵力懸殊，首都伊斯堪城失守。葉爾馬克因戰鬥有功，得到伊凡四世的親自接見，並被奉爲「英雄」。然失必兒汗國人民沒有屈服，仍堅持游擊戰，伊凡四世連續派兩支援軍支援葉爾馬克。當時俄軍缺糧，又染上壞血病，戰鬥力大降。1584年，失必兒人夜襲成功，殲滅敵軍的主力部隊，而葉爾馬克跳船逃跑時淹死在額爾濟斯河中。

1586年初，沙皇又兩度兵發失必兒汗國，先後構築秋明城、托博爾斯克和塔拉等城堡，作爲繼續進攻的基地。1598年，庫程汗的軍隊退入南方草原，庫程汗後被宿敵殺害。失去了頭領的失必兒人再也無力抵抗，堅持十七年之久的抗戰遂告失敗。而葉爾馬克則被俄國教會捧爲「民族英雄」，沙俄政府在托博爾斯克城爲葉爾馬克特別樹立一座十六公尺高的紀念碑。

吞併失必兒汗國後，沙皇以此爲陣地，採取各個擊破的方法繼續東侵。

↑ 葉爾馬克進軍西伯利亞，瓦西里·伊凡諾維奇·蘇里科夫作品

對黑龍江流域的侵略

沙俄的勢力在擴張至東部西伯利亞之初，並不知中國的內河黑龍江。直至1636年，俄國人才傳言外興安嶺以南有一條黑龍江。1643年，藉清軍入關之機，沙俄亞庫次克基地的統領戈洛文派遣波雅科夫率軍侵入黑龍江支流精奇里江一帶。

波雅科夫的行動得到了沙皇的大力支持，沙皇於1644年下諭：「新土地上若有人難以制服……可用戰爭。」波雅科夫有恃無恐，肆無忌憚地到處捕殺，甚至以人肉為食。據載，「哥薩克吃掉五十個異族人」，當地居民稱他們為「食人惡魔」。

此後，沙皇又兩度派由鹽商、盜竊犯組成的侵略軍，在暴發戶哈巴羅夫的帶領下入侵黑龍江。1650年9月，達斡爾族人的駐地雅克薩被入侵者占領。哈巴羅夫手持沙皇下發的《遠征令》揚言：

若拒絕臣服，就要動武，將境內男女老幼「斬盡殺絕」。1651年6月，伊古達爾城亦遭俄國侵略者攻占，一次就屠殺男子六六一名，掠奪婦女二四三人，兒童一一八人。許多老弱之人被投入火海中活活燒死。

侵略軍的血腥暴行，激起了黑龍江流域各族的堅決抵抗。1652年4月起，清軍和各族多次聯合抗俄，1658年兩江之戰中，還擊斃了敵首斯捷潘諾夫。由於清廷的抵抗，俄國的侵略軍被限制在黑龍江上游一帶。

清朝政府一再提出和平解決邊界問題，均遭拒絕。1660年古法壇村之戰和1665年巴海之戰，沉重打擊了沙俄侵略者，他們不得不撤回亞庫次克。1685年6月，雅克薩城也被收復。沙俄侵略者一再受挫，不得不同意進行邊界談判。1689年，雙方簽訂《尼布楚條約》，條約明確規定黑龍江和烏蘇里江流域地區為大清朝的領土。

俄羅斯帝國的崛起

239

↑雅克薩之戰，油畫，任夢璋、徐家昌、周玉瑋作品，中國人民革命軍事博物館藏

072.伊斯蘭教的創立

穆罕默德創立了伊斯蘭教，發動「聖戰」統一了阿拉伯半島，在沙漠中孕育著中世紀最強大、最遼闊的帝國——阿拉伯帝國。

伊斯蘭教創立前的阿拉伯

阿拉伯半島位於亞洲西南部，面積三百二十多萬平方公里，然而，如此廣闊的土地卻不太適合人類生存，因為半島大部分地區被沙漠和草原覆蓋。到六世紀時，多數阿拉伯人仍然過著游牧生活，被稱為「貝都因人」（草原牧民）。

在半島西部有一塊名叫漢志的狹長地帶，中國絲綢、印度香料等特產大多通過漢志的商路轉運到歐洲，隨著商業的發展，漢志商路兩旁興起了許多城鎮，其中以麥加最為有名。到六世紀前後，生活在麥加的阿拉伯人大約有一萬五千人。

麥加城最著名的建築是克爾白神殿，殿內供奉著阿拉伯人崇拜的月神、星神、雨神、阿拉和眾多的部落神。神殿中最尊貴的是一塊黑色隕石，阿拉伯人認為這是上天賜予的聖物，每年冬、春季時，虔誠的人們總是專門到神殿朝拜這塊黑石。

在麥加東北有一塊肥沃的綠洲，隨著漢志商道的繁榮，這裡形成了一座城市，人們稱它為雅特里布城，城裡的居民大多信仰猶太教或當地的原始宗教，以種植椰棗、大麥、小麥為生。

六世紀中期，阿拉伯半島逐漸過渡到奴隸社會，部落中占有大量牧場和牲畜的氏族首領成為貴族，戰俘和部落中的貧窮者則成為奴隸。隨著階級衝突的激化，貧苦牧民和奴隸紛紛起來反抗貴族的壓迫，而貴族之間為了爭奪好的牧場和水源，不時也會打上一仗。

戰亂給了北方的拜占庭和波斯可乘之機，西元525年，衣索比亞在拜占庭支持下侵入有「阿拉伯樂園」之稱的葉門；西元572年，波斯也出兵爭奪葉門，雙方在不屬於自己國家的領土上展開了戰爭。當然，受苦最深的還是阿拉伯人。

當時，阿拉伯半島上有許多部落，散居在各個城市的周圍，由於城市之間缺乏緊密的聯繫，無法抵禦來自異國的侵略者，阿拉伯各階層都渴望擁有一個統一的國家。

↑阿拉伯部族的酋長們，香榭里奧作品
在穆罕默德統一阿拉伯半島之前，整個半島上處於四分五裂的狀態，大大小小的酋長為各自的利益紛爭不斷。

眞主阿拉的使者

西元571年前後，穆罕默德出生在麥加古萊西部落裡一個沒落貴族，父親在他出生前就去世了，母親也在他出生後第六年離開人世。

穆罕默德和天使，壁畫
加百利是伊斯蘭教傳說中的天使之一，該畫面描繪的是穆罕默德受到天使的點化而創立了伊斯蘭教。

穆罕默德從小就爲貴族放羊，長大後跟伯父到別的國家經商，在艱苦環境中，穆罕默德學會了治療病痛、預測天氣等基本生存本領。

二十五歲時，穆罕默德和一位富商遺孀法蒂瑪結婚，從此進入上層社會，他的才幹也開始顯露出來。有一次，麥加城中的克爾白神殿倒塌了，在修復的過程中，各部落首領爲了展現自己在族中的地位，紛紛跳出說要親手安置神殿中象徵神力的黑石。就在眾人爭吵不休時，穆罕默德從人群中走出來，把自己的上衣鋪在地上，並將黑石放在衣服上，然後讓各個部落派出代表，每人提起上衣一角將黑石抬回神廟。這樣處理，自然誰也沒有意見，穆罕默德的聲望在此事過後大大提高。

曾親眼目睹阿拉伯人痛苦的穆罕默德，並未被名利迷惑，他一直在尋找解決社會問題的方法。在接觸到基督教、猶太教等宗教，親身體會其巨大影響力後，穆罕默德決定嘗試利用宗教將分散的阿拉伯結合在一起。不過，這件事做起來並不像想的那樣容易。

有一天，穆罕默德突然決定到麥加郊區一座小山的山洞裡隱居。在這個山洞裡面，他全心投入思考和整理。西元610年，這個隱居者終於步出山洞，自稱是眞主阿拉派來拯救世人的使者，宣揚順從阿拉的人死後可以進入天堂，這就是伊斯蘭教。

【人文歷史百科】 穆罕默德的革命

伊斯蘭教的產生可以說是「穆罕默德的革命」，儘管宗教對人們有著一定的麻醉作用，但伊斯蘭教究竟是應當時阿拉伯社會需求而生，而它終究也達成了阿拉伯的統一。伊斯蘭教初創之時，提出了限制高利貸、解放奴隸等要求，對於促進社會進步有正向作用。

西亞穆斯林帝國

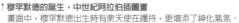

↑穆罕默德的誕生，中世紀阿拉伯插圖畫
畫面中，穆罕默德出生時有衆天使在護持，更增添了神化氣氛。

出走麥地那

在阿拉伯以前的宗教中，人們往往信仰多位神祇，而在伊斯蘭教的教義中，阿拉是唯一的真神，為此，穆罕默德受到麥加城中信奉多神教的頑固部落之排斥。同時，伊斯蘭教義中存在著施捨濟貧、人人平等這些代表平民的主張，大大損害了貴族和大富豪的利益。

看著伊斯蘭教在平民之中越來越受歡迎，麥加貴族急得不得了，他們開始謀劃迫害穆罕默德。西元622年7月16日，穆罕默德得知貴族的陰謀後，帶領信徒連夜離開麥加，遷往東北的雅特里布。雅特里布的居民多為農民和手工業者，貧民較多，這些人很快就接受了伊斯蘭教。在眾多教徒的支持下，穆罕默德將雅特里布改名「麥地那」（意為「先知之城」），建立了第一個伊斯蘭教國家，並擁有自己的武力。

穆罕默德可以說是因禍得福，不僅成為麥地那國家的宗教首領，也成為政治領袖、最高法官和軍事統帥。伊斯蘭教將穆罕默德遠走麥地那稱為「徙志」，並將出走的這一天作為伊斯蘭曆法（回曆）的開始。

當然，建立國家並非一帆風順，就在穆罕默德對國家法律、稅收、戶籍等制度進行改革時，大失面子的麥加貴族聯合猶太部落進攻麥地那，這場戰爭一打就是五年。五年中，穆罕默德憑藉宗教號召力，組成了一支強大的隊伍，與麥加貴族作戰五十多回，其中親自出征就達二十多次。

西元627年，戰爭接近了尾聲，當時，麥加貴族率領部落聯軍約一萬人分七路圍困麥地那。穆罕默德出奇招，命教徒環城二十哩挖溝灌水防守；聯軍對此束手無策，圍困一個月後，因士兵厭戰，加上狂風大作，聯軍被迫撤走，歷史上稱這次戰役為「壕溝大戰」。壕溝大戰後，穆罕默德和麥加貴族們簽訂了停戰條約，雙方的戰爭暫時停止下來。

←白德爾戰役

穆罕默德在麥地那建立了政教合一的國家，麥加貴族派兵遠征麥地那，在白德爾戰役中敗給了穆罕默德的軍隊。

242

阿拉伯國家的建立

- ·-·- 七世紀初的疆界
- → 西元620年代伊斯蘭教傳播的主要方向
- 西元632年穆罕默德病逝時統一的阿拉伯國家疆域

統一阿拉伯半島

壕溝大戰後，麥地那有了緩衝機會，穆罕默德以「聖戰」為口號進行動員，宣布：為伊斯蘭教而戰，就是為真主而戰；為聖戰而死的人，可升「天堂」。

「聖戰」激起了士兵們的鬥志，也吸引了大批平民加入軍隊，到西元630年，穆罕默德擁有了一支多達十萬人的軍隊。在國內，穆罕默德以「猶太人是

麥加人的盟友」為藉口，清除了國內的猶太教和基督教勢力，實現伊斯蘭教在全國的統治。就在這一年，穆罕默德以「向麥加進軍，武力衛教」為口號，率領大隊人馬向麥加前進。已被戰爭拖得疲累不堪的麥加貴族，再也無法抵抗這支大軍，只得簽訂協定，承認伊斯蘭教的地位，接受穆罕默德為「先知」，穆罕默德同時宣稱麥加為伊斯蘭聖地。

進入麥加之後，為了統一信仰，穆罕默德採取了比在麥地那更加激烈的措施：剷去克爾白神殿中供奉的所有神祇，僅保留真主阿拉，同時將神殿中的黑石作為聖物；神殿改為清真寺，將其定為穆斯林朝聖的地點。不久，穆罕默德在麥加建立起一個集軍、政、宗教大權於一身的神權國家。

幾年後，穆罕默德的信徒遍布阿拉伯半島，半島各部落懾於軍事和宗教的雙重壓力，紛紛派來使節，表示願意信仰伊斯蘭教，同時承認穆罕默德的領袖地位。到西元632年穆罕默德病逝時，半島的大部分地區都信奉了伊斯蘭教，並結成政治聯合體。在共同的宗教信仰下，半島完成了實質上的統一。

穆罕默德與《古蘭經》

【人文歷史百科】

穆罕默德去世時，伊斯蘭教義已得到了所有阿拉伯部族的認可，虔誠的穆斯林將穆罕默德生前帶有啟示性的語言彙集成一本書，即為《古蘭經》，意思是「昇華到神的意志」或「順服阿拉」。《古蘭經》是伊斯蘭教的「聖經」，內容以伊斯蘭教義為主，同時涉及了穆斯林的生活細節和民事、刑罰等方面的律例，是伊斯蘭國家的立法和生活依據。

西亞穆斯林帝國

243

穆罕默德的繼任者們

穆罕默德病逝之前未指定自己的繼承人，也沒有說明產生繼任者的方法。多次協商後，各方決定透過選舉的方式產生領袖。這場選舉中，由穆罕默德之友兼岳父的艾卜·伯克爾當選。為了方便稱呼，艾卜·伯克爾將自己的稱號簡化為「哈里法」，從此，阿拉伯國家的首領開始沿用「哈里法」這一稱號。

到第二任哈里法，也就是穆罕默德第二位岳父歐默爾即位時，阿拉伯人不再滿足於統治整個半島，西元636年，歐默爾趁拜占庭和波斯開戰時，派出兩萬五千人的遠征軍，打敗了拜占庭的五萬大軍，並於第二年攻占波斯首都。此後，歐默爾陸續征服了巴勒斯坦、埃及等國家。

西元644年，歐默爾死後，倭馬亞族的鄂斯曼當選為第三任哈里法，不同於前兩任哈里法選自穆罕默德的親信。鄂斯曼出身於麥加貴族，他一上臺就先後任命親族擔任各地的軍政長官，激化了伊斯蘭教上層的對立，阿拉伯貴族重新萌起一番明爭暗鬥。

西元656年，鄂斯曼在家中遇刺，不過眾人不積極追查凶手，反倒將更多精力放在了爭奪下一任哈里法上。最

↑ 歐默爾在清真寺中
歐默爾是穆罕默德的岳父，也是最早的信徒之一。穆罕默德死後，歐默爾成為其繼承者，稱「哈里法」。

後，穆罕默德的堂弟阿里成功擊敗所有反對者，當選為第四任哈里法。然而，鄂斯曼的堂弟、敘利亞總督穆阿維葉並不甘心，率領軍隊與阿里展開爭權之戰。戰爭進行了一年多，雙方無人取勝，於是決定妥協，將分歧交給法院裁決。

就在一切要塵埃落定時，不料一部分原本支持阿里的人不同意與穆阿維葉和談；這些人組成了哈瓦利吉派，繼續與穆阿維葉周旋，並將阿里也視作敵人。西元661年，阿里被哈瓦利吉派派人刺殺。

阿里死後，穆阿維葉繼位為哈里法，定都大馬士革，並將哈里法的職位改為世襲，建立了倭馬亞王朝。

龐大的阿拉伯帝國

倭馬亞王朝建立後，穆阿維葉實際上成了帝國的君主。穆阿維葉是個征服欲十分強烈的人，剛一繼位，就開始壓制國內哈瓦利吉派以及原本支持阿里的什葉派的反抗。國內稍微安定後，他便帶領阿拉伯大軍向外擴張。

從七世紀末起，穆阿維葉及其後代多次遠征：在東面，阿拉伯軍隊越過伊朗高原，到達帕米爾高原，甚至挫敗了中國唐朝政府設在西域的安西都護府軍隊，不過最後受阻於哥舒翰指揮的唐軍，但另一路還是深入到了今天的印度和阿富汗境內；在北線，阿拉伯人曾三次圍攻拜占庭首都君士坦丁堡，逼迫東羅馬人一次次簽訂恥辱的和約；而西線軍隊在消滅了拜占庭在北非的駐軍後，竟沿著突尼西亞、摩洛哥一路打到西歐，征服了當時的西哥德王國，占領西班牙。要不是進攻法蘭克王國的時候被法蘭克宮相查理擊敗，歐洲人將會更加難堪。

到八世紀中葉，倭馬亞王朝因境內動盪而放緩了遠征的步伐。這時，阿拉伯帝國版圖大致形成：帝國東起印度河流域和帕米爾高原，西臨大西洋，北達裏海和鹹海南緣，南至阿拉伯半島及埃及，地跨亞、非、歐三洲，是當時世界上最大的帝國。

占有如此廣大的疆域之後，倭馬亞

↑ 阿拉伯的輕騎兵
穆罕默德及其繼承者建立了一支龐大的騎兵隊伍，藉此東征西討，誕生龐大的阿拉伯帝國。

王朝即著手建立一套與之相應的國家機構：中央設宰相一職，輔佐哈里法統掌軍政大權；全國設九個行省，派總督統治；規定伊斯蘭教為國教，阿拉伯語為法定語言，在文化和信仰上力求統一；允許非伊斯蘭教徒保持原有信仰，但必須繳納人頭稅，且不能擔任公職。

在倭馬亞王朝歷代統治者的努力下，一個中央集權的大帝國誕生了。

【人文歷史百科】

哈瓦利吉派

哈瓦利吉派的成員多來自農民和牧民，因為反對鄂斯曼而支持阿里，但當阿里與倭馬亞貴族妥協時，轉而成為其死敵。哈瓦利吉派主張穆斯林完全平等，任何一個教徒只要絕對服從阿拉，即有被選為哈里法的資格。然而，哈瓦利吉派的做法十分偏激，對於觀點不合的人，即使是婦孺也往往難逃被殺害的命運。

西亞穆斯林帝國

封建化的阿拉伯

阿拉伯帝國在經歷了一連串改革後，進入較為成熟的封建國家。其實，早在穆罕默德時期，阿拉伯半島大多數地區已向封建社會過渡。穆罕默德征服各國時，不再將被征服者變成奴隸，而是轉化為種田耕地的農民或飼養牲畜的牧民。這些人的田地以及生產工具皆歸征服者所有，要向征服者定期納稅，這種依附關係恰如封建社會生產關係的雛形。

為了強化這種關係，阿拉伯帝國將國內的居民分為四個階級：第一等是阿拉伯人穆斯林，為最高的特權階級，擁有許多土地和財產；第二等是非阿拉伯人穆斯林，多數來自於阿拉伯對外戰爭的被征服者，這些人沒有特權，但可以不用納稅；第三等是非穆斯林，因為這些人不信仰伊斯蘭教，按規定必須交納各種稅收，同時生活也受到限制，不過仍有一定的自由；第四等是奴隸，這是社會的最底層，大多是戰俘或是貴族從市場上買來的，完全歸貴族所有，沒有任何自由。

在將臣民分為四個階層後，阿拉伯還將征服的土地全部收歸國有，一部分發給王室，一部分發給清真寺，另一部分封給阿拉伯貴族，如此一來，所有的農民和牧民必須依附於國家或某個貴族，還不得不承擔沉重的苛捐雜稅。

到八世紀時，除了仍有部分奴隸制外，阿拉伯社會已經完全進入封建社會。

盛極而衰的倭馬亞王朝

倭馬亞王朝有一個十分有趣的現象，幾乎每過四、五年就要換一個哈里法，之所以這樣頻繁，乃因這些哈里法往往死於非命。

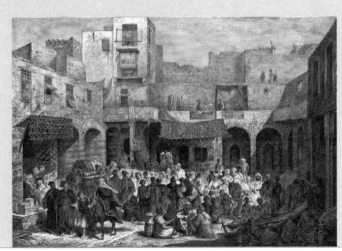

↑埃及開羅的奴隸市場，版畫
倭馬亞王朝時期，阿拉伯雖已進入封建社會，但奴隸制仍然存在。

倭馬亞王朝內部並不像外面看來那麼風光。說到底，這是第四任哈里法阿里種下的禍根：在阿里與穆阿維葉談判時，阿里的支持者們因為政見不同分成了哈瓦利吉派和什葉派，這兩派從阿里死後就起了爭端，都希望自己那一派成為統治者。

兩派之爭直到倭馬亞王朝也未能停息，雖然倭馬亞統治者多次鎮壓兩派，無奈力不從心，反而使得兩派把矛頭對準了自己，大多數倭馬亞王室一當上哈里法就要面對無休止的刺殺，少數懂得明哲保身的人，只有選擇草草退位才能保住性命。

在兩派激烈爭鋒的同時，各地人民也對窮奢極欲的王室貴族感到不滿，波斯、中亞、北非等地起義紛起。到後期，這波動亂被哈瓦利吉派和什葉派所利用，兩派以人民的名義，在各地燃起戰火反對倭馬亞王朝。這場戲劇性的政爭中，獲勝的是穆罕默德的叔父阿巴斯的玄孫阿布‧阿巴斯。

阿巴斯是伊拉克的大地主，在八世紀初建立了自己的政治派別，借助什葉派的力量在呼羅珊等地發動起義，起義隊伍中除了農民、奴隸外，還有許多不滿倭馬亞王朝的地主，這讓阿巴斯的隊伍成為當時最大的一支力量。因為倭馬亞人以白色旗作為旗幟，阿巴斯針鋒相對地豎起了黑旗，並於西元750年占領大馬士革，推翻了倭馬亞王朝。

不久，阿布‧阿巴斯在巴格達即位哈里法，建立阿巴斯王朝，中國史書稱它為「黑衣大食（大食是中國古代對阿拉伯的稱呼）」或「東大食」。不過，在阿巴斯起義中，倭馬亞王朝的王子阿布‧杜‧拉赫曼僥倖逃脫，來到今日的西班牙，為這段歷史留下了伏筆。

075.阿巴斯王朝的統治

阿拉伯人進入封建社會以後，統治者內部為爭奪權利而發生了紛爭。「白衣大食」、「黑衣大食」和「綠衣大食」把空前強盛的阿拉伯帝國搞得四分五裂。

哈倫·拉西德

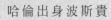

阿巴斯王朝從建立開始就控制了中亞、西亞、北非大部分地區，到第五任哈里法哈倫·拉西德即位時，阿拉伯帝國的勢力達到頂峰。

←哈倫·拉西德哈里法接見查理曼帝國使者
西元800年，查理曼帝國稱霸歐洲，而阿巴斯王朝統治下的阿拉伯帝國空前強盛。畫面描繪的是阿巴斯王朝哈里法接見鄂圖曼帝國使者時的情景。

哈倫出身波斯貴族，十五歲起便領兵遠征拜占庭，逼得拜占庭的女皇簽下年年進貢的和約，從此哈倫聲名大震。為了表彰哈倫的戰功，父親賜給哈倫「拉西德（正直者）」的稱號，並立他為第二王儲。相對那些為了王位大打出手的王儲來說，哈倫還算幸運。西元768年，哈倫之兄哈迪突然死去，二十二歲的哈倫順理成章地成為哈里法。

哈倫並非那種坐享其成的庸碌君主，即位後他根據波斯薩珊王朝的統治經驗，在中央設立了大法官，並指定大法官阿布·尤素福制定了一部完整的賦稅法《地租》，規定土地不再按面積徵稅，而按年收成徵收，大大減輕了農民的負擔。

哈倫還大力興修水利，鼓勵發展手工業，使帝國經濟實力大大增強，都城巴格達更成為世界商業中心之一。以巴格達為起點，阿拉伯人在海上開創了經波斯灣到中國廣州的香料之路；而在陸地上，巴格達成為聞名於世的絲綢之路中的重要一站。

與哈倫之睿智齊名的，是他的奢華。據說，哈倫的妻子在一次宴會上，只允許在桌子上擺設金銀器皿，一次竟花了三百萬第納爾（阿拉伯貨幣單位），其奢華可見一斑。王室的奢華讓下面的貴族有了參照的「榜樣」，官員上行下效，使得國家吏治更加混亂。

到哈倫統治的後期，阿拉伯國內問題重重，各地起義頻起，越來越多的阿拉伯人加入了起義行列。西元809年，雄心不已的哈倫看到國內的混亂，不顧身染重病，決定重披戰袍鎮壓起義，然而就在行至圖斯時，舊病復發，終年四十四歲。

阿巴斯王朝的政治和軍事制度

哈里法採用波斯的政治制度，加強了宰相的權力；將中央機構複雜化，設稅務、警務、驛遞、司法等部；把全國細分為二十四個行省，大大縮減了總督的統治範圍，並派出驛遞大臣往地方任職，負責將地方情況直接上報中央；在軍事方面，組成以突厥籍奴隸為主的宮廷近衛軍，將部分軍權納入手中。

圖中「阿拉伯的擴張」地圖：

阿拉伯的擴張

圖例：
- 西元632年前阿拉伯統治區
- 阿拉伯擴張戰爭主要路線
- 西元750年阿拉伯帝國全盛時期的疆界
- 阿拉伯國家分裂後各國都城
- 主要商業城市
- 商道

是什葉派的一個領袖，從巴格達到北非後，自稱是穆罕默德之女法蒂瑪的後裔，四處招攬流亡的什葉派，到西元909年，阿布在突尼西亞建立了法蒂瑪王朝。此後，法蒂瑪王朝從阿巴斯王朝手中奪得了敘利亞、巴勒斯坦、漢志、埃及、北非等地，並於973年遷都開羅，中國史書上稱「綠衣大食」，或稱「南大食」，是阿拉伯帝國分裂後實力最強的王朝。

除了這三個大食外，阿拉伯各地都建立了不同王朝，不過這些王朝的哈里法就不是那麼風光了。這些哈里法之所以能當上哈里法，主要是各地領主想借助王室的名義，在戰爭中取得有利地位。封建領主一旦不高興，一句話便可廢掉所謂的哈里法，即便殺掉他們也非難事。

阿拉伯帝國的分裂

哈倫去世後，他的兒子麥蒙即位，這位頗有作爲的君主，延續了乃父的輝煌。然而不斷爆發的農民動亂終究給了帝國沉重打擊，原本臣服的各國也一一宣布獨立，到十世紀中葉，阿巴斯王朝實際統治區域僅剩下巴格達及其周圍的土地。

與「黑衣大食」的衰落形成鮮明對比的，是阿拉伯各支脈建立的國家。逃到西班牙的倭馬亞王朝之後代阿布·杜三世，在西元929年以科爾多瓦爲中心，建立了後倭馬亞王朝，歷史學家稱爲「白衣大食」（西大食）。

在「白衣大食」建立的二十年前，非洲北部也有一個大食建立了，創建者的名字叫做阿布·阿卜杜勒。阿布原來

就在阿拉伯混亂不堪時，塞爾柱土耳其人乘機於1055年攻占巴格達，征服者取消哈里法一切特權，僅保留其作爲宗教領袖的地位。從此，阿巴斯王朝名存實亡。

↑哈里法麥蒙的宮廷生活
該畫為白底水彩畫，色彩用墨水和以黃金製成，十一世紀中期製作。畫面中描繪出哈倫·拉西德的繼承者麥蒙哈里法的奢侈生活。

076.鄂圖曼土耳其的崛起

鄂圖曼土耳其帝國是世界史上少有的地跨亞、非、歐三大洲的大帝國，代表了突厥歷史最輝煌的時代。然而，很難想到，這樣一個偉大的國家竟源自一個游牧部落。

席捲歐亞的鄂圖曼土耳其人

從十一世紀起，蒙古人開始西征，生活在中亞的突厥游牧部落深受其苦，大批遷往西亞地區，鄂圖曼土耳其就是其中的一支。鄂圖曼土耳其原本生活在中亞呼羅珊一帶，十三世紀時為躲避戰亂，部落酋長埃爾托格魯爾率領全族人遷至小亞細亞一帶，依附於塞爾柱土耳其人所建立的羅姆蘇丹國。

羅姆國蘇丹阿拉丁為了讓鄂圖曼人自守邊境，便將與拜占庭帝國相接的卡拉賈達賜予鄂圖曼人。野心極大的埃爾托格魯爾並不滿足於這塊小小的土地，之後的幾年，他大量吸收西遷過來的突厥人，使一個只有四百來個營帳的小部落，發展為一股強大的力量。

埃爾托格魯爾死之後，其子鄂斯曼一世（Osman I）即位，自稱「艾米爾（最高統治者之意）」。鄂斯曼在位期間，逐漸蠶食拜占庭帝國在小亞細亞的土地，到1230年左右，拜占庭在這一地區的領土只剩黑海沿岸的一小塊地方。1326年，鄂斯曼

← 鄂斯曼肖像，十五世紀壁畫
鄂斯曼是埃爾托格魯爾的兒子，原是一支突厥部落的首領，後建立了自己的政權，該政權後來稱為「鄂圖曼土耳其帝國」或「鄂圖曼帝國」。

的兒子奧爾罕率軍攻占了拜占庭的布魯薩城，以此為首都建立了鄂圖曼土耳其帝國，在對經濟、政治、軍事進行了一連串變革後，鄂圖曼人展開了稱霸之路。

逐漸強大的鄂圖曼帝國首先盯上了歐洲。由於帝國建立後，全民改信伊斯蘭教，鄂圖曼人遂提出了「反對異教徒」的口號，打算進攻以基督教為主的歐洲國家。1345年，卡拉西國發生內亂，鄂圖曼帝國乘機出兵兼併該國土地，邁出了向歐洲進軍的第一步。

這時，為了拉攏鄂圖曼人，拜占庭皇帝康塔庫將女兒嫁給了奧爾罕，更使得奧爾罕可憑藉「援助岳父」的名義在歐洲征討。1354年，奧爾罕擊敗了塞爾維亞、保加利亞聯軍，占據了加里波利半島，這時，他萌發了定居歐洲的念頭。

↑ 鄂斯曼和他的兒子奧爾罕，蛋彩畫
鄂斯曼有雄才大略，其子奧爾罕更是不凡，不僅野心勃勃，而且足智多謀。畫面中顯示的是鄂斯曼對奧爾罕教育時的情景。

兵鋒直指拜占庭

加里波利半島原屬拜占庭帝國，康塔庫拜託奧爾罕從塞爾維亞和保加利亞兩國手中奪回，沒有想到奧爾罕竟然不還了。從此，拜占庭和鄂圖曼帝國的關係再次緊張起來。

← 穆拉德一世肖像，壁畫
穆拉德一世是奧爾罕之子，即位後進行大肆擴張，1362年率軍奪取阿德里亞堡並遷都於此。在科索沃戰役中被刺身亡後，其子巴耶濟德一世繼位，由於他野心更大、更凶殘，故被稱為「雷神之錘」。

1362年，鄂圖曼人攻占阿德里亞堡，切斷了歐洲與拜占庭的聯繫，以此為基地開始對歐洲進行征服。幾年間，鄂圖曼帝國先後占領西色雷斯和馬其頓高地，攻入保加利亞中部，占領了索菲亞，迫使保加利亞承認鄂圖曼帝國為其宗主國。

這時，巴爾幹半島上的國家一天天感受到鄂圖曼帝國的威脅。1389年6月，塞爾維亞、保加利亞、波士尼亞、阿爾巴尼亞等國結成了聯盟，與土耳其軍隊在科索沃展開了戰爭。為了取得勝利，歐洲人派出刺客，成功暗殺了當時的土耳其蘇丹穆拉德一世。但之後各國出現內訌，科索沃決戰的勝利仍屬於鄂圖曼人。

科索沃的失敗，給歐洲其他國家敲響了警鐘。為了不讓土耳其坐大，匈牙利、捷克、波蘭、法蘭西、神聖羅馬帝國等國組建了一支龐大的十字軍，加上匈牙利的常規軍隊，一支近六萬人的遠征軍，以清除異教徒、拯救拜占庭帝國的名義，對鄂圖曼帝國進行討伐。然而人多壯了聲勢，也能壞事。由於意見分歧，聯軍協調不良，在多瑙河畔尼科堡的決戰中，遠端軍慘遭失敗，一萬多名十字軍騎士受俘。除了三百名貴族騎士用重金贖回外，其餘全部被殺死。

此役過後，巴爾幹半島逐漸落入鄂圖曼人手中，拜占庭帝國也危在旦夕。

奧爾罕的常備軍

奧爾罕的常備軍分為兩種：一種是由封建領主提供的軍隊，另一種是新建立的軍隊。常備軍隊裝備精良，士兵皆受過嚴格的訓練，是鄂圖曼帝國的主要戰力。常備軍隊士兵待遇優厚，享有特權，但必須終生服役，不得成家。軍隊建立之初僅有一萬人，隨著帝國擴張而規模漸增，十七世紀初發展到九萬人。

↓ 歐洲人的噩夢
尼科堡戰役後，巴爾幹聯軍的慘敗，震驚整個歐洲。除三百名貴族騎士用重金贖回外，冷酷的巴耶濟德一世下令將一萬多名俘虜全部殺死。

古老的拜占庭帝國是羅馬帝國的延續，於西羅馬帝國滅亡之後又續存了一千餘年，但終究不敵來自歐亞大草原的力量，最後在突厥人的進攻下土崩瓦解。

「征服者」穆罕默德二世

鄂圖曼帝國在歐洲戰場上取勝後，回過頭來對付苟延殘喘的拜占庭帝國。時間是1400年，土耳其蘇丹巴耶濟德率大軍圍攻君士坦丁堡。然而，就在大軍行至安卡拉時，與帖木兒帝國的軍隊相遇。

帖木兒帝國由蒙古貴族創建，雖然創立的時間不長，但軍隊繼承了蒙古人驍勇善戰的風格。在安卡拉大戰中，鄂圖曼人慘敗，巴耶濟德被俘，最後鬱鬱而亡。突如其來的事件讓鄂圖曼陷入近半個世紀的混亂中，同時也使拜占庭獲得一線生機。

巴耶濟德死後，他的四個兒子為爭奪王位展開了內戰，同時，帝國內被征服的地區也乘機反抗。直到1421年，穆拉德二世即位後，內亂才算平息。國內剛剛安定，鄂圖曼人就傾全國之力再度攻打拜占庭，到1451年穆拉德二世去世時，拜占庭已岌岌可危。

穆拉德二世的兒子穆罕默德二世繼承了父親的遺志。1453年，年輕的蘇丹率領二十萬大軍和三百艘戰艦，從水、陸兩面進攻君士坦丁堡。當時君士坦丁堡守軍已不足萬人，儘管進行了殊死抵抗，還是不得不接受失敗的命運。1453

↑穆罕默德二世進入君士坦丁堡，佛斯圖‧佐納熱作品
千年古都君士坦丁堡的陷落，是人類文化史上的一大劫難，標誌著拜占庭帝國的結束。

年5月29日，君士坦丁堡被攻陷，君士坦丁十一世陣亡，綿延千年的東羅馬帝國就這樣滅亡了。

拜占庭滅亡後，穆罕默德二世將首都遷到君士坦丁堡，改稱為「伊斯坦堡」，並繼續向西擴張，征服了巴爾幹半島的大部分國家，一度攻抵威尼斯近郊，占領了義大利的奧特朗托城；向北則一直打到黑海北岸的克里木汗國；同時，將東部疆界擴展至幼發拉底河流域。

長期征戰之後，龐大的鄂圖曼土耳其帝國橫跨在歐亞大陸版圖，歷史上將穆罕默德二世稱為「征服者」。

空前強大的帝國

在歐洲大陸橫行一番後，鄂圖曼帝國將目標對準了東方的伊朗。

1512年，鄂圖曼蘇丹塞里姆一世即位，不久即宣布與伊朗開戰。伊朗並不像西方人那樣好欺負，遠征軍在這裡陷入泥沼，耗費精力才在1514年小勝伊朗，僅僅奪取了查爾蘭高地，其原本想從伊朗手中奪取伊拉克、庫德斯坦和南高加索的目的根本無法達到。此後，塞里姆一世在東方難再有一點進展。

有感於東擴進展的困難，塞里姆一世將戰火引向了南部的非洲。1516年，裝備精良火器的鄂圖曼軍隊在今日的敘利亞附近大敗埃及軍隊，一路殺到開羅城。在開羅，埃及再次敗北，不得不於1517年接受失敗的命運，宣告滅亡；原本屬於埃及的漢志及麥加、麥地那等城市，都落入了鄂圖曼帝國手中。在奪取了伊斯蘭教的聖地後不久，塞里姆一世一鼓作氣將基督教聖地耶路撒冷攻下，這在當時是件極犯忌諱，但也相當風光的事情。

1520年，塞里姆一世去世，其子蘇萊曼一世即位，鄂圖曼軍隊繼續擴大戰果，向西攻占了匈牙利，一度打到維也納，直到遭遇了神聖羅馬帝國的全力抵抗後，西進的腳步才不得不放緩；向東則攻陷巴格達，占領兩河流域，吞併亞美尼亞和喬治亞的部分地區；在非洲，將的黎波里、阿爾及利亞、突尼西亞劃入鄂圖曼帝國版圖中。

空前遼闊的鄂圖曼土耳其

十六世紀時鄂圖曼土耳其帝國的版圖，幾乎相當於在此之前的阿拉伯和拜占庭兩個帝國，地跨亞、非、歐三洲，為人類歷史上所鮮見。但這個帝國的存在時間並不長，因其內部存在著許多民族、政治、經濟和文化水平的歧異，缺乏一致性的基礎，從這方面來說，鄂圖曼帝國只算是一個極不穩固的「軍事聯合體」。

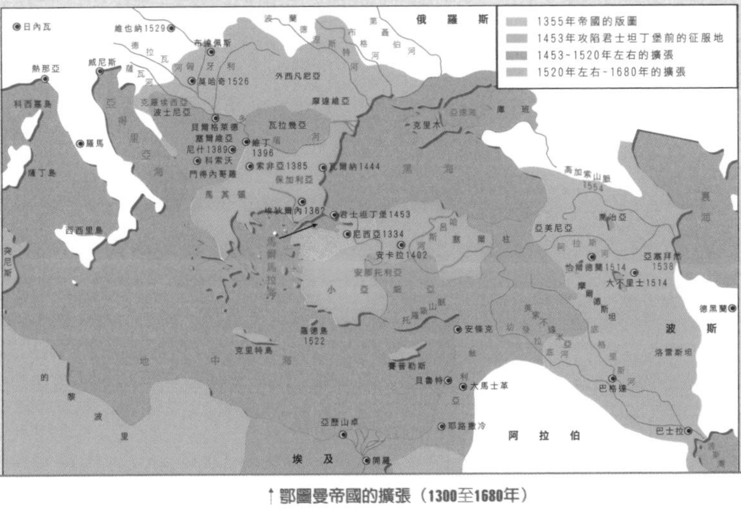

鄂圖曼狂飆般的突進讓整個世界為之顫慄，十六世紀時的鄂圖曼帝國橫跨歐、亞、非三洲，形成一個疆域罕見遼闊的大帝國。

	1355年帝國的版圖
	1453年攻陷君士坦丁堡前的征服地
	1453~1520年左右的擴張
	1520年左右~1680年的擴張

↑鄂圖曼帝國的擴張（1300至1680年）

西亞穆斯林帝國

253

蘇萊曼一世即位

　　蘇萊曼一世是鄂圖曼帝國的第十位蘇丹，鄂圖曼帝國在其統治時期達到了鼎盛。學者們研究鄂圖曼帝國時，將這段歷史分為兩個時期：從開國到蘇萊曼一世是上升期，此後則開始衰落。如果將鄂圖曼帝國歷史曲線看作一座山，那麼蘇萊曼一世就是站在高峰處的那個人物。在歐洲歷史中，人們稱其為「蘇萊曼大帝」。

　　蘇萊曼出生在小亞細亞黑海沿岸的特拉布松，是鄂圖曼蘇丹塞里姆一世的獨子，從小就受到良好教育，十四歲被派往外地擔任省督，以增加治國經驗，後被調回伊斯坦堡主持首都事務。鄂圖曼皇室常常是在戎馬生涯中走完一生，在文治方面多有所欠缺；但蘇萊曼與之不同，他在政治和權術上有自己的一套想法，且從小喜愛文學，擅長詩歌、散文，可說是一位文武兼備的皇帝。

第二次進攻匈牙利的結局

　　蘇萊曼占領布達之後，立即揮師進攻維也納。當時維也納守軍僅有兩萬，又缺少大砲，根本不能與蘇萊曼大軍相抗衡。然而，維也納得到了以神聖羅馬帝國為首的各國之協助，土耳其人久攻不下，軍心開始動搖。加之冬季來臨，難以保證足夠的糧草和武器供應，為了在嚴冬到來之前返回伊斯坦堡，土耳其人決定撤退，這是蘇萊曼一生屈指可數的幾次失敗之一。

　　1520年9月，塞里姆一世突然病逝，作為唯一繼承人，蘇萊曼順利地繼承了皇位，即蘇萊曼一世。

　　蘇萊曼一世當時繼承的是一個地跨歐、亞、非三洲的龐大帝國，不僅建立了堪稱完備的國家制度，還擁有一支實力超強的部隊。然而，除了這些有利條件外，蘇萊曼還得面對無窮的麻煩：當時，有著神聖羅馬帝國支撐的西班牙，和海上勢力日益強大的葡萄牙，分別在陸、海兩方面挑戰著鄂圖曼的霸權；在亞洲，伊朗逐漸興起，增加了小亞細亞地區的不安定因素，各地的農民、牧民動亂，嚴重威脅到鄂圖曼帝國的統治。

　　蘇萊曼一世的父親塞里姆一世是位天生的馬上君王，在位八年間使鄂圖曼帝國的領土擴大了近一倍，得到了

←蘇萊曼一世和他的隨從
蘇萊曼征戰終生，1521年占領貝爾格萊德，1529年征服維也納，1555年進占兩河流域。到1574年，勢力達到的黎波里、突尼西亞和阿爾及利亞。

帝國上下的認同。作爲鄂圖曼帝國的傳人，蘇萊曼一世清楚地明白一點：要想樹立起自己威望，首先要取得出色的戰績。

→ 蘇萊曼一世
蘇萊曼一世被歐洲人稱爲「蘇萊曼大帝」。在他統治的四十六年裡，帝國國勢臻於極盛，不僅完全控制了巴爾幹，而且還攻占了地中海上的要衝羅德島，囊括了從阿爾及利亞到高加索、從匈牙利到阿拉伯半島南端廣袤的土地。

征戰匈牙利

蘇萊曼一世將歐洲中部作爲目標，一番深思熟慮之後，決定先奪取貝爾格萊德城和羅德島，打開一條通往中歐的通道。

貝爾格萊德當時處於匈牙利人的控制之下，占領它既可鞏固自己在塞爾維亞的統治，又可掌握中歐的交通樞紐。1521年，剛即位的蘇萊曼一世率十萬大軍北上攻城，戰爭中，蘇萊曼一世把糧草存放在重要的位置，下令由萬頭駱駝組成龐大的糧草和軍械運輸隊，在良好的後勤保障下，僅用三個星期就攻占了貝爾格萊德。

第二年6月，蘇萊曼一世調集十萬大軍和三百艘兵船進攻羅德島。當時島上的聖約翰騎士團戰術素養很高，且擁有一支非常強大的海軍，蘇萊曼一世指揮部下在經過長達半年的圍攻，損失五萬多將士之後，終於將鄂圖曼旗幟插在了島上。

接著，將目標鎖定在有「基督教之盾」之稱的匈牙利。1526年4月，蘇萊曼一世率領十萬大軍，攜三百門大砲出征匈牙利。當時的匈牙利已經無力抵抗，僅僅在國王路易二世號召下，勉強湊合了一支二萬五千人的軍隊，無異於螳臂擋車。在這場大戰中，可憐的路易二世竟在逃跑時跌進沼澤裡淹死。大勝匈牙利後，蘇萊曼一世接過了匈牙利新統治者遞交的降書，占領了巴爾幹半島西部及多瑙河下游地區。

蘇萊曼一世回到伊斯坦堡後，匈牙利貴族不甘心失敗，重新支持奧地利的斐迪南大公反攻匈牙利，並在1527年擁立新國王。蘇萊曼一世被激怒了，於1529年重整大軍，二次進攻匈牙利，經過與奧地利軍隊多次角逐，在1541年再度占領匈牙利。爲避免此類事情再次發生，蘇萊曼一世將匈牙利中部地區直接併入鄂圖曼帝國，設置布達省。

一連串的猛攻讓整個歐洲爲之側目，嘗過蘇萊曼一世厲害的人給他一個稱號——雷電。

→ 蘇丹的大屠殺
鄂圖曼土耳其相對於當時的歐洲國家來說，顯得非常野蠻，對各地的征服都充滿了血腥。圖爲蘇丹下令進行集體屠殺的場面。

西亞穆斯林帝國

「立法者」的改革

在對外征戰擴張的同時，蘇萊曼一世也非常重視內政改革，特別是在司法、財政制度方面。

司法上，蘇萊曼一世建立了一套完善的司法制度，同時邀來著名法學家修訂整理舊法律，頒布了《群河總彙》、《埃及法典》、《蘇萊曼法典》等一系列新法，無論是關於搶劫、殺人、通姦的刑罰，還是對酗酒、財產糾紛的判決，基本上做到了「有法可依」。此外，一些有關帝國軍事、財政以及某些省分的政策，也用法律的形式確定下來，提高了行政機構的效能。後人尊稱蘇萊曼一世為「立法者」，以紀念他在相關方面的成就。

‣蘇萊曼一世在宮中
蘇萊曼一世身為當時政教合一的伊斯蘭世界之領袖，他整合了遜尼教派和什葉派，修訂的《蘇萊曼法典》綜合了伊斯蘭教義和世俗法典，在刑法上顯示了寬厚與仁慈。

值得一提的，還有蘇萊曼在「米勒特制」上的創新。「米勒特」指的是由非穆斯林組成的宗教團體和氏族，這些人在文化、信仰、習俗等方面與土耳其人格格不入，卻又不能像對待敵人那樣趕盡殺絕；如何處理帝國內部複雜的民族問題，一直是歷代統治者最頭疼的問題。蘇萊曼一世在前代的基礎上，確立了關於民族和宗教的基本國策：准許擁護帝國的異教民族存在，這些民族可保留自己的語言、文字、風俗等，並享有一定的內部自治。當時，鄂圖曼帝國內生活著天主教、東正教、猶太教徒等，開明的民族政策緩和了帝國各民族間的矛盾。

蘇萊曼還積極鼓勵文學、藝術、教育等方面的發展，本人也留下了著作《戰爭日錄》。當時建築師錫南等人，在帝國主持下留下了歷史上的經典之作──蘇萊曼清真寺。

在打天下擴疆土的同時，還在文治方面取得如此卓越的成績，蘇萊曼一世不愧為鄂圖曼帝國全盛時期的理想君主。

↑蘇萊曼一世的妻子胡月曼‧蘇丹肖像，油畫
胡月曼‧蘇丹，是蘇萊曼一世眾多妻子中最受寵愛的一位。

戎馬一生

蘇萊曼一世繼任蘇丹後的泰半時間，都用在了軍事擴張上。在亞洲，鄂圖曼帝國的主要對手為伊朗薩非王朝的達赫馬斯普一世；此公非等閒之輩，塞里姆一世便是在這裡停止了東進的腳步。蘇萊曼一世鐵了心要拔除這眼中釘，從1534年開始，他與伊朗耗了二十多年；直到1555年，終於讓伊朗簽下和約，將伊拉克、喬治亞和亞美尼亞的西部地區併入鄂圖曼帝國。蘇萊曼一世總算光榮歸國，但鄂圖曼人在東邊的腳步再沒有走得更遠。

在海上，為爭奪地中海的制海權，蘇萊曼一世在1533年，極富魄力地任命「紅鬍子海盜」巴巴羅薩擔任海軍司令。這支獨具特色的鄂圖曼艦隊，從此攪得地中海晝夜不寧。

1538年秋，西班牙、教皇國、威尼斯、葡萄牙等組成聯合艦隊，利用鄂圖曼艦隊前往伊斯坦堡過冬之機，突然闖入愛琴海，巴巴羅薩立即率領一支艦隊返航迎擊，最後奇蹟般地戰勝了兩倍於己的聯合艦隊。此役過後，由海盜頭子帶領的土耳其艦隊可謂橫行無阻。

蘇萊曼在位四十六年間，發動了數十次對外戰爭，擁有正規常備軍近五萬人，領主騎兵十三萬人，加上其他非正規軍，總兵力達二十五至三十萬，每次出征聲勢都非常浩大。另一方面，蘇萊曼的組織才能也極為出色，在當時的運輸條件下，要保證十幾萬大軍的後勤補給絕非易事，但除了1529年圍攻維也納時因天氣驟變無法保證之外，蘇萊曼軍隊在後勤方面從未出過紕漏。

1566年，七十二歲的蘇萊曼一世年邁體弱，仍命部下用轎子抬著自己隨軍出征。從這方面來看，蘇萊曼一世可說是個標準的軍人，而他同時也實現身為軍人的最高理想：馬革裹屍。這一年的9月5日，蘇萊曼在兵營中因痛風病去世。

蘇萊曼一世的離世，也帶走了鄂圖曼帝國最輝煌的黃金時代。

↑蘇萊曼清真寺
該清真寺由著名建築師錫南於1550至1557年間設計建造，公認是現在伊斯坦堡所有帝王清真寺中最美麗的傑作，蘇萊曼一世和愛妻胡月蘭‧蘇丹就葬在裡面。

西亞穆斯林帝國

257

079.笈多王朝和戒日帝國

月護王、海護王、超日王，一代代雄主把笈多王朝建設成中世紀印度第一個封建大帝國，卻在紛爭中衰落。戒日王雄才大略，但他所建立的帝國僅是曇花一現。

笈多王朝的興衰

四世紀初，印度北部小國林立，西北部的貴霜帝國和南部的安度羅帝國國勢衰微，輝煌不再。西元320年，恆河下游的摩揭陀國境內，旃陀羅・笈多一世（月護王）即位，使用「摩訶羅」稱號，建立了笈多王朝。月護王南征北戰，使臨近的王公紛紛臣服，遠地的小國也前來朝貢，最後將印度西北部完全納入統治範圍。

月護王的兒子沙摩陀羅・笈多（海護王）即位後，笈多軍隊更是銳不可當，海護王將領土西擴到印度河，南至奧里薩、德干東部，東到恆河下游，直逼孟加拉灣。其後的旃陀羅・笈多二世（超日王）利用與德干的瓦卡塔卡王國聯姻結盟機會，奪取了馬爾瓦、卡提阿

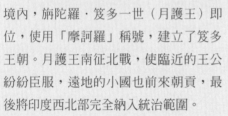

瓦和信德。至此，笈多王朝幾乎統治了北印度，成為中世紀印度第一個封建大帝國。

笈多帝國建立後，定華氏城為首都，實行中央集權制，將全國劃分成若干個省，省下設縣，由總督和縣長治理，結束了印度北部小國林立的局面，有效阻擊中亞游牧部落的襲擾。此後，北印度的社會發展逐漸步上正軌。

超日王以後，笈多王朝便逐漸走向衰落。五世紀中葉，闍噠人首次南侵笈多，雖被當時在位的塞建陀・笈多擊退，但笈多王朝的頹勢已經無法改變。六世紀初，笈多帝國發生經濟危機，各地封臣紛紛叛離中央，闍噠人捲土重來，吞併了笈多王朝大部分領土，一度以旁遮普的奢羯羅城為首都，建立了闍噠帝國。

西元567年，闍噠帝國被突厥和伊朗所滅，但此時的笈多帝國也陷入分崩離析。三年後，笈多王朝的統治即宣告結束。

・中世紀的華氏城
華氏城即今日印度比哈爾邦首府巴特那，《大唐西域記》之波吒厘子城。

戒日王和他的帝國

笈多王朝衰落後，北印度再度陷於分裂狀態，薩他泥濕伐羅有個叫毗乞羅摩迭多的王公乘機擴張勢力，建立了伐彈那王國。西元606年，該國君主曷利沙·伐彈那（即戒日王）以尸羅阿迭多為號，展開了一統北印度的征程。

戒日王生於西元590年6月4日，父親光增王統治時期，伐彈那王國吞併了鄰近的小國，勢力逐步加強。年輕的戒日王即位後，立即統率兵馬，向東討伐設賞迦王。設賞迦王是當時一位實力雄厚的君主，熱中於擴張，鄰近的小國終日生活在其威勢之下。戒日王聯合受設賞迦王壓迫的阿薩姆王，並邀請擁有眾多信徒的佛教大師日友入朝參政，開始了與設賞迦王的戰爭。

六年戰爭後，戒日王收復了莫克利王國和後笈多王國的領地，將國土從奔羅伐彈那延伸到比阿斯河。西元612年，他正式承襲莫克利王國的王位，確立了在北印度的霸主地位。

經過幾年的休整，戒日王繼續出兵，先後征服信德、孟加拉等地，並使富饒的海岸王國伐臘比稱臣。西元633年，戒日王進攻南方強國摩訶剌陀國，遭遇了摩訶剌陀人的奮勇抵抗，不得不失意而歸，

◆ 戒日王雕像，中世紀印度雕刻
戒日王是古印度伐彈那王國的君主、詩人和戲劇家，於西元606至649年在位。在位期間統一北印度，信奉印度教，也崇尚佛教。該雕像富有濃厚的佛教色彩。

這是戒日王征服史上唯一一次敗仗，其勢力範圍的南界止於納巴達河。

此後，戒日王接連征服烏荼國、恭御陀國，勢力範圍東到布拉馬普特拉河，西達印度河，北臨雪山，南至納巴達河，戒日王朝達到了鼎盛時期。但是，戒日王並未建立起一個中央集權的國家。西元647年，無子嗣的戒日王去世，戒日帝國解體，印度北部又回到群雄割據的局面。

【人文歷史百科】 多才多藝的戒日王

戒日王在詩歌、戲劇方面頗有成就，在位期間積極扶持文化學術活動，同時自己也從事創作。其名下作品除了詩歌外，還有《妙容傳》、《瓔珞傳》和《龍喜記》等優秀劇作。其中《龍喜記》為五幕劇，取材於現已失傳的佛典《持明本生活》和印度故事集《故事海》中的雲乘故事，它講述了雲乘太子與悉陀國公主相愛成婚，以及太子用肉身餵食大鵬鳥被高利女神救活的故事。

中世紀的南亞和東亞

259

↑ 戒日王接見中國的朝聖者，壁畫
戒日王在位後期，正值唐朝玄奘法師到印度取經。

080.種姓制度和外族入侵

婆羅門、刹帝利、吠舍和首陀羅，金字塔式的種姓制度階級森嚴，在印度存在了一千多年之久。旃荼羅被直接稱為「賤民」，是社會底層中的底層。

印度教的興起

笈多王朝興起到戒日王朝衰落的三百多年裡，印度社會的封建關係經歷了萌芽到確立的整個過程，隨著封建制度的發展，古印度的種姓制度也發生了很大變化。

從《大唐西域記》對戒日帝國種姓的記述來看，那時候印度的階級結構發生了顯著變化：婆羅門和刹帝利仍是位居上層的統治種姓，但已非奴隸之主，而是占有食邑、採取收租稅方式的藩主；吠舍原來含括農村公社成員、手工業者以及商人，到那時僅特指純粹的商賈，如商人、高利貸者和富裕的手工業主，不包括農民；至於首陀羅，他們不再是奴隸，轉為純粹的農人，雖然有了一定自由，但仍須依附上層階級。

四大種姓以下，數目繁多的種姓將整個社會分成了許多階層，如社會地位最低下的「旃荼羅」，被稱為「不可接觸者」，又稱「賤民」；這些人進入城市時，需擊木以示自己身分，好讓人們有時間遠遠避開。

↑笈多王朝時期製作的釋迦牟尼雕像

種姓的變化，可看出封建制度逐漸成熟；隨著封建關係的發展，各種宗教也紛紛湧現，於笈多王朝興起的印度教，乃是其中影響力最大的一個。印度教崇敬三位主神：主管創造世界之神——「梵天」，主管維持世界之神——「毗濕奴」，主管破壞世界之神——「濕婆」。印度教認為，各種宗教的主神皆是毗濕奴或濕婆的化身，即便佛教創始人釋迦牟尼，也不過是毗濕奴神的化身之一。

笈多王朝諸王與戒日王在位時，都採取了宗教相容政策，但封建統治階級較偏向於印度教，九世紀以後，印度教在印度占據了統治地位，佛教遂逐漸衰落。

印度的分裂與外族入侵

戒日王死後，印度北部再現群雄割據的局面，那些於割據小邦稱雄的藩主們多出身於外族的侍衛，自稱「拉傑普特」，即王孫貴族之意。八世紀時，拉傑普特擁有了統一群雄的實力，在印度相繼建立了幾個封建王朝，史稱「拉傑普特時期」。

260

↑濕婆之舞，十一世紀青銅雕像，印度新德里國立博物館藏

由於拉傑普特的統治大多建立在武力威懾上，往往一個王朝強盛幾十年後就衰微，接著群雄割據的局面又重現。這種循環，從七世紀中葉一直延續到十二世紀，使印度難以抵禦外族的入侵。

西元711年，倭馬亞王朝大將凱西姆率大軍由海路進攻印度河下游的信德地區，陸續占領了印度的部分領土。外侮當頭，印度王公暫時停止了內戰，同仇敵愾，一舉擊潰阿拉伯侵略者，但此後內訌又起。

十世紀中葉，信奉伊斯蘭教的突厥人在阿富汗境內建立了伽色尼王朝，此後近三十年裡，共侵入印度十五次：西元1019年伽色尼王朝攻陷曲女城，幾乎將其夷為平地；1025年，攻陷西海岸的蘇姆那特城，把當時最富有的濕婆神廟搶劫一空，並屠殺近五萬人，旁遮普一度為伽色尼所統治。一次次入侵之下，印度經濟受到嚴重破壞，進而影響到印度社會各層面，許多印度教藩主改信伊斯蘭教，並逐漸和定居下來的突厥人、阿富汗人融合。

印度教的教義

印度教在吸收了佛教的禁慾、不抵抗等內涵後，形成其基本教義，即「法」和業報輪迴學說。所謂「法」，就是人們生活和行為的規範，每個種姓都必須按照自己的「法」來生活。業報輪迴學說則宣稱，人們如果能夠按照「法」生活，死後靈魂便可以轉生為高級的種姓，反之就轉生為低級的種姓。現世的不平等乃前生註定，是不可改變的。

1186年，阿富汗境內的廓爾王朝興起，一番征戰後，竟然滅亡了不可一世的伽色尼王朝。1206年，廓爾王朝的總督庫爾布‧烏丁‧伊巴克自立為蘇丹，以北印度的德里為首都，建立了一個強大的國家。因為庫爾布是奴隸出身的突厥人，歷史上稱其為「奴隸王朝」。

此後三百餘年裡，北印度更換了五個王朝，國王均稱為蘇丹，統稱為德里蘇丹國。突厥、阿富汗人成為國家上層統治者，而印度本地的藩主只能當鄉村小吏和稅吏了，印度從此完全為外族所控制。

→伽色尼王朝攻陷曲女城

伽色尼王朝又稱「哥疾寧王朝」，係出身中亞薩曼王朝突厥族奴隸的將領阿勒波的斤所建立，極盛時期版圖含括今印度北部、巴基斯坦、伊朗、伊拉克、土耳其西部及中亞在內的遼闊區域。

蒙兀兒帝國的建立

十四世紀末，積弱的印度成為帖木兒帝國眼中的肥肉，德里蘇丹國洛提王朝的領土被大量蠶食，已無力統治全國，各省總督趁亂紛紛獨立。此後，北印度分裂為孟加拉、馬爾瓦、古札拉特、喀什米爾、拉其普坦那等部分，群雄混戰的局面再次開始。

1525年11月，帖木兒的後裔巴布爾率領一支萬餘人的軍隊向德里進軍；洛提王朝易卜拉欣‧洛提國王親率大軍四萬人，從德里出發迎戰。4月21日，雙方在德里北部的帕尼巴特開戰。

帕尼巴特一帶地勢平坦，以騎兵為主的巴布爾軍極占優勢，儘管在數量上略少於對方，但從戰鬥力發揮來看，雙方可算平手。帕尼巴特戰役一開始，洛提大軍就集中起來發動進攻，巴布爾並未出擊，而是用戰車在正面組成一道防線，並在防線後布置火槍隊，壓制住了對方的攻勢，同時命騎兵迂迴到洛提大軍側翼。騎兵的突襲，令洛提軍隊陣形大亂，一潰千里。

• 巴布爾的狩獵
巴布爾是帖木兒大帝的後裔，驍勇善戰。他率領著軍隊進入印度，摧毀了德里蘇丹和各個王公的統治，建立起龐大又強盛一時的蒙兀兒帝國。

帕尼巴特之戰後，巴布爾相繼占領了德里和阿格拉，同年5月，巴布爾宣布自任印度斯坦皇帝，開啟了蒙兀兒王朝在印度的統治。此後，巴布爾派兒子胡馬雍進攻據有恆河平原的阿富汗人，自己則征討拉傑普特人。

1527年春，巴布爾在西克里靠著猛烈砲火，大敗有「印度武士」之稱的拉傑普特人，次年奪取其堡壘錢德里。不過，其子胡馬雍就沒有那麼幸運，在翌年被阿富汗人擊敗後，就再也無法前進。當戰事陷入膠著時，得勝的巴布爾

【人文歷史百科】

阿克巴的宗教政策

鑑於德里蘇丹採取單純武力征服印度教徒、最後導致滅亡的教訓，阿克巴實行了「普遍寬容」的宗教政策：取消印度教徒的人頭稅和香客稅；准許強迫改信伊斯蘭教的印度教徒恢復信仰；以伊斯蘭教為基礎，揉合印度教、耆那教等宗教的教義，創立了「一神教」，以緩和印度教徒的反伊斯蘭教情緒；此外，阿克巴還扼止了殺女嬰、童婚等印度教惡習。

大軍正好來到，兩軍會合，一舉消滅盤踞在孟加拉的阿富汗人，進而殲滅據有拉合爾的阿富汗部落。

至此，巴布爾征服了整個印度斯坦，建立起一個龐大的帝國。

阿克巴的擴張

巴布爾雖然建立了龐大的蒙兀兒帝國，但其統治基礎並不穩固。胡馬雍即位後，在曲女城戰役中敗給了比哈爾邦阿富汗酋長舍爾沙，被迫流亡波斯和阿富汗。至此，蒙兀兒王朝在印度的統治暫告中斷。

胡馬雍流亡期間，其子阿克巴出生。1555年時，胡馬雍重征印度平原，占領德里和阿格拉，恢復了蒙兀兒王朝在印度的統治，並宣布阿克巴為合法繼承人。翌年胡馬雍去世，十三歲的阿克巴在拜拉姆汗輔佐下登上王位。這時，阿富汗人喜穆出兵占領德里。

阿克巴是個極具魄力和抱負的君主，他氣憤於阿富汗人的挑釁，即位不久便率軍出征，與阿富汗人在帕尼巴特展開激戰，史稱第二次帕尼巴特戰役。

帕尼巴特確實是蒙兀兒王朝的福地，當時喜穆有騎兵五萬人、戰象一千

・阿克巴攻占德里，中世紀插圖畫，伊朗首都德黑蘭格雷斯坦宮藏
阿克巴是巴布爾的孫子，在位時統一了整個印度，建立起印度最後一個封建王朝——蒙兀兒王朝的統治。

頭、大砲五十一門，相比於阿克巴僅有騎兵一萬餘人，可說是大占優勢。但阿克巴仍憑藉優秀弓箭手組成的射騎隊，贏得了這次戰役，此後順利地占領德里。

阿克巴攻占德里後，見到北印度大部分地區仍在阿富汗人統治之下，決定繼續出兵征討。然而，在第二次帕尼巴特戰役中立下大功的宰相拜拉姆汗竟逐漸驕橫起來，他自恃輔佐幼主之功，開始專權並大肆迫害非伊斯蘭廷臣。阿克巴早就對這個跋扈的宰相看不慣了，於是在1560年3月，找了個藉口解除拜拉姆汗的所有職務，確立自己君主專權的地位。

內部安定後，阿克巴繼續著他的軍事擴張，先後征服阿姆培爾、古吉拉特、孟加拉、比哈爾邦、俾路支等地，成功統一了北印度。1598年，阿克巴率大軍進攻德干，此後的三、四年中，將南印度的五個蘇丹國併入蒙兀兒版圖，蒙兀兒王朝達到了空前的繁榮。

082.中世紀的印度文化

泰姬瑪哈陵和阿旃陀石窟是世界藝術寶庫中的瑰寶，承載著印度人的才智。阿拉伯數字，更是印度人對人類文明進步做出的巨大貢獻。

笈多王朝文化的繁榮

印度的文化、建築、科學，在笈多王朝時期有了長足的發展。

文化方面，許多民間故事、寓言和童話等都彙編成集，如《五卷書》、《嘉言集》等，有利於人們迅速學習知識。這個時期也湧現了不少文學家，如被譽爲「超日王宮中的九個寶石」之一的迦梨陀娑，即是印度著名的古典梵語詩人、劇作家，現存公認的作品有七部，其中以抒情長詩《雲使》、劇本《沙恭達羅》最爲著名。

不過，印度大多數學者和詩人都住在王宮和貴族邸宅裡，終日爲上層人士吟詩作賦，使用的多是一般百姓難以理解的梵文，因而阻礙了文化在民間的傳播。

建築和造型藝術也在這個時期達到了較高的水平：笈多帝國首都華氏城興

建的廟宇和宮殿、阿旃陀石窟的壁畫，堪稱印度建築的經典之作。

阿旃陀石窟位於溫蒂亞山的懸崖上，現存洞窟二十九座，屬於佛教石窟群，其中最早的石窟開鑿於西元前二世紀。壁畫是阿旃陀石窟中最引人矚目的藝術，構圖壯闊而布局緊湊，色彩豔麗而富有情趣，公認是印度古代壁畫的重要代表，其中最著名的是第十七窟的獅子國登陸圖。

印度的科學在笈多帝國時期十分發達，我們今日所說的「阿拉伯數字」，其實正是當時的印度人所發明的。這十個數字先是從印度傳到阿拉伯，經阿拉伯人略加修改後又傳到歐洲，不知來龍去脈的歐洲人以爲是阿拉伯人的發明，於是「阿拉伯數字」這一稱呼流傳至今。

天文方面，印度人也居領先地位。

↑ 阿旃陀石窟內的雕刻藝術

出生於西元476年的印度人阿略巴陀，很早就提出了地球是球形的觀點，認為地球乃是圍繞著自己的軸在旋轉。阿略巴陀還指出月蝕是因為地球的陰影遮住了月亮，雖然沒能為自己的學說提出科學的論證，然這番觀點已可謂十分超前了。

德里古天文臺

德里古天文臺建於西元1724年，現存有有十幾件巨型灰石或金屬結構的天文儀器，是世界上最著名的古代天文臺之一。

德里蘇丹和蒙兀兒帝國的文化

德里蘇丹時期，梵文走向衰落，方言文學逐漸興起。許多方言語種皆是憑藉傑出的文學家而流傳開來的：宮廷詩人艾密爾·胡斯魯採用由印地語（印度雅利安語）和波斯語混合而成的烏爾都語，寫出了大量的詩歌和歷史著作；詩人那愛斯瓦爾則讓馬拉特語空前繁榮；孟加拉語文學家蔡培尼亞寫的聖歌，也讓印度人如癡如醉。

到蒙兀兒帝國時期，方言文學興盛不衰。與《摩訶婆羅多》並列為印度兩大史詩的《羅摩衍那》，在印度文學史上被稱作「最初的詩」，但因用梵文寫成，難以廣泛傳播，最後還是在圖西爾·達斯用印地語進行改編後，才使它在民間的知名度迅速提升。

印地語詩人蘇爾達斯也曾用西部印地語寫成了《蘇爾詩集》，每首詩皆配有曲調，幾百年來持續受到印度人民的喜愛和傳唱。

德里蘇丹時期，隨著伊斯蘭教的廣泛傳播，清真寺四處興建，其圓頂、拱門、尖塔、寬庭、完全不見人物的雕繪等特點是印度以前沒有的，大大豐富了印度的建築風格。德里蘇丹國王朝時興修的庫巴特·烏勒·伊斯蘭清真寺和庫特卜尖塔，都是其代表之作。

到蒙兀兒帝國時，印度建築藝術達到了一個新的巔峰，最值得一提的是被譽為「世界七大建築奇蹟之一」的泰姬瑪哈陵，這是蒙兀兒王朝第五代皇帝沙賈汗為其愛妻修建的陵墓，素有「大理石的夢境」之稱。泰姬瑪哈陵共耗資四千多萬盧比，歷時二十二年才完工，它融合了印度、波斯、土耳其的建築師和工匠技術之大成，體現了印度人非凡的創造力。

↓ 泰姬瑪哈陵

泰姬瑪哈陵被列入古代「世界七大建築奇蹟」之一，是蒙兀兒王朝第五代皇帝沙賈汗為愛妻所修建的陵墓。整體建築全部用大理石砌成，置身其間如夢似幻，宛如人間仙境。

中世紀初期，島國日本仍處於奴隸社會階段。聖德太子和孝德天皇主動吸收中國文化，經過一番艱難的改革，日本進入了封建社會。

聖德太子改革

中世紀初期的日本受中國和朝鮮文明的影響，生產力有了顯著提升，但社會問題也越來越突顯。

六世紀末期，日本貴族蘇我氏與物部氏兩大政治集團爲了控制皇位，積怨漸深。西元587年，兩派就是否接受佛教問題產生了嚴重的分歧。早就不能相容的雙方，這次分歧正好爲彼此提供了藉口，戰爭隨即爆發。西元592年，蘇我氏消滅了物部氏一族，擁戴推古女皇即位，廄戶皇子（諡稱聖德太子）於次年任攝政。

聖德太子攝政期間，致力於建立以天皇爲中心的中央集權統治，首先在經濟方面進行了改革：在朝廷新擴建的東國等地，實行以戶爲單位徵收租稅的方式；地方上設立國造，代替政府向分散的耕種者徵收租稅；國造下設稻置，可管轄數十戶。這些措施使地方管理變得簡單有效。

西元603年，聖德太子更深入改革，

> **聖德太子肖像，水墨絹本，奈良時期製作**
> 聖德太子是日本古代政治家，血統屬蘇我氏，爲用明天皇次子。推古天皇即位後，於次年任攝政，直到去世。他在位時提倡佛教和儒學，傾力仿效中國，不斷擴大皇室權力，並建立新的政府以及宗教、文化機構。

頒布了「冠位十二階」：貴族必須根據功勞才能獲得「冠位」（官爵名稱），但不能世襲，變相地削弱了貴族的勢力。此後，聖德太子頒布了《十七條憲法》，這部法典中吸取了中國典章制度，以儒學和佛教思想爲指導，針對當時達官貴人、豪門大族的政治倫理進行一番整頓，手法可謂新穎。

聖德太子還恢復了五世紀末中斷的西向交流，先後兩次派遣大臣小野妹子出使隋朝，並從中土聘來許多藝匠。此外，聖德太子還採用中國曆法，並仿中土式建築興修許多佛寺，坐落在奈良附近的法隆寺即是其中的代表，它也是世界上最古老的木造建築物之一。

聖德太子改革，爲不久後的大化革新奠下了堅實的基礎。

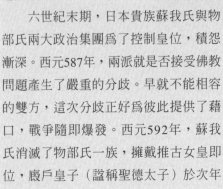

> **法隆寺**
> 法隆寺位於今若草地方，初名四天王寺。天智天皇九年（西元670年）寺廟被火災焚毀，不久又重建。金堂、塔、中門、迴廊等都按照中土的佛寺樣式修造，寺內的佛像雕刻有明顯的中國佛像特色。

大化革新

聖德太子進行的改革，未能徹底摧毀氏姓貴族勢力。他去世後，外戚蘇我氏繼續專權。蘇我蝦夷排斥改革勢力，弒殺聖德太子之子山背大兄王，另擁立田村皇子即位，即舒明天皇。到舒明天皇之子皇極天皇即位時，蘇我蝦夷之子蘇我入鹿開始專擅朝政，極力打壓新興勢力。

舒明天皇的另一個兒子中大兄皇子，曾受改革勢力影響，十分憎惡專橫的蘇我氏父子。西元645年6月，中大兄皇子與親信中臣鎌足發動政變，在朝中刺死蘇我入鹿，並逼迫蘇我蝦夷自殺，將蘇我氏的專橫統治徹底推翻。政變發生後，皇極天皇退位，中大兄皇子等人擁立皇子輕即位，這就是孝德天皇。

新政權建立後，孝德天皇仿中土將年號定為「大化」，遷都難波（今大阪）。西元646年元月，孝德天皇頒布「改新」詔書，吸納隋唐的政治、經濟制度進行改革，史稱「大化革新」。

「大化革新」首先從土地進行改革：政府將皇室貴族、地方豪族的部民、屯倉和田莊收歸國有，僅保留朝廷的手工業部民；編制戶籍、規定賦役，施行「班田收授法」，統一發給百姓土地，並制定應負租稅的數額。

土地改革初見成效後，孝德天皇接著確立國家的機構設置和區域劃分：中央分京師和畿內（京都周圍地帶）；地方設國、郡、里，分別由國司、郡司、里長治理；廢除世襲制，由國家直接任免官吏；廢除貴族軍事特權，實行徵兵制，由二十一歲至六十歲的正丁輪番服兵役。

為了讓改革順利進行，孝德天皇自西元653年起，六次組織「遣唐使」前往中土學習大唐文化，這些遣唐使將唐朝的封建制度及先進的生產方法帶回日本，日本社會自此進入了快速發展期。

↓孝德天皇
孝德天皇本名輕，為茅淳王之子，皇極天皇同母弟。西元645年繼位，改年號為大化。即位後的翌年，孝德天皇頒布革新詔書，在全國推行仿效隋唐制度的「大化革新」。

中世紀的南亞和東亞

267

莊園制的形成

「大化革新」是以唐朝爲楷模進行的，唐朝首都長安著實吸引住了日本皇室的目光，日本開始修建自己的京城。西元694年，日本在飛鳥（今奈良縣境內）建立藤原京，十四年後在此建造新都，稱平城京，710年遷都於此，日本進入奈良時代。西元794年，日本遷都平安京（今京都），直至1192年，史稱「平安時代」。

奈良時期，「班田收授法」在日本已廣泛實行，大大解放了生產力，班田農民占日本總人口的百分之七十以上，成爲日本社會主要的生產者。但是，隨著封建制的發展，「班田收授法」對班田農民的剝削也越來越嚴重，班田農民大批逃亡，國家的戶籍、田籍制度混亂不堪。八世紀初，班田制走向衰落，代之而起的是莊園制的萌興。

莊園是日本貴族的私有地產，最初主要靠奴婢和班田農民開墾荒地而得。

此後，隨著土地兼併的加劇，莊園規模越來越大，朝廷賞賜占有的土地也逐漸變成了貴族的私有莊園。十世紀初，班田制基本上停止實行，這時，莊園已遍布全國各地。

莊園的所有者大多是京都貴族或寺院，最初他們要向朝廷交納租稅。但自九世紀中葉起，一些有權有勢的莊園地主取得了免稅的權利，把莊園變成自己的私產，即使政府官吏也不得擅自進入。

沒有精力和時間的貴族多派「莊司」代爲管理莊園，一些小莊園地主利用這個機會，自己擔任「莊司」，並將莊園掛靠在大莊園地主名下，這樣不但可以享受免稅的權利，還可乘機取得更多的特權，在這個關係裡，大莊園地主稱作「領家」。爲了取得更多的特權，「領家」還會找到更大的莊園地主，掛靠於其上，這就是「本所」。

就這樣，透過莊司、領家、本所層層掛靠，土地集中在了少數權貴手中。

武士的興起

隨著莊園制的發展，擁有眾多莊園的貴族權勢越來

↑ 平安時代的日本江戶，木版畫，日本明治時代繪製

大，九世紀後期，大貴族藤原氏獨攬朝政。西元858年8月，藤原良房擁立年僅九歲的清和天皇，以太政大臣和外戚的雙重身分代天皇攝理政務，866年正式取得「攝政」的稱號。西元887年，藤原良房之子藤原基經改任關白，這就是「攝關政治」。從此，藤原氏一族掌握實權達兩百餘年之久。

藤原氏的攝關政治極端腐敗，不堪重負的百姓揭竿而起，開始襲擊莊園地主和官府。莊園地主為了鎮壓起義，提供莊司裝備和給養，命其組織武裝家兵，這些家兵便是日本歷史上的「武士」。

首領與武士的關係是封建主從關係，武士在任何時候都要絕對效忠於首領。此後，武士開始結成武士團，武士團的首領大多是地方莊園地主，也有些是流落到地方的貴族子弟。十世紀時，關東源氏與關西平氏是地方武士團中實力較大的兩家。

十一世紀時，日本皇室與藤原氏展開了政權的爭奪，1086年，在位的白河天皇突然將皇位傳給崛河天皇，自稱上皇，在宮中設立院廳監理國政。此後，許多天皇到年長時也讓位給年幼的太子，進入院廳。從此，院廳成為掌握實際權力的地方，史稱為「院政」。

皇室此舉使藤原氏失去了「攝關」的藉口，為了奪回權力，開始了與院政的政治鬥爭。鬥爭中，藤原氏得到了關東源氏的支持，院廳方面則取得關西平氏的支持；最後，關西平氏大敗關東源氏，取得皇室的信任，其首領平清盛任太政大臣，開啟日本武士執政的先河。

然而，平氏家族因力量漸強，成為各方的心頭大患，各種勢力後來組成了反平氏勢力。平清盛死後，1181年，平氏家族開始衰落，四年後，在壇之浦（下關海峽）海戰中，平氏集團的軍隊遭到關東源氏全殲，中央政權落在源氏一族的首領源賴朝手中。

攝關政治

【人文歷史百科】

攝關政治特指日本平安時代中期，藤原氏以外戚地位實行寡頭貴族統治的政治體制。攝關是攝政和關白的合稱：天皇年幼時，太政大臣代行政事，稱為「攝政」；天皇年長親政後，攝政改稱「關白」，輔助天皇總攬政事。其中，「攝政」原由皇族成員擔任，自藤原良房後，始為外戚專攬。1086年院政出現後，攝關政治隨之衰落。

↑源賴朝像
源賴朝是日本鎌倉幕府的初代將軍，武家政治創始人。此畫作者為活動於後白河上皇執政期的名畫家藤原隆信。

085.日本的統一

織田信長和豐臣秀吉是日本戰國時代傑出的領袖人物。兩人在一番群雄逐鹿的混戰中，發揮非凡的戰略之才，把四分五裂的島國再度整合成一塊。

鎌倉幕府和室町幕府

←後醍醐天皇，日本中世紀浮世繪作品

　　關東武士團首領源賴朝打敗平氏集團後，其在鎌倉設立的「幕府」成為實際權力機構，國家的重要決定均由此發出。

　　1185年11月，源賴朝向各國（國，日本地方行政單位）派出「大名」（軍政長官），幫助國司掌管軍務；又向各莊園派出「地頭」（監管人），替幕府徵收租稅「兵糧米」。如此一來，源賴朝全面控制了地方政權。1192年，勢力不斷膨脹的源賴朝迫使京都朝廷授予「征夷大將軍」的最高稱號，建立了鎌倉幕府。但從1199年開始，幕府大權逐漸由外戚北條氏控制。

　　1221年，後鳥羽上皇不滿幕府的勢力太過強大，發動了討伐北條氏的戰爭，但是回應者寥寥，最後失敗。這次戰爭後，後鳥羽等三位上皇遭到幕府流放，參與叛亂的皇族與貴族的莊園也被沒收，幕府權力遂超越了朝廷。

　　日本人剛過上幾年太平日子，戰亂又起，雄心勃勃的蒙古人在1274年和1281年兩次進攻日本，但都在日本武士和農民聯軍的抵抗下鎩羽而歸。這次戰爭後，鎌倉幕府做了件很不得人心的事情：公然下令兩次作戰所耗費的物資均由農民自己負擔。

　　戰爭中出生入死的農民自然不滿意這種結果，再次拿起刀槍反抗，同時，一些中小武士也因未得賞賜，對幕府產生不滿。1324年，後醍醐天皇得到豪族足利尊氏的回應，舉兵討伐幕府，眾叛親離的鎌倉幕府於是滅亡，後醍醐天皇親政。

　　政權建立後，足利尊氏不滿後醍醐天皇輕視武士的政策，於1335年再次起兵，次年攻占京都，建立新幕府。因幕府位於室町，故稱「室町幕府」。此後，後醍醐天皇逃往京都南部，建立新朝廷。

一向宗起義

一向宗起義是十五世紀中期至十六世紀末，日本農民發動的反封建武裝起義。

一向宗是日本佛教宗派淨土真宗的別稱，1470年左右，加賀國的農民信徒開始拒納貢租和雜稅，並在「為佛法不惜生命」的口號下發動起義，1488年起義者奪取加賀政權，建立了信徒王國。十六世紀時，起義火焰蔓延到京畿和中部地方，但在1570年遭到織田信長鎮壓而失敗。

金閣寺
金閣寺是日本京都的標誌，正式名稱是鹿苑寺，建於1379年，是室町幕府足利義滿將軍從西園寺家得到的北山殿作為基礎建造的。在足利義滿死後，該寺曾改名為戒名寺，最後定名為鹿苑寺。

南北對峙局面持續了五十餘年，直到室町幕府於1392年合併了南朝後，日本才重新統一。

織田信長和豐臣秀吉統一日本

十五世紀中葉，室町幕府重臣為爭奪將軍（幕府首領）繼承權，展開了戰爭，史稱「應仁之亂」，日本從此進入戰國時期。

乘幕府大亂，統治各「國」的封建領主開始發展勢力，彼此混戰，嚴重破壞了農業生產，無法正常生活的農民也在各地燃起起義之火。面對農民的起義和新興市民的抗爭，領主有些力不從心，希望建立一個強大的中央政權，以保護自身的利益。

到十六世紀中葉，一些地方領主與武士已經發展成為控制一方的大名，幕府的控制範圍逐漸縮小。其中，尾張國的大名織田信長得到大商人的金援，並使用葡萄牙輸入的槍砲，勢力逐漸超過其他大名。1568年，織田信長攻占京都，於1573年結束了室町幕府的統治。

為了鞏固新政權，織田信長血腥鎮壓了一向宗農民起義，憑藉鐵血政策很快成為日本中部的霸主。1573年，織田信長派部下豐臣秀吉等人進攻高松城。1583年，他決定親自帶兵西侵。然而，在行至本能寺時，部將明智光秀發動叛亂，織田信長切腹自殺。織田信長死後，豐臣秀吉回師京都，在山崎之戰中擊敗明智光秀，成為織田信長的後繼者。

豐臣秀吉繼承統一日本的大業，在相繼征服四國、九州和奧羽等地的領主後，於1590年滅掉了關東的北條氏，最後統一了日本六十六「國」。此後，豐臣秀吉於1592年和1597年兩次入侵朝鮮，由於朝鮮軍民的抵抗和中國明朝派軍救援，最後慘敗而歸。1598年，遠征未果的豐臣秀吉在焦慮不安中死去。

→織田信長騎馬像
織田信長是日本戰國時代後期奠定統一之路的軍事領袖，執政期間撤銷各地的關卡，建橋鋪路以利交通和貿易，鼓勵自由交易，削除莊園制度，打擊寺院勢力。還推行新的大名領主制，為消滅封建割據、建立中央集權的封建專制鋪下了道路。

中世紀的南亞和東亞

271

086.德川幕府的統治

德川幕府統治日本長達三百多年，天皇只是一個徒有虛名的傀儡。而德川幕府的建立者就是豐臣秀吉的下屬德川家康——一個辜負老主人的篡位者。

德川家康

←德川家康肖像，水墨設色畫
畫中青年時代的德川家康，樣子如同一般百姓。

豐臣秀吉死後，其部下分裂為東、西兩軍，1600年9月，德川家康率東軍在關原大敗西軍。1603年2月，德川家康任「征夷大將軍」，在江戶（今東京）建立幕府，即「德川幕府」。

德川家康的先祖發跡於三河國崎附近，在戰國時期逐漸發展為大名，至其父松平廣忠時，整個三河國已歸松平氏領有。1547年，松平廣忠與尾張國織田信秀發生戰爭，松平廣忠為了取得駿河國今川義元的支持，將六歲的德川家康送去做人質，但中途被織田信秀奪去。此後，松平廣忠遭暗殺，松平氏與織田氏講和，德川家康得以返回岡崎，但隨即又做了今川義元的人質。

1560年，今川義元與織田信秀之子織田信長在桶狹間展開激戰，今川義元戰敗被殺，德川家康得以回到岡崎。重掌家族大權後，德川家康與織田信長結盟，努力經營三河的同時，開始蠶食今川氏的領地。

織田信長進入京都後，德川家康在其支持下接連打敗淺並氏、朝倉氏，並與另一霸主武田信玄展開爭奪全國政權的戰爭。1575年5月，德川家康與織田氏聯軍大敗武田氏，把武田氏驅逐出遠江，控制了全部駿河國。

織田信長本能寺自殺後，幕府實權落入了豐臣秀吉手中。德川家康不甘心中央實權就此失去，審時度勢後，他加速擴充力量，以圖與豐臣秀吉分庭抗禮；不久發兵占領甲斐，並向信州一帶進軍。到1583年前後，德川家康把三河、遠江、駿河、甲斐、南信濃五國納入自己的勢力範圍。1590年，德川家康幫助豐臣秀吉滅掉北條氏，占據關東八州，此後遷往江戶，致力於經營關東。

←小牧長久手合戰，屏風畫
織田信長死後，德川家康與北條氏政權同盟，結合織田信長次子織田信雄反抗豐臣秀吉。1584年雙方展開小牧長久手合戰，但最後卻因誰也消滅不了對方主力，而以談和收場。之後德川家康向豐臣秀吉稱臣，豐臣秀吉則正式展開其統一天下的霸業。

豐臣秀吉死前，曾命德川家康等人共輔嗣子秀賴。豐臣秀吉病死後，德川家康乘機奪取了政權，重開幕府政治。

德川幕府的統治政策

德川幕府統治初期，全國四分之一的土地是幕府的直轄領地，被稱爲「天領」，其餘的土地由大名領有，稱爲「藩領」。由於幕府領地大都是商業中心及軍事要地，也是全國交通大動脈，這大大鞏固了中央政權。

爲了保證土地收益，幕府規定農民不得遷徙、不得變更職業，使得農民受到極深壓迫。爲了使農民能按時交貢，幕府還在農村推行了「五人組」連保制度，即以五戶爲一組，如果一戶不交貢則全組負責，後來，幕府又把這一制度延伸到手工業者和商人之中。

爲防止大名叛亂，德川家康頒行了《武家諸法度》，規定：全國大名平時須部分留住江戶輔佐將軍，部分在自己

←德川家康像，日本插圖畫
臺座上端坐著的是德川家康。畫的正上方是家康的署名與畫押，這時的德川家康貴爲天下第一人，表現出威嚴莊重的姿態。

領地主持藩國的政務，兩者以一年爲期，期滿輪換；大名的妻子必須常住江戶，實際成爲德川氏手中的人質。

在全國，德川幕府實行了嚴格的封建階級制度：將軍是全國最高統治者，下設老中，負責控制朝廷、大名與外交；大名是各藩國的統治者，下設家老等，擁有領地的行政、司法和年貢徵收權等；武士與農民、手工業者之間有嚴格的界限，彼此互不通婚。

德川家康前期外交比較開明，初創幕府即遣使朝鮮，並與西歐各國展開了貿易，甚至默許基督教的傳播，不過，後來因爲感到其教義危及日本統治，又加以禁止。1612年，幕府在直轄地頒布禁教令，隨即推行到全國，進而對海外貿易也嚴加限制，逐漸形成了後來的「鎖國政策」。

德川家康爲了便於統治，在全國提倡源自中國的儒家朱熹學派，因爲儒家強調孝順長者、忠於上級的美德，從父權爲上的日本家庭傳統中，不難看出這一政策影響之深遠。

【人文歷史百科】 德川幕府的統治對日本的影響

德川幕府在日本維持了長達兩百六十餘年的統治，其嚴格推行的身分制度限制了人們的發展，阻礙了社會進步。1612年頒布的禁教令，實際上成了德川幕府政治鎖國的開始。而1615年對貿易的限制，則是德川幕府全面鎖國的先兆。德川家康晚年推行儒佛合一的思想統治，束縛了日本人民的思想，其影響一直延續到明治維新後。

087.新羅和高麗

在朝鮮歷史上，曾有過兩次「三國時期」。中世紀時，新羅、百濟和高句麗三足鼎立，最後為新羅統一，其後又被高麗代替。

新羅的統一

中世紀初期，新羅、百濟、高句麗相互之間征伐不斷，勢力此消彼長。在長年累月的對戰中，新羅逐漸確立了優勢，其軍事、經濟實力均超過了百濟和高句麗。西元551年，新羅占領漢江上游地區和百濟的漢江下游地區，日漸威脅高句麗和百濟的勢力，兩國組成聯軍進攻新羅。新羅眼見情勢危急，於660年向唐朝請求出兵相助。

唐高宗李治派遣水陸大軍十三萬，聯合新羅五萬軍隊，於西元660年向百濟進攻，不久，百濟即滅亡。百濟滅亡後，其遺臣福信派人前往日本，在日本

→唐朝時的朝鮮半島形勢（西元八世紀）

幫助下重新復國。662年，新羅文武王聯合唐朝軍隊圍剿百濟，並在錦江口擊潰日本水軍，百濟復國夢徹底破碎。

有唐軍做後盾的新羅又把目標瞄向了高句麗。西元666年，高句麗諸王子為爭權發生內訌，新羅聯合唐軍，於668年攻陷平壤，滅了高句麗。

在借助唐軍的援助滅掉百濟和高句麗後，新羅統一朝鮮半島。西元670年，高句麗舊域發生起義，高句麗王族安勝被推為王，唐朝聞訊後，又迅速派主力進軍朝鮮，這時，安勝卻向新羅求援。

新羅文武王反復衡量利弊後，冊封安勝為高句麗王，命其管理新羅西部的部分土地，又派新羅名將金庚信與唐軍交戰。

戰爭從西元670年一直進行到676年，憑藉地理上的優勢，新羅打得唐軍節節敗退。735年，雙方罷兵，確定以今大同江為界限，和平相處。

武臣專權

高麗初期，文尊武卑現象十分突出，文官與武將的矛盾日益尖銳。1170年8月，高麗毅宗率文臣到開京近郊普賢院遊宴，武將鄭仲夫、李義方等發動政變，殺死隨行的全部文臣，史稱「庚寅之亂」。1173年，東北面兵馬使金甫當策劃剷除鄭仲夫，鄭仲夫進行報復時再一次屠殺文官，史稱「癸巳之亂」，這兩次流血事件合稱為「庚癸之亂」。從此，高麗從中央到地方形成了武臣專權局面。

高麗統治時期

新羅王朝後期，王族間戰亂頻繁，農民不堪重負，紛紛起義，眾多起義領袖或舊王朝貴族利用農民起義的力量，或改朝換代，或復興舊國。到十世紀初時，朝鮮半島重新形成三國鼎立的局面：高麗、新羅與後百濟。

建立高麗的是貴族出身的僧侶弓裔。在農民起義如火如荼時，弓裔加入農民起義軍，因膽識過人受到重用，並掌握了部分兵權。西元897年，勢力壯大的弓裔擁兵自立，先後占據鐵圓（今江原道鐵原）、松嶽等地，在擊敗了最後一支反對勢力後，於901年稱高麗王，904年立國號摩震。

正當弓裔躊躇滿志時，大地主出身的泰封國大將王建崛起。918年，銳不可當的王建軍隊推翻弓裔，自立為王，改國號為高麗；919年，定都開京（今京

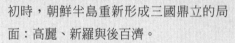

高麗太祖王建畫像
王建是朝鮮古代最偉大的領袖人物之一，他智勇雙全，統一了後三國，創建了高麗王朝。

畿道開城），史稱為王氏高麗，王建為高麗太祖。王建仿照中國唐朝制度，建立中央集權的國家體制，中央設三省、六部，全國劃為十道，道下設府、郡、縣等。此外，他調整土地制度，使農業、手工業得到迅猛發展，高麗經濟空前繁榮。

國家建設初步完成後，王建將矛頭指向新羅與後百濟，開始了統一朝鮮半島的征程。935年，新羅王朝敬順王自願歸順高麗，936年，後百濟因發生內訌被王建征服，從此，朝鮮半島又興起一個統一而強大的王朝。

從西元939年開始，高麗越過江邊界，不斷向西北面擴張。993年，遼聖宗派八十萬大軍抗擊高麗的擴張，由於當時宋、遼之爭激烈，為取得對宋的優勢，遼軍在取得初步勝利後就開始議和，承認高麗既得地區，將鴨綠江東數百里之地割讓給高麗。從此，鴨綠江下游成為中、朝邊界。

韓國慶州雁鴨池
今韓國慶州是新羅王朝的首都，雁鴨池是文武王於西元674年為紀念三國統一而興建。當時用來設宴款待國賓，現存臨海殿及蓮池周圍的庭院，但從中仍能想像出昔日的繁華。

088.李氏王朝時的朝鮮

日本剛完成統一不久，便把向外擴張的目標鎖定在朝鮮。在中國明朝的支援下，日本進攻朝鮮的東征受阻。

李朝的建立

十三世紀中葉，高麗內亂不斷，農民起義也風起雲湧。雪上加霜的是，在亞洲大陸四處征戰的蒙古大軍也看上了高麗，幾次出兵攻打。

憑殘喘之氣，高麗國雖多次擊退蒙古大軍，最後仍被蒙古所征服，直到元末的農民起義推翻其統治後，才擺脫了蒙古的控制。然而，此後的統治者不思進取，搞得國內天怨民怒，日本也乘虛而入，高麗統治處於風雨飄搖之中。

中國明朝建立初期，高麗朝廷內部分為親元派和親明派兩種勢力，分別以崔瑩和李成桂為首。1388年，明朝欲收復被高麗奪取的舊鐵嶺以北的地方，高麗朝內一片混亂。崔瑩慫恿愚國王辛禑出兵遼東，以逼迫明軍後撤防禦，不久，李成桂接到了進軍的命令。然而，李成桂軍渡過鴨綠江後，朝廷內部總是找理由減發或緩發糧草，造成大軍士氣低落、行軍困難；李成桂憤然回師都城開京，發動

一李朝太祖李成桂肖像
李成桂是朝鮮史上歷時最長的王朝——李朝的建立者。他進行的改革，從經濟、政治、社會各方面影響了朝鮮的歷史發展，奠定了今日韓國文化的傳統風貌。

政變，流放崔瑩，立辛禑之子辛昌為王，開始把持朝政。

1392年7月16日，李成桂看到時機成熟，在開京（開城）壽昌宮即位，次年定國號為朝鮮，1394年從開京遷都漢城。

1400年，李朝政府進行改革，設議政府、承政院、六曹（六部）和三軍府：議政院是最高國家機關；承政院負責諮詢國事，處於議政府之下；各項政務分別由沿襲高麗而來的六曹處理，但需經朝廷審議；三軍府是執掌軍權的最高軍政機關，後改設五衛都總府。

1461年，李朝政府鑒於前朝法典不統一的現象，命崔恆等編纂《經國大典》，1469年完成，分為吏、戶、禮、兵、刑、工六部分，並於1471年頒布出版。《經國大典》從法律上鞏固了李朝統治體制，是李朝的基本法典，一直通行到李朝末年。

↑十一世紀時的高麗王國地圖

壬辰衛國戰爭

←東萊府殉節圖，絹本設色，1760年作
東萊府指現在韓國釜山。壬辰衛國戰爭中，東萊府使宋象賢率軍二萬登城防守，朝鮮軍難以抵禦日軍銳利的火器，東萊府失陷，宋象賢英勇赴死。

十六世紀末，豐臣秀吉統一日本後，欲以朝鮮爲跳板進行東侵。此時的李朝統治階層渾然不覺危機的來臨，朝內大臣擾於黨爭，朝廷上下一片混亂。1592年4月，豐臣秀吉派二十萬大軍由釜山登陸，拉開了朝鮮戰爭的序幕。

豐臣大軍從釜山登陸後長驅直入，未遭遇太多抵抗。當朝鮮統治者匆忙迎敵時，才發現長期廢弛的軍備根本無法抵抗日本人，稍有接觸即潰不成軍。二十天後，朝鮮首都漢城陷落，不久，開城、平壤陷落。失去半壁河山的李朝宣祖率王公貴族逃至義州，遣使向明朝求援。

深知脣亡齒寒的明朝統治者馬上派兵援助朝鮮。就在這時，朝鮮戰場也有了一些變化。5月，日本海軍到達玉浦洋，剛一入港就遭到了李舜臣率領之朝鮮水軍的迎頭痛擊，李舜臣憑藉著改良的龜船和機動靈活的戰術，連獲大捷，逐漸掌握了制海權。這時朝鮮百姓也自發組成游擊隊，四處襲擊日軍。因1592年是農曆壬辰年，故朝鮮稱之爲「壬辰衛國戰爭」。

不久，明朝政府的援軍也趕到了，接連收復平壤、開城、漢城等地，將日軍逐出朝鮮北部。這時，豐臣秀吉提出與朝鮮進行談判。1597年初談判破裂後，日軍重新出動十四萬人進攻釜山，朝鮮只得再次向明政府請求出兵。

1598年7月，明朝大軍在楊鎬率領下，稷山等戰役接連得勝，日軍被迫退到東南一隅。直到8月豐臣秀吉病死後，日軍萌發退意。11月，鳴梁海戰中，明朝和朝鮮的聯合艦隊大勝日軍，李舜臣和明朝老將鄧子龍也殉死海上。

至此，壬辰衛國戰爭在朝鮮半島的勝利下宣告結束。

【人文歷史百科】

朝鮮文字與漢字的淵源

朝鮮自建國進入文明時代以來，便長期使用漢字。七世紀時，新羅學者薛聰用漢字標記朝鮮語中的助詞和助動詞，輔助閱讀漢文書籍，被稱為「吏讀」。李朝世宗在宮中設立諺文局，召人制定「諺文」，創制出二十八個字母，包括十一個母音字母和十七個子音字母，於1443年公布使用，稱為「訓民正音」，朝鮮從此有了自己的民族文字，一直沿用至今。

→龜船復原圖

089.阿拉伯化的埃及

古埃及人曾創造了異常燦爛的文化，但在希臘、羅馬興起後開始了被異族統治的歷史。阿拉伯帝國統治時期，埃及逐漸成為阿拉伯世界的一員。

阿拉伯帝國時期的埃及

羅馬帝國分裂後，埃及成為拜占庭帝國的一部分。西元639年底，阿拉伯將領阿慕爾·伊本·阿斯率兵入侵埃及，使這片古老的地區成為阿拉伯帝國的一個行省。

在統治埃及時期，阿拉伯統治者除了徵收很重的土地稅外，還專門向非穆斯林成年男子徵收高額的人頭稅，迫使土著科普特人紛紛改信伊斯蘭教，學習阿拉伯語，到八世紀末時，阿拉伯語已成為埃及官方通用語言。

倭馬亞朝和阿巴斯王朝統治時期，統治者對埃及進行了無情的搜刮，造成大批阿拉伯移民和科普特人破產。忍無可忍的人們發動了大規模的起義，大大削弱阿巴斯王朝的統治，促進了埃及的獨立。

七世紀中期以後的一百多年中，埃及名義上雖仍由阿巴斯王朝的總督統治，實質上確已同獨立。此後的五百多年裡，埃及逐漸成為一個獨立的阿拉伯國家，以開羅為首都，領土包括埃及、敘利亞、巴勒斯坦和阿拉伯半島西部等廣大區域。

→阿慕爾·伊本·阿斯清真寺
阿慕爾·伊本·阿斯清真寺位於埃及首都開羅。阿慕爾·伊本·阿斯在西元641年征服了埃及，這座清真寺就是為他而建。

由於埃及地理位置優越，歷史上少不了外族的入侵。1096年起，東征的十字軍在占領敘利亞、巴勒斯坦的土地後，多次入侵埃及。這時，阿尤布王朝的建立者薩拉丁對其進行了堅決的抵抗，多次戰勝十字軍，被譽為反十字軍的英雄。

1258年，旭烈兀率領蒙古軍隊攻下巴格達，滅掉阿巴斯王朝。亡埃及之心不死的十字軍聯合蒙古軍，再次夾擊埃及，當時統治埃及的馬木路克王朝英勇抗爭，於1291年攻克了十字軍的最後一個據點阿卡，徹底結束了歷時兩百年的十字軍東征。

在與十字軍作戰的過程中，埃及人還要面對一次次西征的蒙古人。攻無不克的蒙古人在巴勒斯坦、敘利亞等地多次被埃及人擊敗。勉強進入埃及後，卻陷入泥潭不能自拔，最後在埃及止住了西進的氣勢。

↑阿慕爾·伊本·阿斯和隨從，插圖畫，埃及畫家Mu'awaiyah作品

遠達紅海、波斯灣和印度，國內外貿易空前活躍。十四世紀時，除首都開羅、海港城市亞歷山卓和杜姆亞特外，埃及出現了許多新興的工商業城市，如曼蘇拉、開納、庫斯、愛斯鬱特等。

憑藉強大的財力，埃及統治者大量購進奴隸，組成馬木路克衛隊，並讓馬木路克衛隊的大小頭目擔任馬木路克朝的官僚。這種軍政合一體制，使國力空前強化，中央集權大大加強。然而，這種政策帶來的弊端在後期逐漸顯現出來。由於封建階級內訌，動輒大興刀兵，致使兵災戰禍連綿不斷，水利設施失修，耕地荒蕪，饑荒瘟疫接踵而來，國家開始衰落。

十六世紀初，土耳其大舉進攻埃及，於1516年大敗馬木路克軍，占領敘利亞，此後攻占開羅，滅亡了馬木路克王朝，埃及變成鄂圖曼帝國的一個行省。

埃及封建社會的發展

埃及抗戰的勝利確保了國家的獨立，促進了經濟發展。馬木路克蘇丹納綏爾在位時，修整、擴大了前朝的水利工程，依靠從敘利亞調來大批人員，維修尼羅河各段的大堤壩，疏浚三角洲的河道，並挖了許多溝渠和水塘。這一時期，埃及耕地面積迅速增加，農作產量大大提高，許多城市都有糧食儲備，大量穀物和亞麻還遠銷國外。

此外，建設驛站、修築橋樑、製造船舶、擴建海港等措施使埃及水陸交通十分發達，埃及商船遍及地中海各國，

【人文歷史百科】

愛資哈爾清真寺

從法蒂瑪王朝開始，埃及的文化繁榮起來。西元972年，開羅興建了愛資哈爾清真寺，1005年發展為伊斯蘭大學。愛資哈爾清真寺內有巨大的圖書館，藏書約二十萬冊，並設置了許多學院，聘請著名學者授課，學生來自西班牙、北非、敘利亞、伊拉克和阿拉伯半島等地，使開羅成為當時阿拉伯文化的中心。

法蒂瑪王朝建立這所大學的目的，本來是為什葉派作宣傳以爭奪哈里法正統。它繼承發展了巴格達文化，培養了許多著名的學者、醫生，留下了豐富的文化遺產。

↑愛資哈爾清真寺內景

中世紀的非洲

279

中世紀早期的馬格里布

馬格里布在阿拉伯語裡是「日落處、西方」之意，原指埃及以西的整個北非地區，後來專指突尼西亞、阿爾及利亞和摩洛哥三國，該地區最早的居民是柏柏爾人，也稱「摩爾人」。西元前814年至西元439年間，腓尼基人和羅馬人先後來到這裡定居，滅了柏柏爾人所建立的國家，將柏柏爾人變為奴隸。

西元439年，汪達爾人蓋塞里克以迦太基為首都建立了國家，統治了近百年後為拜占庭所滅，這裡開始出現奴隸制的大莊園。西元642年，阿拉伯埃及總督阿慕爾占領了巴爾卡城作為昔蘭尼加的首府，以此為基地，阿拉伯兩次進兵突尼西亞，打敗拜占庭軍隊，殺死了拜占庭總督。

西元670年，阿拉伯將領奧克巴修建凱魯萬城，作為伊非里基亞（突尼西亞地區）首府，將統治範圍擴大到大西洋沿岸，逐步實現馬格里布的統一。到西元710年，阿拉伯人攻陷了拜占庭在北非的最後據點坦吉爾。此後，憑藉阿拉伯騎兵的強大優勢，奧克巴鎮壓了柏柏爾部落的抵抗，開始在柏柏爾人中廣泛傳播伊斯蘭教，並吸收這些人參加軍隊。

在阿拉伯人統治的馬格里布地區，封建式的生產關係占了主導地位，但柏柏爾人仍保有不同程度的原始社會痕跡：在海濱和平原的農民中仍保留著部落組織，在山區和綠洲的游牧部落裡，氏族制度仍居統治地位。這是馬格里布不同於阿拉伯帝國其他地區的一項特點。

西元739年，摩洛哥北部爆發了起義，首領自稱哈里法，起義軍占領了許多重要城市，兩次打敗阿拉伯軍隊。788年，阿拉伯貴族伊德里斯·本·阿卜杜拉，依靠柏柏爾部落的支持，在摩洛哥北部建立了獨立的封建國家——伊德里斯。

←古城凱魯萬
凱魯萬位於今突尼西亞中部偏東地區，現為突尼西亞第四大城。它興建於西元670年，800至909年間阿格拉伯王朝在此定都，凱魯萬自此名聲大噪，成為伊斯蘭四大聖地之一。

突尼西亞、阿爾及利亞、摩洛哥三國的雛形

在阿爾摩哈德王朝的廢墟上，馬格里布出現了三個封建王朝：東部哈夫斯朝（1236至1574年），首都突尼西亞；中部阿卜德瓦德朝（1235至1554年），首都特累姆森；西部馬林朝（1248至1554年），首都非斯。

哈夫斯朝和馬林朝勢力較強，阿卜德瓦德朝較弱，但都存在了三百多年，這就是現在馬格里布三國（突尼西亞、阿爾及利亞、摩洛哥）的雛形。

馬格里布的興衰

九世紀時，伊德里斯王朝和其後的阿格拉布王朝的君主紛紛將土地賜給王族和官僚作為祿田，演變成世襲的領地。隨著封建割據勢力日益強大，馬格里布逐步走向分裂。

西元909年，阿拉伯什葉派利用人民起義推翻阿格拉布王朝後，建立了法蒂瑪王朝。然而，其後統治馬格里布的齊里王朝未從前車之鑒中吸取教訓，又將大片土地授予王親國戚和達官顯貴，使得游牧軍事貴族的勢力不斷發展。隨著分裂割據日益嚴重，王朝更迭頻繁，各地起義不斷，成為馬格里布王朝這段時期的歷史特點。

十一世紀，大規模人民起義在摩洛哥地區爆發，1061年，尤素福·伊本·塔士芬建立了軍事封建神權國家——阿爾摩拉維德王朝，在利用革命力量消滅了摩洛哥和阿爾及爾以西地區的封建割據政權後，他兩度出兵伊比利半島，把領土擴張到西班牙的南部。

阿爾摩拉維德王朝建國不到五十年，人民起義又起，領導者穆罕默德·伊本·圖爾馬特在摩洛哥地區自稱馬赫迪（救世主）；在他死後，其門徒阿卜德·阿爾·穆明自稱哈里法，繼續抗爭，於1147年建立阿爾摩哈德王朝。阿爾摩哈德王朝隨後滅了哈馬德王朝，收復突尼西亞沿海城市，消滅了東馬格里布的地方政權，統一整個馬格里布。

阿爾摩哈德王朝軍事力量非常強大，長期保持一支強大的陸軍和艦隊，1196年曾大敗西班牙的基督教騎士軍，但還是無法抵擋來自內部的侵蝕。1269年，在人民起義和王室奪權內訌的衝擊下，阿爾摩哈德王朝滅亡。

1516年，土耳其開始入侵馬格里布，東馬格里布逐漸淪為鄂圖曼帝國的行省。

←哈里法征服開羅
起源於突尼西亞的法蒂瑪王朝哈里法毛伊茲在征服埃及之後，進入開羅。畫中描述的是：一個阿拉伯學者問哈里法，他憑什麼統治埃及？哈里法抽出了彎刀——靠的是武力！

中世紀的非洲

東蘇丹諸國

↑芬吉蘇丹國首都散納爾遺跡

蘇丹古稱努比亞，境內曾存在過古老的庫施國，四世紀中葉為阿克森姆王國所滅亡。六、七世紀之交，阿克森姆王國開始衰落，該地區興起了兩個獨立的基督教國家：六世紀形成的穆庫拉王國，建都棟古拉，統治阿特巴拉河口以北到第二瀑布的地方；七世紀建立的阿勒瓦王國，建都索巴，統治阿特巴拉河口以南的地方。

七世紀中葉到十三世紀，大批阿拉伯部落遷移散居在蘇丹全境；到十六世紀初，蘇丹出現了兩個強大的伊斯蘭教王國：東部的芬吉蘇丹國和西部的達爾富爾蘇丹國。

芬吉蘇丹國建立於1504年，首都散納爾，極盛時東臨紅海，西面包括科爾多凡一部分，北面包括棟古拉，到第三瀑布附近，南面臨近尼祿特人部落。

芬吉蘇丹國的統治者自稱為倭馬亞王朝的後代，實際是阿拉伯化的黑膚色土著部族後裔，境內地區的總督各自為政，獨霸一方，削弱了國家實力，十七世紀前期一度為達爾富爾吞併，1821年遭埃及軍隊所滅。

達爾富爾蘇丹國的首都為厄爾法舍，極盛時包括科爾多凡全部，還占有尼羅河東岸的幾個州，居民主要從事畜牧、農耕。達爾富爾冶鐵業發達，鐵器成為當地特產，甚至遠銷到埃及。該國一直維持到1716年，末代蘇丹阿里·迪納爾被英國殖民者廢黜。

↑庫施穆薩瓦拉塔神廟遺址——「偉大的圍欄」

葡萄牙人對東非的侵略

在達・伽馬找到了通往印度的新航路後，歐洲殖民者漸將觸手伸向東非各國。十六世紀初，葡萄牙用野蠻的手段征服了東非沿岸城市，此後兩百年中，葡萄牙殖民者將東非海岸的資源掠奪一空，許多繁華的大都市變成了荒涼的小城鎮。東非海岸居民持續與殖民者的抗爭，直到1699年才將葡萄牙人趕出了莫三比克以北地區。

桑給帝國

東非海岸在十世紀至十五世紀是桑給帝國的統治區域，所謂的「桑給帝國」並不是個統一國家，而是由許多城邦組成的聯合體，各城邦中長期居於霸主地位的是基爾瓦蘇丹國。

基爾瓦蘇丹國是波斯人哈桑・阿里・伊本建立的，十世紀時，哈桑率七艘大船，載著大批移民到達東非的基爾瓦，征服當地居民後，在此建立了城市。此後，外來的阿拉伯人、波斯人、印度人和當地的黑人紛紛在鄰近島嶼建立城邦。十四世紀初，桑給帝國達到極盛，其他如安哥舍、莫三比克、蒙巴薩、摩加迪沙等城邦都依附於它，後人將其

統稱為「桑吉巴」。「桑給」意為「黑人」，「桑吉巴」的意思就是「黑人帝國」。

桑給帝國各個城邦普遍實行奴隸制，無論是政府還是家庭，都採用大批奴隸勞動，這些奴隸為帝國創造了大批財富。阿拉伯人的商隊將當地黃金、象牙、龍涎香和奴隸源源不斷地運往印度洋、地中海各國，並將中國的綢緞、瓷器、金屬製品和玻璃器皿等運進來。

利用國際貿易獲得的巨額財富，桑給帝國建築了華麗的宮殿、雄偉的清真寺和堅固的堡壘。十四世紀，穆斯林探險家伊本・巴圖塔來到了桑給帝國，他這樣描述各國的富庶：基爾瓦是「最美麗、整齊的城市」，蒙巴薩是「巨大」的城市，摩加迪沙是「特別巨大的城市」。

↑ **發現基爾瓦**
1572年，探險家布勞恩和浩根勃格發現基爾瓦，為這裡的繁華所折服。但後來接踵而至的殖民者破壞了這一文明。

中世紀的非洲

阿克森姆王國

以阿克森姆城爲中心的阿克森姆王國是衣索比亞領土上的第一個國家，建立於西元前一千年左右，國王自稱「涅古斯」（意即「萬王之王」或「皇帝」）。三世紀至六世紀時，阿克森姆王國達到了鼎盛，領土東到葉門，西至撒哈拉，北抵埃及國境，南達索馬里香料之地，爲當時世界四大帝國之一。

阿克森姆農業發達，手工業也達到了較高的水平，加上特產豐富，有著發展商品經濟的絕佳條件。西元前三世

紀，當時的統治者在紅海西岸興建了阿杜里斯港，自此，阿克森姆的國際貿易開始興盛。憑藉良好的先天條件，這裡逐漸成爲東西方商品的集散地，本地的香料、龜板、樹膠和來自世界各國的貨物，都能在這裡看到。

四世紀時，基督教自敍利亞傳入阿克森姆國，國王埃札納改宗基督教，還進行文字改革，建立了沿用至今的、音節分明的衣索比亞文字體系。從六世紀中期開始，由於波斯等國入侵，阿克森姆的領土逐漸被蠶食。710年，阿杜里斯港受阿拉伯人破壞，從此，阿克森姆開始衰落。

十世紀末，阿克森姆王國重新占領了紅海沿岸部分地區，但隨後爆發了阿加烏部落起義，起義軍以羅哈爲都城建立了札格維王朝，阿克森姆被迫遷往紹阿，直到十三世紀強大起來後才推翻札格維王朝，建立了所羅門統治的衣索比亞王國。

↓**阿克森姆方尖碑**
阿克森姆古國雖然消失了，但矗立在阿克森姆古城遺址上的方尖碑高聳入雲，似乎在訴說著往日的輝煌。

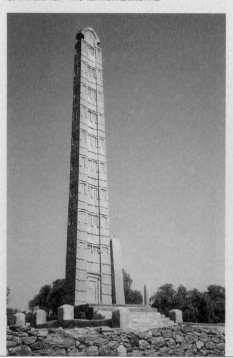

↑衣索比亞聖門士形象，中世紀插圖畫

衣索比亞王國

衣索比亞王國建立於1270年，定都岡達爾，到十六世紀初，版圖從紅海之濱的馬薩瓦伸展到西南的阿巴亞湖，與目前的衣索比亞疆界大致相同。

衣索比亞王國的所有土地屬於皇帝，皇帝根據功勞將其分封給服軍役的貴族，然後，大貴族再將自己的封地分封給中小貴族，以土地關係為樞紐，整個社會建立起嚴密的封建階級制度。

為了爭奪領地，貴族之間長年混戰，可以說，這些人就是將打仗作為自己的終身職業。貴族們往往透過對農民的徵斂來獲得巨額財富，農民無奈地承擔著沉重的剝削。比農民更苦的是奴隸，當時的奴隸勞動占有重要地位，但他們沒有任何自由，從生下來就要為貴族做一輩子苦工。

十四世紀，索馬里地區的穆斯林國家開始反對衣索比亞的統治，並在十六世紀初聯合土耳其人侵入衣索比亞。十六世紀中期，衣索比亞王國被阿達爾蘇丹國軍隊攻陷，大部分國土遭洗劫。不久，游牧部落蓋拉人又從南向北踐踏了王國約三分之一的土地，統治時間達半個世紀。十六世紀末，衣索比亞皇室在葡萄牙軍隊的幫助下驅逐鄂圖曼人，征服了部分蓋拉部族。此後，西班牙耶穌會教士以盟友身分湧入衣索比亞，挾帶著侵略性質的傳教活動，激起了居民的反抗，皇帝在1632年把耶穌會教士驅逐出境。

衣索比亞的歷史儘管入侵不斷、內訌迭起，但在人民的堅決奮爭下，幸運地長期保持了國家的獨立。

↓拉利貝拉岩石教堂
傳說衣索比亞第七代國王拉利貝拉夢中得到神諭，在衣索比亞北部海拔2600公尺的岩石高原上，動用兩萬人工，花了二十四年的時間鑿出了十一座岩石教堂，可謂人間奇蹟。

中世紀的非洲

285

強盛一時的馬利

馬利處在尼日河及巴科伊河上游，七世紀初建立國家，不過有證可考的第一個國王是十一世紀的巴拉門達納，那時，馬利還是迦納的藩屬。

1050年左右，巴拉門達納信奉了伊斯蘭教，在去麥加朝覲後，開始取得蘇丹稱號。其在位時壟斷了國內金礦生產，和北非展開黃金貿易，國家逐漸富強起來，擺脫了迦納的統治。巴拉門達納之後最著名的馬利國王是穆薩·阿拉科伊，在位時曾三度去麥加朝覲，揮霍掉大量錢財，不過卻換來了極高的聲望。現在，穆薩仍被看作是馬利國最偉大的君主。

十四世紀前期，馬利的繁榮達到了頂峰，到國王坎坎·穆薩時，國家版圖擴大到南起赤道森林邊緣，北到撒哈拉沙漠，西至大西洋，東達豪薩地區（今尼日邊境）的廣大地區，成為西非歷史上最強大的國家之一。

1324至1326年，穆薩率大隊人馬聲勢浩

大地前往麥加朝覲。朝聖歸來後，穆薩請阿拉伯建築師埃斯·薩赫利在全國修建王宮和清真寺。穆薩十分尊重學者，在廷巴克圖的桑科爾清真寺附近設立了著名的桑科爾大學，對法官、醫生、教授給予很高禮遇。當時，桑科爾大學中有幾千名學生，其中還有不少白人留學生。

到蘇萊曼統治時期，國家繼續繁榮，著名的阿拉伯旅行家伊本·巴圖塔在1352年到達馬利，他的遊記中記載了許多關於馬利的珍貴史料。

→廷巴克圖
廷巴克圖建於西元1100年，十五世紀發展到頂峰，是非洲西部地區著名的經濟、宗教和文化中心。

桑海王國的興起

傳說桑海人建立的第一個王朝叫迪阿王朝，統治著北到班巴、南至魯普的尼日河兩岸之地，第十五代國王科塞伊在加奧穆斯林影響下信仰伊斯蘭教，並在1010年遷都加奧。

1493年，桑海大將索林凱人穆罕默德‧杜爾從桑尼‧阿里之子巴羅手中奪取了王位，自稱阿斯基亞‧穆罕默德一世，開創了阿斯基亞王朝，其後的一連串改革，使桑海進入鼎盛時期。

1517至1528年，桑海發生內亂，尼日河東岸的凱比王康塔起義，此時，穆罕默德一世的三個兒子也舉兵反對父親。1528年，穆罕默德一世戰敗，被兒子殘忍地剜去雙眼，流放到尼日河中的一座島上。此後，爭奪王位的戰爭不斷。

到達烏德統治時，雖有振興國家之意，但頹勢已不能挽回。1590年，摩洛哥蘇丹艾哈邁德‧曼蘇爾派兵入侵桑海，在湯迪比與桑海人展開了激戰。摩洛哥近兩千名裝備先進、帶著火槍的侵略軍，輕而易舉地打敗了以刀、矛、弓箭、木梃、皮製和草編盾牌為武裝的幾萬桑海軍。桑海國王在逃到古馬避難時，被當地居民殺死。

摩洛哥侵略軍洗劫了加奧、廷巴克圖和迭內，著名的桑科爾大學付之一炬，十萬金幣和一千個奴隸（其中有不少當地的學者和阿訇）被作為戰利品運回馬拉喀什。桑海王室失敗後無力反擊，影響力也逐漸消失，到十七世紀初桑海王國不復存在。

【人文歷史百科】

桑尼王朝

1325年，馬利軍隊攻占加奧，桑海淪為馬利屬國，桑海王子阿里‧葛蘭被擄去作人質，十年後逃回加奧，建立了桑尼王朝，開始強大起來。桑尼第十八代國王阿里在位期間，進行了一連串的征戰，奪得了廷巴克圖、迭內和部分馬西納地區，稍後又擊敗了富爾人和摩西人，直搗莫西國境。

↑桑海王國的擴張

南非古國辛巴威

辛巴威的意思是石頭城，大約建於六世紀至八世紀，是南非古國莫諾莫塔帕的首都。

莫諾莫塔帕建立於五世紀前後，是在原始公社解體基礎上形成的國家，由氏族部落貴族領導，建國後的很長一段時間內仍保有母系氏族制度遺風。十二世紀起，莫諾莫塔帕國進入全盛時期，十五世紀時，其疆域北起三比西河，南越林波波河，東臨印度洋。

十六世紀時，葡萄牙人侵入到莫諾莫塔帕國宮廷。據葡萄牙人記載：國王後宮裡有幾千名嬪妃和女奴，其中九個（大多為國王的姊妹或親屬）有王后的稱號，她們享有決定王位繼承人的大權；國家大權屬於國王，他擁有臣民及其所有東西的決定權，甚至可以隨意將臣民殺死。

此後，葡萄牙人開始壟斷海上貿易，莫諾莫塔帕的經濟受到嚴重的壓制。另一方面由於長年的內訌和戰亂，莫諾莫塔帕王國開始衰落。儘管如此，當葡萄牙人有意透過傳教控制和武力征服等手段占據莫諾莫塔帕時，仍被奮起的居民打得狼狽而回。一段時期內，莫諾莫塔帕人曾迫使葡萄牙人向國王繳納商業稅，當時王國的使臣每三年一次到葡萄牙人的商業據點去收取這種商業稅。

作為殖民大國的葡萄牙自然不能忍受這種恥辱，1628至1629年，葡萄牙人發起戰爭，打敗了讓其大丟面子的莫諾莫塔帕國大軍。此後，扶植了一個聽命於葡萄牙並接受洗禮的新國王，還透過不平等條約獲得了金礦壟斷權。

在葡萄牙人的掠奪下，莫諾莫塔帕進一步衰落下去，1693年被馬肖納族的羅茲威人滅亡。

←大辛巴威內的祭神塔
大辛巴威在十三至十五世紀曾經是辛巴威的
都城，由九十多塊花崗岩砌造而成，石塊
的連接未使用任何黏結物，但至今仍然挺拔
牢固，宏偉壯觀。它三面環山，風景秀麗，
由衛城和大圍場兩部分組成。

石頭城
【人文歷史百科】
莫諾莫塔帕國建築水準相當高，在辛巴威現
存四百多處遺址中，最著名的就是辛巴威古
城遺址。該遺址包括城牆、高塔、神廟、宮
殿、庫房、水井、地窖及住宅等建築，主要
由雕鑿成磚塊般平整的花崗石砌成，其中有
一堵高9.15公尺、厚達6.1公尺的圍牆，精緻
美觀，氣勢十分雄偉。

中世紀的非洲

289

093.神祕的馬雅文明

馬雅人的消失留下種種的猜測，有人說他們是受到了瘟疫、戰爭等的襲擊，但是為何未見到屍體？它的消失與崛起一樣，充滿了神祕的色彩，為世人矚目。

美洲最偉大的文明

美洲的古代文明中，最輝煌的當屬馬雅文明，馬雅文明主要分布於今日墨西哥猶加敦半島恰帕斯和塔帕斯科兩州大部分地區，另外在貝里茲、瓜地馬拉、宏都拉斯西部、薩爾瓦多等地區也有馬雅文明的存在。

西元前1800年左右，最早的馬雅人就開始引種玉米，從事農耕活動。馬雅人的歷史一直延續到西元1697年，當時佩騰湖地區最後一個馬雅城邦，在與殖民侵略者進行了浴血奮戰後慘遭滅族。馬雅文明綿延達三千五百年之久。

馬雅人在天文、數學等方面達到很高的水準：在長期觀測天象之後，馬雅人掌握了日蝕週期和日、月、金星的運行規律，制定出一套完整的曆法，其精確度超過同時代希臘、羅馬所用曆法；數學方面，馬雅人運用「零」的概念比歐洲人早八百餘年，並可進行繁複的數學運算；馬雅人還創建了象形文字體系，以樹皮紙和鹿皮寫書。馬雅人取得的許多成就，將中美洲各印第安文明共同擁有的一套以神權政治為核心的文明體系推上了高峰。

馬雅文明的全盛時期在西元300至900年，其影響範圍西達墨西哥高原，東達巴拿馬，對這些地區文明的崛起產生了深遠的影響。馬雅文明時期，整個馬雅地區興起了一百多個城邦，城邦中多以氣勢恢宏的金字塔祭祀建築為核心。

十二世紀時，猶加敦半島上的馬雅潘城邦勢力逐漸強盛，成為馬雅地區的霸主，「馬雅」一詞即是由此而來。

↓ **魔術師金字塔**
魔術師金字塔位於墨西哥烏斯馬爾馬雅古城遺址，底面呈橢圓形，長徑70公尺，短徑50公尺，高達26公尺，塔頂上有五座神廟。馬雅人修建如此高大的金字塔主要為了祭祀，以便和神靈接近。

←庫庫爾坎金字塔
墨西哥奇欽‧伊查的庫庫爾坎金字塔是用來祭祀馬雅人的主神「羽蛇神」的，塔座呈四方形，共分九層，四面各有91級臺階直達塔頂，四面臺階共364級，再加上塔頂上的平臺，不多不少的365級，正好是一年的天數。

1441年，以烏斯馬爾為首的眾多弱小城邦聯合起來反抗馬雅潘的霸權統治，焚毀馬雅潘。之後諸城邦之間混戰達百餘年之久，耕地荒蕪，瘟疫流行，馬雅文明逐漸衰落。

馬雅人的文明成就

馬雅文明是美洲古代印第安文明的傑出代表，其文化成果令人驚嘆。

馬雅人獨創出完整的象形表意文字體系，由八百五十個圖形和符號組成，既能表意又可標音。馬雅人每隔二十年就立石記事一次，這些規律記載的歷史，使馬雅文明成為美洲古代唯一有年代可考的文明。

在天文學方面，馬雅所得成就簡直令人難以理解：那時，馬雅人已經測算出地球年是365.242天，與現在的準確計算只相差萬分之二天，馬雅人據此發明了著名的「馬雅曆」，把一年分成十八個月，每月二十天，年終再加五天為禁忌日，合為三百六十五日；測算出的金星年是584.92天，和現代的精確測量相比，五十年內的誤差只有七秒。此外，馬雅人可以相當準確地預測出日蝕的發生。

馬雅建築最具代表性的是金字塔，馬雅金字塔在氣勢上足可與埃及金字塔相媲美，而且在數量上遠多於埃及。數千年間，馬雅地區建造的金字塔數以萬計，此外還有數量眾多的神廟，裡面祭祀羽蛇神、太陽神等。

與埃及金字塔作用不同，馬雅金字塔不是寢陵，而是神廟建築的組成部分。以金字塔和神廟為中心，馬雅城邦的建築按照一定的曆法要求安排各自的方位、角度，使得城邦中的建築群在一定程度上還發揮著天文觀測儀器的作用，這在古代建築史中也是少有的。

【人文歷史百科】

馬雅天文臺

馬雅天文臺位於奇欽‧伊查，是世界上最早的天文臺。天文臺厚達三公尺的牆壁形成兩道對角線，從天文臺上層北面的視窗望去，此線右邊恰好可以看到春分和秋分落日的半圓，南邊視窗的對角線則正好指示著地球的南極和北極。

叢林中的都市

馬雅人在西元初建立起一些奴隸制城邦國家，在鼎盛時期的西元300至900年間，擁有象形文字銘刻的城邦就達百餘個，還有許多沒有文字記載的城邦。

位於宏都拉斯西部的科潘，是馬雅人最大的城邦之一。古城規模龐大，現已陸續挖掘出了金字塔祭壇、廣場、廟宇、石階及大量的石碑和雕刻，素有「雕塑之城」的稱號。

奇欽‧伊查原先是馬雅人的古老城邦，但後來被托爾特克人占領，在這裡興起了獨特的馬雅——托爾特克文化，該文化的繁榮直至1224年才結束。約在西元1250年前後，猶加敦半島北部地方發生了重要變化：雖然奇欽‧伊查遺址作為當時的一個政治中心並未廢棄，但在它的附近又建立了一座新的馬雅城邦——馬雅潘，從此，馬雅潘取代了奇欽‧伊查，成為北部猶加敦的中心。

蒂卡爾古城位於瓜地馬拉北部佩滕地區的熱帶叢林中，湮沒於叢林植物纏結中達千年之久，1895年，蒂卡爾古城在原始森林裡被發現。城中的金字塔、祭壇、石碑等遺蹟有三千座以上，建築大致沿著一條南北中軸線而建。

帕倫克位於墨西哥恰帕斯州北部，是古代馬雅人的中心城市之一。早在西元前一世紀時，這裡就成為馬雅人著名的祭祀中心，西元600至700年是城市發展的頂峰時期，馬雅人在這裡創造了光輝燦爛的文化，歷史上稱為「馬雅文化」，在人類發展史上書寫了輝煌的一頁。

說不完的馬雅之謎

馬雅文明在古代所有文明中是最富有傳奇色彩的一個，在這一神奇的古代文明中存在了許多難以解釋的現象。首先，在馬雅人進入文明社會之前，他們仍過著非常原始的生活，巢居樹穴，以漁獵為生，生活水準十分低下。突然之間，數百座城邦在廣闊的地域之內崛起，馬上進入到了相當成熟的文明社會，缺乏漸進的跡象，

▼銘文神殿
帕倫克古城遺址有一座用巨石砌成的金字塔，用了幾十年的時間才建成。塔高十層，塔的頂上是平臺，其上有一座名叫「銘文神殿」的巨大建築物，極富特色。

人類學家將之稱爲「突變」，但無法解釋造成突變原因何在。

←科潘遺址中的馬雅紀念碑
馬雅人用象形文字記事，刻印在紀念碑上。

馬雅人把城市建在條件惡劣的密林中或者荒野上，而不像其他文明那樣在自然環境優越的大河附近興起，這又是一個難以理解的現象。更加奇怪的是，馬雅文明走過幾千年的輝煌歷程後，好像有某種神祕的約定，所有的馬雅人在同一時間內突然消失了。有的家庭的爐灶上還放著盛有飯菜的鍋，郊外田野裡倒放著正在耕地的犁，但所有的人都不知去向。關於馬雅文明的消失有著種種的猜測，有人說他們是受到了瘟疫、戰爭等的襲擊，但是爲何不見屍體？它的消失與其崛起一樣，充滿了神祕的色彩，爲世人矚目。

的確，馬雅文明中存在的許多現象至今難以解釋。就馬雅文字來說，馬雅人留下的遺產僅有三部手抄本和一些石碑、壁畫等上面的象形文字。爲了研究馬雅文化，人們使用了包括先進電腦在內的各種破譯方法和手段，即使這樣，據說也僅認出其中的三分之一。人們根據已認出的這些馬雅文字考譯了一塊馬雅石碑，出乎人們的意料之外，碑文竟是一部編年史。在這部編年史中，記載著九千萬年前和四億年前發生的事情！

馬雅人發明了非常先進的曆法，這些曆法的精確度相當令人吃驚，它可以使用六千四百萬年以上。再則，在帕倫克的銘文神殿石棺蓋子上，竟然雕刻著太空船的形象！

從這些現象來看，也無怪有人認爲馬雅人是「天外來客」。但究竟馬雅文明的本質是什麼，相信總有揭開謎底的一天！

←馬雅天文臺
墨西哥奇欽·伊查的馬雅天文臺是世界上現存最早的古代天文臺。觀察窗並不對準夜空中最明亮的星星，卻對準肉眼根本無法看見的天王星和海王星。但天王星是1781年發現的，海王星是1846年發現的。

094.阿茲特克帝國

阿茲特克人是中美洲地區最後一個走上歷史舞臺的古代民族，他們根據神諭擇地而居，到處征戰，捕捉俘虜以熱血祭祀神靈。

印第安人的最後輝煌

阿茲特克人最早居住在墨西哥西北的阿斯特蘭小島上，十二世紀中葉移居到墨西哥盆地，1248年開始定居在特斯科科湖西岸，1325年建立了著名的村落特諾奇蒂特蘭（意為「出水之石」）。

1426年，在酋長伊茨考特耳領導下，阿茲特克人和特茲庫坎、特拉科潘兩個部落組成了聯盟，三個部落平時各自獨立，但在對外關係以及攻守問題上，阿茲特克的酋長取得了聯盟中的領導地位，實際上成為聯盟的總指揮。其後不到百年的時間裡，阿茲特克主導的聯盟先後征服了許多部落，1519年時，其勢力範圍西起圖潘河和巴爾薩斯河口，東至現在的塔巴斯科州，成為北美大陸上最強大的部落聯盟。

十六世紀初，特諾奇蒂特蘭成為一座繁華的城市，許多建築物建在湖中的木樁上，房屋之間靠水道交通往來，儼然一座水上城市。全城分成若干小區，各區由按某種關係結合的胞族或氏族居住。城中到處是花園和屋頂花園，巨大的公共建築物上塗有石膏，白光閃耀，極為醒目。全城建有金字塔四十座，市

中心的大金字塔高達三十五公尺，十分雄偉。到十五世紀末，城市面積達十三平方公里，人口有二十萬至三十萬人，是當時世界上最大的城市之一。

聰明的阿茲特克人

在手工藝方面，阿茲特克人能夠製造質地優良、造型美觀的褐地黑紋陶器，還會用天然銅鍛造銅器，在鍛製與模壓黃金方面的技巧也非常精湛。阿茲特克人尤其擅長羽毛鑲嵌工藝，作品構思巧妙、製作精美，比如採用珍貴鳥羽編織成的各種色彩繽紛、光豔奪目的飾物以及祭祀、節慶的儀仗等用具，別具一格。

↓特諾奇蒂特蘭城復原圖
特諾奇蒂特蘭城建造在湖中小島上，是阿茲特克人按神的旨意建造的，是當時世界上人口最多的城市之一。

阿茲特克人的傳說

相傳，阿茲特克人所崇拜的戰神輝齊羅波奇特利曾帶來啟示：如果看到一隻鷹站在仙人掌上啄食一條蛇，那就是適合定居的地方。阿茲特克人在墨西哥盆地遇到這種現象，於是在那裡繁衍生息。「墨西哥」這一名稱是由戰神的別名——「墨西特利」演變來的，「墨西哥」的意思就是戰神指定的地方。

阿茲特克人學習、借鑒了托爾特克人和馬雅人的文化，創造出自己的象形文字和曆法，與馬雅人相似：阿茲特克人定下一年為三百六十五日又六小時，分為十八個月，每月二十天，每週五天，每天都有特定的名稱，如猴日、雨日、海獸日等，每五十二年為一週期。

1790年，墨西哥城的一座大教堂在整修時發現一塊石頭，該石呈圓盤狀，直徑十二英尺，重二十六噸，中央雕有太陽神圖像，周圍圖案刻的是創世以來的四個時代，記錄了阿茲特克人宇宙觀下的世界史，這就是阿茲特克人的「太陽石」。

1978年，墨西哥考古發掘出一塊珍貴的石雕，直徑十一英尺、重約十噸，經鑑定，這件大型石刻於1470年左右雕刻，為阿茲特克人的「月亮石」，上面記載著一個神話故事：「月亮女神」想要殺害她的母親「地球女神」，但被她的哥哥「太陽神」察覺。為了拯救母親，哥哥把妹妹肢解了，所以石雕上的「月亮女神」頭手分離、肢體破碎。繼「太陽石」之後，「月亮石」成為墨西哥發現的最重要且完整的阿茲特克文化藝術珍品。

↓阿茲特克太陽石上的復原圖案

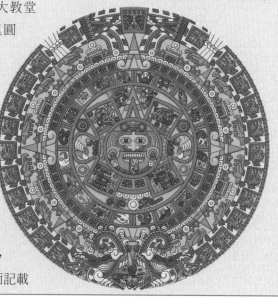

十六世紀以前的美洲

熱血獻祭

阿茲特克人繼承了奧爾梅克、馬雅等民族的宗教習俗，沿用活人獻祭的陋習。他們建造莊嚴雄偉的金字塔以接近上蒼；樹立神聖的碑刻記載時光流逝；他們在戰場上勇往直前，捉獲俘虜作為祭神的供品；在球賽中盡顯技巧與毅力，勝利者贏得的是帶著微笑向太陽神進獻自己頭顱的榮譽。

阿茲特克人的宗教是多神崇拜，他們認為神創造人時做出了自我犧牲，而人也要不斷犧牲自己祭祀神靈，才能延緩世界末日的到來。據說他們繼承了馬雅人關於太陽輪迴的宇宙觀，但精確計算世界末日的方法卻失傳了。所以他們只得常年四處征戰，大批地宰殺俘虜向太陽神獻祭，以致聖殿的四壁和臺階上蒙著一層厚厚的凝血和人的脂肪，令遠道而來的早期殖民者觸目驚心。

剛踏上阿茲特克帝國土地的西班牙人不僅為其國家的富有和豪華而眼花繚亂，而且也為其宗教儀式上大肆屠殺一排排獻祭用的人而毛骨悚然。西班牙人不久便認識到，阿茲特克人建造的金字塔是祭壇，就在這些到處可見的宏偉宗教建築物之頂端，獻祭用的人遭到屠殺。

貝爾納・迪亞斯是這一惡性循環結果的見證人：「我永遠不會忘記這個鎮區『索科特蘭』中位於廟宇附近的那塊地方。這裡十分整齊地堆放著許多人的頭顱——可以肯定有十萬多個，我再重複一遍，十萬多個。同樣，在這個廣場的另一角落，你還能看到數不清的殘存屍骨整齊地堆放著。除此之外，還有許多人頭懸吊在兩旁的柱子上……在這個國家境內的任何鎮區，都能看到同樣可怕的情景……」

科爾特斯的征服

阿茲特克人的戰爭觀念同樣使他們蒙受災難。他們認為，戰爭是短期的，是為宗教儀式盡力。而發動戰爭的主要目的是捕捉俘虜，用俘虜的心臟祭神。因此，他們發動的戰爭常是出於禮儀的爭奪。戰爭中，以最低限度的混亂和破壞捕捉俘虜。這種軍事傳統顯然是一大障礙，因為西班牙人一心想獲勝，而阿茲特克人只想捕捉俘虜。當西班牙人科爾特斯帶領的軍隊來到這裡時，阿茲特克人面對的只有失敗。

荷南多・科爾特斯出生於西班牙的

►**阿茲特克人繪畫作品中的祭祀場景**
阿茲特克人是極端的戰爭狂，進行戰爭的目的是捕捉俘虜，用俘虜的熱血來祭祀神靈。

← 科爾特斯肖像

一個貴族家庭。1519年，他率領一百一十名水手和五百五十三名士兵，乘坐十一隻船踏上了阿茲特克人的土地。說起來，這支軍隊的確可憐，不僅人數少，而且只有十門重砲、四門輕砲和十六匹馬，十三個士兵有火槍，三十二個士兵有石弓。但科爾斯特野心勃勃，在貪欲的驅使下，率軍向有近千萬人口的阿茲特克帝國進發。有利的是，他得到了被阿茲特克人征服的其他印第安人的幫助。再則，還得益於一個古老的神話。

據傳說，有一個大麗鵑神教會阿茲特克人農業、冶金和政治，該神身材高大，皮膚白皙，長鬚飄蕩。他許諾重訪印第安人後就飛過墨西哥海灣。在阿茲特克人看來，科爾特斯很可能是回返的神。當科爾特斯帶著一幫強盜到來時，甚至受到了阿茲特克人的歡迎。

1519年9月8日，科爾特斯一槍未發就進入特諾奇蒂特蘭城，並馬上把阿茲特克人的皇帝蒙特珠瑪關押起來，成為自己的傀儡，然後開始對阿茲特克人進行瘋狂的掠奪和殘酷的殖民統治。1520年6月30日，忍無可忍的阿茲特克人在特諾奇蒂特蘭發動起義，西班牙部隊傷亡慘重。

撤退到沿海的科爾特斯重整部隊，翌年5月再度包圍了特諾奇蒂特蘭，8月13日攻陷該城，並將該城改名為墨西哥城，成為西班牙殖民地的首府，從此墨西哥進入長達三百多年的殖民統治時期，直到1824年才獨立。

此後，西班牙人對墨西哥的控制是相當穩固的，雖然科爾特斯需費些時間來鞏固對邊遠地區的征服成果。

→ 科爾特斯率軍占領特諾奇蒂特蘭城，
油畫
科爾特斯是個典型的冒險家，用區區數百人征服了龐大的阿茲特克帝國。

印加人在南美洲締造了燦爛的文明。西班牙殖民者皮薩羅以區區數百人的隊伍征服了印加帝國，帶來的不僅是瘋狂的掠奪，還有使高達九成的印加人喪失生命的疾病。

太陽神的子孫

關於印加族的起源，有一則美麗的傳說：一天，太陽神在的的喀喀湖中小島上創造了一對兒女，分別命名為芒科・卡派克和瑪瑪・奧柳，太陽神命兩人結成夫妻，又吩咐他們將其所創造出來的新種族帶到一個有發展前途的地方去。遵照神旨，夫妻倆帶著一根金杖一直往前走，走到一個地方時，金杖突然鑽進地下不見了，於是，兩人便在這裡停了下來，此地就是安地斯肥沃的谷地庫斯科。定居後，芒科・卡派克教男人們學農事，瑪瑪・奧柳教婦女們學紡織，「印加族」就這樣形成了。

「印加」在印第安語中是「太陽之子」的意思，印加人起初在的的喀喀湖附近過著狩獵生活，後來北遷到祕魯中部；十二世紀時，以庫斯科為中心建立起印加帝國，印加文化就是從這個時候開始的。

從十三世紀起，印加族開始以庫斯科為中心不斷向外擴張，到第九代執政者帕查庫提和第十代執政者圖派克・尤潘基統治時期，印加領地已超過今日祕魯共和國的面積。十五世紀初至十六

↑ 庫斯科，中世紀歐洲人插圖畫
畫面中的庫斯科四周群山環繞，城市布局合理整齊。前景是印加王坐在四人抬的轎子上，前後都有武士相隨。

世紀初的近百年時間裡，印加帝國達到了全盛，疆域南北長達三千英里，東西由太平洋沿岸直到亞馬遜叢林，面積有八十多萬平方公里之廣，人口約六百萬以上，是南美洲歷史上空前的大國。

到了圖派克的孫子一代時，兄弟間為爭奪王位而起內訌，最後阿塔瓦爾帕擊敗了哥哥瓦斯卡爾奪得王位，但內戰嚴重削弱了國家的實力。不久，西班牙殖民者大舉入侵，印加帝國很快就滅亡了。

←印加王形象，壁畫
印加人自稱是太陽神的子孫，對太陽神無比崇敬，祭祀太陽神是他們生活中主要的活動內容，並由此制成了太陽曆。

外，製陶和毛、棉紡織技術也具有很高的水準，並逐漸形成專業化生產。而印加人在建築方面，和馬雅人及阿茲特克人一樣天賦極高。

印加人雖然沒有創造文字，仍採用結繩記事的落後方法，但在外科、解剖、牙科、麻醉醫學等方面卻取得了輝煌的成就，並創造出自己獨特的曆法：一年爲三百六十五天，分成十二個月，每月三十天，每四年加一天，以冬至爲歲首。印加人還在庫斯科城廣場上矗立「日晷」，利用日影測定時間和季節。

印加的都城庫斯科是建築史上的一個奇蹟，這座都城位於海拔三千多公尺的高原盆地中，四面群山環抱，城周圍的高山頂峰和隘口要道築有城牆和堡壘，堡壘以及城內的廟宇、殿堂皆是用巨石砌成，石塊有的重達百噸，石塊之間對縫嚴密，連薄刀都插不進去。如此浩大宏偉的巨石建築工程至今仍令人嘆爲觀止。

安地斯山中的奇蹟

印加帝國是古代南美洲最強大的帝國，印加國君依靠軍隊和行政機構對全國進行有效的統治，整個社會經濟生活也被納入國家強化管制之中。其農業發達，培植了四十餘種農作物，以玉米和馬鈴薯爲主要品種。安地斯山區山谷陡峭，氣候乾燥，自然條件十分不利農作，但印加人卻發展起龐大的梯田系統和引水灌溉工程，有的水渠長達百餘公里。畜牧業方面，印加人所馴養的動物有作爲駝畜的美洲駝和羊駝。

印加人的工藝水準相當高，掌握了青銅冶煉技術，並以銅、金、銀、錫、鋁等製成各種精美器物和裝飾品。此

【人文歷史百科】

印加人的「太陽神廟」

庫斯科城內有印加人建造的「太陽神廟」，這是座以黃金和寶石裝飾的巨大建築，其禮堂從牆腳到屋頂全用金板覆蓋，兩旁各有一排金製寶座，陳放著已故各代執政者的木乃伊。神廟的花園被稱作「黃金園林」，園中的花鳥草木皆用金銀片製成，生動逼真，栩栩如生。

失落的馬丘比丘

馬丘比丘古城約修建於1450年，由印加帝國統治者帕查庫特克·印加·尤潘基建造，後不知何故而被廢棄。1911年，美國探險家海勒姆·賓厄姆發現了該古城遺址。遺址雖只剩下殘垣斷壁，但當初興盛時期的壯觀風貌依稀可見：整齊有序的街道、宮殿、寺院、作坊、堡壘等，多用巨石堆砌而成，各具特色。

↑建在高山之巔的馬丘比丘古城
據考證，馬丘比丘應是一個重要的祭祀聖地，但不知印加人為何放棄了它，也絕不對外人提起，因此在西班牙殖民者的蹂躪下得以保存。

據推測，當初古城的人口在一千五百人以上，從挖掘出的頭骨看，女性人數與男性人數的比例為10：1，證實了這裡曾是宗教祭祀活動的場所，因為這裡的人們崇拜太陽，而女人被視為太陽的貞女。

古城的磚石建築令人嘆為觀止：各種不同形狀的石塊不使用砂漿堆砌而成，卻又讓人難以覺察到石塊間的接縫，看上去好像只是一大塊石頭，如此超凡的技巧，在沒有用來進行切割與運輸整塊巨石的實用工具的年代裡，怎麼能建造出如此絕妙的建築呢？有人便說可能是外星人建造的，雖令人難以苟同，卻也不盡能駁倒，因為直到如今沒有一個人能說出它是怎麼建造的。這實在是個難解之謎。

而且，古城坐落在陡峭狹窄的山脊上，四周被崇山峻嶺重重包裹，古代印加人為什麼要在這絕頂上建造這樣的城市呢？這也是一個謎。

城中最著名的「拴日石」，它是一塊精心雕刻過的怪異巨石，據說是印加人每年冬至的太陽節時為祈禱太陽重新回來而製作，象徵性地把太陽拴在巨石上。印加人崇拜太陽，太陽神是他們最重要的神靈，印加王即自稱為「太陽之子」。既然如此，這些太陽的子民為何遺棄了他們的拴日石呢？這仍是個謎。

皮薩羅的征服

法蘭西斯科·皮薩羅出生在西班牙埃斯特雷馬杜拉地區的特魯希略鎮，是

↑印加古都庫斯科遺跡

個私生子，從小就學做農活。1509年，皮薩羅參加阿隆索‧奧赫達組織的「遠征隊」，從伊斯帕尼奧拉出發到今巴拿馬地區從事探險殖民活動。1517年，皮薩羅奉命帶隊前進巴拿馬地區，修築巴拿馬城。

阿塔瓦爾帕肖像
阿塔瓦爾帕是印加帝國末代國王，被皮薩羅殺害。

→ 印加人製作的黃金人

印加帝國在西班牙人的傳說中是個遍地布滿黃金的地方，對貪婪的皮薩羅有強烈的吸引力。他曾分別在1524年、1526年兩次遠征印加帝國，但都失敗。1531年，帶著西班牙國王諭旨的皮薩羅率領一百八十人再次遠征印加帝國。當時印加帝國正在打內戰。

1526年，印加王瓦伊納駕崩，愛妃之子阿塔瓦爾帕逮捕太子瓦斯卡爾，囚之於王都庫斯科，自立為王。「太子派」起兵抗爭，內戰不息。皮薩羅見有機可乘，決定利用這「鷸蚌相爭」之時奪取祕魯。他獲悉阿塔瓦爾帕正在卡哈馬爾卡指揮作戰，決定率兵前往會晤。

1532年9月24日，皮薩羅帶領一○二名步兵和六十二名騎兵出發，11月15日到達目的地，他派人約定第二天與阿塔瓦爾帕在市中心廣場相見。屆時，阿塔瓦爾帕身著盛裝，在上萬名衛士簇擁下進入廣場，皮薩羅下令早已埋伏在廣場周圍的人馬衝進去後對印加人大肆殺戮，阿塔瓦爾帕也被活捉。皮薩羅要求印加人用黃金填滿囚禁阿塔瓦爾帕的房間（長671公分、寬519公分、高275公分）、用白銀裝滿隔壁兩間小屋以贖回他們的國王。但當印加人將指定的房間裝滿金銀時，皮薩羅背棄信義，於1533年8月29日將阿塔瓦爾帕送上了絞架。

之後，皮薩羅於11月15日攻陷印加帝國首都庫斯科，在印加帝國的故土上建立起了殖民統治，印加帝國就此滅亡。

← 庫斯科城內的皮薩羅雕像

承載歷史的馬丘比丘
【人文歷史百科】
數百年前，印加帝國屈辱地淪為西班牙的殖民地，生活在這片古老土地上的居民也因為對西班牙人帶來的傳染病沒有抵抗力，人口在短時期內銳減九成。對於這樣一個沒有文字、僅靠口傳來記載歷史的民族來說，人的消亡便意味著歷史的終結。好在精於石器建築藝術的印加人留下了雖不能開口、但卻能夠永恆的馬丘比丘古城遺跡，即便這世上再沒有印加人，印加文明在地球上的痕跡也將無法磨滅。

十六世紀以前的美洲

301

096.狄亞士和達·伽馬

十五世紀末，位於大西洋沿岸的西班牙和葡萄牙完成了政治上的統一，兩國統治者將目光轉移到開闢新航路上，將其作為開拓疆土、擴大財政收入的有效途徑。

充滿希望的好望角

十五世紀中葉，鄂圖曼土耳其帝國興起，在海上進行野蠻的劫掠，並對過往船隻徵收重稅，導致運抵歐洲的商品數量大減，價格狂升。

十五世紀末，西歐各國的生產力得到空前的發展，商品經濟急劇膨脹，而東西方貿易的通道地中海卻被鄂圖曼土耳其人截斷。西歐的君主，特別是義大利和大西洋沿岸諸國的大商人，迫切希望找到一條能夠擺脫土耳其人、繞過地中海直達東方的新航路。而義大利人馬可·波羅所寫的《馬可·波羅遊記》也開始在歐洲流行，書中所描寫黃金遍地的東方，吸引西歐貴族和商人決心支持一些人冒險遠航，開闢出一條通往東方的新航路。

→狄亞士航行路線

1450年，狄亞士出生於葡萄牙王族。在青年時期，狄亞士參加過海上探險活動，並成為一位勇敢而又經驗豐富的水手。

1487年8月，由國王若奧二世委任，狄亞士率領幾十名水手分乘三隻小船，沿非洲西海岸南下探險。當船隊航行到今西南非的盧得立次灣時遇到了大風暴。經過十三晝夜的搏鬥，暴風雨停息了，他們仍看不見陸地。最後，他們終於在南非的莫塞爾灣靠岸。

1488年5月，當探險船隊航行到大西洋與印度洋匯合處的好望角時，風浪交加，他們被吹到岬角上。冒險家們死裡逃生，於是稱此海角為「風暴角」。回國後，國王聽了狄亞士此次航海情況的彙報，認為發現通往富庶的東方航路有

←狄亞士到達好望角，水彩畫
好望角其實時常波濤洶湧，但狄亞士到達此處，為葡萄牙殖民者打下基礎，使人充滿了希望，因此後來將其改稱為「好望角」。

望，故將「風暴角」改爲好望角。

1500年5月24日，狄亞士隨卡布拉爾船隊去印度，駛至好望角附近因遭到襲擊而罹難。

開闢東方航路

1460年，達‧伽馬出生於葡萄牙的一個小貴族家庭。青年時期，他學習過數學和航海知識。1497年7月8日，達‧伽馬受葡萄牙國王科紐爾的派遣，探尋去印度的航線。他率領由四艘輕便船和一七〇名水手組成的船隊，從里斯本港口啓航，於11月22日繞過好望角進入印度洋。1498年3月先後到達莫三比克、蒙巴薩、馬林迪等地。同年5月20日，船隊抵達印度南部的商業中心卡里庫特島。達‧伽馬拜會了當地的統治者薩莫林，向他贈送條紋棉布、紅呢披肩等，同時收購了大量胡椒、丁香以及寶石、象牙，並在卡里庫特建立一座大理石紀念碑柱。

1498年8月29日，達‧伽馬船隊啓程返航。在歸途中，許多水手死於壞血病，剩下的兩艘船和五十五名水手先後於1499年7月10日和9月9日回到里斯本。船隊載回之貨物，獲純利相當於這次探險投資的六十倍。國王賜他堂‧達‧伽馬的貴族稱號，贈與他葡幣二萬金克魯薩多。

達‧伽馬的航行開闢了西歐直達

新航路開闢的意義

新航路的開闢，對世界尤其是歐洲有著重大的影響。首先，它引起了所謂「商業上的革命」：世界各地區、各民族之間擴大了經濟和文化往來，歐洲和非洲、亞洲之間的貿易擴大，和美洲開始有了聯繫。其次，引起了所謂「價格革命」：由於西方殖民者的掠奪，大量貴金屬源源流入歐洲，造成金銀價值下降，物價猛漲。在「價格革命」過程中，新興的工商業資產階級獲得了暴利，領主衰落了，人民日益貧化。「價格革命」加速了西歐封建制度的衰落和資本主義的發展。

印度和遠東的海上航線，在世界航海史上是一次重大貢獻。但他和其他殖民者一樣，探險的過程也是掠奪過程。1521年達‧伽馬被葡萄牙國王任命爲印度總督。1524年12月24日，達‧伽馬病死於印度的柯欽，後葬於里斯本附近。

↓達‧伽馬，安東尼奧‧曼紐爾‧方西加作品
達‧伽馬是葡萄牙探險家，他透過繞航非洲，發現了一條從歐洲直接通往印度的航線，不僅加強了東西方的文化交流，也推動了葡萄牙的殖民擴張。

097.新大陸的發現

哥倫布接受了當時流行的地圓說，認為從歐洲向西航行可直達亞洲東部。他根據地圖規劃自己的遠航，進而發現了美洲大陸。

熱那亞水手

克里斯托佛·哥倫布，是最早發現橫渡大西洋航路的歐洲人。

1451年8月25日至10月末的某一天，哥倫布誕生在熱那亞。哥倫布在少年時，就開始了海上航行，1466至1474年的八年間，他隨貨船在地中海上航行。1474至1475年，哥倫布轉到熱那亞大商人兼銀行家黑人保羅的船隊工作，他隨這支船隊到過西班牙、葡萄牙、英國、法國、北海和冰島一帶。

1476年，哥倫布參加了熱那亞的一支護航艦隊，把一批貴重貨物從地中護送到北歐。通過直布羅陀海峽之後，於8月13日到達葡萄牙的拉各斯附近，距聖文森特角不遠的地方，突然遭到十三艘以上法葡聯合艦隊的襲擊。哥倫布所乘的船被擊沉，他也負傷落水，靠一根浮槳渡過六英里的海面，安全到達葡萄牙海岸，由此轉去里斯本。

1476至1479年，哥倫布成為黑人保羅和清圖里昂尼商館駐里斯本的代表，

▶哥倫布肖像，油畫
哥倫布是偉大的航海家，或者說是成功的冒險者。他精通天文與製圖，有良好的修養，舉止優雅，以得體的語言打動了西班牙國王，成為新大陸的發現者。

因而經常到外地去收購原料和商品。到過馬德拉島及其東北方的波爾多·聖托島，並在這裡與該島總督義大利人佩列斯特列勞的女兒腓力帕結婚。

1479年，哥倫布辭去商館職務，又做了水手，繼續其航海生涯。

西班牙國王的支持

哥倫布接受了當時流行的地圓說，認為從歐洲向西航行可直達亞洲東部。當時最著名的地理學權威義大利佛羅倫斯人托斯堪內里也極力主張地圓說，並送給葡萄牙國王一封信和一張地圖。他

規定，西班牙國王是新發現土地的宗主和統治者。哥倫布除得到海軍司令、欽差和總督的頭銜外，還得到從領將全部財富的十分之一送回宗主國。領地貿易所裝備的船隻和收入的八分之一，以及領地上的商務裁判權由哥倫布掌握。

伊莎貝拉變賣首飾為遠航籌款，向富商募捐，再由國庫支出一部分，其餘的由哥倫布自籌。第一次遠航共花費二百萬馬拉維德，籌集了三隻船，其中兩隻是政府強制徵用的，探險隊員有的是自願參加，有的是強制募集，還有一部分是從監獄裡提出來的罪犯，此外還有阿拉伯語譯員和政府的公證人，一行共八十七人。

把整個遠東都稱為「印度」，中國是「印度」大陸的一部分，而日本只是印度洋上的一個海島。哥倫布得到了這張地圖，並根據這張地圖規劃自己的遠航。

哥倫布的遠航計畫要成為現實，必得有龐大的人力和物力支持。1484年，他向葡萄牙國王約翰二世提議，組織西航印度的探險隊。葡萄牙當時正忙於非洲事務，他的計畫遭到冷淡待遇，後又被正式拒絕。哥倫布轉走西班牙。1486年5月伊莎貝拉女王在宮中接見了他，並把他的計畫交付專家委員會審查。這個專家委員會的成員多是些狂熱的天主教高級僧侶，把他的計畫壓了四年後才做出了拒絕的回答。1489至1491年間，西班牙國王先後兩次召見了哥倫布，卻都沒有結果。

1492年1月9日，國王第三次召見了哥倫布。談判進行了兩週，哥倫布與國王簽訂《聖大菲協定》。這個協定明確

↓伊莎貝拉和哥倫布
此雕像豎立在西班牙首都馬德里，刻畫了伊莎貝拉女王授權哥倫布向西航行以尋找到達印度之新航路的情形。哥倫布的成功，可說是和開明的西班牙女王分不開的。

到達美洲

1492年8月3日，哥倫布從帕洛斯港出發，展開第一次遠航。探險隊到了加那利群島，又進入大西洋無人熟悉的海域。長期的漂流，不見陸地，水手焦急，終於大伙憤怨，幾乎暴動。11日看到水中漂浮的綠色馬蘭草，後來又發現一根蘆葦和一根木棍，一切跡象表明正接近海島和陸地。

10月11日夜裡，終於發現了陸地，翌日在一座島上登陸。從離開加那利到海島登陸，哥倫布在大西洋上航行了三十四個晝夜。這座島是巴哈馬群島中一個小島，當地土人稱為「瓜納哈尼」（阿拉瓦克語：「我不懂」），哥倫布命名為「聖薩爾瓦多」（意為「救世主」）島。據推測，這就是瓦特林島。28日，他們到達最大的古巴島，哥倫布誤以為是到了中國，而它的東方必然是日本，於是哥倫布率艦隊向東航行，尋找「富饒的西潘哥」（日本）。12月7日到達海地島。見其山川秀麗，酷似西班牙，遂命名為小西班牙（「厄斯巴紐拉」）。

1493年1月16日，哥倫布率領兩隻小船從海地島出發，借西風之助，迅速回到亞速爾群島。3月3日到達里斯本，15日回到帕洛斯港，受到盛大歡迎。

哥倫布的發現轟動了西班牙和歐洲。人們奔相走告，驟然之間，哥倫布名聞於天下。1493年5月29日國王頒布命令授予哥倫布新發現島嶼和陸地的海軍司令、欽差和總督的頭銜，並且正式頒發授銜證書。

1493年9月，哥倫布又組織了第二次遠航。這一次規模最大，花費最多；共糾集了十七隻船、一千五百多人，花費了五百萬馬拉維德。9月25日從西班牙加的斯港出發，到加那利群島後轉向西南，利用東北季風之助，僅用二十個晝夜就到達了小安的列斯群島，經過了多明尼加島、馬利亞加郎待島、瓜德路普島，隨後轉到維爾京群島中的聖克魯斯和波里金島（後改名波多黎各）。

➔哥倫布在瓜納哈尼登陸，約翰‧范德林作品，美國國會大廈藏
哥倫布在瓜納哈尼登陸後，堅信自己已經到達印度，因此將這一水域的島嶼命名為印度群島。但後來證明這是錯誤的，但為了表示對哥倫布的尊重，將其改名為西印度群島。

殖民美洲的先驅

　　哥倫布第二次遠航所獲不多，貴族們感到失望，又為饑荒和瘟疫所迫，許多人要求回國。哥倫布決定留下五隻船和五百人，其餘的人分乘十二隻船返國。哥倫布則率領留下的殖民者，向海地島內推進。他們對當地人進行了瘋狂的屠殺和奴役。

　　西班牙國王對哥倫布的第二次航行大失所望，便於1495年頒布新的法令，准許人們自由移居新發現的土地，但必須繳納所得黃金的三分之二。哥倫布為維護自己的特權，反對國王這項新的法令，於1496年3月回到西班牙。在西印度群島方面，哥倫布指派其弟巴塞羅繆代理總督。巴塞羅繆在任期間，在海地島南岸修建聖多明各城，它成為四百多年

→哥倫布去世，理查·比林作品
哥倫布四次航行至美洲，為西班牙的殖民帝國扎下了基礎。1506年5月20日，哥倫布在西班牙小城瓦利阿多里德去世。

來西班牙統治西印度群島的首府。

　　1498年，哥倫布組織了第三次航行，最遠到達特里尼達島，望見南美大陸，發現奧利諾科河河口。

　　1499年，西班牙政府取消了哥倫布對新發現土地的壟斷權。1500年8月派波巴底里亞為總督取代哥倫布的地位，並把哥倫布兄弟逮捕解送回國，不久即釋放。

　　哥倫布三次航行雖然遇到很大挫折，但是他通過加勒比海尋找印度的決心不死。1502年3月，哥倫布又組織了第四次遠航，從西班牙出發，6月末到達海地島，然後穿過加勒比海，到達宏都拉斯角；沿尼加拉瓜東南岸南下，到了哥斯大黎加（意為「富裕海岸」，哥倫布當時命名為「黃金海岸」）；再往南到達巴拿馬。哥倫布雖然到達了中美大陸，但仍不識它是一塊「新大陸」，到處尋找出海口。因為找不到出海口，不得不回航，1504年11月7日回到西班牙。不久，哥倫布身染重病，於1506年5月20日病逝。

098.麥哲倫環球航行

新航路的開闢對歐洲乃至整個世界都產生了重大的影響，整個世界緊密地聯繫在一起，世界各地區之間經濟和文化交往逐漸擴大，成為一個整體。

麥哲倫的東方之行

費爾南多·麥哲倫生於葡萄牙一個破落的騎士家庭，十歲左右被父親送進王宮服役，1492年成為王后的侍童。

約在1496年，麥哲倫即參加了葡萄牙國家航海事務廳的工作。1499年，達·伽馬從印度返航，帶回了龐大的東方財富，葡萄牙便進一步著手組織更大規模的海外遠征隊。1505年，麥哲倫以水手的身分獲得了參加遠征隊的機會。

1506年3月，在科那諾爾（印度馬拉巴海岸卡利訓特以北）海戰中，麥哲倫初次受到重傷。1509年2月，麥哲倫在第鳥海戰中又一次受傷。這次海戰葡萄牙擊敗了阿拉伯、印度的聯合艦隊。同年8月，麥哲倫被編入一支由八十人組成的武裝船隊繼續向東探索，開始遠征麻六甲和馬來群島。9月11日葡萄牙船隊進入麻六甲港。由於船隊的挑釁行為，遭到了當地居民的強烈反對，葡萄

牙人被驅趕而離去。麥哲倫隨之返回柯欽。1510年，麥哲倫在進攻卡利庫特城的戰鬥中再次受重傷。

1510年春，麥哲倫傷癒後決定返回葡萄牙，途中因船隻在離印度海岸數百海哩的巴杜恩沙洲觸礁，不得不繼續留在印度。不久，麥哲倫被提升為船長。1510年末，回到柯欽後的麥哲倫參加了阿爾布凱爾基領導的侵占印度果阿的戰爭。1511年，第二次參加對麻六甲的遠征。1512年和1513年年初，在蘇門答臘、爪哇、馬都拉、西里伯斯（蘇拉威西島的舊稱）、布魯、安泣和班達群島等地進行探索和遊歷。

1513年，回到里斯本的麥哲倫並未得到葡萄牙國王的青睞。為貧困所迫，他又參加葡萄牙對北非摩洛哥的征服，再次受傷。

天才的思索

麥哲倫在國內無所作爲之時,遠洋探險的新消息卻不斷傳來。早在1501年,佛羅倫斯探險家亞美利哥經探航後確認:哥倫布到過的地方並非過去所誤認爲的亞洲,而是一塊「新大陸」(後被稱爲亞美利加洲,即美洲),他認爲繞過這塊新大陸的南端,有可能到達東方摩鹿加(馬來群島)——香料群島。1513年9月,西班牙探險家巴爾博亞越過巴拿馬地峽,在高山頂上發現西邊有一片海洋,他稱之爲「大南海」(即太平洋)。如果在美洲能找到一條溝通大西洋和「大南海」的海峽,就有可能到達盛產香料的東方。

麥哲倫密切地注意著這些發現。他早從葡萄牙對東方的多次遠征中瞭解到,摩鹿加群島以東是一片汪洋大海,這使熟悉哥倫布發現的麥哲倫聯想到,經過這片海洋距摩鹿加群島以東不遠的地方,應是哥倫布從歐洲西行所發現的土地。1516年左右,麥哲倫將醞釀已久的航行願望擬成具體計畫,要繞過美洲駛向摩鹿加群島,關鍵是要眞正找到一條溝通大西洋和「大南海」的通道海峽。

麥哲倫向國王提出他的遠洋探航計畫,但未被採納。1517年10月20日,麥哲倫到了西班牙。隔年3月,西班牙國王查理一世接見麥哲倫,馬上與麥哲倫簽

↑ 查理五世肖像
1516年接替外祖父斐迪南二世繼承西班牙王位的查理一世,是麥哲倫航行的重要資助者。1519年他以馬克西米連一世之孫,繼承了神聖羅馬帝國皇位,稱查理五世,領有西班牙、南義大利及西西里、神聖羅馬帝國、尼德蘭以及西班牙在美洲的殖民地,將西班牙推向超級強國地位。

署了遠洋探航協定。1519年9月20日,一支由二百六十五人組成的隊伍分乘五艘船,載重量最大的一百二十噸,最小的七十五噸,總共還不到五百噸;麥哲倫就領著船隊,從西班牙塞維利亞城的外港聖盧卡爾出發,開始遠洋探航了。

麥哲倫海峽

在大西洋航行中，選擇航線是首先遇到的問題。當時由歐洲到美洲可走哥倫布的「西班牙航線」，也可走卡伯拉爾被吹送到南美的「葡萄牙航線」。麥哲倫堅決主張走「葡萄牙航線」，因為這條航線看似得多走一些路，卻有著赤道洋流和東北信風等可利用的條件。

船隊在經過兩個多月的海上飄泊後，於11月29日到達今巴西海岸累西腓城以南地區。稍事休整，船隊繼續前進，12月13日到達聖路西亞灣（里約熱內盧），再向南駛，於次年1月10日見到拉布拉他河口。可惜，這個昔日被認為可能是海峽的地方，經過實地探查後發

FERDINAND MAGELLANUS

現不過只是一個寬廣的河口而已。

船隊繼續南行，一路上都是以前的航海家所未到達過的地方。3月31日，船隊駛進了聖胡利安港，麥哲倫決定在此拋錨。

船隊在聖胡利安港停留了近五個月，又繼續探航前進。由於一艘船早在5月間探航時就沉沒了，剩下南行的四艘船歷盡艱險終於在10月21日駛入南緯52度處的一個海峽口。這個海峽通道很長，忽寬忽窄，彎彎曲曲，港汊交錯，潮汐洶湧。有一艘船遇到險阻發現不妙，便掉轉船頭逃回了西班牙。11月28日船隊走出海峽西口，見到浩瀚無邊

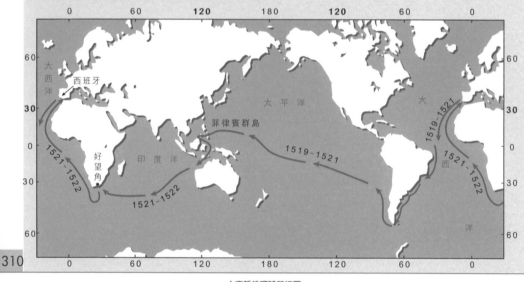

↑麥哲倫環球航行圖

← 麥哲倫十字架
麥哲倫十字架位於菲律賓宿霧島東方的馬克坦島上。1521年4月14日，麥哲倫在宿霧傳揚天主教義，當地神父為首批菲律賓天主教徒，包括土著族長及其他四百名土著等，舉行施洗儀式。為紀念這場盛大的宗教儀式，麥哲倫在此豎立了十字架。

的「大南海」時，僅剩下三艘船了。

經過重重困難，麥哲倫船隊終於找到了溝通大西洋和「大南海」的海峽，順利繞過南美大陸。為了紀念麥哲倫，後人把他所發現的這個海峽，稱為「麥哲倫海峽」。

殞命太平洋

一旦找到了海峽，就可繼續在「大南海」中探索前進了。從1520年11月底到1521年3月初，「大南海」上風平浪靜，船隊在三個多月中竟未遭遇任何暴風雨的襲擊，因此麥哲倫和他的海員們便把這個海叫做「太平洋」（Pacific Ocean）。

3月27日，船隊到達了今菲律賓群島的馬索華島。翌日清晨，一隻載著八名土著的小船開到船隊旁，這時麥哲倫突然想起他從麻六甲帶來的奴僕亨利。他叫亨利用馬來語和這些土著居民說話，

對方居然懂得並能夠回答。至此，麥哲倫才恍然大悟，他向西行繞到東方的理想已經實現，也達成了他的遠洋探航事業。古代一些相信地圓說的學者們所預言過的事情：無論背著太陽或向著太陽一直向前，最終會回到原來出發的地方。這般學說已為一位百折不撓的航海家證實了。

麥哲倫在出發前與西班牙國王所簽訂的協定，其中即包含遠航隊應當盡力擴大王室版圖的條文。抵達菲律賓群島後，麥哲倫決定在這裡留下。擴張西班牙王室領土的任務，驅使他利用當地一些部落之間的矛盾來達到征服的目的。4月27日，麥哲倫以征服者之姿參與菲律賓土著居民的戰鬥，在菲律賓的馬克坦島淺灘戰敗被殺。

麥哲倫死後，環球航行的最後一段航程由他的隨員們繼續完成。剩下的一艘船——維多利亞號，於12月21日單獨啟程歸航，橫渡印度洋繞過好望角後，隔年6月越過赤道，7月經過佛得角群島，在9月6日回到西班牙原出發地聖盧卡爾港。人類史上首次環繞地球一周的航行，在此畫上句點。

099.宗教改革前的日耳曼

中世紀後期的日耳曼四分五裂，大大小小的邦國都處於羅馬教廷的控制下，名目繁多的稅收使大量的財富流向羅馬，因而被稱為「羅馬教皇的乳牛」。

羅馬教皇的乳牛

十五、十六世紀之交，日耳曼的經濟有了長足進步，境內建立了許多以對外貿易為主的區域性集團。這些集團僅重視眼前利益，並不關心日耳曼國家的統一，造成此地區長期分裂割據的局面。十六世紀初，日耳曼地區除七大選侯外，尚有十幾個大諸侯、兩百多個小諸侯、眾多的帝國騎士，這些勢力各自為政，有如「國中之國」。

日耳曼的天主教會地位特殊，他們占有全境三分之一的土地，還利用宗教

←羅馬教皇利奧十世和紅衣主教，拉斐爾作品
日耳曼宗教改革時的教皇是利奧十世，出身於佛羅倫斯的梅迪奇家族，喜愛藝術，生活豪侈淫逸。因興建聖彼得大教堂而以售賣贖罪券為籌款的財路。他的下屬誇張贖罪券的功能說：「當你購買贖罪券的銀錢叮噹落在箱子，你的親人就從煉獄的火焰中出來了。」

和「異端法庭」來維護封建統治，其中許多高級僧侶都是大地主，七大選侯中三個是大主教，五分之二以上的高級僧侶都是有領地的諸侯。此外，教會還徵收貢賦、強制農奴執行各種勞務、徵收什一稅，並以鬻賣聖職、聖物、贖罪券等為名，榨取民眾的血汗錢。

教會勢力之所以如此強勢，主要是由於神聖羅馬帝國龐大鬆散，教會在各地的扎根性，使羅馬教皇肆無忌憚地控制這個國家。當時，羅馬教廷過著窮奢極欲的生活，主要消費多半來自日耳曼教會的供給。

據統計，十六世紀初羅馬教廷每年從日耳曼地區榨取的錢財多達三十萬古爾登，比神聖羅馬帝國皇帝的一般年收入要多好幾倍，相當於1497年帝國皇帝所徵國稅的二十一倍，因此，當時日耳曼有「羅馬教皇的乳牛」之稱。

天主教會對日耳曼統一的影響

日耳曼教會內部有著嚴格的教階制度，大主教、主教和修道院長等上層教士形成的僧侶貴族過著荒淫腐化的生活，其召開宗教會議的城市，都是流氓、娼妓、騙子們聚集之地。羅馬教廷、日耳曼教會和當地民眾之間的民族及階級上的矛盾交織在一起，使教會成為社會各階層強烈痛恨的對象。

在宗教改革之前，日耳曼官方成了羅馬最忠順的奴隸。羅馬教廷對此地區的壓榨實際上是外來勢力對日耳曼民族的剝削。對日耳曼民族而言，結束封建政治的分裂進而實現統一的主要障礙，便是天主教會及其後臺——羅馬教皇。

沒落的騎士

　　十六世紀初，日耳曼商業初興萌長，社會階級結構發生了複雜變化。在群立的封建國家中，諸侯們除了掌握中央和地方的司法、鑄幣、稅務等權力外，還擁有自己的軍隊。這些封建諸侯在既有的壓榨農民之制度下，反對任何社會改革。

　　隨著社會發展，諸侯中的中等貴族也開始分化：一部分發展為獨立的小諸侯，一部分則成為騎士階層。當時國王需要人員為其服役，貴族必須為國王提供一定數目、配備了武裝的人員，這就是最早的騎士。由於騎兵裝備與馬匹的費用十分昂貴，所以大多數騎士都是為了榮譽而戰的中小貴族。

　　在冷兵器時期，騎士有著很高的聲譽，他們忠於王室，為王國開疆展土立下了汗馬功勞。火藥傳入歐洲後，隨著武器裝備的改良和軍事技術的提升，騎士們逐漸失去了優勢，地位大為降低，僅能靠著少量領地，從農民身上得到有限的收入。為了維持奢侈的生活，許多騎士不惜幹起搶劫、勒索商旅的勾當。

　　這群沒落的騎士對諸侯的專權跋扈日漸感到不滿，要求驅逐羅馬教廷勢力的呼聲越來越強烈，有些騎士一度投入宗教改革和農民戰爭的隊伍中。但是，騎士原本出身於封建貴族，並不主張廢除農奴制，他們幻想著依靠騎士階層來統一日耳曼，註定了他們不可能得到群眾支持、僅能孤軍奮戰的命運。

【人文歷史百科】

十六世紀的日耳曼市民

工商業的發展使日耳曼城市內部的階級結構發生了巨大變化，大致分為城市貴族、中產階級和城市平民三個階層。城市貴族掌握著城市的經濟命脈，還與諸侯、領主勾結，壓榨著城市居民以及附屬於城市的農民。中產階級包括新興的銀行業主、富商和手工業者，他們反對諸侯的壓迫、騎士的劫掠和城市貴族的專權，痛恨主教的奢侈腐化，力求消除封建割據、發展工商業和資本主義，主張國家統一。城市平民階層更是不滿自己的悲慘處境，痛恨一切剝削者，雖然積極參加了宗教改革和農民戰爭，但並未形成為一支獨立的政治力量。

宗教改革和日耳曼農民戰爭

313

↑日耳曼出售贖罪券
贖罪券來源於中世紀的羅馬教會，給予罪不至死的人們補贖的機會，可以減免今生或「煉獄」的時間。補贖的方式除告解之外，還有善功、賙濟等功能。

100.宗教改革

荒唐的「贖罪券」，是基督教會對日耳曼人民的另一種盤剝方式。馬丁・路德以〈九十五條論綱〉揭開了宗教改革的序幕。

宗教改革的導火線

在日耳曼政治、經濟陷入混亂狀態時，馬丁・路德發起日耳曼地區的宗教改革運動，成為路德派新教的奠基人。

馬丁・路德出生於神聖羅馬帝國東部的一個小山村裡，當地受教會剝削十分嚴重，他從小目睹天主教會的腐敗，下定決心要對天主教進行改革。1505年，在愛爾福特大學學習法律的路德畢業後，做出了一個非比尋常的決定：進入奧古斯丁修道院學習。

在進入修道院後，路德日益堅定了進行宗教改革的決心，他曾指出：靈魂的救贖須靠個人對上帝的虔誠信仰，教會的各種儀式只是表面的形式，這否定了當時教會和僧侶階層的特權。他還指出，《聖經》高於一切，信仰的唯一依據是《聖經》，教會提出的說法如不符合《聖經》，信徒便可不必接受。1515年，馬丁・路德升任圖林根地區的教區監督，展開了宗教改革運動。

當時，天主教會推出一種

↑馬丁・路德在瓦特堡講道，油畫
馬丁・路德是十六世紀日耳曼宗教改革運動的發起者，新教路德派的創立人。

贖罪券，宣稱只要買贖罪券的錢敲響錢箱，罪人的靈魂就可立即從煉獄升入天堂。這般明目張膽的斂財引起路德的極大憤怒，1517年10月31日，路德在維登堡教堂的正門上公開貼出自己親筆寫的「九十五條論綱」，名為《關於贖罪券的功效》，要求公開辯論贖罪券的功效問題。

由於「論綱」道出了日耳曼人民對羅馬教廷和教會統治不滿的共同心聲，為社會各階層所接受，路德成為當時日耳曼各階層的代言人。路德漸與羅馬教庭決裂，點燃了宗教改革的導火線，可以說，路德放出的閃電，引起了蔓延至整個日耳曼民族的燎原之火。

↑馬丁・路德肖像，1543年盧卡斯・克拉納赫作品，德國紐倫堡國立博物館藏

席捲日耳曼的宗教改革運動

【人文歷史百科】

《致德意志貴族公開書》

《致德意志貴族公開書》是路德的政治綱領：號召日耳曼貴族聯合起來，「反對教皇，解放德意志」，主張君權至上，並宣稱世俗權力是上帝所派，對教皇、主教和神父都有權懲罰，有權使用武力。路德認為，《聖經》高於教皇和教會，應建立帝國教會，拒絕向羅馬教廷納貢。

在廣大群眾的支持下，馬丁‧路德的宗教改革觀點逐步昇華。

1519年6月，羅馬教皇派出神學家約翰‧艾克與路德在萊比錫展開了大論戰。路德在辯論時公開譴責宗教會議，否認教皇的權力，聲稱教會即使沒有教皇也能存在。在路德理直氣壯的攻勢之下，約翰‧艾克狼狽地敗陣。路德從此聲名大噪。

1520年8月到10月間，路德先後發表了《致德意志貴族公開書》、《教會的巴比倫之囚》和《論基督徒的自由》三本小冊子，從根本上否定了中世紀形成的教會組織，以及其所制定的各種聖禮制度和教會法規，提出建立「廉儉教會」，並以自律的宗教取代了傳統由教會闡釋主導的宗教，可說將矛頭指向整個封建神權的政治。這三本冊子被稱為日耳曼宗教改革的三大論著，成為整個改革運動的綱領。

路德的理論讓羅馬教皇惱怒不已，借助教會力量對其進行迫害。羅馬教皇頒布敕令，列舉路德「四十一條罪狀」，稱路德是「糟蹋上帝葡萄園的狐狸」，進而於1521年初開除他的教籍。不久，路德寫出《反對反基督者的敕令》反擊，斥責教皇為反基督者，乃其口中的異端分子。

對於路德，教皇幾已無計可施，故蠻橫地要求神國皇帝查理五世宣布路德為不受法律保護的人，並於1531年4月下令逮捕路德。路德無法立足，只好隱居到瓦特堡從事聖經翻譯，而這本德語聖經對往後日耳曼的語言統一產生了推進效用。

→路德向農民起義軍講道

馬丁‧路德雖然主張對教會進行改革，但運動發展到過激的武裝暴動卻是他始料不及。

主張暴力革命的閔采爾

湯瑪斯·閔采爾是十六世紀日耳曼農民戰爭的領導者，他出生於一個小手工業者的家庭，十七歲入萊比錫和美因茲等大學專修哲學和神學，畢業後當過教區學校的教師和傳教士。

閔采爾愛好遊歷，並與許多貧苦農民、平民以及工人為友。在和這些人的密切接觸中，閔采爾思想發生了很大變化，體會到窮人的苦難乃肇因於社會的不平等。

為改變不公的社會狀況，閔采爾組織了祕密團體「上帝的選民同盟」（簡稱為「基督教同盟」）。在講道中，閔采爾將高級教士比作毒蛇，把貴族斥為狡猾的鰻，痛斥這些作威作福的人逼得農民衣不蔽體，食不果腹。閔采爾號召：「整個世界必須忍受一次大震盪，

▶閔采爾
湯瑪斯·閔采爾是日耳曼宗教改革運動的激進派領袖，農民戰爭領袖。生於哈茨的施托爾貝格，十五歲時組織祕密團體反對天主教會。他曾任神父，支持馬丁·路德的改革。1524年後組織領導日耳曼農民起義，翌年起義失敗後被處刑。

這是關乎不敬上帝之人垮臺而卑賤之人翻身的大事。」

閔采爾反對人們盲從僧侶的說教，否認《聖經》是唯一的啟示，強調信仰的主要源泉應當是「人的理性」。閔采爾還主張在人世間建立「千年天國」，用革命手段推翻「暴君——魔鬼」的統治。

為了發動農民戰爭，閔采爾走遍了日耳曼地區幾十座城市和數百個鄉村，利用傳教士的合法身分，宣傳、組織起義，其革命小冊子和文章到處印發，很快便形成了「閔采爾派」，「閔采爾派」成為「基督教同盟」中最堅決的一群。

聲勢浩大的起義

1524年6月，日耳曼爆發了當時規模最大的反封建農民戰爭。

【人文歷史百科】

閔采爾在布拉格

1521年春，閔采爾在茨威考城發動工匠起義，起義失敗後他前往布拉格，和「胡司派」建立了直接聯繫。11月，閔采爾在布拉格發表了《告捷克人民書》（又稱《布拉格的呼籲書》），公開提出人世間不應當有壓迫和剝削，號召農民發動起義，並闡言「在不久的將來，政權將永遠還歸於人民」。之後，由於布拉格市政當局的壓制，閔采爾不得不重返祖國。

發生在1524至1525年間的日耳曼農民戰爭，是西歐中世紀規模最大的一次農民起義，境內三分之二的農民被捲入起義風暴中。1525年5月16日，農民軍和貴族聯軍展開激戰，結果農民軍潰敗，閔采爾壯烈犧牲。

農民戰爭先從史瓦本打響，第二年在法蘭克尼亞、圖林根和薩克森形成了三大戰場，此外，在亞爾薩斯等許多地區都掀起了反對領主的抗爭行動。閔采爾親自領導和指揮了圖林根和薩克森的農民戰爭，這裡成為日耳曼農民戰爭中最激烈的地區。

1525年3月，閔采爾率領起義軍占有繆爾豪森，建立了新型民主政權——「永久政府」。之後，閔采爾宣布：沒收教會的財產，廢除農民的一切債務；取消封建特權，普通民眾可擔任教職和文官。然而，發起過宗教改革的馬丁·路德卻在此時站出來指責起義者，他的威望削減了一些貧民和手工業者對抗領主的意志。

1525年5月，諸侯組織了一支軍隊前來圍剿起義軍。面對封建貴族的反撲，閔采爾組織起義者鑄造大砲、加強對城內居民的軍事訓練，將教堂和修道院改為火藥庫和槍械修造所，不斷鼓舞群眾的鬥志。

當時閔采爾手下僅有八千人，而諸侯軍則有好幾萬。有人勸閔采爾先撤出繆爾豪森，與其他軍隊會合，再尋機

與敵決戰，但怒火中燒的閔采爾斬釘截鐵地說：「豺狼已經從四面撲來，我們只好作殊死戰鬥。與其與惡魔們同活於世，不如與之同歸於盡！」

一聽此言，農民們意氣風發，振臂高呼：「誓與惡魔血戰到底！」個個奮勇殺敵，打得敵人丟盔棄甲，死傷累累，但終因寡不敵眾，起義軍落得慘敗。閔采爾也因頭部受傷而被俘獲，1525年5月27日清晨，閔采爾服刑就死。

閔采爾是日耳曼農民戰爭中的傑出領袖，他常用來鼓舞人們繼續戰鬥的一句話是：「親愛的兄弟們，勿再等待和躊躇，時機已到，夏天就在眼前！」閔采爾死後，統治者為鞏固控制而變本加厲，社會發展止步不前，造成日耳曼更加落後於歐洲其他國家，在此後百年的歐洲變局中逐漸顯現，成為近代史新頁的濫觴。

宗教改革和日耳曼農民戰爭

↑戰場上的農民起義軍戰士

國家圖書館出版品預行編目資料

圖解世界史—中古卷／郭豫斌主編.——二版.
——臺中市：好讀, 2013.12
面： 公分，——（圖說歷史；3）

ISBN 978-986-178-282-9（平裝）

1.世界史　2.中古史

712.1　　　　　　　　　　　　102008144

 好讀出版

圖說歷史　03

圖解世界史—中古卷

主編／郭豫斌
總編輯／鄧茵茵
文字編輯／林碧瑩
美術編輯／陳麗蕙

發行所／好讀出版有限公司
臺中市 407 西屯區何厝里 19 鄰大有街 13 號
TEL:04-23157795　FAX:04-23144188
http://howdo.morningstar.com.tw
（如對本書編輯或內容有意見，請來電或上網告訴我們）
法律顧問／陳思成律師

戶名：知己圖書股份有限公司
劃撥專線：15062393
服務專線：04-23595819轉230
傳眞專線：04-23597123
E-mail：service@morningstar.com.tw
如需詳細出版書目、訂書、歡迎洽詢
晨星網路書店 http://www.morningstar.com.tw

印刷／啟呈印刷股份有限公司 TEL:04-23110121
二版／西元 2013 年 12 月 15 日
二版四刷／西元2017年3月1日
定價：339 元
如有破損或裝訂錯誤，請寄回台中市407工業區30路1號更換（好讀倉儲部收）

Published by How-Do Publishing Co., Ltd.
2013 Printed in Taiwan
ISBN 978-986-178-282-9

ZITO

話說世界・中古卷
郭豫斌／主編
© 2006 Beijing Zito Books Co., Ltd.
北京紫圖圖書有限公司
授權出版發行中文繁體字版

讀者回函

只要寄回本回函，就能不定時收到晨星出版集團最新電子報及相關優惠活動訊息
因此有電子信箱的讀者，千萬別吝於寫上你的信箱地址

書名：**圖解世界史－中古卷**

姓名：_____ 性別：□男□女 生日：___ 年 ___ 月 ___ 日

教育程度：_____

職業：□學生 □教師 □一般職員□企業主管
　　　□家庭主婦□自由業□醫護 □軍警 □其他_____

電子郵件信箱(e-mail)：_____ 電話：_____

聯絡地址：□□□ _____

你怎麼發現這本書的？

□書店　 □網路書店（哪一個？）_____□朋友推薦□學校選書
□報章雜誌報導□其他_____

買這本書的原因是：_____

□內容題材深得我心 □價格便宜 □封面與內頁設計很優 □其他_____

你對這本書還有其他意見嗎？請通通告訴我們：

_____
_____

你買過幾本好讀的書？（不包括現在這一本）

□沒買過□1至5本 □6至10本 □11至20本 □太多了，請叫我好讀忠實讀者

你希望能如何得到更多好讀的出版訊息？

□常寄電子報 □網站常常更新 □常在報章雜誌上看到好讀新書消息
□我有更棒的想法 _____

你希望好讀未來能出版什麼樣的書？請盡可能詳述：

_____
_____

我們確實接收到你對好讀的心意了，再次感謝你抽空填寫這份回函
請有空時上網或來信與我們交換意見，好讀出版有限公司編輯部同仁感謝你！
好讀的部落格：http://howdo.morningstar.com.tw/

請填妥後對折裝訂，直接投郵即可，免貼郵票。

廣告回函
臺灣中區郵政管理局
登記證第3877號
免貼郵票

好讀出版有限公司　編輯部收

407　台中市西屯區何厝里大有街13號
電話：04-23157795-6　傳眞：04-23144188

········· 沿虛線對折 ·········

購買好讀出版書籍的方法：

一、先請你上晨星網路書店http://www.morningstar.com.tw檢索書目或

　　直接在網上購買

二、以郵政劃撥購書：帳號15060393 戶名：知己圖書股份有限公司

　　並在通信欄中註明你想買的書名與數量。

三、大量訂購者可直接以客服專線洽詢，有專人爲您服務：

　　客服專線：04-23595819轉230 傳眞：04-23597123

四、客服信箱：service@morningstar.com.tw